应用型本科规划教材

国际贸易实务

International Trade Practice

主　编　张晓辉　潘天芹
副主编　张爱华　朱新颜　潘冬青　牛　芳

ZHEJIANG UNIVERSITY PRESS
浙江大学出版社

前　言

国际贸易实务又称进出口贸易实务,是国际经济与贸易专业的核心课程。课程的主要内容包括国际货物买卖过程中的基本业务程序、基本操作技能,以及与国际货物买卖业务相关的法律规定和国际惯例。针对普通本科层次,本课程的目标定位为:理解和掌握国际贸易惯例,掌握国际贸易合同的内容,熟悉有关国际贸易的单据格式与内容,能够熟练地进行进出口业务的操作。

进入 21 世纪,尤其是 2001 年 12 月 11 日我国加入 WTO 以来,我国的对外贸易发展进入了崭新的阶段,进出口屡创新高,对世界贸易的发展起着举足轻重的作用,对外贸易已经成为我国经济工作的核心之一。为了适应当前国际经济贸易形势的发展,需要加速培养国际贸易应用型、复合型人才,使其熟悉国家的对外贸易政策和国际贸易规则,提高从事进出口贸易的业务技能,增强防范国际贸易风险的能力。

根据应用型本科人才培养的特征,我们在参考最新修订和颁布的有关国际贸易惯例和调研涉外企业对外贸人才需求的基础上,以外贸业务实践为主线,介绍了进出口买卖合同的具体内容,以及合同订立和履行的基本环节和一般做法。在编写过程中,我们注重体现"应用型"的特点:第一,从外贸实际的角度出发,力求简洁、易懂,突出知识性和实用性,注重分析各个外贸业务环节的注意事项;第二,每章以引导案例与分析开篇,各章内有条款示例及相关的阅读资料,各章附有多种形式的练习题;第三,以附录形式列出了国际货物销售合同、信用证、发票、装箱单、汇票、提单、保险单等进出口交易中的主要单证。

本书由从事"国际贸易实务"系列课程多年教学的教师共同编写,由浙江大学城市学院张晓辉、潘天芹任主编,青岛农业大学张爱华、朱新颜,浙江大学宁波理工学院潘冬青、中国矿业大学牛芳任副主编,具体编写分工如下:张晓辉编写第一章、第四章以及附录部分;潘天芹编写第七章;张爱华编写第三章、第五章、第六章;朱新颜编写第十章、第十一章、第十二章;潘冬青编写第八章、第九章;牛芳编写第二章。全书由张晓辉负责总撰和定稿。

在编写过程中我们参考了国内外有关国际贸易的著作、教材及文献资料,吸收了其中的一些成果,也得到了相关领域专家、学者以及多位外贸从业人员的大力支持,在此难以一一详列,一并表示衷心感谢! 由于成稿时间仓促,编写水平有限,不足之处在所难免,敬请读者批评指正。

编　者

2012 年 12 月

目　　录

第一章

绪　论

>>>> >

学习内容与目标 ···

　　了解国际贸易的特点与风险；

　　掌握国际货物买卖合同的主要内容；

　　熟悉国际贸易适用的法律与惯例；

　　熟悉进出口业务的一般程序。

案例导读

　　美国商人 A 与我国香港商人 B 在美国订立合同，由 A 出售一批箱装货给 B，按 CIF 香港条件成交。双方在履行合同的过程中，对合同的有关条款产生争议。请分析此项纠纷应适应美国法律还是中国香港法律。

　　【分析】　这是一则关于解决合同纠纷适用法律的案例。本案例以 CIF 香港条件成交，出口方美国商人 A 在出口国装运港完成交货义务，所以合同履约地是美国装运港。此外，合同订立地也是美国。因此，本案例与美国关系最密切，应适用美国法律。

第一节　国际贸易实务的研究内容

一、国际贸易实务的研究内容

国际贸易实务,也称进出口贸易实务,是研究国际货物买卖的有关理论和实际业务操作的课程。作为对外经济与贸易专业必修的专业基础课程,国际贸易实务是一门具有涉外特点的实践性很强的应用学科,涉及国际贸易法律与惯例、国际结算与汇兑、国际运输与保险、进出口报关等知识的综合运用。

国际货物买卖是买卖双方通过磋商、订立和履行国际货物买卖合同进行的。要订立和履行好国际货物买卖合同,必须掌握合同条款的内涵和规定方法,熟悉合同磋商、订立和履行的基本环节。由于各国存在法律方面的不同规定和贸易习惯上的差异做法,当涉及买卖双方利害关系时,经常会出现争议和纠纷,面临履行合同的各种困难和风险。因此,学会运用有关的国际贸易惯例和法律规则处理纠纷、防范风险是很有必要的。此外,国际货物贸易除了传统的经营方式外,还产生了经销、代理、寄售、展卖等新的国际贸易方式。因此,国际贸易实务课程的研究内容主要包括国际货物买卖合同条款、国际货物买卖合同的订立和履行及风险防范与处理、国际贸易方式三个方面。

1.国际货物买卖合同条款

国际货物买卖合同条款是交易双方当事人在合同标的、交接货物、收付货款和解决争议等方面的权利与义务的具体体现,也是交易双方履行合同义务的依据和调整双方经济关系的法律文件。国际货物买卖合同条款主要包括商品的名称、质量、数量、包装、加工、运输、保险、货款收付、检验与索赔、不可抗力和仲裁等。按照各国法律规定,买卖双方可以根据"契约自主"原则,在不违反法律的前提下,规定符合双方意愿的条款,这就必然导致国际货物买卖合同条款的多样性。因此,研究合同中各项条款所体现的权利和义务关系,掌握合同条款的内涵和规定方法,是国际贸易实务课程的最基本内容。

2.国际货物买卖合同的订立和履行及风险防范与处理

国际货物买卖是以合同为中心进行的,要经历交易磋商、合同的签订和履行等过程。经过交易前的准备,买卖双方取得业务联系后,即可通过函电洽商等方式,就各项交易条件进行协商,当交易条件达成一致时,合同即告成立。合同的订立包括询盘、发盘、还盘和接受等四个环节,其中发盘和接受是合同成立不可缺少的基本环节和法律步骤。经过磋商订立合同后,买卖双方就应本着"重合同、守信用"的原则,按照合同的规定履行各自的义务。在订立和履行国际货物买卖合同的过程中,不可避免地会遇到各种风险,如合同一方当事人违约的风险、国际市场供求变化和价格波动带来的风险、国际货物运输方面的风险、国际货款结算方面的风险、政局动荡引发的风险,等等,这些风险都可能给买卖双方造成损失。采取有效的风险防范措施,及时处理合同履行过程中的争议,是交易得以顺利进行的重要保证。因此,熟悉国际货物买卖合同的订立和履行,掌握风险防范措施,及时处理争议,是国际贸易实务课程的一项重要内容。

3. 国际贸易方式

由于国际经济形势和经济关系不断变化,国际贸易迅速发展,国际贸易的方式也日趋多样化,除了通常采用的进口和出口之外,还出现了经销、代理、寄售、展卖、招标与投标、拍卖、商品交易所、对销贸易、加工贸易等多种形式。掌握这些贸易方式的做法、特点及作用,也是国际贸易实务课程的一项内容。

二、国际货物买卖的特点

国际贸易与国内贸易同属商品买卖活动,两者并无实质差别,但是由于各国在语言文化、法律制度、风俗习惯与经济发展水平等方面不尽相同,两者之间还是存在很大差异。与国内贸易相比,国际货物买卖有以下特点:

1. 国际性

国际货物买卖是一项具有涉外性质的活动,不仅要考虑经济利益,还应认真贯彻国家的对外方针政策,按照国际规范行事,恪守"重合同、守信用"的原则,树立良好的对外形象和信誉。

2. 复杂性

由于涉及不同的国家或地区,国际货物买卖不仅在法律方面可能存在差异和冲突,也可能受到有关国家或地区对外贸易政策和措施的制约。而且,各国的语言文化、风俗习惯、宗教信仰、支付货币不尽相同,国外客户对商品的种类、品质、规格、花色等方面的要求不一定与国内相同,涉及的问题和范围要比国内贸易复杂。

此外,由于国际货物买卖地域广、期限长、中间环节多,这也使得国际货物买卖更为复杂。具体来说,国际货物买卖除了买卖双方之外,还涉及国内外的货物运输、保险、海关、检验与检疫、银行、政府机构等部门的协作,或接受其监督与管理。从交易过程中的关系来看,远比国内贸易复杂。

3.风险性

由于国际货物买卖的交易数量和金额通常都比较大,从合同磋商开始,直到合同履行完毕,间隔的时间往往比较长,其间计价货币汇率会有波动。加之买卖双方距离遥远,货物从出口国到进口国需要经过长途运输,因此买卖双方的信用调查及掌握均较为困难等,因此买卖双方在国际货物买卖过程中承担的商业风险、信用风险、运输风险等比国内贸易大得多。

此外,从事国际货物买卖还会受到交易双方所在国家的政治、经济以及其他客观条件的影响,具有更大的不确定性。尤其是在国际局势动荡,市场竞争日益激烈,贸易摩擦频发,各国汇率频繁波动,货物价格经常波动的背景下,买卖双方在交易过程中所承担的政治和政策风险、市场行情风险、金融汇兑风险等远远超过国内贸易。

第二节　国际货物买卖合同的内容与适用的法律

一、国际货物买卖合同的内容

国际货物买卖是通过磋商、订立、履行国际货物买卖合同进行的,订立和履行国际货物买卖合同对当事人双方的权益利害关系重大,一个国家的企业为出售或购买有形商品而订立的出口合同或进口合同,统称国际货物买卖合同,或称国际货物销售合同,是营业地在不同国家的当事人之间订立的就一方交付货物另一方支付货款的有关事项的协议。

在国际货物买卖过程中,我国外贸企业与有关方订立的合同有很多,例如:与国内的供货方(用货方)订立的出口货物的购货合同(进口货物的供货合同),与承运方订立的国内或国际运输合同,与保险公司订立的货物运输保险合同,与银行订立的托收货款、支付价款的合同等。但是,与国外商人订立的出口或进口合同,即国际货物买卖合同,却是最主要、也最基本的合同。这是因为进出口贸易是以国际货物买卖合同为中心进行的,其他的各种合同是履行国际货物买卖合同所必需的,是为履行国际货物买卖合同服务的,是辅助性的合同。

一般说来,国际货物买卖合同应具备以下五个方面的基本内容:

1.合同的标的。主要包括货物的名称、质量、数量和包装。

2.货物的价格。通常包括货物的单位价格和总价,或确定价格的方法,有时还规定有关价格调整的条款。

3.卖方的义务。主要是于何时、何地、以何种方式交付货物,移交与货物有关的单据和转移货物的所有权。

4.买方的义务。主要是于何时、以何种方式支付货物价款和收取货物。

5.争议的预防与处理。主要包括商品检验、索赔、不可抗力、仲裁等事项的规定。

由于这些条款的内涵及其在法律上的地位和作用各不相同,各国法律和国际惯例也不尽一致,致使实际业务的具体操作增加了难度。所以熟悉国际货物买卖合同订立和履行的基本环节,掌握各项交易条件和合同条款的规定方法,了解有关国际惯例和法律规则,并能根据我国对外贸易的方针政策和企业的经营意图予以灵活运用,应是每一个外贸工作者必须具备的基础知识和基本技能。

二、国际货物买卖合同适用的法律与惯例

由于国际贸易有很多不同于国内贸易的特点,其交易环境、交易条件、贸易各环节所涉及的问题都比国内贸易复杂,也就更易产生争议。为保证国际货物买卖顺利进行,国际货物买卖必须符合法律规范。但由于国际贸易的当事人一般身处不同的国家或地区,具有不同的法律和制度,国际货物买卖合同的当事人可以在不违反国家强制性法律规定的情况下自由约定合同内容,选择用于处理合同争议所适用的规范。国际货物买卖合同适用的规范可以是国际公约,也可以是一国的国内法,还可以是相关的国际惯例。

(一)国内法

国内法是指由国家制定或认可并在本国主权管辖范围内生效的法律。国际货物买卖合同必须符合国内法,即符合某个国家制定或认可的法律。例如,按照我国法律,订立合同,包括涉外合同,都必须遵守中华人民共和国法律,即使依照法律规定适用外国法律或者国际惯例的,也不得违反中华人民共和国的社会公共利益。

由于国际货物买卖合同的当事人所在的国家不同,他们各自又都要遵守所在国的国内法,而不同的国家往往对同一问题的有关法律规定不相一致,因而一旦发生争议引起诉讼,就会产生究竟应适用何国法律,即以何国法律处理争议的问题。为了解决这种"法律冲突",以利于正常的国际往来,通常采用在国内法中规定冲突规范的办法。我国法律对涉外经济合同的冲突规范也采用上述国际上的通用规则,并在我国《合同法》第126条中作了原则规定:"涉外合同的当事人可以选择处理合同争议所适用的法律,但法律另有规定的除外。涉外合同的当

事人没有选择的,适用与合同有最密切联系的国家法律。"据此,除法律另有规定外,我国当事人只要与国外当事人取得协议,就可在合同中选择处理合同争议所适用的法律或国际条约,例如既可选择按我国法律,也可选择按对方所在国法律或双方同意的第三国法律或者有关的国际条约来处理本合同的争议。如果当事人未在合同中作出选择,则发生争议时,由受理合同争议的法院或仲裁机构依照法院或仲裁机构视交易具体情况认定的"与合同有最密切联系的国家"的法律进行处理。

有关国际货物买卖的国内法律主要有英国 1973 年修订的《货物买卖法》(Sale of Goods Act)、美国 1977 年修订的《统一商法典》(Uniform Commercial Code, U. C. C)等。

（二）国际条约

国际条约是两个或两个以上主权国家为确定彼此的政治、经济、贸易、文化、军事等方面的权利和义务而缔结的诸如公约、协定、议定书等各种协议的总称。国际条约依法缔结生效后,对当事各方具有约束力,当事各方必须自觉地履行。因此,国际货物买卖合同的订立和履行必须符合当事人所在国缔结或参加的双边或多边国际条约。

目前与我国对外贸易有关的国际条约,主要是我国与其他国家缔结的双边或多边的贸易协定、支付协定,以及我国缔结或参加的有关国际贸易、海运、陆运、空运、工业产权、知识产权、仲裁等方面的协定或公约。其中,自 1988 年 1 月 1 日起正式生效的《联合国国际货物销售合同公约》(United Nations Convention on Contract for the International Sale of Goods,缩写为 CISG,下简称《公约》)是与我国进行货物进出口贸易关系最大、也是最重要的一项国际公约。我国于 1986 年 12 月 11 日加入该《公约》成为成员国,并根据该《公约》第 95 条和第 96 条的规定,对《公约》提出了两项保留:

1.关于《公约》适用范围的保留

《公约》第 1 条(1)款(a)项规定,如果合同双方当事人的营业地处于不同的缔约国,该《公约》就适用于他们之间订立的货物买卖合同。(b)项规定,双方当事人的营业地处于不同的国家,即使他们的营业地所在国都不是该《公约》的缔约国,或一方所在国是该《公约》的缔约国,另一方所在国不是该《公约》的缔约国,如果按照国际私法规则导致适用某一缔约国的法律,则该《公约》也将适用于这些当事人之间订立的国际货物买卖合同。对于(a)项,我国完全同意,但对于(b)项,我国在核准该《公约》时提出了保留。即我国不同意扩大该《公约》的适用范围,我国只承认该《公约》的适用范围限于营业地分处于不同缔约国的当事人之间所订立的货物买卖合同。

2.关于合同形式的保留

《公约》第 11 条规定:"销售合同无须以书面订立或书面证明,在形式方面也不受任何其他条件的限制。销售合同可以用包括人证在内的任何方法证明。"按照此项规定,国际货物买卖合同在形式方面不受任何限制,采取口头形式还是采取书面形式订立的合同均为有效。这一规定与我国加入《公约》时在《涉外经济合同法》中关于涉外经济合同必须采用书面形式订立的规定是不一致的。因此,我国在核准该《公约》时,对《公约》的第 11 条的相关规定提出了保留。我国新《合同法》第 10 条已经不再要求合同必须采用书面形式订立,因此,我国对《公约》的这一保留已经没有实际意义。

《中华人民共和国民法通则》第 142 条明确规定:中华人民共和国缔结或者参加的国际条约同中华人民共和国的民事法律有不同规定的,适用国际条约的规定。但中华人民共和国声明保留的条款除外。由此可见,根据"条约必须遵守"的原则,在法律适用的问题上,除国家在缔结或参加时声明保留的条款以外,国家缔结或参加的有关国际条约,优先于国内法。

除了《公约》外,有关国际货物买卖的公约还包括 1964 年海牙《国际货物买卖统一法公约》、1974 年《联合国国际货物买卖时效期限公约》、《联合国海上货物运输公约》(通称《汉堡规则》,1978 年)、《汇票、本票统一法公约》(1930 年)等。

(三)国际贸易惯例

国际贸易惯例(international trade practice),或称国际商业惯例(international commercial practice),是指在国际贸易的长期实践中逐渐形成的一些有较为明确和固定内容的贸易习惯和做法。国际贸易惯例是国际贸易法的主要渊源之一,国际贸易惯例通常是由国际性的组织或商业团体制定的有关国际贸易的成文的通则、准则和规则,也是国际货物买卖合同可以适应的重要的法律规范。

国际贸易惯例不是法律,其适用条件是以当事人的意思自治为基础的。因此,国际贸易惯例对合同当事人没有普遍的强制性,只有当事人在合同中规定加以采用时,才对合同当事人有法律约束力。但是,国际贸易惯例可以弥补法律的空缺和立法的不足,能够解决进出口业务中可能遇到的问题,起到规范贸易行为、促进交易正常进行的作用。目前,在实践中,国际贸易惯例与国际公约在强制力上的区别已经趋于淡化,采用国际贸易惯例已经成为国际上的一种趋势。国际贸易惯例能被大多数国家的贸易界人士所熟知,并能普遍地被他们所接受和应用。在国际贸易业务中,如果双方当事人在合同中既未排除,也未明确主张适用某个国际贸易惯例时,当发生争议时,法官或仲裁机构有权主动适用有关的国际贸易惯例进行判决或裁决。我国《民法通则》第 142 条对国际贸易惯例的适用性作了明确规定:"中华人民共和国法律和中华人民共和国缔结或参加的国际条约没有规定的涉外民事关系,可以适用国际惯例。"

在国际贸易实践中,常用的国际贸易惯例多种多样。关于贸易术语,被大多数国家的贸易商使用的是国际商会制定的《2010 年国际贸易术语解释通则》(International Rules for the Interpretation of Trade Terms 2010,INCOTERMS 2010)。关于国际货款收付的国际惯例主要有:国际商会制定的《跟单信用证统一惯例》(Uniform Customs and Practice for Documentary Credits,UCP)和《托收统一规则》(Uniform Rules for Collection,URC)。

第三节　进出口贸易的基本业务程序

由于进出口贸易具体的交易条件不同,其业务环节也不尽相同。各环节的工作,有的分先后顺序进行,有的同时进行,也有的先后交叉进行。但是,不论是出口贸易还是进口贸易,一般都包括交易前的准备、交易磋商和合同订立、履行合同三个阶段。

一、出口贸易的基本业务程序

出口交易的基本业务程序包括:

（一）出口交易前的准备

出口交易前应做好如下准备工作:

1.进行国际市场调研。主要包括对进口国别地区的调研、对国际商品市场的调研和对目标市场客户的调研。

2.制订出口商品经营方案或价格方案。出口商品经营方案是出口企业对出口商品在一定时期内所做的全面业务安排,以期实现企业的预期目标。价格方案一般成本核算和出口报价。

3.落实货源、制订出口商品生产计划。在制订出口商品经营方案或价格方案的同时,应根据经营方案和商品的特点,及时与生产、供货部门落实货源收购、调运或制订出口商品生产计划。

4.广告宣传。广告宣传的内容及其采用的方式与手段要针对不同的市场和商品的特点,其目的是向国外客户和消费者介绍出口商品。

5.对外建立业务关系。在对业务对象进行调研的基础上,选定资信情况良好、经营能力较强的客户,通过采取主动发函、发电等方式与之建立业务联系。

（二）出口交易磋商与合同订立

在与选定的国外客户建立业务联系后,双方就货物买卖的各种交易条件进行谈判,即交易磋商。交易磋商包括面对面磋商、书信磋商和数据电文磋商等方式,通常要经过询盘、发盘、还盘和接受等磋商环节,并且可能需要多次对成交条件进行商洽,才能就各项交易条件达成一致意见。在实际业务中,通常出口商与国外客户要签署正式的书面合同。

（三）出口合同的履行

我国出口货物,采用的贸易术语和结算方式有多种,以 CIF 条件和信用证方式付款订立的合同为例,出口合同的履行主要包括:

1.准备货物。即出口方根据合同的规定,按时、按质、按量准备好货物。

2.落实信用证。落实信用证主要包括催证、审证和修改信用证,即出口商要根据合同规定的开证时间,及时通知买方开立信用证,在收到信用证后,要认真审核信用证,如发现信用证有误,可要求进口商修改。

3.安排装运。出口商收到信用证并经审核无误后,应办理货物的装运手续。

4.制单结汇。货物装运后,出口商应缮制和备妥各种单据,包括商业发票、运输单据、保险单据、商检证书等。单据备妥后,即可向有关银行交单收取货款。

二、进口贸易的基本业务程序

进口贸易的基本业务程序包括:

（一）进口交易前的准备

进口交易前应做好如下准备工作:

1.从商品的供应、价格、规格、质量等方面对供应方进行比较,力争从货源充足、产品质量高、价格较低的供应方采购。

2.对客户进行调研,了解其购销渠道、减少不必要的中间环节,降低进口成本。

3.制订进口商品经营方案或价格方案。进口商品经营方案是进口企业对进口商品在一定时期内所作的全面业务安排,以期实现企业的预期目标。价格方案一般包括成本核算和进口报价。

（二）进口交易磋商与合同订立

进口交易磋商与合同订立的做法与出口基本相同,在双方就交易条件达成一致后,签署正式的购货合同或购货确认书。

(三)进口合同的履行

进口合同的履行主要包括:

我国进口货物,按 FOB、FCA 条件和信用证方式付款订立的合同较多,其履行程序一般包括:向银行申请开立信用证、催货、租船订舱或订立运输合同、通知装货、接运货物、办理保险、付款赎单、进口报关、接卸货物、进口报验、拨交等环节。

⇨【练 习】

一、选择题

1.在进出口贸易实践中,对当事人行为无强制性约束的规范是( )。

A.国内法　　　　B.国际法　　　　C.国际贸易惯例　　D.国际条约

2.与进出口贸易关系最大、也是最重要的一项国际条约是( )。

A.《联合国国际货物销售合同公约》　B.《国际贸易术语解释通则》

C.《跟单信用证统一通则》　　　　　　D.《托收统一规则》

3.在国际贸易实践中常用的国际惯例有( )。

A.《联合国国际货物销售合同公约》　B.《国际贸易术语解释通则》

C.《跟单信用证统一通则》　　　　　　D.《托收统一规则》

二、简答题

1.国际贸易的特点表现在哪些方面?

2.国际货物买卖合同有哪些基本内容?

3.什么是国际贸易惯例? 与国际货物买卖相关的国际贸易惯例有哪些?

4.国际货物买卖合同适用的法律有哪些?

5.我国对《联合国国际货物销售合同公约》作了怎样的保留?

6.进出口贸易的基本业务程序是怎样的?

第二章

进出口合同的标的

≫ ≫ ≫ ≫

学习内容与目标 ···

　　了解货物品名、质量、数量和包装的意义；
　　掌握表示商品质量的方法；
　　熟悉品名、质量、数量与包装条款及其注意事项。

···

案例导读

　　我国某公司出口苹果酒一批，国外来证货名为"Apple Wine"，于是我方为了单证一致，所有单据上均标"Apple Wine"。但是货到目的港后遭当地海关扣留并罚款，因为该批酒的内外包装上均写的是"Cider"字样。结果国外客户要求我方赔偿其损失。试分析：我方是否应承担国外客户的损失？

　　【分析】　国外目的港海关罚款是因为单据的名称与包装上的名称不符，对此，我方公司应负赔偿责任，因为作为出口公司理应知道所售货物的英文名称。案例中，国外来证货名与我方公司惯用包装上的货名不符，我方公司应及时要求对方修改信用证，而不是只考虑单证相符而置货物包装上的名称于不顾，否则，势必会给对方在办理进口报关时造成麻烦，导致严重后果。

第一节 商品的品名

一、品名的含义及其意义

商品的名称（name of commodity）或品名，是指能使某种商品区别于其他商品的称呼或概念。在国际货物买卖中，通过品名表明买卖双方交易的是何种物品。

在国际贸易中，交易双方在洽谈商品交易和签订买卖合同时，很少见到具体商品，一般只是凭借对拟买卖的商品作必要的描述，来确定交易的标的。因此，品名的确定是买卖双方进行交易的物质基础和前提条件，是将来买卖双方签订合同和履行合同的依据。

按照有关的法律和惯例，对交易的物品进行描述，是构成商品说明（description of goods）的一个主要组成部分，如果卖方交货不符合约定的品名或说明，买方有权提出损害赔偿要求，直至拒收货物或撤销合同。因此，列明合同标的物的具体名称，具有重要的法律和实践意义。

二、商品的命名方法

商品的名称在一定程度上体现商品的自然属性、用途以及主要性能。商品的命名方法很多，概括起来主要有以下几种：

1. 根据商品的用途命名。这种方法突出商品的用途，例如：洗衣机、电视机、杀虫剂、织布机等。

2. 根据使用的主要原材料命名。这种方法突出商品所使用的主要原材料，用以反映商品的质量，例如：羊毛衫、玻璃杯、毛料西装、塑料桶等。

3. 根据商品的外观造型命名。这种方法强调通过外观了解商品的特征，例如：折叠伞、喇叭裤等。

4. 根据商品的制作工艺命名。这种命名方法的目的是突出其独特性，提高产品的信誉，例如：酿造酱油、精制盐、手工西装等。

5. 以主要成分命名。这种命名方法突出表明商品的成分和效能，例如：番茄酱、西洋参含片等。

6. 以人物或产地命名。这种方法注重以著名人物的名字或地名引起消费者的注意和兴趣，例如：李宁运动鞋、湘绣、镇江陈醋等。

三、进出口合同中的品名条款

（一）品名条款的表示方法

在国际货物买卖合同中，品名条款一般比较简单，没有统一的格式。就一般商品而言，只要列明商品的名称即可，通常都是在"商品名称"或"品名"（name of commodity）标题下，有时也用 commodity /product / goods 来表示。有时也可不加标题，只在合同的开头部分，列明买卖双方同意交易某种商品的文句。有的商品有许多不同的规格、型号或等级，为明确起见，在买卖合同中会把与商品有关的具体规格、等级或型号也包括进去，作进一步限定，此种情况下，它是品名、质量条款的合并，被称作品名质量条款。

（二）规定品名条款应该注意的问题

品名条款是国际货物买卖合同中的主要条款之一，在规定此条款时，应注意以下问题：

1. 品名必须明确具体

品名条款必须能确切反映交易标的物的特点，避免空泛、笼统的规定，如"食品（food）""服装（garment）""机器（machine）"等。采用外文名称时，要做到翻译正确，符合实际词语内涵，尽量不要使用汉语拼音，以避免造成误解和引起争议。

2. 实事求是地规定品名

合同条款中规定的品名，必须是卖方有能力生产或供应的商品，凡做不到或不必要的描述性词句，都不应列入，以免给履行合同带来不利影响。

3. 尽可能使用国际上通用的名称

有些商品的名称在各国叫法不同，为了避免误解，应尽可能使用国际上通行的称呼。若使用地方性名称，交易双方应事先就其含义取得共识，对于某些新商品的定名及其译名，应力求准确、易懂，并符合国际上的习惯称呼。

4. 注意选择合适的品名

有些商品具有多个名称，会因名称不同导致关税率和班轮费率不同，甚至所受的进出口限制也不同。目前，各国的海关都采用《商品名称及编码协调制度》（简称《H. S. 编码制度》），因此，在规定商品品名时应与《H. S. 编码制度》相适应，并注意外文翻译是否一致。

小资料 2-1

《商品名称及编码协调制度》简介

《商品名称及编码协调制度》（简称《H. S. 编码制度》）（The Harmonized Commodity Description and Coding System，H. S.），是由海关合作理事会（现

名"世界海关组织")1983 年 6 月主持制定的。为了对国际贸易商品进行分类，1950 年由联合国经济理事会发布了《国际贸易标准分类》(SITC)，其后，世界各主要贸易国又在比利时布鲁塞尔签订了《海关合作理事会商品分类目录》(CCCN)，又称《布鲁塞尔海关税则目录》(BTN)。CCCN 与 SITC 对商品分类有所不同，为了避免采用不同目录分类在关税和贸易、运输中产生分歧，在上述两个规则的基础上，1983 年 6 月，海关合作理事会(现名"世界海关组织")主持制定了《商品名称及编码协调制度》，供海关、统计、进出口管理及与国际贸易有关各方共同使用。H. S. 编码于 1988 年 1 月 1 日起正式实施，每 4 年修订一次。世界上已有 150 多个国家使用 H. S. 编码，全球贸易总量的 90% 以上的货物都是以 H. S. 编码分类的。我国于 1992 年 1 月 1 日起采用该制度。

第二节　商品的质量

一、商品质量的含义及其意义

商品质量(quality of goods)是指商品的内在质量和外观形态的综合。内在质量包括商品的化学成分、物理和机械性能以及生物特征等，一般需要借助各种仪器、设备分析测试才能获得。外观形态包括商品的花样、颜色、形态、款式、光洁度等，通过感觉器官可以直接获得。

在国际货物买卖中，商品质量是引起法律纠纷的最重要因素之一。这是因为商品的质量的优劣会直接影响商品的市场价格和销路，关系到买卖双方的切身利益。各国法律大多对卖方应承担的交货品质的义务和责任作出了具体的规定，例如，英国的《货物买卖法》把品质条款作为合同的要件；《联合国国际货物销售合同公约》规定，卖方交付货物，必须符合合同的规定。如果所交货物质量不符合约定的质量条件，买方有权要求损害赔偿，也可要求修理或交付替代货物，甚至拒收货物和撤销合同。可见，合同中的质量约定，是买卖双方交接货物的依据。同时，也是商检机构进行品质检验、仲裁机构进行仲裁和法院解决商品质量纠纷案件的依据。

二、对进出口商品质量的基本要求

（一）对进口商品质量的要求

进口商品质量直接关系到国内消费者和使用者的利益，因此进口商品时，首先应该严格把好质量关。在洽购商品时，应该了解国外卖方提供的商品质量标准与等级，比较分析我国同类产品的质量差异，同等质量的商品要做到货比三家，以期用最小的成本获取最大的收益。其次，进口商品质量应该从实际出发，考虑到我国现实消费水平，不应盲目追求高规格、高档次而造成不必要的消费损失和资源浪费。再次，签订进口合同时对进口商品质量要求应该表达严密、准确，避免因疏忽大意造成不必要的损失。最后，在货物到达时，应该根据买卖合同对进口商品质量进行严格的检验，尤其要防止那些危害国家安全、破坏生态环境以及对人民生命和健康产生危害的商品进入。

（二）对出口商品质量的要求

出口商品质量直接关系到国外客户的切身利益，关系到出口企业的信誉和收汇问题，同时也关系到国家的声誉，必须认真对待。出口企业应将"以质取胜"作为基本战略，并以"质量第一，信誉第一"作为指导思想，重视科学技术开发与新产品的研制，提高技术含量，并努力按国际质量标准组织生产，建立有效的企业质量管理体系，加强出口商品检验，严格把好出口商品质量关。

小资料 2-2

国际标准化组织（ISO）

国际标准化组织（International Organization for Standardization，ISO）是一个全球性的非政府组织，是国际标准化领域中的一个十分重要的组织。1946年10月，中、英、美、法、苏等25个国家标准化机构的代表在伦敦召开大会，决定成立新的国际标准化机构，定名为国际标准化组织。大会起草了国际标准化组织的第一个章程和议事规则，并认可通过了该章程草案。1947年2月23日，国际标准化组织正式成立，总部设在日内瓦。

ISO现已有成员国100多个，每个成员均有一个国际标准化机构与ISO相对应。我国是国际标准化组织（ISO）的正式成员，代表中国的组织为中国国家标准化管理委员会（Standardization Administration of China，SAC）。

ISO与国际电工委员会（IEC）有密切的联系，ISO和IEC作为一个整体担负着制订全球协商一致的国际标准的任务。ISO和IEC不是联合国机构，但它们与联合国的许多专门机构保持技术联络关系。ISO和IEC有约1000个专业技术委员会和分委员会，各会员国以国家为单位参加这些技术委员会和分委员会的活动。ISO 和 IEC 还有约 3000 个工作组,ISO、IEC 每年制订和修订 1000 个国际标准。

在 ISO 发布的 12000 多个标准中,ISO 9000 是最畅销、最普遍的标准。ISO 9000 是质量管理体系标准,它不是指一个标准,而是一系列标准的统称,是国际标准化组织为适应国际贸易发展的需要而制订的品质管理和质量保证标准,它为国际市场商品的生产企业质量体系评定提供了统一的标准,具有国际通行证的作用。为了促进我国出口商品生产企业按照 ISO 9000 系列标准进行质量体系评审,我国制订了《出口商品生产企业质量体系评审管理办法》,于 1992 年 3 月 1 日起试行。根据该办法,国家商检局(1998 年 7 月起为国家出入境检验检疫局)统一管理对出口商品生产企业质量体系的评审工作,凡取得评审合格证书的出口商品生产企业必须接受商检局的监督检查。

三、商品质量的表示方法

国际货物买卖的商品种类繁多、特点各异,用来表示商品品质的方法也各不相同。归纳起来,主要有两种:

(一)以实物表示

以实物表示商品质量的方法是早期国际贸易经常采用的一种方法,由于受时间、空间的限制,现代国际贸易中已较少使用。以实物表示商品质量通常包括根据成交商品的实际质量(actual quality)和凭样品成交(sample)两种表示方法。前者为看货买卖,后者为凭样品买卖。

1. 看货买卖(sale by actual quality)

看货买卖是先由买方或其代理人到卖方存放货物的场所验看货物,达成共识后进行交易,卖方应按对方验看过的货物交货。只要卖方交付的是验看过的货物,买方就不得对质量提出异议。所以,看货买卖是一种以买方所看到的商品的实际质量为准进行交易的方法。

在国际贸易中,由于交易双方远隔两地,买方到卖方所在地验看货物有诸多不便,即使卖方存有现货,或买方通过代理人验货,由于国际贸易成交商品数量众多,也难以逐件验看货物,所以采用看货成交的可能性非常有限。看货买卖这种做法,多用于寄售(consignment)、拍卖(auction)和展卖(fairs and sales)的业务中,尤其适用于具有独特性质的商品,如珠宝、首饰、字画及特定工艺制品。

2. 凭样品买卖(sale by sample)

样品通常是从一批商品中抽取出来的或是由生产部门设计加工出来的,足以反映整批货物的少数实物。凡是以样品表示商品质量并作为交货依据的,成为凭样品买卖。凡凭样品买卖,卖方所交货物必须与样品完全一致。买方对于与样品不符的货物,有权提出损害赔偿要求甚至退货。

在国际贸易中,根据样品提供者的不同,凭样品买卖可分为凭卖方样品买卖、凭买方样品买卖和凭对等样品买卖三种。

(1)凭卖方样品买卖(sale by seller's sample)

由卖方提供的样品称为卖方样品,凡凭卖方样品作为交货的质量标准者称为凭卖方样品买卖。如果以卖方样品作为交货依据,则应该在买卖合同中订明:质量以卖方样品为准(quality as per seller's sample)。

在出口中如果采用这种方式,卖方提供的样品应该具有代表性,防止样品质量过高或过低。质量过高会使得卖方交货质量难以达到样品标准,造成违约;样品质量过低会导致买方拒绝进口,交易无法达成。

(2)凭买方样品买卖(sale by buyer's sample)

凭买方样品买卖在我国也称为"来样成交"或"来样制作"。买方为了使其订购的商品符合当地消费者的需求,有时会将样品交由卖方让其依样制作,如果卖方同意按照买方提供的样品成交,则称为"凭买方样品买卖"。如果合同以买方样品作为将来卖方交货的依据,则应在合同中订明:质量以买方样品为准(quality as per buyer's sample)。

(3)凭对等样品买卖(sale by counter sample)

在买方提供样品时,为了避免交货与买方样品不符而导致买方索赔甚至拒收货物,卖方可根据买方的来样,加工复制或从现有货物中选择品质相近的样品提交给买方确认,这种经买方确认后的样品称为对等样品(counter sample)或回样(return sample),有时也称为确认样品(confirming sample)。如果对等样品被买方确认,则称为"凭对等样品成交",将来卖方交货必须以对等样品为依据,这实际上就是把"凭买方样品成交"转化为"凭卖方样品成交"。

在实际业务中,凭样品买卖应该注意下列问题:

(1)一方在向对方提交代表性样品时,应留存一份或数份样品,以备将来组织生产、交货或处理质量纠纷时作核对之用,这被称作复样(duplicate sample)或留样(keep sample)。

(2)为了防止样品受环境影响而改变质量,必要时应该采取适当措施,对样品进行封存,以防止受潮受热、遭到虫害、污染等,这被称为封样(sealed sample)。

(3)样品(原样、留样、封样)上应该标上相同的号码,注明样品提交的日期,妥善保管,以便日后联系、洽谈时参考。

（4）在按买方提交的样品成交前,卖方必须充分考虑原材料供应、加工技术、设备和生产安排的可行性,以防日后交货困难,导致买方索赔。

（5）按买方提交的样品成交时,应防止卷入侵犯第三方工业产权的纠纷。为此,通常需要在合同中明确规定:"如果发生由买方来样引起的侵犯第三方工业产权的情况,概由买方负责,与卖方无关。"

（6）对于某些在制造、加工工序上难以做到货样完全一致的商品,不宜采用凭样品买卖。如果非采用凭样品成交不可,则应在合同中写入"质量与样品大致相同"（quality shall be about equal to the sample）或"质量与样品近似"（quality is nearly same as the sample）等条款,以避免争议。

（7）为使客户更清楚地了解和熟悉商品而寄送样品时,应注明"仅供参考"（for reference only）字样,以避免与标准样品混淆。

（8）由于买卖双方凭样品买卖容易产生质量方面的争议,所以这种表示商品质量的方法应酌情采用。一般而言,对于造型上有特殊要求或具有色、香、味等方面特征的商品以及难以用科学的指标衡量质量的商品,可以采用凭样品买卖。另外,有些商品只是用样品来表示商品的某个或某几个方面的质量特征,如在纺织品或服装交易中,只采用"色样"（color sample）、"款式样"（pattern sample）等表示商品的色泽和造型,而对于其他方面的质量,则采用凭文字说明来表示。

（二）以文字说明表示

在国际贸易中,根据商品的特征,采用文字、图表、相片等方式来描述商品的质量,这种表示商品质量的方法称为凭文字说明表示商品的质量。主要包括以下几种:

1.凭规格买卖（sale by specifications）

商品的规格是指一些足以反映商品质量的指标,如成分、含量、纯度、性能、容量、形状、长短、宽窄、粗细等。不同的商品规格各不相同,用规格指标来表示不同商品的质量称为"凭规格买卖"。凭规格买卖是一种简便易行而又明确的表示商品质量的方法,也是目前国际贸易中采用最多的表示商品质量的方法。

条款示例 2-1

饲料蚕豆,水分（最高）15％,杂质（最高）2％。

Quality：feeding broad bean, moisture（max）15％, admixture（max) 2％.

2.凭等级买卖（sale by grade）

商品的等级是指同一类商品,按其质量指标的差异将其分为若干等级,每一等级代表一定的质量规格。有些商品特别是一些土特产品,比如茶叶、水果等,不能采用规格或不能完整地采用规格描述其质量，则可用双方都认可的等级来表示质量，既能简化质量表示、又易于比较优劣。

在凭等级买卖时，由于等级不同的商品规格不同，如果买卖双方对交易商品等级的理解一致，则只需在合同中明确等级即可；对于买卖双方不甚熟悉的等级，则最好明确每一等级的具体规格。

条款示例 2-2

美国二级黄豆。

Yellow soybean U. S. grade 2.

条款示例 2-3

母黄狼整张皮，规格：24 英寸，28 英寸，一级品。

Female weasel skin plates whole made，24″，28″，first grade.

3. 凭标准买卖（sale by standard）

商品的标准是指由标准化组织、政府机关、行业团体、商品交易所等机构规定并公布的商品规格和等级的标准化。按照制定标准的主体不同，商品标准可以分为五种：(1)企业标准。即由生产企业所制定的标准，如 Q/CY KFS 430。(2)团体标准。即由行业团体或协会制定的标准，如美国材料试验协会(ASTM)标准。(3)国家标准。即由国家政府机关制定的标准，如英国国家标准(BS)、美国国家标准(ANSI)、日本国家标准(JIS)等。(4)区域标准。即由区域标准化组织制定的标准，如欧洲标准化委员会(CEN)制定的标准。(5)国际标准。即由国际性机构制定的标准，如 ISO 制定的系列标准、国际电工委员会(IEC)制定的标准等。

上述标准，有的是强制性的，凡是不符合标准的一律不准进出口；有的不是强制性的，由买卖双方协商采用，买卖双方可根据需要在合同中另行约定商品的质量要求。由于公布的标准经常会因为生产和技术的发展而修改变动，所以，当采用标准说明商品质量时，应注明采用标准的版本和年份，以减少纠纷。

条款示例 2-4

柠檬酸钠，规格：(1)符合 1993 年版英国药典标准；(2)纯度：不低于 99％。

Sodium citrate, specifications：(1) In conformity with B. P. 1993; (2)purity：not less than 99％.

在国际市场上买卖农副产品时，由于其容易受季节气候影响而变化，质量不稳定，买卖双方通常以同业公会、商品交易所、检验机构等选定的标准物来表示商品的质量。标准物的确定一般采用以下两种标准：

(1)良好平均品质(fair average quality，FAQ)

"良好平均品质"是指一定时期内某地出口货物的平均质量水平，一般是指中等货而言，在我国一般称为"大路货"。"良好平均品质"一般通过以下两种方法来确定：

①农产品每个生产年度的中等货。生产国在农产品收获后，由同业公会或检验机构对产品进行广泛抽样，加以混合拌制，从而制定出该年度的良好平均品质标准和样品，并予以公布。

②某一季度或某一装船月份在某地装船的同一种商品的平均质量。即从各批出运的货物中抽样，然后进行综合，以其作为良好平均品质。

由于"良好平均品质"标准本身比较笼统，所以在使用良好平均品质作为商品质量的标准时，应该明确商品的一些主要规格指标，使质量具体化。

条款示例 2-5

装运地装货时的平均中等质量，以伦敦谷物贸易协会官方平均中等质量为准。

Fair average quality at the time and place of loading shall be assessed upon the basis of London corn trade association's official's F. A. Q. standard.

条款示例 2-6

中国花生仁，良好平均品质 1998，水分最高 13％，不完善粒最高 5％，含油量最低 44％。

China groundnut, F. A. Q. 1998, moisture 13％ max, imperfect grains 5％ max, oil content 44％ Min.

(2)上好可销品质(good merchantable quality，G. M. Q.)

"上好可销品质"是指卖方必须保证所交货物品质良好，适合销售，无须以其他方式证明产品的质量，主要适用于冷冻产品和木材等商品的进出口交易。由于该种标准的规定过于笼统，在执行过程中容易引起争议，所以在国际贸易中应尽量少用。

4.凭商标或品牌买卖(sale by trade mark or brand)

在进出口业务中，对于某些质量较稳定且在市场上已经树立了良好信誉的货物，其商标或品牌本身就代表一定的产品质量，买卖双方在交易磋商中可以采用这些商品的商标或品牌来表示商品的质量。

条款示例 2-7

雀巢婴儿奶粉。

Nestle infant milk powder.

条款示例 2-8

大白兔奶糖,规格:10 盒×10 袋×10 颗

White rabbit creamy candy, specification 10 boxes×10 bags×10 pcs.

由于同一商标或品牌下可能会有不同规格型号的产品,所以在使用这种方法表示产品质量时,必要时应以其他方式进行补充,以使质量具体化。另外,如果接受国外客户的订货且需要采用对方指定的商标或品牌,应该注意该项品牌是否会侵犯第三方工业产权,以免商品在国外销售时引发纠纷。

5.凭产地名称买卖(sale by name of origin)

有些产品,特别是农副产品,由于气候条件、土壤环境等自然条件独特,或因为独特的加工工艺或生产技术,在质量方面具有其他产区的产品所不具备的特色风味,因而在国际上享有盛誉,可以采用产地名称表示商品的质量。

条款示例 2-9

四川榨菜。

Sichuan preserved vegetable.

6.凭说明书和图样买卖(sale by description and illustrations)

在国际贸易中,技术密集型产品或工艺复杂的产品不能用样品或几项指标反映其全貌,如大型机械设备、仪表等。有些商品即使名称相同,由于生产材料、设计和制造技术不同,产品的性能也会存在差异。因此,对于这类商品,必须在买卖合同中说明其构造、用材、性能及使用方法,必要时还需要附说明书、照片、分析表或图纸等,以说明产品的具体性能和结构特点。按此种方式进行交易,称为"凭说明书和图样买卖"。如在合同中规定:"质量和技术数据必须与卖方所提供的说明书严格相符(Quality and technical data to be strictly in conformity with the description submitted by the seller)。"

四、国际货物买卖合同中的质量条款

质量条款是国际货物买卖合同中的一项重要条款,它是买卖双方对商品质量按照不同的表示方法进行的具体规定。在进出口合同中,应写明商品的名称和规格、等级、标准、商标、牌号等。凭样品买卖时,在合同中应列明样品的编号和寄送日期。在凭标准买卖时,一般应列明所采用的标准及标准版本的年份。

条款示例 2-10

圣诞熊,货号 S235,20 厘米,戴帽子和围巾,参照卖方于 2007 年 5 月 10 日寄送的样品。

S235 20cm Christmas bear with caps and scarf, as per the samples dispatched by the seller on 10 May, 2007.

在合同中订立质量条款,应注意以下几个方面:

(一)某些商品的质量条款应灵活

在国际贸易中,卖方交货必须严格符合合同中的质量条款的规定。然而,有些商品由于受生产工艺、运输条件以及商品本身特点等诸多因素的影响,难以保证交货质量与合同规定的内容完全一致。对于这些商品,为了避免因交货品质与合同不符而造成违约,可以在订立合同时对质量条款作一些灵活的规定。常见的规定方法主要有以下几种:

1. 凭样品买卖的情况下,卖方可要求在质量条款中加订"交货质量与样品大致相同(quality to be about equal to the sample)"。

条款示例 2-11

质量与卖方于 2009 年 3 月 3 日提交的编号为 125 的样品大致相符。

Quality to be nearly same as the sample No. 125 submitted by the seller on March 3, 2009.

2. 质量机动幅度

质量机动幅度是指对特定质量指标在规定的幅度范围内可以机动,只要卖方在该幅度范围内交货,就认为符合合同规定。具体有三种规定方法:

(1)规定范围。即对货物质量指标规定允许有一定范围的差异。

条款示例 2-12

100%梭织纯棉布,宽度 39/41″。

100% cotton woven fabric, width 39/41″.

(2)规定极限。即对货物的质量规定上下极限,如规定最高最低、最大最小、最多最少等。

条款示例 2-13

白籼米,长形,碎粒(最高)25%,杂质(最高)0.25%,水分(最高)15%。

White rice, long-shaped, broken grains (max.)25%, admixture (max.) 0.25%, moisture (max.)15%.

(3)规定上下差异。即对货物质量规定某一具体指标的同时,还规定必要的上下变化的幅度。

条款示例 2-14

中国东北大米,水分 9%±1%。

China northeast rice, moisture 9%, allowing 1% more or less.

条款示例 2-15

灰鸭毛,含绒量 18％,允许上下差异 1％。

Gray duck down 18％, allowing 1％ more or less.

如果卖方交货在机动幅度内,一般均按合同单价计价,不再另作调整。但如果有些质量指标的变动会给商品价格带来变化,为了体现按质论价,也可在合同中订立质量增减价条款。如出口大豆时规定含油量不低于 20％,以 20％ 为基础,含油量每增加 1％,价格增加 2％。(If the oil content of the goods shipped be 1％ higher, the price will accordingly increased by 2％.)

3. 质量公差(quality tolerance)

质量公差是国际上公认的产品质量的误差,主要针对工业制成品而言。由于受科学技术水平的限制,产品的质量不可避免地会出现一定的误差,如手表每天出现若干秒的误差、容器出现若干毫升或微升的误差,都应该看作正常。对于"质量公差",即使合同没有规定,只要卖方所交货物质量是在质量公差的范围之内,买方也不能拒收。但若国际上对特定指标无公认的"质量公差",或买卖双方对质量公差的理解不一致,或由于某种原因需扩大或缩小公差范围时,则应在合同中明确规定。

(二)正确使用表示商品质量的方法

表示质量的方法应视商品特性而定,应该正确运用各种表示质量的方法。凡是能用一种方法表示质量的,就不宜采用两种或两种以上的方法来表示,以免造成交货困难。凭样品成交时,还可订立交货质量与样品相似或其他类似条款。

(三)质量条款要有科学性和合理性

在规定质量条款时,要从实际出发,避免质量条款订得过高或过低,防止遗漏影响商品质量的重要指标,也不能过于繁琐,以免由于某项次要指标规定不合理而造成交货困难。要注意各指标之间的联系和内在关系,不要相互矛盾。确定商品质量时,应该综合考虑各种指标对商品质量的影响,注意各种指标之间的内在联系,避免因某一指标规定不合理而影响其他质量指标。如谷物的"杂质"与"不完善粒"就属于相互矛盾的指标,杂质要求越低,不完善粒就会越高,在规定时就应该科学合理。此外,质量条款应明确具体,在规定质量条款时,避免使用"大约""左右"等笼统含糊的字眼,以免引起纠纷。

第三节　商品的数量

一、数量的含义及其重要性

货物的数量,是指以一定的度量衡单位表示的货物的重量、个数、长度、面积、体积、容积的量。在国际货物买卖中,买卖双方在合同中订立数量条款,用于约定买卖双方交易的商品数量。

货物数量既关系到一笔交易的规模,也直接关系到货物总价值的大小,涉及买卖双方的利益。《联合国国际货物销售合同公约》规定:按约定数量交货是卖方的一项基本义务。如卖方交货数量大于约定的数量,买方可以拒收多交的部分,也可收取卖方多交的一部分或全部,但应该按实际收取数量付款。如卖方交货数量少于约定的数量,卖方应在规定的交货期届满之前补交,且不得使买方遭受不合理的损失,买方可保留要求赔偿的权利。此外,按照某些国家的法律或惯例的规定,如果卖方交货数量与合同约定不符,买方甚至有权拒收货物。因而,正确订立合同中的数量条款,对买卖双方都很重要。

二、计量单位

在国际贸易中,由于商品的种类和性质不同,计量的方法也不同。又由于各国采用的度量衡制度不一样,计量单位的名称和其表示的实际数量也不一样。国际贸易中使用的计量单位很多,究竟采用何种计量单位,除主要取决于商品的种类和特点外,也取决于交易双方的意愿。通常采用的计量单位有以下六种。

1. 重量(weight)单位

许多农副产品、矿产品和工业制成品都按重量计算。常用的计量单位有:公吨(metric ton,M/T)、长吨(long ton,L/T)、短吨(short ton,S/T)、千克(kilogram,kg)、克(gram,g)、盎司(wunce,oz.)、磅(pound,lb)等。

2. 长度(length)单位

主要用于绸缎、布匹、金属绳索等货物的交易。常用的计量单位有:米(meter,m)、英尺(foot,ft.)、码(yard,yd.)等。

3. 面积(area)单位

常用于皮革、玻璃、塑料板及其他一些板材等的交易。常用的计量单位有:

平方米(square meter,sq. m.)、平方英尺(square foot,sq. ft.)、平方码(square yard,sq. yd.)等。

4. 体积(volume)单位

木材、化学气体等物品按体积单位计量。常用的计量单位有:立方米(cubic meter,cu. m.)、立方英尺(cubic foot,cu. ft.)、立方码(cubic yard,cu. yd)等。

5. 容积(capacity)单位

一般适用于农作物及大部分液体物品的交易。常用的计量单位有:公升(litre,l.)、加仑(gallon,gal)、蒲式耳(bushel,bu.)等。

6. 个数(number)单位

目前,国际市场上大多数工业制成品,尤其是日用消费品、轻工业产品、机械产品以及一些土特产品,主要按个数计量。常用的计量单位有:件(piece,pc.)、双(pair, pr.)、打 (dozen, dz.)、罗 (gross, gr.)、令 (ream, rm.)、套 (set)、袋(bag)、包(bale)等等。

小资料 2-3

度量衡制度

各国的度量衡制度有所不同,目前,国际贸易中使用比较广泛的度量衡制度有四种:

1. 公制(metric system)。基本单位为千克和米。为欧洲大陆及世界大多数国家所采用。其常用派生单位为公吨(metric ton,M/T)、升(litre, L)等。公制广泛使用于亚洲和非洲的大多数国家。

2. 英制(British system)。基本单位为磅和码。为英联邦国家所采用,而英国加入欧盟,在一体化进程中已宣布放弃英制,采用国际单位制。

3. 美制(U. S. system)。基本单位和英制相同,为磅和码。美制广泛使用于北美洲的国家和地区。

4. 国际单位制(international system)。1960 年由国际标准计量组织在第 11 届国际计量大会上颁布实施了以公制为基础的国际单位制,此后许多国家纷纷采用国际单位制。其基本单位包括千克、米、秒、摩尔、坎德拉、安培和卡等 7 种。

我国自 1959 年起以公制作为我国的基本计量制度。1985 年 9 月 6 日通过的《中华人民共和国计量法》第 3 条规定:"国家采用国际单位制。国际单位制计量单位和国家选定的其他计量单位,为国家法定计量单位。"自 1991 年 1 月起,除个别特殊领域外,我国已不允许再使用非法定计量单位。在对外贸易中,出口货物除合同规定需要采用公制、英制和美制计量单位外,也应采用法定计量单位。一般不进口非法定计量单位的仪器设备,如有特殊需要,须经有关标准计量管理机构批准。

三、重量的计算方法

在国际贸易中,按重量计量的商品很多。根据一般商业习惯,计算重量的方法有以下几种:

(一)毛重(gross weight)

毛重是指货物本身的重量加皮重,即货物本身的重量加包装物的重量。这种计算重量的方法一般适用于价值较低的货物。

(二)净重(net weight)

净重是指商品本身的重量,即除去包装后货物的实际重量。按照国际惯例,如合同中对重量的计算没有其他规定,则应以净重计量。

如果需以净重计算,则必须从毛重中减去包装物的重量,即皮重。计算皮重主要有以下几种做法:

1. 实际皮重(real tare)。即称量每件包装物的重量。

2. 平均皮重(average tare)。在包装物比较划一的情况下,可从全部商品中抽取一定件数的包装物,加以称量,求出平均每件包装物的重量。

3. 习惯皮重(customary tare)。适用于规范化的包装方式,包装的重量已为人所共知,无需称量。

4. 约定皮重(computed tare)。双方事先约定的包装物重量。

在国际贸易中,有些货物因包装本身不便分别计算,如卷筒新闻纸等,或因包装材料与货物本身价值相差不多,如粮食、饲料等,常常采用按毛重计量,称为"以毛作净"(gross for net)。

条款示例 2-16

马饲料豆,单层麻袋装,每袋 100 公斤,以毛作净。

Horse beans, packed in single gunny bags of about 100 kg. each, gross for net.

另外,还有一些贵重金属、化学原料等,价值比较高,通常用货物本身的重量,即不包括任何包装的"净净重"(net net weight)来表示。

(三)法定重量(legal weight)

是指货物的净重加上与货物直接接触的、可以连同货物零售的销售包装的重量。一些国家的海关依法征收从量税时,是以法定重量为征税依据的。

（四）公量（conditioned weight）

对于含水率不稳定的商品，如羊毛、生丝、棉花等，为准确计算这类商品的重量，国际上通常采用按公量计算的方法，即测定商品的实际回潮率（含水率）以计算商品干净重，再按标准回潮率计算其重量，称为公量。所谓回潮率，是含水量与干量之比。标准回潮率是买卖双方约定的货物的含水量与干量之比，而实际回潮率是货物中的实际含水量与干量之比。计算公量的公式为：

$$公量 = \frac{实际重量 \times (1 + 标准回潮率)}{1 + 实际回潮率} = 干净重 \times (1 + 标准回潮率)$$

国际上公认的羊毛、生丝的标准回潮率为11%。

（五）理论重量（theoretical weight）

一些具有固定规格和尺寸的货物，如马口铁、钢板等，每件重量基本一致，一般可通过单件重量和件数推算出总重量，由此得出的重量称为理论重量。

由于理论重量和实际重量往往不一致，故而，当以理论重量成交时，应在合同中订明，在结算货款时，是按实际交货重量计价，还是按理论重量计价。

四、合同中的数量条款

数量条款（quantity clause）是合同中的一项主要条款，也是买卖双方交接货物和处理数量争议的依据。

（一）数量条款的基本内容

合同中的数量条款一般包括计量单位、计量方法和交货的具体数量，有时也包括溢短装的规定以及溢短装的选择和相应的计价方法等。

在实际业务中，对于大宗散装商品，如农副产品和工矿产品，由于商品特点和运输装载的缘故，难以严格控制装船数量。此外，某些商品由于货源变化、加工条件限制等，在最后出货时，实际数量往往不易符合合同规定的数量。为了避免在履行合同时发生争议，买卖双方应事先约定并在合同的数量条款中订明交货数量的机动幅度（quantity allowance）。

1.“约”量（about，circa，opproximately）

在合同中的交货数量前加“约”字，可使具体交货数量作适当的机动，即卖方可多交或少交一定百分比的数量。但是，不同国家、不同行业对“约”字的理解存在差异，有的解释为2%，有的解释为5%。国际商会第600号出版物《跟单信用证统一管理》（UCP600）规定，在数量条款中出现“约”字，应解释为允许卖方交货数量在上下10%的范围内变动。由于“约”量在国际上解释不一，这种规定方法容易产生纠纷，因此，使用时买卖双方应事先明确具体的约量。

条款示例 2-17

中国大米,约 1000 公吨,麻袋装,以毛作净。

Chinese rice,about 1000M/T,in gunny bags,gross for net.

2.溢短装条款(more or less clause)

对于一些数量难以严格限定的货物,如大宗的农副产品、矿产品,以及某些工业制成品,通常在合同中规定交货数量可在一定幅度内增减,这种条款一般称为溢短装条款,即在具体数量前面明确允许溢短装的百分比。溢短装条款一般包括机动幅度、机动幅度的选择权和计价方法。

在以信用证支付方式成交时,按《跟单信用证统一惯例》(UCP600)的规定,在金额不超过信用证规定时,对于仅用度量衡制单位表示数量的,可有 5% 的增减幅度。

通常由卖方在规定的溢短装范围内决定实际装运的数量,即由卖方选择(at seller's option)。若是由买方负责租船订舱的,可规定由买方选择(at buyer's option)。如果交易数量大,货物价格又经常变化时,为防止卖方或买方利用溢短装条款,故意多装或少装,也可规定溢短装只是为了使用船舶等运输工具的需要才能适用。在交货数量由承载船只的舱容决定的情况下,一般规定由安排运载工具的一方行使选择权,或者直接规定由承运人行使选择权(at carrer's option)。

对于在机动幅度内多交或少交的数量,一般可按合同价格结算。但是,数量上的溢短装在一定条件下,关系到买卖双方的利益。对于成交量大、市场价格波动比较频繁的交易,如果对多交或少交部分仍按合同价格计算,当交货时的市场价格发生变化时,有选择权的一方就可以作出对自己有利的选择,这对于另一方是不公平的。因此,如果双方考虑到交货时市场价格可能有较大变化,则可事先在合同中规定,对于溢短装部分按货物装船日或者到货日的市场价格计算。

条款示例 2-18

中国大同煤,10000 公吨,5% 溢短装,由卖方决定,多交或少交部分按合同价格计算。

Datong steam coal,10000M/T with 5% more or less at seller's option, such excess or deficiency to be settled at contracted price.

(二)订立数量条款应注意的问题

1.正确掌握成交货物的数量

在对成交货物数量的掌握上,必须符合国际进出口的有关规定。要在调查研究的基础上,根据需要与可能确定成交的数量。

在对出口货物数量的掌握上,既要考虑国外市场的供求状况、价格动态、运输能力、季节因素,保证及时供货,以巩固和扩大销售市场,又要考虑国内的货源供应情况和实际生产能力,以免造成交货困难。另外,还要考虑国外客户的资信情况及其经营能力,根据客户的具体情况确定适当的成交量。

在对进口货物数量的掌握上,应根据我国国内生产建设和市场的实际需要来确定成交量,避免盲目进口。同时,还要考虑市场行情的变化、外汇支付能力和运输条件等因素。

2.数量条款各项内容的规定应明确、具体

(1)选择合适的计量单位。如果一种货物可以用不同的计量单位计量,应选择国际上最常用的计量单位,同时,还必须选择我国的法定计量单位。

(2)列明具体的交易数量。合同中应写清楚成交的数量,如若干袋、箱等。如有必要还应进一步注明每袋、每箱内装若干件、套等。对在合同中所订明的包装数量,不能擅自变动,否则容易引起争议。

(3)订明具体的计量方法。对于以重量计量的大宗货物,应明确是按毛重还是按净重计重。如未加明确,按照国际贸易习惯则按净重计。另外,按个数成交的货物,要注意数量与包装件数之间的协调,防止出现零头货物无法包装和装运的情况。

(4)合理使用溢短装条款。凡是交货数量难以确切把握的货物,在规定数量时,最好订立溢短装条款,必要时还应具体明确溢短装的选择权和如何计价,防止日后发生争议。

(5)在交易货物的数量容易受到各种因素影响而发生比较明显的变化的情况下,最好在合同中明确是按出运重量还是按到运重量来检验货物重量,以避免事后双方发生争议。通常在合同中预定损耗限度为运出重量的 1‰～5‰,如果超过限度,超过部分由卖方承担。

第四节　货物的包装

一、包装的含义及其意义

包装是货物的盛载物、保护物和宣传物,是货物运动过程中的有机组成部分。商品包装是商品生产的继续,凡需要包装的商品,只有通过包装,才算完成生产过程。在国际贸易中,除少数商品因其本身的原因不需要包装外,绝大多数商品都需要一定的包装,以确保经过长途运输、多次搬运、储存,货物能保持完好。不同的货物,因其种类、形状、特性等方面的差异而采取不同的包装方式。

在国际贸易中,货物包装在货物流通和销售方面都有其特殊的重要性,包装条款是买卖合同的重要条款之一。按照某些国家的法律规定,如卖方交付的货物未按约定的条件包装,或者包装与行业习惯不符,买方有权拒收货物。根据《联合国国际货物销售合同公约》的规定,卖方必须按照合同规定的方式装箱或包装。因此,在订立国际货物买卖合同时,凡是需要包装的货物,交易双方必须在合同中对包装的材料和费用以及相关的包装标志加以明确规定,以避免引发纠纷。

商品的包装按其在流通过程中所起的作用不同,可分为运输包装和销售包装。

二、运输包装

运输包装(transport packing)又称大包装或外包装(outer packing),是指为了方便商品的运输,将商品装入特定容器或以特定方式成件的二次包装。它的作用主要是保护商品在远距离运输过程中不被损坏,同时方便货物的运输、装卸、储存和分配等流通环节的顺利进行。

(一)运输包装的种类

1.单件运输包装。指货物在运输过程中作为一个计件单位的包装。常用的有箱、包、桶、袋、篓及罐等。

(1)箱(case)。不能紧压的货物通常装入箱内。按不同材料,箱子有木箱(wooden case)、板条箱(crate)、纸箱(carton)、瓦楞纸箱(corrugated carton)、漏孔箱(skeleton case)等。

(2)桶(drum,cask)。液体、半液体以及粉状、粒状货物,可用桶装。桶有木桶(wooden drum)、铁桶(iron drum)、塑料桶(plastic cask)等。

(3)袋(bas)。粉状、颗粒状和块状的农产品及化学原料常用袋装。袋有麻袋(gunny bag)、布袋(cloth bag)、纸袋(paper bag)、塑料袋(plastic bag)等。

(4)包(bundle,bale)。羽毛、羊毛、棉花、生丝、布匹等紧压的商品可以先经机压打包,压缩体积后,再以棉布、麻布包裹,外加箍铁和塑料带,捆装成件。

2.集合运输包装。是在单件包装的基础上,把若干单件组合成一件大包装,以适应港口机械化作业的要求。集合运输包装能更好地保护商品,提高装卸效率,节省包装和运输费用。常见的集合包装方式有托盘、集装袋和集装箱。

(1)托盘(pallet)。是按一定规格形成的单层或双层平板载货工具。在平板上集装一定数量的单件物资,并按要求捆扎加固,组成一个运输单位,便于运输过程中使用机械进行装卸、搬运和堆存,承载力一般为 1.5～2 公吨。

图 2-1　托盘

（2）集装袋（flexible container）。是一种柔性运输包装容器,具有防潮、防尘、耐辐射、牢固安全的特点,还具有足够的强度,集装、集卸、操作方便等特点,适应机械化装卸,可广泛用于化工、水泥、粮谷、矿产品以及垃圾等各类粉状、粒状、块状物品的包装。集装袋容量不一,一般为 1～4 吨,最高达 13 吨左右。

图 2-2　集装袋

（3）集装箱（container）。是指具有一定强度、刚度和规格的专供周转使用的大型装货容器。使用集装箱转运物资,可直接在发货人的仓库装货,运到收货人的仓库卸货,中途更换车、船时,无须将货物从箱内取出换装。

图 2-3　集装箱

（二）运输包装的标志

为了方便在储运过程中识别货物,防止错发错运以及对货物进行合理操作,需要在运输包装上刷写印制有关标志,以提醒人们注意。运输包装上的标志按其用途可分为运输标志、指示性标志、警告性标志。

1. 运输标志（shipping mark）

运输标志又称唛头,是一种识别标志。其形式多种多样,内容五花八门,但通常由一个简单的几何图形和一些字母、数字及简单的文字组成。除了上述内容外,有的唛头上还标有重量体积、产地等标志。

以下是常见的运输标志示例:

ABC
SAN FRANSISCO
NOS. 12/6100
MEAS. 45cm×60cm×65cm
G. W. 115 kgs
MADE IN CHINA
(1)

LONDON
No. 1/100
(2)

运输标志的主要作用是容易辨认货物,方便运输,易于点数、查箱,使单货相符,防止错发错运等。运输标志也是货物风险转移的必要条件。按《公约》规定,在商品特定化以前,风险不转移到买方承担。所谓"商品特定化",是指以某种方式表明该商品属于某贸易合同项下。商品特定化最常见的有效方式,是在商品外包装上标明运输标志。此外,运输标志还是顺利结汇的必要条件。国际贸易主要采用的是凭单付款的方式,主要的出口单据,如发票、提单、保险单上,都必须显示出运输标志。据此作用,运输标志的组成内容不宜过分复杂,应当简明清晰,易于辨认;刷写的部位要适当,制作标志的颜料要不褪色、不脱落;不要加上任何广告性的宣传文字和图案。商品以集装箱方式运输时,运输标志可被集装箱号码和封印号码取代。

为了减少因为运输标志不统一而产生的争议和纠纷,联合国欧洲经济委员会简化国际贸易程序工作组在国际标准化组织和国际货物装卸协会的支持下,制定了标准化的运输标志向各国推荐使用。该标志包括四项内容(每项不超过17 个字母):①收货人名称的英文缩写或简称。②参考号,如订单、发票或运单号码。③目的地。④件号。例如:

ABC CO   收货人名称
SC9750   合同号码
LONDON   目的港
NO. 4－20   件号(顺序号和总件数)

2. 指示性标志(indicative mark)

指示性标志是一种操作注意标志,是根据商品的特性,在包装外部以图形和文字方式标出的提示人们在装卸、运输和储存过程中的注意事项。指示性标志如图 2-4 所示。

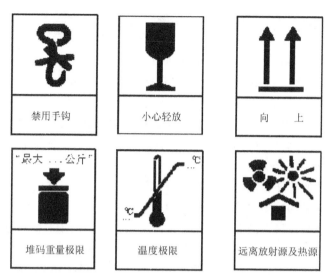

图 2-4 指示性标志举例

3. 警告性标志(warning mark)

警告性标志又称危险品标志(dangerous cargo mark),是以图形和文字方式说明包装内的商品系易燃、易爆、有毒、腐蚀性或放射性等危险性货物,目的主要是警告有关装卸、运输和保管人员按货物特性采取相关的措施,以保障人员和物资安全。我国国家技术监督局制定有《危险货物包装标志》,危险品的运输包装上必须按规定打上相应标志。此外,联合国政府间海事协商组织也制定有《国际海运危险品标志》,许多国家采用了该标志。由于上述两文件的规定图案并不一致,我国在出口危险品的运输包装上,要同时标明两套危险品的标志。警告性标志如图 2-5 所示。

爆炸品
UN Transport symbol for
explosives

放射性物品(第Ⅲ级)
UN Transport symbol for
radioactive substances,Category Ⅲ

腐蚀性物品
UN Transport symbol for
corrosive substances

图 2-5 警告性标志举例

三、销售包装

销售包装（consumer packing ／ selling packing）又称"内包装"（inner packing）、"小包装"（small packing）或"直接包装"（immediate packing），是在商品制造出来以后，以适当的材料或容器所进行的初次包装。其主要作用是保护商品，便于陈列展销，吸引顾客和方便消费者识别、选购、携带和使用，从而能起到促进销售、提高商品价值的作用。有的商品如照相胶卷、罐头食品只有进行了销售包装，生产才真正完成。

根据商品的特征和形状，销售包装可采用不同的包装材料和不同的造型结构与样式。常见的销售包装有以下几种：

1. 挂式包装。可在商店货架上悬挂展示的包装。由于其具有独特的结构如吊钩、吊带、挂孔、网兜等，可充分利用货架的空间陈列商品。

2. 堆叠式包装。这种包装通常指包装品顶部和底部都设有吻合装置，使商品在上下堆叠过程中可以相互咬合，其特点是堆叠稳定性强，大量堆叠而节省货位，常用于听装的食品罐头或瓶装、盒装商品。

3. 便携式包装。包装造型和长宽高比例的设计均适合消费者携带使用的包装，如有提手的纸盒、塑料拎包等。

4. 一次用量包装。又称单份包装、专用包装或方便包装，以使用一次为目的的较简单的包装，如一次用量的药品、饮料、调味品等。

5. 易开包装。包装容器上有严格的封口结构，使用者不需另备工具即可容易地开启，又分为易开罐、易开瓶和易开盒等。

6. 喷雾包装。在气性容器内，当打开阀门或压按钮时，内装物由于推进产生的压力能喷射出来的包装，如香水、空气清新剂、清洁剂等包装。

7. 配套包装。将消费者在使用上有关联的商品搭配成套，装在同一容器内的销售包装，如工具配套袋、成套茶具的包装等。

8. 礼品包装。专门为礼品使用的销售包装。它的装潢除了给消费者留下深刻印象外，还必须具有保护商品的良好性能。礼品包装的造型应美观大方，有较高的艺术性，有的还使用彩带、花结、吊牌等。使用礼品包装的范围极广，如糖果、化妆品、工艺品、滋补品和玩具等。

商品销售包装上普遍带有装潢和文字说明，是美化商品、宣传商品、吸引消费者、使消费者了解商品的特性和妥善使用商品的必要手段。装潢、图案和文字说明通常直接印刷在商品包装上，也有的采用粘贴、加标签或挂吊牌等方式。

销售包装的装潢，通常包括图案与色彩。装潢应美观大方，富于艺术吸引力,并突出商品的特性。同时,还应适应进口国或销售地区的民族习惯和爱好,以利于扩大出口。

销售包装的文字说明通常包括商标品牌、数量规格、成分构成与使用说明等内容。这些文字说明应与销售包装的装潢画面紧密结合、和谐统一,以达到树立产品及企业的形象、提高宣传和促销的目的。销售包装的装潢和文字说明还应注意不应违反进口国家对销售包装的相关法律规定以及当地市场的消费偏好。

四、中性包装与定牌

（一）中性包装

1.中性包装的定义和分类

中性包装(neutral packing)是指商品和内外包装上均无生产国别和生产厂商名称的包装,分为定牌中性包装和无牌中性包装两种。其中,定牌中性包装是指商品的外包装上有买方指定的商标或牌号,但并不标明生产国别和生产厂商的名称;无牌中性包装则是在商品的外包装上既不标明买方指定的商标或牌号,也不标明生产国别和生产厂商的名称。

2.采用中性包装的目的

（1）打破某些国家或地区的贸易壁垒的需要。在国际贸易中,各国为了保护本国的民族工业,往往采取贸易歧视政策,限制或不允许国外某些商品进入本国市场。为了打破这些限制进口的歧视性政策,发展出口贸易,一些国家的厂商只好采用中性包装的方法向这样的国家出口商品。

（2）特殊交易的需要。为了满足一些特殊的交易需求,有时进口方也会要求出口方采用中性包装的方式。如在转口贸易中,中间商为了避免国外最终买家获知实际供货商的相关资料,可能会要求使用中性包装。

（3）降低成本的需要。对于半制成品或低值易耗品,如棉坯布,只是作为原材料投入生产,采用中性包装可以节省包装成本,降低费用。

3.采用中性包装应该注意的问题

（1）在国外买方的要求下,可酌情采用。但由于近年来屡遭非议,故应谨慎从事。

（2）对于我国和其他国家签订有出口配额协定的商品,应从严掌握。因为万一进口商将商品转口至有关配额国,将对我国产生不利影响,出口商千万不能图一己之利而损害国家的声誉和利益。

（二）定牌

定牌(packing of nominated brand; brand supplied by the customers)指卖

方按买方的要求在其出售的商品或包装上标明买方指定的商标或牌号。世界市场上,由于品牌商标在体现商品质量和档次中的作用越来越大,品牌附加值已成为商品利润的主要来源。一些拥有世界知名商标的企业,为了降低劳动力成本,允许国外制造商按照原厂设计并使用其品牌进行生产。也有些大百货商店、超级市场和专业商店,已经有很高的知名度,代表了一定的品牌质量,在销售的产品上,标上自己的商标或牌号,以提高知名度,或降低成本。目前,定牌包装主要有以下三种做法:

1. 只使用买方指定的商标或牌号,无卖方的商标或牌号、生产国别等,即采用定牌中性的做法。

2. 使用买方指定的商标或牌号,同时加注卖方的商标或牌号、生产国别等。

3. 使用买方指定的商标或牌号,同时只加注生产国别。

五、国际货物买卖合同中的包装条款

(一)包装条款(packing clause)的基本内容

按照国际惯例,包装条款是国际货物买卖合同的重要交易条件之一,是货物说明的主要组成部分。如果货物的包装与合同的规定或行业惯例有重大不符,买方有权索赔损失,甚至拒收货物。买卖合同中的包装条款一般包括包装材料、包装方式、包装规格、包装标志,有时也包括包装费用等内容。

条款示例 2-19

木箱装,每箱 80 千克净重。

In wooden cases of 80 kilograms net each.

铁桶装,每桶净重 195～205 千克。

In iron drums of 195～205kg net each.

纸箱装,每箱 1 台,共 850 箱。

To be packed in cartons of one set each, total 850 cartons.

(二)订立包装条款应该注意的问题

为了订好包装条款,以利合同的履行,在商订包装条款时,应注意下列事项:

1. 考虑商品特点和不同运输方式的要求。商品的特性、形状和使用的运输方式不同,对包装的要求也不相同,因此,在约定包装材料、包装方式、包装规格和包装标志时,必须从实际出发,使约定的包装科学、合理,并满足安全、适用和适销的要求。

2. 对包装的规定要明确具体。不宜只笼统订"适合海运包装""习惯包装",要根据具体商品作具体明确的规定。

3.要考虑有关国家与进口包装有关的法律法规。有的国家和地区对包装材料、运输标志等有严格的限制和规定,所以要对此十分注意。

4.明确包装费用由何方负担。按照国际贸易惯例,包装费用一般都包括在货价之内,不单独计价,在包装条款中无须另行订明。但如果买方有特殊要求,则需要在包装条款中订明。包装由谁供应通常有三种做法:一是卖方提供包装,连同商品一起交给买方;二是卖方提供包装,但在交货后再将其收回;三是由买方提供包装,在这种情况下,应明确规定买方提供包装或包装物料的时间,以及由于包装物料未能及时提供而影响发运时买卖双方所负的责任。

5.采用定牌包装时,应该注意买方指定的商标或品牌是否侵犯第三方工业产权,为避免纠纷,最好在合同中订明:"因该商标或品牌所引起的知识产权纠纷,概与卖方无关,所有责任和费用皆由买方承担。"

⇨【练 习】

一、选择题

1.卖方根据买方来样复制样品,寄送买方并经其确认的样品,被称为（   ）。

A.复样   B.回样   C.原样   D.确认样   E.对等样品

2.在国际贸易中,造型上有特殊要求或具有色香味方面特征的商品适合于（   ）。

A.凭样品买卖   B.凭规格买卖
C.凭等级买卖   D.凭产地名称买卖

3.若合同规定有质量公差条款,则在公差范围内,买方（   ）。

A.不得拒收货物   B.可以拒收货物
C.可以要求调整价格   D.可以拒收货物也可以要求调整价格

4.大路货是指（   ）。

A.适于商销   B.上好可销品质   C.质量劣等   D.良好平均品质

5.根据《跟单信用证统一惯例》规定,合同中使用"大约""近似"等约量字眼,可解释为交货数量的增减幅度为（   ）。

A.不超过 5%   B.不超过 10%
C.不超过 15%   D.由卖方自行决定

6.某公司向国外某客商出口 50 吨小麦,卖方实际交货时多交了 2 吨,买方可就卖方多交的 2 吨货物作出（   ）的决定。

A.收取 52 吨货物   B.拒收 52 吨货物

C.收取多交货物的 1 吨　　　　　　D.拒收多交的 2 吨货物

二、简答题

1.进出口合同表示质量的方法有哪些？

2.凭样品成交应该注意哪些问题？

3.在质量条款中应该如何约定质量机动幅度？

4.重量的计算方法有哪些？

5.在合同中如何规定数量的机动幅度？

6.什么是溢短装条款？在合同中如何规定溢短装条款？

7.订立数量条款时应注意哪些问题？

8.运输包装的标志有哪些？

9.合同中的包装条款应该包含哪些内容？

三、案例分析

1.我某出口公司向外商出口一批苹果。合同及对方开来的信用证上均写的是三级品，但卖方交货时才发现三级苹果库存告罄，于是该出口公司改以二级品交货，并在发票上加注："二级苹果仍按三级计价不另收费。"请问：卖方这种做法是否妥当？为什么？

2.国内某出口公司向沙特出口冻牛肉 50 公吨，每公吨 FOB 价 200 美元。合同规定数量可以增减 10%。国外银行按时开来信用证，证中规定金额为10000 美元，数量约 50 公吨。结果我方发货装运了 52 公吨。当公司人员持单到银行办理议付时遭到拒绝。问：银行的拒付是否合理？

3.我出口风扇 1000 台，国外来证规定不许分批装运。装船时发现有 40 包包装破裂、风罩变形或开关脱落。为保证质量，卖方认为：《UCP600》有规定，即使不许分批装运，数量上可以有 5% 的溢短装。于是，少装 40 台。但遭到议付行的拒付。问：议付行的拒付是否合理？

4.我国某粮油进出口公司向拉美某国购买 12000MT 小麦，合同规定在数量上可溢短装 5%，由卖方选择，由我方派船接货。而在装货时，国际市场上小麦价格大幅上扬，按规定的价格对卖方不利，卖方因此少装 600MT，造成我方空舱费的损失。问：空舱费的损失应如何避免？

5.英国穆尔公司以 CIF 伦敦的条件，从兰陀公司购买 300 箱澳大利亚水果罐头。合同规定水果罐头装入箱内，每箱 30 听。卖方按合同规定如数交付了货物，但其中有一部分是装 24 听的小箱，而所交货物的总听数并不短缺。可是买方以包装不符合同规定为由拒收整批货物，卖方则坚持买方应接受全部货物，理由是经买方所在地的公证人证实：不论每箱是装 24 听或 30 听，其每听市场价格完全相同。于是引起诉讼。对此你认为法官应如何判决？

6.我国内地某农产品公司向香港地区 B 商行出口香菇,该商品的习惯包装为木箱装。我方为了节约,经 B 商行同意,签约时规定为纸箱装,每箱净重 2.5 公斤。但在装运前因纸箱不够,我方又改用木箱装货。货到目的港,B 商行提出实际包装与合同不符,不同意接受,同时我方银行也接到对方银行暂不付款的通知。我方一再向对方解释,木箱包装比纸箱包装优点更多,而且香菇最适合木箱包装。对方坚决不同意接受,并称已与美国 C 公司签约转售,该合同也规定用纸箱包装。经与 C 公司洽商,C 公司称美国对木材包装的货物有特别规定,所以也不同意木箱包装。B 商行要求退货并赔偿损失。最后经过协商,B 商行降价接受货物。

第三章

国际贸易术语　≫≫≫　≫

学习内容与目标 ·······························

　　了解国际贸易术语的相关国际惯例；

　　掌握各种贸易术语的具体内容及应用；

　　掌握使用各种贸易术语时应注意的问题。

·······························

案例导读

　　我国某内陆 A 出口公司与日本某公司签订出口合同，合同约定 A 公司向日本出口 30 吨甘草膏，每吨装 40 箱，共 1200 箱，价格为 1800 美元每吨 FOB 新港，共 54000 美元，即期信用证，装运期为 2000 年 2 月 25 日之前，货物必须以集装箱方式运输。该出口公司在天津设有办事处，2 月上旬将货物运到天津，由天津办事处负责订箱装船。不料货物在天津存仓后的第二天，仓库午夜着火，抢救不及，1200 箱甘草膏全部被焚。办事处立即通知公司总部并要求尽快补发 30 吨，否则无法按期装船。结果该出口公司因货源不足，只好要求日商将信用证的有效期和装运期各延长 15 天。日商同意但提出价格下降 5%，经双方协商，最终降价 3%。请分析 A 出口公司在贸易术语的选用上是否妥当？

　　【分析】　按照《Incoterms 2000》的解释，FOB 贸易术语成交时，买方负责运输,货物在装运港越过船舷时卖方完成交货义务。我国出口企业对外洽谈业务习惯用 FOB、CFR 和 CIF 三种贸易术语,这三个贸易术语成交时,卖方都是在货物装到船上时完成交货,风险转移给买方。对于地处内陆的出口企业,特别是集装箱运输的情况下,应尽量改用在内陆地点货交承运人卖方即完成交货的 FCA、CPT 及 CIP 三种贸易术语,以做到提前转移风险、提早结汇等。案例中 A 出口公司如果采用 FCA 术语对外成交,则该公司在当地将 1200 箱甘草膏交给集装箱中转站或自己装箱后将整箱(集装箱)交中转站,不仅风险能够提前转移给买方,而且当地承运人(即中转站)签发的货运单据即可在当地银行办理议付结汇。该公司自担风险将货物运往天津,再集装箱出口,不仅加大了自身风险,而且推迟了结汇时间。

第一节　贸易术语概述

一、贸易术语的含义与作用

(一)贸易术语的含义

国际贸易具有线长、面广、环节多、风险大的特点。货物从出口地到进口地要经过长途运输、过多道关卡,交易中要涉及银行、商检、海关、保险、运输等多个方面的工作,办理多项手续。国际贸易中的买卖双方分处两个不同的国家,在交易磋商和订立合同时为了明确交易双方各自承担的责任、义务,当事人在洽商交易、订立合同时,必然要考虑以下几个重要问题:

1.由谁负责办理货物的运输、保险以及通关过境的手续?

2.由谁承担办理上述事项时所需的各种费用?

3.卖方在什么地方,以什么方式完成交货?

4.货物发生损坏或灭失的风险何时由卖方转移给买方?

5.买卖双方需要交接哪些有关的单据?

在具体交易中,以上这些问题必须加以明确,因为它们直接关系到成交货物价格的高低。但是在洽商交易时,买卖双方对以上问题逐一商谈又耗时费力。为了节省交易磋商的时间和费用,在长期的国际贸易实践中逐渐形成了为人们所熟悉和普遍采用的贸易术语。

贸易术语(trade terms),也称贸易条件、价格术语,是在国际贸易的长期实践中逐渐形成的用一个简短的概念或外文缩写来表明商品的价格构成,说明买卖双方在货物交接过程中有关的手续、费用、风险和责任等义务的专门用语。

(二)贸易术语的作用

贸易术语是国际贸易发展过程中的产物,它的出现又促进了国际贸易的发展。贸易术语的作用体现在:

1.明确交易方式,简化买卖双方洽商的内容,缩短交易磋商时间,节省费用开支。

2.明确价格内涵,有利于交易双方进行比价和成本核算。

3.明确交货地点,界定合同性质。

4.明确买卖双方各自承担的责任、费用与风险划分界限,减少交易纠纷。

二、贸易术语的性质

从法律上讲,贸易术语是一种国际惯例。在具体业务中,应由买卖双方通过洽商选用何种贸易术语。只有双方同意选用某种贸易术语时,该贸易术语对双方才具有约束力。

贸易术语是用来表示买卖双方各自承担的责任和义务的专门用语,每种贸易术语都有其特定的含义。采用某种贸易术语,主要是为了确定交货条件,即说明买卖双方在交接货物方面彼此承担的责任、费用和风险。

同时,由于不同的贸易术语表明买卖双方各自承担的责任、费用和风险不同,而责任、费用和风险的大小,又影响成交货物的价格。因此,贸易术语也能反映价格构成因素,特别是货价中所包含的从属费用。在国际贸易中,确定一种商品的成交价,不仅取决于其本身的价值,还要考虑到商品从产地运至最终目的地的过程中,有关的手续由谁办理、费用由谁负担以及风险如何划分等一系列问题。如果由卖方承担的风险大、责任广、费用多,其价格自然要高一些;反之,如果由买方承担较多的风险、责任和费用,货价则要低一些买方才能接受。

由此可见,贸易术语具有两重性:一方面它用来确定交货条件,即说明买卖双方在交接货物时各自承担的风险、责任和费用;另一方面又用来表示该商品的价格构成因素。这两者是紧密相关的。

三、有关贸易术语的国际贸易惯例

贸易术语是在国际贸易实践中逐渐形成的,在相当长的时间内,在国际上没有形成对各种贸易术语的统一解释。不同国家和地区在使用贸易术语和规定交货条件时,有着各种不同的解释和做法。为了解决合同买卖双方之间由于种种原因不了解对方国家的贸易习惯而引起误解和争议的问题,避免因各国对贸易术语的不同解释而出现的不确定性,国际商会、国际法协会等国际组织以及美国一些著名商业团体经过长期的努力,分别制订了解释国际贸易术语的规则,这些规则在国际上被广泛采用,从而成为一般的国际贸易惯例。

国际贸易惯例的适用是以当事人的意思自治为基础的,因为惯例本身不是法律,它对贸易双方不具有强制性约束力,故买卖双方有权在合同中作出与某项惯例不符的规定。只要合同有效成立,双方均要履行合同规定的义务。一旦发生争议,法院和仲裁机构也要维护合同的有效性。但是,国际贸易惯例对贸易实践仍具有重要的指导作用。这体现在两方面:

一方面,如果双方都同意采用某种惯例来约束该项交易,并在合同中作出了明确规定,那么这项约定的惯例就具有了强制性。《华沙—牛津规则》在总则中说明:"这一规则供交易双方自愿采用,凡明示采用《华沙—牛津规则》者,合同当事人的权利和义务均应援引本规则的规定办理。经双方当事人明示协议,可以对本规则的任何一条进行变更、修改或增添。如本规则与合同发生矛盾,应以合同为准。凡合同中没有规定的事项,应按本规则的规定办理。"在《美国对外贸易定义 1941 年修订本》中也有类似规定:"此修订本并无法律效力,除非有专门的立法规定或为法院判决所认可。因此,为使其对各有关当事人产生法律上的约束力,建议买方与卖方接受此定义作为买卖合同的一个组成部分。"国际商会在《2000 通则》的引言中指出,使用《2000 通则》的商人,应在合同中明确规定该合同受《2000 通则》的约束。许多大宗交易的合同中也都作出采用何种规则的规定,这有助于避免对贸易术语的不同解释而引起的争议。

另一方面,如果双方在合同中对某一问题没有明确规定,也未注明该合同适用于某项惯例,在合同执行中发生争议时,受理该争议案的司法和仲裁机构也往往会引用某一国际贸易惯例进行判决或裁决。这是因为,通过各国立法或国际公约赋予了它法律效力。例如,我国法律规定,凡中国法律没有规定的,适用国际贸易惯例。《联合国国际货物销售合同公约》规定,合同没有排除的惯例,已经知道或应当知道的惯例,经常使用或反复遵守的惯例适用于合同。

可见,国际贸易惯例本身虽然不是法律,不具有强制性,但它对国际贸易实践的指导作用却不容忽视。在我国的对外贸易中,在平等互利的前提下,适当采用这些惯例,有利于外贸业务的开展;而且,通过学习掌握有关国际贸易惯例的知识,可以帮助我们避免或减少贸易争端,即使在发生争议时,也可以引用某项惯例,争取有利地位,减少不必要的损失。

有关贸易术语的国际贸易惯例主要有三个,即《1932 年华沙—牛津规则》《1990 年美国对外贸易定义修订本》和《2010 年国际贸易术语解释通则》。

(一)《1932 年华沙—牛津规则》

《华沙—牛津规则》(Warsaw—Oxford Rules)是国际法协会专门为解释 CIF 合同而制定的。19 世纪中叶,CIF 贸易术语在国际贸易中得到广泛采用,然而对使用这一术语时买卖双方各自承担的具体义务,并没有给出统一的规定和解释。对此,国际法协会于 1928 年在波兰首都华沙开会,制定了关于 CIF 买卖合同的统一规则,称之为《1928 年华沙规则》,共包括 22 条。其后,在 1930 年的纽约会议、1931 年的巴黎会议和 1932 年的牛津会议上,将此规则修订为 21 条,并更名为《1932 年华沙—牛津规则》,沿用至今。这一规则对于 CIF 的性质,买卖双方所承担的风险、责任和费用的划分以及货物所有权转移的方式等问题都作了比较详细的解释。

(二)《1990 年美国对外贸易定义修订本》

1919 年美国 9 大商业团体制定了《美国出口报价及其缩写条例》(The U. S. Export Quotations and Abbreviation),供从事对外贸易的人员参考使用。1940 年在美国第 27 届全国对外贸易会议上对该条例作了修订,经美国商会、美国进口商协会和全国对外贸易协会所组成的联合委员会通过,定名为《1941 年美国对外贸易定义修订本》(Revised American Foreign Trade Definitions 1941)。1990 年又加以修订,称为《1990 年美国对外贸易定义修订本》(Revised American Foreign Trade Definitions 1990)。《1990 年美国对外贸易定义修订本》中所解释的贸易术语共有 6 种,其中,FOB 术语又分为 6 种,所以实际上其所解释的贸易术语共有 11 种(见表 3.1)。

《美国对外贸易定义》对贸易术语的解释与国际商会制订的《国际贸易术语解释通则》有明显的差异,由于《国际贸易术语解释通则》为世界多数国家贸易商所采用,美国贸易界已同意使用《国际贸易术语解释通则》,以实现贸易术语解释的国际性和统一性。但在实践中,部分美洲国家仍继续使用《美国对外贸易定义》,因此,我们在与美洲国家商人进行交易时应特别注意,避免由于两大惯例的差异造成不必要的误会,甚至产生纠纷。

表 3.1 《1990 年美国对外贸易定义修订本》解释的贸易术语

贸易术语	英 文	中 文
Ex	Ex Works (named point of origin)	工厂交货,指定起运地点
FOB	Free on Board (named inland carrier at named inland point of departure)	国内指定地点运输工具上交货
	Free on Board (named inland carrier at named inland point of departure) freight prepaid to (named point of exportation)	国内指定地点运输工具上交货,运费付至指定出口地点
	Free on Board (named inland carrier at named inland point of departure) freight allowed to (named point)	国内指定地点运输工具上交货,扣除至指定地点运费
	Free on Board (named inland carrier at named inland point of exportation)	国内指定出口地点运输工具上交货
	Free on Board Vessel (named port of shipment)	指定装运港船上交货
	Free on Board (named inland point of country of importation)	进口国指定国内地点运输工具上交货
FAS	Free Along Side (named port of shipment)	指定装运港船边交货
CFR	Cost and Freight (named point of destination)	成本加运费,指定目的地
CIF	Cost, Insurance and Freight (named point of destination)	成本加保险、运费,指定目的地
DEQ	Delivered Ex Quay (duty paid)	进口港码头交货,关税已付

(三)《国际贸易术语解释通则》

《国际贸易术语解释通则》(International Rules for the Interpretation of Trade Terms,INCOTERMS),是国际商会(International Chamber of Commerce,ICC)为了统一对各种贸易术语的解释而制订的。最早的《通则》产生于 1936 年,后来为适应商业实践的变化,国际商会对《国际贸易术语解释通则》进行过多次修改和补充,先后形成了 1953 年、1967 年、1976 年、1980 年、1990 年、2000 年、2010 年版本。

INCOTERMS2000(简称《2000 通则》)解释了 13 种贸易术语,分为 E、F、C、D 四组。E 组只包括一个贸易术语 EXW,这是工厂交货的贸易术语。F 组包括 FCA、FAS 和 FOB 三种术语,按这三种贸易术语成交,卖方须将货物交给买方指定的承运人,从交货地至目的地的运费由买方负担。C 组包括 CFR、CIF、CPT 和 CIP 四种术语,采用这些术语时,卖方要订立运输合同,但不承担从装运地起运后所发生的货物损坏或灭失的风险及额外费用。D 组包括五种术语,它们是 DAF、DES、DEQ、DDU 和 DDP。按照 D 组贸易术语成交时,卖方必须负担将货物运往指定的进口国交货地点的一切风险、责任和费用。

现行的 INCOTERMS2010,即《2010 通则》,是国际商会根据国际贸易形势的变化和国际贸易发展的需要,在《2000 通则》的基础上修订产生的,于 2011 年 1 月 1 日起生效。《2010 通则》考虑了无关税区的不断扩大,商业交易中电子信息使用的增多,以及货物运输中的安全问题,将贸易术语总数由《2000 通则》的 13 个减少至 11 个,将每个贸易术语项下卖方和买方各自应承担的义务分为一一对应的 10 项,并在 10 项义务前以"A 卖方义务"和"B 买方义务"区分,具体见表 3.2 所示:

表 3.2 《2010 国际贸易术语解释通则》列明的卖方与买方的 10 项义务

A 卖方义务	B 买方义务
A1.卖方一般义务	B1.买方一般义务
A2.许可证、授权、安检通关和其他手续	B2.许可证、授权、安检通关和其他手续
A3.运输合同与保险合同	B3.运输合同与保险合同
A4.交货	B4.受领货物
A5.风险转移	B5.风险转移
A6.费用划分	B6.费用划分
A7.通知买方	B7.通知卖方
A8.交货凭证	B8.交货凭证
A9.核查、包装及标记	B9.货物检验
A10.协助提供信息及相关费用	B10.协助提供信息及相关费用

《2010 通则》共解释了 11 种术语,并将这 11 种术语按适用的运输方式不同划分为两组(见表 3.3)。

表 3.3 《2010 国际贸易术语解释通则》中的贸易术语

组别	贸易术语		工厂交货
适用于海运和内河运输	FAS	Free Alongside Ship (named port of shipment)	装运港船边交货(指定装运港)
	FOB	Free on Board(named port of shipment)	装运港船上交货(指定装运港)
	CFR	Cost and Freight (named port of destination)	成本加运费(指定目的港)
	CIF	Cost, Insurance, and Freight (named port of destination)	成本加保险费、运费(指定目的港)

续表

组别	贸易术语		工厂交货
适用于任何运输方式	EXW	EX Works(named place)	工厂交货(指定地点)
	FCA	Free Carrier(named place)	货交承运人(指定地点)
	CPT	Carriage Paid To (named place of destination)	运费付至(指定目的地)
	CIP	Carriage and Insurance Paid To(named place of destination)	运费、保险费付至(指定目的地)
	DAT	Delivered at Terminal (named terminal at port or place of destination)	运输终端交货(指定港口或目的地运输终端)
	DAP	Delivered at Place (named place of destination)	目的地交货(指定目的地)
	DDP	Delivered Duty Paid	完税后交货(指定目的地)

小资料 3-1

《2010 国际贸易术语解释通则》

2010 年 9 月 27 日,国际商会正式推出《2010 国际贸易术语解释通则》(INCOTERMS2010),以取代已经在国际货物贸易领域使用了近 10 年的 INCOTERMS2000,新版本是国际商会的第 715E 号出版物,于 2011 年 1 月 1 日正式生效。INCOTERMS2010 考虑了目前世界上免税区的增多、电子通讯的普遍使用以及货物运输安全性的提高,删去了 INCOTERMS2000 D 组术语中的 DDU、DAF、DES、DEQ,只保留了 DDP,同时新增加了两种 D 组贸易术语,即 DAT(delivered at terminal)与 DAP(delivered at place),以取代被删去的贸易术语。INCOTERMS2010 将贸易术语划分为只适用于海运和内河运输的 FOB、FAS、CFR、CIF 和适用于各种运输方式的 EXW、FCA、CPT、CIP、DAP、DAT、DDP,并将贸易术语的适用范围扩大到国内贸易中。此外,INCOTERMS2010 赋予电子单据与书面单据同样的效力,增加对出口国安检的义务分配,要求双方明确交货位置,将承运人定义为缔约承运人。这些变化与修改在很大程度上反映了国际货物贸易的实践要求,并进一步与《联合国国际货物销售合同公约》相衔接。

第二节　六种常用贸易术语

在国际贸易中使用的贸易术语有 10 多个,在实践中采用最多的是装运港交货的三种术语 FOB、CFR 和 CIF。这三个贸易术语习惯上被称为常用贸易术语。随着运输方式的不断进步,集装箱运输、国际多式联运等运输方式不断普及,与之相适应的向承运人交货的三种术语 FCA、CPT 和 CIP 也越来越为国际贸易从业人员所常用。

一、FOB

(一)FOB 术语的含义

FOB 的全文是 Free On Board(... named port of shipment),即船上交货(……指定装运港),习惯称为装运港船上交货。采用 FOB 术语成交时,卖方应在合同规定的装运港和规定的期限内,将货物装上买方指定的船舶,或取得已如此交付的货物,并及时通知买方。货物在装运港装上船时,卖方即完成交货,风险由卖方转移至买方。货物装上船后的其他责任、费用也都由买方承担,包括获取进口许可证或其他官方证件,以及办理货物入境的手续和费用。

FOB 术语要求卖方负担风险和费用,领取出口许可证或其他官方证件,并负责办理出口手续。卖方还要自费提供证明其已按规定完成交货义务的证件,如果该证件并非运输单据,在买方要求下,并由买方承担风险和费用的情况下,卖方可给予协助以取得提单或其他运输单据。

FOB 术语适用于海运和内河运输。采用这一术语时,应在术语后标明装运港,例如"FOB Shang Hai"。

采用 FOB 术语时,买卖双方各自承担的基本义务概括如下:

1.卖方义务

(1)在合同规定的时间和装运港口,将合同规定的货物交到买方指派的船上,并及时通知买方。

(2)承担货物交至装运港船上之前的一切费用和风险。

(3)自负风险和费用,取得出口许可证或其他官方批准证件,并且办理货物出口所需的一切海关手续。

(4)提交商业发票和自费提供证明卖方已按规定交货的清洁单据,或具有同等作用的电子信息。

2.买方义务

(1)订立从指定装运港口运输货物的合同,支付运费,并将船名、装货地点和要求交货的时间及时通知卖方。

(2)根据买卖合同的规定受领货物并支付货款。

(3)承担货物交至船上之后所发生的一切费用和风险。

(4)自负风险和费用,取得进口许可证或其他官方证件,并办理货物进口所需的海关手续。

(二)使用 FOB 术语应注意的问题

1."船舷为界"概念的取消

在《2010 通则》之前,以装运港船舷作为 FOB、CFR 和 CIF 划分风险的界限是长期沿用的一种惯例。"船舷为界"表明货物在装上船之前的风险,包括在装船时货物跌落码头或海中所造成的损失,均由卖方承担。货物装上船之后,包括在起航前和在运输过程中所发生的损坏或灭失,则由买方承担。但装船作业是一个连续过程,在卖方承担装船责任的情况下,他必须完成这一全过程。而且实际业务中,买方通常都要求卖方提供清洁已装船提单,而提单是在货物装船完毕后签发的。因此,为使 INCOTERMS 的规定反映商业实际,《2010 通则》规定卖方的交货义务是"将货物装到船上",货物灭失和损坏的风险在货物装上船时起由卖方转移至买方承担。

2.关于船货衔接问题

按照 FOB 术语成交的合同属于装运合同,这类合同中卖方的一项基本义务是按照规定的时间和地点完成装运。然而由于 FOB 条件下是由买方负责安排运输工具,即租船订舱,所以,这就存在一个船货衔接的问题。如果处理不当,自然会影响到合同的顺利执行。根据有关法律和惯例,如果买方未能按时派船,这包括未经对方同意提前将船派到和延迟派到装运港,卖方都有权拒绝交货,而且由此产生的各种损失,如空舱费(dead freight)、滞期费(demurrage)及卖方增加的仓储费等,均由买方负担。如果买方指派的船只按时到达装运港,而卖方却未能备妥货物,那么,由此产生的上述费用则由卖方承担。有时双方按 FOB 价格成交,而后来买方又委托卖方办理租船订舱,卖方也可酌情接受。但这属于代办性质,其风险和费用仍由买方承担,就是说运费和手续费由买方支付,而且如果卖方租不到船,他不承担责任,买方无权撤销合同或索赔。总之,按 FOB 术语成交,对于装运期和装运港要慎重规定,签约之后,有关备货和派船事宜,也要加强联系,密切配合,保证船货衔接。

3.个别国家对 FOB 的不同解释

以上有关 FOB 的解释都是按照国际商会的《2010 通则》作出的。然而,不同的国家和不同的惯例对 FOB 的解释并不完全统一。它们之间的差异在有关交货的地点、风险划分界限以及买卖双方承担的责任义务等方面的规定上都可体现出来。如在北美国家采用的《1941 年美国对外贸易定义修订本》中,将 FOB 概括为六种,其中前三种是在出口国内陆指定地点的内陆运输工具上交货,第四种是在出口地点的内陆运输工具上交货,第五种是在装运港船上交货,第六种是在进口国指定内陆地点交货。上述第四种和第五种在使用时应加以注意,因为这两种术语在交货地点上有可能相同,如都是在旧金山交货,如果买方要求在装运港口的船上交货,则应在 FOB 和港名之间加上"Vessel"字样,变成"FOB Vessel San Francisco",否则,卖方有可能按第四种情况在旧金山市的内陆运输工具上交货。即使都是在装运港船上交货,关于风险划分界限的规定也不完全一样。按照《1941 年美国对外贸易定义修订本》的解释,卖方"承担货物一切灭失及/或损坏责任,直至在规定日期或期限内,将货物装载于轮船上为止"。可见,买卖双方划分风险的界限不是在船舷,而是在船上。

另外,关于办理出口手续问题上也存在分歧。按照《2010 通则》的解释,FOB 条件下,卖方义务之(3)是"自负风险及费用,取得出口许可证或其他官方批准证件,并办理货物出口所必需的一切海关手续"。但是,按照《1941 年美国对外贸易定义修订本》的解释,卖方只是"在买方请求并由其负担费用的情况下,协助买方取得由原产地及/或装运地国家签发的,为货物出口或其目的地进口所需的各种证件"。

鉴于上述情况,在我国同美国、加拿大等国家从事的进出口业务中,采用 FOB 成交时,应对有关问题在合同中具体订明,以免因解释上的分歧而引起争议。

4.装船费用的负担

按照 FOB(Free On Board)的字面意思(船上交货)来看,卖方要负责支付货物装上船之前的一切费用。但由于该术语历史较悠久,各个国家和地区在使用时对于"装船"的概念没有统一明确的解释,在装船作业的过程中涉及的各项具体费用,如将货物运至船边的费用、吊装上船的费用、理舱和平舱的费用等,究竟由谁负担,各国的惯例或习惯做法也不完全一致。如采用班轮运输,船方管装管卸,装卸费计入班轮运费之中,自然由负责租船的一方承担;而如果采用程租船运输,船方一般不负担装卸费用,这就必须明确装船费用应由谁负担。

采用 FOB 贸易术语成交,程租船运输时,为了明确装船费用的负担问题,在实际业务中,需买卖双方在合同中明确具体的装卸责任,通常都是在 FOB 贸易术语之后加列附加条件,即以 FOB 贸易术语的变形来解决这一问题。FOB 贸易术语的变形主要有以下几种:

(1)FOB Liner Terms(FOB 班轮条件)

这一变形是指装船费用按照班轮的做法处理,即由船方或买方承担。所以,采用这一变形,卖方不负担装船的有关费用。

（2）FOB Under Tackle（FOB 吊钩下交货）

这一变形是指卖方负担费用将货物交到买方指定船只的吊钩所及之处，而吊装入舱以及其他各项费用，概由买方负担。当船舶不能靠岸时，驳运费由卖方承担。

（3）FOB Stowed（FOB 理舱费在内）

这一变形是指卖方负责将货物装入船舱并承担包括理舱费在内的装船费用（理舱费是指货物入舱后进行安置和整理的费用）。

（4）FOB Trimmed（FOB 平舱费在内）

这一变形是指卖方负责将货物装入船舱并承担包括平舱费在内的装船费用（平舱费是指对装入船舱的散装货物进行平整所需的费用）。

在许多标准合同中，为表明由卖方承担包括理舱费和平舱费在内的各项装船费用，常采用 FOBST（FOB Stowed and Trimmed）来表示。

FOB 贸易术语的变形是为了解决租船运输下装运港装船费用的负担问题而产生的，并不改变交货地点和风险划分的界限。

二、CFR

（一）CFR 术语的含义

CFR 的全文是 Cost and Freight(. . . named port of destination)，即成本加运费（……指定目的港）。

采用 CFR 术语成交时，卖方负责签订将货物运至指定目的港的运输合同，支付运费，在合同规定的装运港和规定的期限内，将货物装上船，或取得已如此交付的货物，并及时通知买方。货物在装运港装到船上，卖方即完成交货，风险由卖方转移至买方。除此之外，卖方要自负风险和费用，取得出口许可证或其他官方证件，并负责办理货物出口手续。

与 FOB 条件下卖方承担的义务不同的是，在 CFR 条件下，与船方订立运输契约的责任和费用改由卖方承担。卖方要负责租船订舱，支付到指定目的港的运费，包括装船费用以及定期班轮公司可能在订约时收取的卸货费用。但从装运港至目的港的货运保险，仍由买方负责办理，保险费由买方负担。

卖方需要提交的单据主要有商业发票、运输单据或电子单证，必要时须提供证明其所交货物与合同规定相符的证件。

CFR 术语适用于海运和内河运输。采用这一术语时，应在术语后标明目的港，例如"CFR New York"。

采用 CFR 术语时，买卖双方各自承担的基本义务概括如下：

1. 卖方义务

(1)签订从指定装运港将货物运往约定目的港的合同,在买卖合同规定的时间和港口将合同要求的货物装上船并支付至目的港的运费,装船后及时通知买方。

(2)承担货物在装运港装到船上之前的一切费用和风险。

(3)自负风险和费用,取得出口许可证或其他官方证件,并且办理货物出口所需的一切海关手续。

(4)提交商业发票,及自费向买方提供为买方在目的港提货所用的通常的运输单据,或具有同等作用的电子信息。

2. 买方义务

(1)接受卖方提供的有关单据,受领货物,并按合同规定支付货款。

(2)承担货物在装运港装到船上以后的一切风险。

(3)自负风险和费用,取得进口许可证或其他官方证件,并且办理货物进口所需的海关手续,支付关税及其他有关费用。

(二)使用 CFR 术语应注意的问题

1. 卖方的装运义务

采用 CFR 贸易术语成交时,卖方要承担将货物由装运港运往目的港的义务。为了保证能按时完成在装运港交货的义务,卖方应根据货源和船源的实际情况合理地规定装运期。当装运期一经确定,卖方就应及时租船订舱和备货,并按规定的期限发运货物。按照《联合国国际货物销售合同公约》的规定,卖方延迟装运或者提前装运都是违反合同的行为,并要承担违约的责任。买方有权根据具体情况拒收货物或提出索赔。

2. 装船通知的重要作用

按照 CFR 条件达成的交易,卖方需要特别注意的问题是,货物装船后必须及时向买方发出装船通知,以便买方办理投保手续。因为一般的国际贸易惯例以及有些国家的法律,如英国《1893 年货物买卖法》(1979 年修订)中规定:"如果卖方未向买方发出装船通知,致使买方未能办理货物保险,那么,货物在海运途中的风险被视为卖方负担。"这就是说,如果货物在运输途中遭受损失或灭失,由于卖方未发出通知而使买方漏保,那么卖方就不能以风险在装运港船上转移为由免除责任。由此可见,尽管在 FOB 和 CIF 条件下,卖方装船后也应向买方发出通知,但 CFR 条件下的装船通知,具有更为重要的意义。

3. 卸货费用的负担

为解决 CFR 贸易术语下租船运输中的卸货费用负担问题,产生了 CFR 的变形。业务中常见的变形有以下几种：

（1）CFR Liner Terms（CFR 班轮条件）

这一变形是指卸货费按班轮做法办理，即买方不负担卸货费，而由卖方或船方负担。

（2）CFR Landed（CFR 卸至码头）

这一变形是指由卖方承担卸货费，包括可能涉及的驳船费和码头费。

（3）CFR Ex Tackle（CFR 吊钩下交接）

这一变形是指卖方负责将货物从船舱吊起一直卸到吊钩所及之处（码头上或驳船上）的费用，船舶不能靠岸时，驳船费用由买方负担。

（4）CFR EX Ship's Hold（CFR 舱底交接）

按此条件成交，船到目的港在船上办理交接后，由买方自行启舱，并负担货物由舱底卸至码头的费用。

CFR 贸易术语的变形是为了解决租船运输下目的港卸货费用的负担问题而产生的，并不改变交货地点和风险划分的界限。

三、CIF

（一）CIF 术语的含义

CIF 的全文是 Cost Insurance and Freight（... named port of destination），即成本加保险费、运费（……指定目的港）。

采用 CIF 术语成交时，卖方负责按通常条件租船订舱，支付到目的港的运费，并在规定的装运港和规定的期限内将货物装上船，或取得已如此交付的货物，并及时通知买方。卖方负责办理从装运港到目的港的货运保险，支付保险费。货物在装运港装到船上时，卖方即完成交货，风险由卖方转移至买方。卖方还要自负风险和费用取得出口许可证或其他官方证件，办理出口手续。货物装船后产生的除运费、保险费以外的费用，由买方承担。除此之外，买方还要自负风险和费用取得进口许可证或其他官方证件，办理进口手续并按合同规定支付货款。

在单据义务方面，卖方需要提交商业发票、运输单据或电子单证，必要时提供证明所交货物与合同相符的证件。卖方还要提供符合合同规定的保险单据，使买方可以凭该单据直接向保险人索赔。

CIF 术语适用于海运和内河运输。与 CFR 一样，采用 CIF 贸易术语时，应在术语后标明目的港，例如"CIF London"。

采用 CIF 术语时，买卖双方各自承担的基本义务概括如下：

1.卖方义务

(1)签订从指定装运港承运货物的合同,在买卖合同规定的时间和港口将合同要求的货物装上船并支付至目的港的运费,装船后须及时通知买方。

(2)承担货物在装运港装到船上之前的一切费用和风险。

(3)按照买卖合同的约定,自负费用办理水上运输保险。

(4)自负风险和费用,取得出口许可证或其他官方批准证件,并办理货物出口所需的一切海关手续。

(5)提交商业发票和在目的港提货所用的通常的运输单据或具有同等作用的电子信息,并且自费向买方提供保险单据。

2.买方义务

(1)接受卖方提供的有关单据,受领货物,并按合同规定支付货款。

(2)承担货物在装运港装到船上之后的一切风险。

(3)自负风险和费用,取得进口许可证或其他官方证件,并且办理货物进口所需的海关手续。

(二)使用 CIF 术语应注意的问题

1.保险险别问题

CIF 术语中的"I"表示 Insurance,即保险。从价格构成来讲,CIF 术语的货价中包含了保险费。从卖方的责任讲,他要负责办理货运保险。办理保险须明确险别,不同险别,保险人承担的责任范围不同,收取的保险费率也不同。按 CIF 术语成交,一般在签订买卖合同时,在合同的保险条款中,明确规定保险险别、保险金额等内容,这样,卖方就应按照合同的规定办理投保。但如果合同中未能就保险险别等问题作出具体规定,那就要根据有关惯例来处理。涉及 CIF 术语的国际贸易惯例有国际商会的《通则》、《1941 年美国对外贸易定义修订本》和《华沙—牛津规则》。按照《2010 通则》对 CIF 的解释,卖方只需投保最低的险别,但在买方要求时,并由买方承担费用的情况下,可加保战争、罢工、暴乱和民变险。按照《1941 年美国对外贸易定义修订本》的解释,"对于保险险别,双方应共同明确是投保水渍险或平安险以及其他属于特定行业应保的险别,或是买方需要获得单独保障的险别"。关于战争险,是在买方负担费用的情况下,由卖方代为投保,或经卖方同意,由买方自行投保。根据《华沙—牛津规则》的规定,卖方应"按照特定行业惯例或在规定航线上应投保的一切风险"办理投保手续。一般情况下,卖方不负责投保战争险,除非合同中有投保战争险的规定,或者买方有要求,并由买方承担费用时,卖方才可加保战争险。

2.租船订舱问题

采用 CIF 术语成交,卖方的基本义务之一是租船订舱,办理从装运港至目的港的运输事宜。关于运输问题,各个惯例的规定也不尽相同。《2010 通则》的解释是,卖方"按照通常条件自行负担费用订立运输合同,并将货物按惯常路线用通常类型可供装载该合同货物的海上航行船只(或适当的内河运输船只)装运至指定目的港"。《1941 年美国对外贸易定义修订本》中只是笼统地规定卖方"负责安排货物运至指定目的地的运输事宜,并支付其费用"。《华沙—牛津规则》中对于这一问题的规定较为详细,在其第 8 条中规定:"(1)在买卖合同中规定由特定船只装运,或者一般地应由卖方租赁全部或部分船只,并承担将货物装船的情况下,非经买方同意,卖方不得随意改用其他船只代替。买方也不应不合理地拒绝同意。(2)如果买卖合同规定用蒸汽船装运(未指定船名),卖方在其他条件相同的情况下,可用蒸汽船或内燃机船运给买方。(3)如果买卖合同未规定运输船只的种类,或者合同内使用'船只'这样的笼统名词,除依照特定行业惯例外,卖方有权使用通常在此路线上装运类似货物的船只来装运。"

以上规定有详有略,其基本点是相同的,即如果没有相反的约定,卖方只是负责按通常条件和惯驶航线,租用适当船舶将货物运往目的港。因此,对于在业务实践中有时买方提出的关于限制船舶的国籍、船型、船龄、船级以及指定装载某班轮公司的船只等要求,卖方均有权拒绝接受。但卖方也可放弃这一权利,可根据具体情况给予通融。就是说,对于买方提出的上述要求,如果卖方能办到又不会增加额外开支,也可以接受。一旦在合同中作出明确规定,就必须严格照办。

3.象征性交货问题

所谓象征性交货(symbolic delivery)是针对实际交货(physical delivery)而言。象征性交货是指卖方只要按期在约定地点完成装运,并向买方提交合同规定的包括物权凭证在内的有关单证,就算完成了交货义务,而无须保证到货。实际交货是指卖方要在规定的时间和地点,将符合合同规定的货物提交给买方或其指定人,而不能以交单代替交货。可见,在象征性交货方式下,卖方是凭单交货,买方是凭单付款。只要卖方如期向买方提交了合同规定的全套合格单据(名称、内容和份数相符的单据),即使货物在运输途中损坏或灭失,买方也必须履行付款义务。反之,如果卖方提交的单据不符合要求,即使货物完好无损地运达目的地,买方仍有权拒绝付款。

CIF 条件下的卖方,只要提交了约定的单据,就算完成了交货义务,并不保证把货物按时送到对方港口。因此,CIF 是一种典型的象征性交货。

但是,必须指出,按 CIF 术语成交,卖方履行其交单义务,只是得到买方付款的前提条件,除此之外,他还必须履行交货义务。如果卖方提交的货物不符合要求,买方即使已经付款,仍然可以根据合同的规定向卖方提出索赔。

4. 卸货费用的负担

按照 CIF 贸易术语成交,卖方负责将货物运往目的港并支付正常的运费。至于货到目的港后的卸货费用由谁负担也是一个需要明确的问题。如果使用班轮运输,由于装卸费用已经计入班轮运费中,在卸货费用负担上不会引起争议。但在租船运输下,船方不负责目的港卸货时,卸货费用由谁负担仍然是买卖双方需要明确的问题。在实际业务中,需买卖双方在合同中明确具体的卸货责任,在实践中通常用 CIF 贸易术语的变形来解决这一问题。CIF 贸易术语的变形主要有以下几种:

(1)CIF Liner Terms(CIF 班轮条件)

这一变形是指卸货费用按照班轮的做法来办,即买方不负担卸货费,而由卖方或船方负担。

(2)CIF Landed(CIF 卸至码头)

这一变形是指由卖方承担将货物卸至码头上的各项有关费用,包括驳船费和码头费。

(3)CIF Ex Tackle(CIF 吊钩下交接)

这一变形是指卖方负责将货物从船舱吊起卸到船舶吊钩所及之处(码头上或驳船上)的费用。在船舶不能靠岸的情况下,租用驳船的费用和货物从驳船卸至岸上的费用,概由买方负担。

(4)CIF Ex Ship's Hold(CIF 舱底交接)

按此条件成交,货物运达目的港在船上办理交接后,自船舱底起吊直至卸到码头的卸货费用,均由买方负担。

CIF 贸易术语的变形是为了解决租船运输下目的港卸货费用的负担问题而产生的,并不改变交货地点和风险划分的界限。

四、FCA

(一)FCA 术语的含义

FCA 的全文是 Free Carrier(... named place),即货交承运人（……指定地点）。

采用 FCA 术语成交时,卖方在规定的时间、地点把货物交给买方指定的承运人或其他人,即完成交货义务。买方要自负费用订立从指定地点起运的运输契约,并及时通知卖方。如果买方有要求,或者根据商业习惯,买方又没有及时提出相反意见,卖方也可代替买方按通常条件订立运输契约,但费用和风险要由买方承担。

FCA 术语适用于各种运输方式,包括公路、铁路、江河、海洋、航空运输以及多式联运。无论采用哪种运输方式,卖方承担的风险均于货交承运人时转移。风险转移之后,与运输、保险相关的责任和费用也相应转移。

FCA 术语后应标明交货地点。如果买卖双方希望在卖方所在地交货,则应当将卖方所在地址明确为交货地点;如果买卖双方希望在其他地点交货,则必须确定不同的特定交货地点。

在单据方面,卖方须提交商业发票或电子单证,必要时还须提供证明货物与合同相符的凭证,以及卖方完成交货义务的凭证。此外,卖方要自负风险和费用取得出口许可证或其他官方文件,办理出口手续。

采用 FCA 术语时,买卖双方各自承担的基本义务概括如下:

1.卖方义务

(1)在合同规定的时间、地点,将合同规定的货物置于买方指定的承运人控制下,并及时通知买方。

(2)承担将货物交给承运人控制之前的一切费用和风险。

(3)自负风险和费用,取得出口许可证或其他官方批准证件,并办理货物出口所需的一切海关手续。

(4)提交商业发票或具有同等作用的电子信息,并自费提供通常的交货凭证。

2.买方义务

(1)签订从指定地点承运货物的合同,支付有关运费,并将承运人名称及有关情况及时通知卖方。

(2)根据买卖合同的规定受领货物并支付货款。

(3)承担受领货物之后所发生的一切费用和风险。

(4)自负风险和费用,取得进口许可证或其他官方证件,并且办理货物进口所需的海关手续。

(二)使用 FCA 术语应注意的问题

1.交货地点

在 FCA 条件下,通常是由买方安排承运人,与其订立运输合同,并将承运人的情况通知卖方。FCA 术语后应标明地点,该地点是卖方完成交货的地点。该地点可以是运输集散场地,如铁路车站、货运站、集装箱堆场等,也可以是卖方的营业处所。如果在约定地点没有明确具体的交货点,或者有几个交货点可供选择,卖方可以从中选择为完成交货义务最适宜的交货点。

由于 FCA 术语交货地点的多样性,按照《2010 通则》的解释,交货地点的选择直接影响到装卸货物的责任划分。如果交货地点是卖方所在地,卖方负责把货物装上买方安排的承运人所提供的运输工具上;在任何其他情况下,卖方将货物运交给承运人或其代理人,在自己所提供的运输工具上完成交货义务,而无须负责卸货。

2. FCA 条件下的风险转移

在采用 FCA 术语成交时,买卖双方的风险划分是以货交承运人为界。但由于 FCA 与 F 组其他术语一样,通常情况下是由买方负责订立运输契约,并将承运人名称及有关事项及时通知卖方,卖方才能如约完成交货义务,并实现风险的转移。而如果买方未能及时给予卖方上述通知,或者他所指定的承运人在约定的时间未能接受货物,则自规定的交付货物的约定日期或期限届满之日起,由买方承担货物灭失或损坏的一切风险,但以货物已被划归本合同项下为前提条件。

3. 明确有关费用的负担

FCA 适用于包括多式联运在内的各种运输方式,卖方交货的地点也因采用的运输方式不同而异。根据《2010 通则》的解释,在 FCA 条件下,买卖双方承担的费用一般也是以货交承运人为界进行划分,即卖方负担货物交给承运人控制之前的有关费用,买方负担货交承运人之后的各项费用。但是,在一些特殊情况下,买方委托卖方代办一些本属自己义务范围内的事项所产生的费用,以及由于买方的过失所引起的额外费用,均应由买方负担。采用 FCA 贸易术语时,不论在何处交货,卖方都要自负风险和费用,取得出口许可证或其他官方批准证件,并办理货物出口所需的一切海关手续。随着我国对外贸易的发展,内地省份的出口逐渐采取就地交货和交单结汇的做法,为适应这一需要,FCA 贸易术语的使用逐渐增多,在使用 FCA 贸易术语时,应注意有关的规定。此外,鉴于采用 FCA 贸易术语时,货物大多作了集合化处理,例如装入集装箱或装上托盘,因此,卖方应考虑将货物集合化所需的费用包括在报价内。

五、CPT

(一)CPT 术语的含义

CPT 的全文是 Carriage Paid to(... named place of destination),即运费付至(……指定目的地)。

采用 CPT 条件成交时,卖方自负费用订立将货物运往目的地指定地点的运输契约,并负责按合同规定的时间,将货物交给约定地点的承运人(多式联运情况下交给第一承运人)处置之下,即完成交货。卖方在交货后应及时通知买方,以便买方办理货运保险。买方自货物交付承运人处置后,承担货物灭失或损坏的一切风险。买方还要在合同规定的地点受领货物,支付货款,并且负责除运费以外的货物自交货地点直到运达指定目的地为止的各项费用,以及在目的地的卸货费和进口税费。CPT 术语要求卖方办理货物出口报关的手续。

CPT 适用于包括多式联运在内的各种运输方式。CPT 术语后应标明目的地,该指定目的地是卖方运费付至的地点,不是卖方完成交货的地点。

采用 CPT 术语成交时,买卖双方承担的基本义务概括如下:

1. 卖方义务

(1)订立将货物运往指定目的地的运输合同,并支付有关运费。

(2)在合同规定的时间、地点,将合同规定的货物置于承运人控制之下,并及时通知买方。

(3)承担将货物交给承运人控制之前的风险。

(4)自负风险和费用,取得出口许可证或其他官方批准证件,并办理货物出口所需的一切海关手续,支付关税及其他有关费用。

(5)提交商业发票和自费向买方提供在约定目的地提货所需的通常的运输单据,或具有同等作用的电子信息。

2. 买方义务

(1)接受卖方提供的有关单据,受领货物,并按合同规定支付货款。

(2)承担自货物在约定交货地点交给承运人控制之后的风险。

(3)自负风险和费用,取得进口许可证或其他官方证件,并办理货物进口所需的海关手续,支付关税及其他有关费用。

(二)使用 CPT 术语应注意的问题

1. 风险划分的界限问题

按照 CPT 术语成交,虽然卖方要负责订立从起运地到指定目的地的运输契约,并支付运费,但是卖方承担的风险并没有延伸至目的地。按照《2010 通则》的解释,货物自交货地点至目的地的运输途中的风险由买方而不是卖方承担,卖方只承担货物交给承运人控制之前的风险。在多式联运情况下,卖方承担的风险自货物交给第一承运人控制时即转移给买方。

2. 责任和费用的划分问题

采用 CPT 术语时,买卖双方要在合同中规定装运期和目的地,以便于卖方选定承运人,自费订立运输合同,将货物运往指定目的地。卖方将货物交给承运人之后,应向买方发出货已交付的通知,以便于买方在目的地受领货物。如果双方未能确定买方受领货物的具体地点,卖方可以在目的地选择最适合其要求的地点。

按 CPT 术语成交,卖方只是承担从交货地点到指定目的地的正常运费。正常运费之外的其他有关费用,一般由买方负担。货物的装卸费可以包括在运费中,统一由卖方负担,也可以由双方在合同中另行规定。

3. CPT 与 CFR 的异同点

CPT 与 CFR 同属于 C 组术语,按这两种术语成交,卖方承担的风险都是在交货地点随着交货义务的完成而转移,卖方都要负责安排自交货地至目的地的运输事项,并承担其费用。另外,按这两种术语订立的合同,都属于装运合同,卖方只需保证按时交货,而无须保证按时到货。

CPT 与 CFR 的主要区别在于适用的运输方式不同,交货地点和风险划分界限也不相同。CFR 适用于水上运输方式,交货地点在装运港,风险划分以装运港船上为界;CPT 适用于各种运输方式,交货地点因运输方式的不同而由双方约定,风险划分以货交承运人为界。除此之外,卖方承担的责任、费用以及需提交的单据等方面也有区别。

六、CIP

(一)CIP 术语的含义

CIP 的全文为 Carriage and Insurance Paid to (... named place of destination),即运费、保险费付至(⋯⋯指定目的地)。按照 CIP 条件成交,卖方要负责订立运输契约并支付将货物运达指定目的地的运费。此外,卖方还要投保货物运输险,支付保险费。卖方在合同规定的装运期内将货物交给承运人或第一承运人的处置之下,即完成交货义务。卖方交货后要及时通知买方,风险也于交货时转移给买方。买方要在合同规定的地点受领货物,支付货款,并且负担除运费、保险费以外的货物自交货地点直到运达指定目的地为止的各项费用,以及在目的地的卸货费和进口税费。在 CIP 条件下,交货地点、风险划分的界限都与 CPT 相同,区别在于采用 CIP 时,卖方增加了保险的责任和费用。所以,卖方提交的单据中增加了保险单据。

采用 CIP 术语时交易双方各自承担的基本义务如下:

1. 卖方义务

(1)订立将货物运往指定目的地的运输合同,并支付有关运费。

（2）在合同规定的时间、地点，将合同规定的货物置于承运人的控制之下，并及时通知买方。

（3）承担将货物交给承运人控制之前的风险。

（4）按照买卖合同的约定，自负费用投保货物运输险。

（5）自负风险和费用，取得出口许可证或其他官方批准证件，并办理货物出口所需的一切海关手续，支付关税及其他有关费用。

（6）提交商业发票和在约定目的地提货所需的通常的运输单据或具有同等作用的电子信息，并且自费向买方提供保险单据。

2. 买方义务

（1）接受卖方提供的有关单据，受领货物，并按合同规定支付货款。

（2）承担自货物在约定地点交给承运人控制之后的风险。

（3）自负风险和费用，取得进口许可证或其他官方证件，并且办理货物进口所需的海关手续，支付关税及其他有关费用。

（二）使用 CIP 术语应注意的问题

1. 正确理解风险和保险问题

按 CIP 术语成交的合同，卖方要负责办理货运保险，并支付保险费，但货物从交货地运往目的地的运输途中的风险由买方承担。所以，卖方的投保仍属于代办性质。根据《2010 通则》的解释，一般情况下，卖方要按双方协商确定的险别投保，而如果双方未在合同中规定应投保的险别，则由卖方按惯例投保最低的险别，保险金额一般是在合同价格的基础上加成 10%。

2. 应合理确定价格

与 FCA 相比，CIP 条件下卖方要承担较多的责任和费用。他要负责办理从交货地至目的地的运输，承担有关运费，办理货运保险，并支付保险费。这些都应反映在货价之中，所以，卖方对外报价时，要认真核算成本和价格。在核算时，应考虑运输距离、保险险别、各种运输方式和各类保险的收费情况，并要预计运价和保险费的变动趋势等。从买方来讲，也要对卖方的报价进行认真分析，做好比价工作，以免接受不合理的报价。

3. 应了解 CIP 与 CIF 的区别

CIP 与 CIF 有相似之处，它们的价格构成中都包括了通常的运费和约定的保险费，而且，按这两种术语成交的合同均属于装运合同。但 CIP 和 CIF 术语又有明显的区别，这在交货地点、风险划分界限以及卖方承担的责任和费用方面都表现出来。产生这些差别的主要原因是，二者适用的运输方式不同。CIF 适用于水上运输，交货地点在装运港，风险划分以装运港船上为界。卖方负责租船订舱,支付从装运港到目的港的运费,并且负责办理水上运输险,支付保险费。而 CIP 术语则适用于各种运输方式,交货地点要根据运输方式的不同由双方约定,风险是在承运人控制货物时转移。卖方要负责办理从交货地点到指定目的地的全程运输,而不仅仅是水上运输。卖方办理的保险,也不仅是水上运输险,而且包括各种运输险。

第三节　其他贸易术语

一、EXW

EXW 的全文为 Ex Works (... named place),即工厂交货(……指定地点),是指卖方在其所在地或其他指定地点(如工厂、车间或仓库等)将货物交由买方处置时,即完成交货。卖方不需要将货物装上任何前来接收货物的运输工具上,卖方也无须办理出口清关手续。可见,采用 EXW 条件成交时,卖方承担的风险、责任以及费用都是最小的。

在交单方面,卖方只需提供商业发票或具有同等作用的电子信息,如合同有要求,才需提供证明所交货物与合同规定相符的证件。至于货物出境所需的出口许可证或其他官方证件,卖方无义务提供。但在买方的要求下,并由买方承担风险和费用的情况下,卖方也可协助买方取得上述证件。

EXW 术语适用于任何运输方式。

二、FAS

FAS 的全文是 Free Alongside Ship(... named port of shipment),即船边交货(……指定装运港),是指卖方在指定的装运港将货物交到买方指定的船边时,即完成交货义务。按这一术语成交时,买卖双方负担的风险和费用均以船边为界,装船的责任和费用由买方承担。如果买方所派的船只不能靠岸,卖方则要负责用驳船把货物运至船边,仍在船边交货。

FAS 术语要求卖方办理出口清关手续,买方负责办理进口清关手续,支付进口税。

采用 FAS 术语成交时,由于卖方承担在将货物交到装运港船边之前的风险和费用,而这些费用可能因各港口的惯例不同而变化,因此交易双方应尽可能确切地约定指定装运港内的交货点。

当货物采用集装箱运输时,卖方通常将货物在集装箱码头交给承运人,而不是交到船边。这时,FAS 术语不适合,应采用 FCA 术语。

FAS 术语仅适用于海运或内河运输。

三、DAT

DAT 的全文是 Delivered At Terminal (. . . named terminal at port or place of destination),即运输终端交货(⋯⋯指定港口或目的地的运输终端),是指卖方在指定港口或目的地指定运输终端将货物从抵达的载货运输工具下卸下,交由买方处置时,即完成交货。"运输终端"是指任何地点,例如,码头、仓库、集装箱堆场或公路、铁路、航空货运站。卖方承担将货物送至指定港口或目的地的运输终端并将其卸下的一切风险。

DAT 术语要求卖方办理出口清关手续,买方负责办理进口清关手续,支付进口税。

采用 DAT 术语成交时,由于卖方承担在特定地点交货前的风险,因此交易双方应尽可能确切地约定运输终端,或者约定港口或目的地运输终端内的特定地点。卖方应取得完全符合合同约定的运输终端的运输合同。如果买卖双方希望由卖方承担由运输终端至另一地点间运送货物的风险和费用,应使用 DAP 或 DDP 术语。

DAT 是《2010 通则》新增加的贸易术语,用以取代《2000 通则》中的 DEQ 术语。DAT 术语适用于任何运输方式。

四、DAP

DAP 的全文是 Delivered At Place (. . . named place of destination),即目的地交货(⋯⋯指定目的地),是指卖方在指定目的地将仍处于抵达的运输工具上,但已做好卸货准备的货物交由买方处置时,即完成交货。卖方承担将货物送至指定目的地的一切风险。DAP 术语适用于任何运输方式。

DAP 术语要求卖方办理出口清关手续,买方负责办理进口清关手续,支付进口税。

采用 DAP 术语成交时,由于卖方承担在特定地点交货前的风险,因此交易双方应尽可能确切地约定指定目的地内的交货点,卖方应取得完全符合合同约定的运输合同。如果卖方按照运输合同在目的地发生了卸货费用,除非双方另有约定,否则卖方无权向买方要求偿付。

DAP 是《2010 通则》新增加的贸易术语,用以取代《2000 通则》中的 DAF、DES 和 DDU 三个术语。DAP 术语适用于任何运输方式。

五、DDP

DDP 的全文是 Delivered Duty Paid(… named place of destination),即完税后交货(……指定目的地)。是指卖方在指定目的地将仍处于抵达的运输工具上,但已完成进口清关,且已做好卸货准备的货物交由买方处置时,即完成交货义务。卖方要承担交货前的一切风险、责任和费用,其中包括办理货物出口和进口的清关手续,以及支付所有出口和进口的关税和其他费用。

DDP 术语是《2010 通则》的 11 种贸易术语中卖方承担风险、责任和费用最大的一种术语,适用于任何运输方式。

在 DDP 条件下,卖方是在办理了进口清关手续后在指定目的地交货的,这实际上是卖方已将货物运进了进口方的国内市场。如果卖方直接办理进口手续有困难,也可要求买方协助办理。如果双方当事人同意由买方办理货物的进口手续和支付关税,则应采用 DAP 术语。

第四节　贸易术语的运用

在国际贸易中,贸易术语是确定合同性质、决定交货条件的重要因素,选定适当的贸易术语对促进合同的订立和履行,提高企业的经济效益具有重要的意义。《2010 通则》对 11 种贸易术语作出了明确的解释,但在实际业务中,当事人对外成交时选用何种贸易术语,还需根据交易的具体情况仔细斟酌,做到既有利于达成交易,又避免因承担过大的风险而造成意外的损失。具体应考虑以下因素:

1. 运输方式

买卖双方采用何种贸易术语,首先应考虑货物的运输方式。按照《2010 通则》的解释,每种贸易术语都有其适合的运输方式。例如,FOB、CFR、CIF 只适用于海运和内河运输,而不适用于铁路、公路和航空运输。如买卖双方拟使用铁路运输,则应采用 FCA、CPT、CIP 等术语。另外,采用集装箱运输时,应尽量采用 FCA、CPT 或 CIP 术语。

2.运输条件

在本身有足够运输能力或安排运输无困难,而且经济上又合算的情况下,可争取按由自身安排运输的条件成交(如按 FCA、FAS 或 FOB 进口,按 CIP、CIF 或 CFR 出口);否则,则应酌情争取按由对方安排运输的条件成交(如按 FCA、FAS 或 FOB 出口,按 CIP、CIF 或 CFR 进口)。

3.货源情况

国际贸易中货物品种很多,不同类别的货物具有不同的特点,它们在运输方面各有不同要求,故安排运输的难易不同,运费开支大小也有差异。这是选用贸易术语应考虑的因素。此外,成交量的大小,也直接涉及安排运输是否有困难和经济上是否合算的问题。当成交量太小,又无班轮通航的情况下,负责安排运输的一方势必会增加运输成本,故选用贸易术语时也应予以考虑。

4.运费因素

运费是货价构成因素之一,在选用贸易术语时,应考虑货物经由路线的运费收取情况和运价变动趋势。一般来说,当运价看涨时,为了避免承担运价上涨的风险,可以选用由对方安排运输的贸易术语成交,如按 FCA、FAS 或 FOB 进口,按 CFR、CPT、CIF 或 CIP 出口。在运价看涨的情况下,如因某种原因不得不采用由自身安排运输的条件成交,则应将运价上涨的风险考虑到货价中去,以免遭受运价变动的损失。

5.运输途中的风险

在国际贸易中,交易的商品一般需要通过长途运输,货物在运输过程中可能遇到各种自然灾害、意外事故等风险,特别是在遇到战争或正常的国际贸易遭到人为障碍与破坏的时期和地区,则运输途中的风险更大。因此,买卖双方洽商交易时,必须根据不同时期、不同地区、不同运输路线和运输方式的风险情况,并结合购销意图来选用适当的贸易术语。

6.考虑办理进出口货物清关手续有无困难

在国际贸易中,关于进出口货物的清关手续,有些国家规定只能由清关所在国的当事人安排或代为办理,有些国家则无此项限制。因此,当某出口国政府规定,买方不能直接或间接办理出口清关手续时,不宜按 EXW 条件成交,而应选用 FCA 条件成交;若进口国当局规定,卖方不能直接或间接办理进口清关手续,则不宜采用 DDP,而应选用 D 组的其他术语成交。

⇨【练 习】

一、选择题

1. 下列术语中卖方不负责办理出口手续及支付相关费用的是（　　）。

A. FCA　　　　　　　B. FAS　　　　　　　C. FOB　　　　　　　D. EXW

2. 象征性交货意指卖方的交货义务是（　　）。

A. 不交货　　　　　　　　　　　　B. 既交单又实际性交货

C. 凭单交货　　　　　　　　　　　D. 实际性交货

3. CIF Ex Ship's Hold 属于（　　）。

A. 内陆交货类　　　　　　　　　　B. 装运港船上交货类

C. 目的港交货类　　　　　　　　　D. 目的地交货

4. 我方出口大宗商品, 按 CIF 新加坡术语成交, 合同规定采用租船运输, 如我方不想负担卸货费用, 我方应采用的贸易术语变形是（　　）。

A. CIF Liner Terms Singapore　　　B. CIF Landed Singapore

C. CIF Ex Ship's Hold Singapore　　D. CIF Ex Tackle Singapore

5. 在以 CIF 和 CFR 术语成交的条件下, 货物运输保险分别由卖方和买方办理, 运输途中货物灭失和损坏的风险（　　）。

A. 前者由卖方承担, 后者由买方承担

B. 均由卖方承担

C. 均由买方承担

D. 前者由买方承担, 后者由卖方承担

6. 若买卖双方以 CFR 卸至岸上术语成交, 以下答案正确的是（　　）。

A. 卖方应承担货物运至目的港以前的一切风险

B. 当货物卸至目的港, 卖方的交货完毕

C. 装运港的船舷是买卖双方风险划分的界限

D. 卖方在装运港船上完成交货义务

7. 在使用集装箱海运的出口贸易中, 卖方采用 FCA 贸易术语比采用 FOB 贸易术语更为有利的具体表现是（　　）。

A. 可以提前转移风险

B. 可以提早取得运输单据

C. 可以提早交单结汇, 提高资金的周转率

D. 可以减少卖方的风险责任

8. FOB、CFR、CIF 和 FCA、CPT、CIP 术语的主要区别是（　　）。

A. 适用的运输方式不同 B. 风险转移的地点不同

C. 装卸费用的负担不同 D. 运输单据不同

9. FOB、FCA 和 FAS 术语的共同特点是( )。

A. 风险划分点与费用划分点相分离

B. 卖方须按买卖合同规定的时间,在指定的装运地点将货物交至买方指定的承运人或装上买方指定的运输工具

C. 买方应自负费用订立运输契约

D. 签订的销售合同都是"装运合同"

10. 下列术语中需要卖方办理进口通关手续的是( )。

A. EXW B. DAT C. DAP D. DDP

二、案例分析

1. 我某出口公司与外商按 CIF Landed London 条件成交出口一批货物,合同规定,商品的数量为 500 箱,以信用证方式付款,5 月份装运。买方按合同规定的开证时间将信用证开抵卖方。货物顺利装运完毕后,卖方在信用证规定的交单期内办好了议付手续并收回货款。不久,卖方收到买方寄来的货物在伦敦港的卸货费和进口报关费的收据,要求我方按收据金额将款项支付给买方。问:我方是否需要支付这笔费用,为什么?

2. 我方与荷兰某客商以 CPT 条件成交一笔交易,合同规定以信用证为付款方式。卖方收到买方开来的信用证后,及时办理了装运手续,并制作好一整套结汇单据。在卖方准备到银行办理议付手续时,收到买方来电,得知载货船只在航海运输途中遭遇意外事故,大部分货物受损。据此,买方表示将等到具体货损情况确定以后,才同意银行向卖方支付货款。问:(1)卖方可否及时收回货款,为什么?(2)买方应如何处理此事?

3. 我方以 CFR 贸易术语与某国的 H 公司成交一批消毒碗柜的出口合同,合同规定装运时间为 4 月 15 日前。我方备妥货物,并于 4 月 8 日装船完毕。由于遇星期日休息,我公司的业务员未及时向买方发出装运通知,导致买方未能及时办理投保手续,而货物在 4 月 8 日晚因发生了火灾被火烧毁。问:货物损失责任由谁承担,为什么?

4. 某进出口公司以 CIF 汉堡向英国某客商出售供应圣诞节的应季杏仁一批,由于该商品的季节性较强,买卖双方在合同中规定:买方须于 9 月底以前将信用证开抵卖方,卖方保证不迟于 12 月 5 日将货物运抵汉堡,否则,买方有权撤销合同。如卖方已结汇,卖方须将货款退还买方。问:该合同是否还属于 CIF 合同,为什么?

5.我方以 FCA 贸易术语从意大利进口一批布料,双方约定最迟装运期为 4月 15 日,由于我方业务人员的疏忽,导致意大利出口商在 4 月 18 日才将货物交给我方指定的承运人。当我方收到货物后,发现部分货物有水渍,据查是因为货交承运人前两天遭大雨淋湿所致。据此,我方向意大利出口商提出索赔,但遭到拒绝。问:我方的索赔是否合理? 为什么?

6.我某出口公司就钢材出口对外发盘,每公吨 2500 美元 FOB 广州黄埔,现外商要求我方将价格改为 CIF 伦敦。问:(1)我出口公司对价格应如何调整?(2)如果最终按 CIF 伦敦条件签订合同,买卖双方在所承担的责任、费用和风险方面有何不同?

第四章

进出口商品的价格条款

≫ ≫ ≫　　≫

学习内容与目标 ···

　　掌握买卖合同中价格条款的规定方法；

　　熟悉佣金、折扣的计价和支付；

　　掌握主要贸易术语的价格换算；

　　掌握出口成本核算与出口报价。

案例导读

　　我某出口公司拟出口化妆品去中东某国。正好该国某中间商主动来函与该出口公司联系，表示愿为推销化妆品提供服务，并要求按每笔交易的成交金额给予佣金5％。不久，经该中间商中介与当地进口商达成CIF C5％总金额50000美元的交易，装运期为订约后2个月内从中国港口装运，并签订了销售合同。合同签订后，该中间商即来电要求我出口公司立即支付佣金2500美元。我出口公司复电称：佣金需待货物装运并收到全部货款后才能支付。于是，双方发生了争议。问：这起争议发生的原因是什么？我出口公司应接受什么教训？

　　【分析】　佣金的支付方法有两种：一是中间商直接从货价中扣除；二是委托人收妥货款后，再按事先约定的期限和佣金率，另行支付给中间商。不论采用哪一种支付方法，都必须在合同的价格条款中明确规定。本案例中争议发生的原因主要是双方未在合同中列明佣金的支付方法。

第一节　价格条款的内容

价格条款(price clause)是国际货物买卖合同的核心条款,它直接关系到交易双方的利益关系,与合同中的其他条款也密不可分。对外贸易中的商品价格确定较为复杂,除了通常涉及的成本、费用和利润外,还涉及计价货币和贸易术语的选择。在与国外客户磋商订约时,应合理作价,选择适当的计价货币和贸易术语,必要时规定价格调整条款。同时,对佣金和折扣应视交易的具体情况,正确地加以运用和规定。

国际货物买卖合同中的价格条款一般包括单价、总值两项基本内容。另外,经常还有作价办法、佣金和折扣等其他方面的内容。

一、单价和总值

货物的价格,通常是指货物的单价,简称单价。国际贸易的单价远较国内贸易的单价复杂,一般需由计量单位、单位价格金额、计价货币和贸易术语四项内容组成。

例如:每公吨　　　　300　　　　美元　　　CIF 纽约
　　　计量单位　单位价格金额　计价货币　贸易术语

单价和成交数量的乘积即为该批货物的总值。在价格条款合同中,总值项下一般也同时列明价格术语,总值所使用的货币名称必须与单价所使用的货币名称一致。

买卖双方在洽商和确定单价时,应注意以下问题:

(一)计价货币

计价货币(money of account)是指合同中规定用来计算价格的货币。在合同中,计价货币与支付货币(money of payment)可以是同一货币,也可以是不同的货币。

在国际贸易中,虽然买卖双方的立场不同,对使用货币的出发点不同,但双方所考虑的问题却是相同的。主要有两个:一是外汇风险负担问题。在当前国际金融市场普遍实行浮动汇率制的情况下,货币价值不是一成不变的,买卖双方都将承担一定的汇率变化的风险,因此在选择使用何种货币时,就不能不考虑货币汇率升降的风险。

在国际贸易中,把具有上浮(升值)趋势的货币称为"硬币",把具有下调(贬值)趋势的货币称为"软币"。通常情况下,在出口贸易中,应当选择"硬币"作为计价货币;在进口贸易中,应当选择"软币"作为计价货币。在金额较大的进出口合同中,为了缓冲汇率的急升急降,应当采用多种货币组合来计价,称之为"一篮子计价法"。另外,要考虑货币的自由兑换性,有利于调拨和运用,以及在必要时可转移货币汇率的风险。

(二)计量单位

由于各国的度量衡制度不同,合同中的计量单位必须明确规定清楚。一般说来,计量单位应与数量条款中所用的计量单位相一致。如计量单位为"公吨",则数量和单价中均应用"公吨",而不要这一个用"公吨",而另一个用"长吨"或"短吨"。

(三)单位价格金额

应按双方协商一致的价格,正确填写在书面合同中。如在出口合同中把金额写错,或低于原来商定的金额,或在进口合同中错写成高于原来的金额,对方如将错就错,将使我方遭受损失,因为单位价格金额或书面合同中的其他条款如写错,又经当事人双方签署确认,按国际贸易法律是可以因此而否定或改变磋商时谈定的条件的。

(四)贸易术语

在国际贸易中,根据每种贸易术语的构成,买卖合同采用哪种贸易术语对买卖双方都是至关重要的。实际业务中选择贸易术语的一般原则是:出口业务采用 CIF 或 CFR 贸易术语,进口采用 FOB 贸易术语。但是还应根据方便贸易、促成交易的原则,权衡利弊,根据货物的销售情况、运输条件等方面灵活选用贸易术语。

小资料 4-1

人民币结算

2009 年 7 月 1 日中国人民银行、财政部、商务部、海关总署、税务总局、银监会共同制定了《跨境贸易人民币结算试点管理办法》。《跨境贸易人民币结算试点管理办法》批准上海市和广东省内的广州、深圳、珠海和东莞等 4 城市率先进行试点工作,明确境外试点地域范围暂定为港澳地区和东盟国家。

2009 年 7 月 6 日,上海电气集团、上海丝绸集团、上海环宇进出口公司与中国香港、印尼的贸易商签订了首次采用人民币作为跨境贸易结算货币的贸易合同。中国银行上海分行、交通银行上海分行完成了第一笔跨境贸易人民币结算业务,结算资金顺利到位。此举意味着人民币在国际贸易结算中的地位从计价货币提升至结算货币。

二、作价办法

根据有关法律或国际惯例,贸易合同中的价格可以是明确规定的,也可以只规定作价的方法而不明确规定价格。进出口贸易中,作价方法一般采用固定作价,即在交易磋商时把价格确定下来,但在实际业务中,有时也采用暂不固定价格、暂定价格和浮动价格等作价方法。

（一）固定价格

固定价格是指在价格条款中明确规定的价格,非经双方当事人事后同意,价格不得变更。这种作价方法具有明确、具体、肯定和便于核算的特点,适用于交货期较短的交易。按照固定价格作价后,无论发生什么情况均按合同确定的价格结算货款,买卖双方均承担市场变化的风险。

合同中采用固定价格时,通常用单价表示货物的价格,包括计价货币、单位价格金额、计量单位和贸易术语,例如：USD20.00 PER DOZEN CIF NEW YORK.

（二）暂定价格

买卖双方在洽谈某些市价变化较大的货物的远期交易时,可先在合同中规定一个暂定价格,作为开立信用证和初步付款的依据,待日后交货前的一定时间,再由双方按照当时的市价商定最终价格,作为最后清算的依据,多退少补。例如：“单价暂定每公吨 1000 英镑 CIF 神户,作价方法：以××交易所 3 个月期货,按装船月份月平均价加 5 英镑计算,买方按本合同规定的暂定价开立信用证。”

暂定价格的作价方法由于未就作价作出规定,容易给合同带来较大的不稳定性,双方可能因缺乏明确的作价标准,而在最后商定价格时各执己见、相持不下,导致合同无法履行。因此,暂定价格一般只应用于双方有长期交往,已形成比较固定的交易习惯的合同。

（三）暂不固定价格

暂不固定价格又称“活价”,是指贸易双方只规定作价的方法和期限,不规定具体价格。某些货物因其国际市场价格变动频繁,并且变动幅度较大或交货期较远,买卖双方对市场难以预测,但又有订约的意图,则可采用暂不固定作价,在合同中约定将来确定价格的方法。

暂定价格的规定方法有两种：一是在价格条款中明确规定订价时间和订价方法。例如"在装船月份前50天，参照当地及国际市场价格水平，协商议定正式价格"，或"按提单日期的国际市场价格计算"。二是只规定作价时间，如"由双方在××年×月×日协商确定价格"。

采用暂不固定作价方法，买卖双方都不承担市价变动的风险。但是，由于合同未订明价格而容易造成履约困难，甚至无法履约。

（四）浮动价格

浮动价格又称滑动价格，是指在价格条款中规定一个基础价格，同时明确调整价格的依据和方法。例如，规定在合同履行期间，该商品生产人员的工资、原材料价格等指数有一定变动或超过规定的幅度，基础价格则作相应调整。这种作价方法适用于成套设备、大型机械等交货周期长的贸易。

第二节　佣金与折扣

在合同价格条款中，有时会涉及佣金（commission）和折扣 discount；allowance）。正确掌握和运用佣金和折扣，有利于灵活掌握价格和调动国外客户的积极性。价格条款中所规定的价格，可分为包含有佣金或折扣的价格和不包含这类因素的净价（net price）。包含有佣金的价格，在业务中通常称为含佣价。

一、佣金

（一）佣金的含义

佣金是指代理人或经纪人为委托人服务而收取的报酬。国际贸易中，有些交易是通过中间代理商进行的，因此，国际贸易中的佣金通常是指交易一方付给中间商的酬金。佣金有明佣和暗佣两种，前者是指在买卖合同的价格条款中明确规定佣金的百分比；后者是指不在买卖合同中明确规定佣金，而是另行约定。

佣金直接关系到商品的价格，货价中是否包括佣金和佣金比例的大小，都影响商品的价格。显然，含佣价比净价要高。正确运用佣金，有利于调动中间商的积极性和扩大销售。

（二）佣金的规定办法

在商品价格中包括佣金时，通常应以文字来说明。

条款示例 4-1

每公吨 200 美元 CIF 旧金山，包括 2％佣金。

US＄200Per M/T CIF San Francisco including 2％ commission.

有时也在贸易术语上加注佣金的缩写英文字母"C"和佣金的百分比来表示。

条款示例 4-2

每公吨 200 美元 CIFC2％旧金山。

US＄200 per M/T CIFC2％ San Francisco.

商品价格中所包含的佣金，除用百分比表示外，也可以用绝对数来表示。

条款示例 4-3

每公吨付佣金 25 美元。

US＄25 per M/T for commission.

(三)佣金的计算

在国际贸易中，计算佣金的方法有多种。在实际业务中，最常见的是以买卖双方的成交金额或发票金额为基础，按照约定的佣金率计算佣金。也有的按成交商品的数量来计算佣金，即按每一单位数量收取若干佣金计算。计算佣金的公式如下：

$$单位货物佣金额＝含佣价×佣金率$$

净价的计算公式为：

$$净价＝含佣价－单位货物佣金额$$

如果已知净价，则含佣价的计算公式为：

$$含佣价＝\frac{净价}{1－佣金率}$$

例 4-1

我方出口商品，对外报价为 10000 美元/箱 CFR 汉堡，对方要求 3％的佣金。在此情况下，我方应如何改报含佣价，才能保证实收 10000 美元？

按照含佣价的计算公式，我方应改报的含佣价为：

$$含佣价＝\frac{10000}{1－3％}＝10309.28 \text{ 美元}$$

(四)佣金的支付方式

佣金的支付方式一般有三种：

1.由中间商直接从货价中扣除佣金，即合同中规定价格为含佣价，买方实际支付价格为扣除佣金后的价格。

2.在出口商收妥货款之后，再按事先约定的期限和佣金比率，另行付给中间商。

3.采用信用证付款时,则在信用证中规定佣金在议付时直接从信用证款项中扣除,称为"议扣"。

二、折扣

（一）折扣的含义

折扣是指卖方按原价给予买方一定百分比的减让,即在价格上给予适当的优惠。在外贸业务中,使用折扣主要是为了照顾老客户、确保销售渠道、扩大销路等目的。除一般折扣外,还有为扩大销售而使用的数量折扣（quantity discount）、为发展业务关系目的而给予的特别折扣（special discount）以及年终回扣（turnover bonus）等。

折扣有明扣和暗扣两种。前者是指在价格条款中明确规定折扣率;后者是指交易双方就折扣问题已达成协议,但在价格条款中却不明示折扣率。

（二）折扣的规定方法

在国际贸易中,折扣通常在合同价格条款中用文字明确表示出来。

条款示例 4-4

CIF 伦敦每公吨 200 美元,折扣 3％。

US＄200 per metric ton CIF London including 3％ discount.

CIF 伦敦每公吨 200 美元,减 3％折扣。

US＄200 per metric ton CIF London less 3％discount.

折扣也可以用绝对数来表示。

条款示例 4-5

每公吨折扣 60 美元。

US＄60 per metric ton for discount.

（三）折扣的计算与支付方式

折扣通常是以成交额或发票金额为基础计算出来的。其计算方法如下:

单位货物折扣额＝原价（或含折扣价）×折扣率

卖方实际净收入＝原价—单位货物折扣额

例 4-2

CIF 伦敦每公吨 1000 美元,折扣 2％,则卖方应给予买方的折扣额应为 20 美元（1000×2％）,卖方的实际净收入为每公吨 980 美元。

折扣一般是在买方支付货款时预先予以扣除。有时折扣额不直接从货价中扣除,而按暗中达成的协议由卖方另行支付给买方,这种做法通常在暗扣时采用。

第三节　主要贸易术语的价格构成和换算

在国际贸易中,不同的贸易术语表示的价格构成因素不同。在对外洽商交易的过程中,有时一方按某种贸易术语报价时,对方要求改报其他术语所表示的价格,如一方按 FOB 报价,对方要求改按 CIF 或 CFR 报价,这就涉及不同贸易术语的价格换算问题。掌握贸易术语的价格构成及其换算方法,是从事国际贸易人员所必须掌握的基本知识和技能。

一、主要贸易术语的价格构成

1. FOB、CFR 和 CIF 三种贸易术语的价格构成

在我国进出口业务中,最常用的贸易术语是 FOB、CFR 和 CIF 三种。这三种贸易术语适用于海运或内河运输。在价格构成上,通常包括三方面的内容:进货成本、费用和利润。其中费用包括国内费用和国外费用两部分。国内费用项目较多,如包装费、仓储保管费用、加工整理费、国内运输费(仓至码头)、装船费(装船、起吊费和驳船费等)、货物检验费、出口关税、手续费(领取有关出口证件及办理托运、报关、结汇等)、各种杂费(包括业务费、港口费、码头费、贷款利息等)等。国外费用主要是指国外运费(装运港至目的港的海上运输费用)、国外保险费(海上货物运输保险)和支付给中间商的佣金等。

采用 FOB 贸易术语成交时,对外报价除了进货成本和利润外,还包括到装运港船上为止的各项国内费用。CFR 价格和 CIF 价格则包括国外费用,CFR 价格包括从装运港至目的港的通常运费,CIF 价格除了包括从装运港至目的港的通常运费外,还包括保险费。

FOB、CFR 和 CIF 三种贸易术语的价格构成如下:

FOB 价＝进货成本＋国内费用＋利润

CFR 价＝进货成本＋国内费用＋国外运费＋利润

CIF 价＝进货成本＋国内费用＋国外运费＋保险费＋利润

2. FCA、CPT 和 CIP 三种贸易术语的价格构成

FCA、CPT 和 CIP 三种贸易术语,是国际商会为适应国际贸易的新发展而制定的贸易术语,它们适用于各种运输方式。其价格构成也有三部分:进货成本、费用和利润。由于采用的运输方式不同,交货地点和交货方式不同,有关费

用也有所不同。国内费用包括货物包装费、仓储保管费用、加工整理费、国内运输费(仓至码头、车站、集装箱堆场/货运站、空港等)、装箱费、货物检验费、出口关税、手续费(领取有关出口证件及办理托运、报关、结汇等)、各种杂费(包括业务费、港口费、码头费、贷款利息等)等。国外费用主要是指国外运费(自出口国内陆起运地至国外目的地的运输费用)、国外保险费和支付给中间商的佣金等。

FCA、CPT 和 CIP 三种贸易术语的价格构成如下：

> FCA 价＝进货成本＋国内费用＋利润
>
> CPT 价＝进货成本＋国内费用＋国外运费＋利润
>
> CIP 价＝进货成本＋国内费用＋国外运费＋保险费＋利润

二、主要贸易术语的价格换算

1. FOB、CFR 和 CIF 三种贸易术语的价格换算

(1)FOB 价换算为其他价

CFR 价＝FOB 价＋国外运费

CIF 价＝FOB 价＋国外运费＋保险费

$$CIF 价＝\frac{FOB 价＋国外运费}{1－保险费率×(1＋保险加成率)}$$

(2)CFR 价换算为其他价

FOB 价＝CFR 价－国外运费

$$CIF 价＝\frac{CFR 价}{1－保险费率×(1＋保险加成率)}$$

(3)CIF 价换算为其他价

FOB 价＝CIF 价×[1－保险费率×(1＋保险加成率)]－国外运费

CFR 价＝CIF 价×[1－保险费率×(1＋保险加成率)]

例 4-3

某公司出口货物一批,对外报价为每公吨 2000 美元 CIF NEW YORK。该种货物每公吨出口运费为 150 美元,投保一切险,费率为 1%,该货物的 FOB 价是多少?

$$
\begin{aligned}
FOB 价 &＝CIF 价×[1－保险费率×(1＋保险加成率)]－运费 \\
&＝2000×[1－1\%×(1＋10\%)]－150 \\
&＝1828 美元
\end{aligned}
$$

例 4-4

我外贸公司拟出口某商品的原报价为每箱(净重)1000 美元 FOB 大连,现

国外客户要求改报 CFR 旧金山。假设该商品按重量计收运费,系木箱装,每箱货物净重 20 公斤,木箱重量 5 公斤,从大连至旧金山每吨运费为 3000 美元。问我方应如何对外报 CFR 单价?

$$CFR 价 = 1000 + (25/1000) \times 3000 = 1075 美元$$

我方应对外报为每箱 1075 美元 CFR 旧金山。

例 4-5

某公司对外报价每箱 330 美元 FOB 天津新港,后外国商人要求改报 CIF 伦敦价,假设运费每箱 40 美元,保险费率为 0.6%。试计算我方应报的 CIF 伦敦价。

$$CIF 价 = \frac{330 + 40}{1 - 0.6\% \times (1 + 10\%)}$$

$$= 372.46 美元$$

我方报价应为每箱 372.46 美元 CIF 伦敦。

2. FCA、CPT 和 CIP 三种贸易术语的价格换算

(1)FCA 价换算为其他价

$$CPT 价 = FCA 价 + 国外运费$$

$$CIP 价 = FCA 价 + 国外运费 + 保险费$$

$$CIP 价 = \frac{FCA 价 + 国外运费}{1 - 保险费率 \times (1 + 保险加成率)}$$

(2)CPT 价换算为其他价

$$FCA 价 = CPT 价 - 运费$$

$$CIP 价 = \frac{CPT 价}{1 - 保险费率 \times (1 + 保险加成率)}$$

(3)CIF 价换算为其他价

$$FCA 价 = CIP 价 \times [1 - 保险费率 \times (1 + 保险加成率)] - 国外运费$$

$$CPT 价 = CIP 价 \times [1 - 保险费率 \times (1 + 保险加成率)]$$

第四节 出口报价核算

我国的外贸企业是独立的经济实体,自主经营、独立核算、自负盈亏。在实际业务中,出口成交价格是由国际市场价格水平决定的,并且受国际市场价格走势的影响。出口商品的价格能否被买卖双方接受,要看该价格对交易双方是否

有利。对我方来讲,为了能够确保在赢利的基础上达成交易,在对外成交前应根据外商提出的要求,参照国际市场价格水平,认真做好成本费用的核算和效益的核算工作。

一、成本费用的核算

对于进出口企业而言,要注意加强成本费用的核算,以提高经济效益。在出口方面,要掌握出口商品总成本。

出口商品总成本是指外贸企业为出口商品支付的国内总成本,包括出口商品的进货成本和国内费用,再扣除出口退税金额。如果是需要缴纳出口税的商品,出口商品总成本中还要包括出口税。

出口商品总成本中的进货成本一般为供货商所报的价格(含增值税),国内费用包括银行费用、工资支出、交通费用、仓储费用、码头费用等,一般为出口货物进价的 5%～10%。采用间接税制度的国家出口商品的进货成本中,包含了增值税。增值税是以商品进入流通环节所发生的增值额为课税对象的一种流转税,由于商品出口到国外,可以理解为这部分税收转移为由国外的消费者负担,所以,许多国家对出口商品实行了出口退税制度,以鼓励商品出口。在核算成本时,应扣除出口退税金额。扣除了出口退税后的进货成本,称为实际成本。

出口商品总成本＝进货成本＋国内费用－出口退税

实际成本＝进货成本－出口退税

$$出口退税额＝\frac{进货成本}{1＋增值税率}×出口退税率$$

例 4-6

某商品每件进货成本是 200 元,其中包括 17% 的增值税,若该商品出口退税率为 9%,那么该商品(每件)的实际成本为多少? 该商品的国内费用为进货成本的 10%,则出口总成本为多少?

利用上述公式,可算出上例中:

$$实际成本＝200－\frac{200}{1＋17\%}×9\%＝184.62(元)$$

$$出口总成本＝184.6＋200×10\%＝204.62(元)$$

二、效益的核算

(一)出口商品换汇成本

出口商品换汇成本反映出口商品每取得一单位的外汇净收入所用的人民币

成本,即某种商品的出口总成本与出口所得的外汇净收入之比。外汇净收入是指扣除运费和保险费后的 FOB 外汇净收入。

$$出口商品换汇成本 = \frac{出口总成本}{出口销售外汇净收入}$$

例 4-7

某商品国内进货成本为人民币 5270 元,包含 17% 的增值税,加工费为 900 元,流通费为 730 元,出口退税率为 9%,出口销售外汇净收入为 1100 美元。该商品的出口总成本和出口商品换汇成本分别是多少?

$$出口总成本 = 5270 - \frac{5270}{1+17\%} \times 9\% + 900 + 730 = 6494.62(元)$$

$$出口商品换汇成本 = \frac{6494.62}{1100} = 5.9042 \ 元人民币/美元$$

(二)出口商品盈亏额与出口商品盈亏率

出口商品盈亏额是指出口销售人民币净收入与出口总成本的差额,前者大于后者为盈利;反之为亏损。出口销售人民币净收入是出口商品的 FOB 外汇净收入按当时的外汇牌价折合成人民币的金额。出口商品盈亏率是指出口商品盈亏额与出口总成本的比率。从出口商品换汇成本来看,如果出口商品换汇成本小于银行的外汇牌价,则出口为盈利;反之,如果出口商品换汇成本高于银行的外汇牌价,则说明出口有亏损。

$$出口商品盈亏额 = 出口销售人民币净收入 - 出口总成本$$

$$出口商品盈亏率 = \frac{出口商品盈亏额}{出口总成本} \times 100\%$$

或

$$出口商品盈亏率 = \left(\frac{银行外汇买入价}{出口换汇成本} - 1 \right) \times 100\%$$

例 4-8

在上例中,如果当时的银行外汇买入价为 7.40,则:

$$出口人民币净收入 = 1100 \times 7.40 = 8140(元)$$

$$出口商品盈亏额 = 8140 - 6494.62 = 1645.38(元)$$

$$出口商品盈亏率 = \frac{1645.38}{6494.62} \times 100\% = 25.33\%$$

或

$$出口商品盈亏率 = \left(\frac{7.40}{5.9042} - 1 \right) \times 100\% = 25.33\%$$

（三）出口创汇率

出口创汇率是指加工后成品出口的外汇净收入与原料外汇成本的差额与原料外汇成本的比率。如原料为国产品,其外汇成本可按原料的 FOB 出口价计算。如原料是进口的,则按该原料的 CIF 价计算。通过出口的外汇净收入和原料外汇成本的对比,则可看出成品出口的创汇情况,从而确定出口成品是否有利。特别是在进料加工的情况下,核算出口创汇率这项指标,更有必要。其计算公式如下:

$$出口创汇率 = \frac{成品出口外汇净收入 - 原料外汇成本}{原料外汇成本} \times 100\%$$

例 4-9

某以进养出的商品,进口原料为 CIF 价 USD24000/MT,加工后成品出口外汇净收入为 USD100/DOZ,已知每公吨进口原料可加工成为 300 打产品出口。则:

$$出口创汇率 = \frac{100 - 24000/300}{24000/300} \times 100\% = 25\%$$

三、出口报价

在对外报价时,应明确价格构成,确定成本、费用和利润的计算依据,然后将各部分合理汇总。以 FOB、CFR 和 CIF 对外报价为例,包含佣金的出口报价的构成如下:

FOB 价＝出口总成本＋佣金＋预期利润

CFR 价＝出口总成本＋佣金＋预期利润＋出口运费

CIF 价＝出口总成本＋佣金＋预期利润＋出口运费＋保险费

在出口报价时,一般按照成交价格来确定利润率、佣金率,以及其他各种费用率。出口报价公式:

$$FOBCn\% = \frac{出口总成本}{1 - n\% - m\% - \cdots}$$

$$CFRCn\% = \frac{出口总成本 + 运费}{1 - n\% - m\% - \cdots}$$

$$CIFCn\% = \frac{出口总成本 + 运费}{1 - (1 + 投保加成率) \times 保险费率 - n\% - m\% - \cdots}$$

其中,n％为佣金率,m％为预期利润率。

例 4-10

国内 A 公司收到英国一公司求购 6000 双牛粒面革腰高 6 英寸军靴(一个

40 英尺货柜)的询盘,经了解每双军靴的进货成本为人民币 90 元(含增值税 17%),出口包装费每双 3 元,国内运杂费共计 12000 元,出口商检费 350 元,报关费 150 元,港杂费 900 元,其他费用共计 1500 元,出口军靴的退税率为 14%。一个货柜从深圳到利物浦的包箱费率是 3800 美元。客户要求按成交价的 110%投保,保险费率为 0.85%,并在价格中包括 3%的佣金。若 A 公司的预期利润为成交价的 10%,人民币对美元的汇率为 7:1。

试报每双军靴的 FOB、CFR 和 CIF 价格。

计算过程如下:

国内费用=包装费+(运杂费+商检费+报关费+港杂费+其他费用)

$$=3 \times 6000+(12000+350+150+900+1500)$$

$$=18000+14900$$

$$=32900 \text{ 元}$$

单位货物所摊费用=32900 元/6000 双=5.4833 元/双

出口总成本=进货成本−出口退税额+国内费用

$$=90-\frac{90}{1+17\%} \times 14\% +5.4833$$

$$=87.7141 \text{ 元/双}$$

出口运费=3800/6000×7=4.4333 元/双

$$\text{FOB C3}\% =\frac{84.7141}{1-3\%-10\%} =97.37 \text{ 元/双} =13.91 \text{ 美元/双}$$

$$\text{CFR C3}\% =\frac{84.7141+4.4333}{1-3\%-10\%} =102.47 \text{ 元/双} =14.64 \text{ 美元/双}$$

$$\text{CIF C3}\% =\frac{84.7141+4.4333}{1-110\% \times 0.85\%-3\%-10\%}$$

$$=103.58 \text{ 元/双} =14.80 \text{ 美元/双}$$

⊳【练 习】

一、选择题

1.以下我出口商品的单价,只有(　　)的表达是正确的。

A. 250 美元/桶　　　　　　　　　　B. 250 美元/桶 CIF 伦敦

C. 250 美元/桶 CIF 广州　　　　　　D. 250 美元/桶 CFR 德国

2.在进出口合同中,单价条款包括的内容有(　　)。

A. 计量单位　　　　　　　　　　　　B. 单位价格金额

C. 计价货币　　　　　　　　　　　　D. 贸易术语

3.在国际货物买卖中,作价的方法一般包括( )。

A.暂定价格　　　　　　　　B.固定作价

C.暂不固定价格　　　　　　D.滑动价格

4.在国际贸易中,含佣价的计算公式是( )。

A.单价×佣金率　　　　　　B.含佣价×佣金率

C.净价×佣金率　　　　　　D.净价/(1−佣金率)

5.出口总成本是指( )。

A.进货成本

B.进货成本＋出口前一切费用

C.进货成本＋出口前的一切费用＋出口前的一切税金−出口退税

D.对外销售价

6.一笔业务中,若出口销售人民币净收入与出口总成本的差额为正数,说明该笔业务为( )。

A.盈　　　　　　　　　　　B.亏

C.平　　　　　　　　　　　D.可能盈,可能亏

二、简答题

1.国际货物买卖中的作价方法有哪几种?

2.佣金的支付方法有几种?

三、计算题

1.某笔交易中,我向外商的报价为每公吨780美元CFR香港,含2％的折扣,该笔交易的数量为200公吨,试求我方扣除折扣后的总收入是多少。

2.某公司出口单晶糖200公吨,每公吨USD450CIFC2％利物浦,货物装船后,公司财会部门根据合同规定将2％的佣金汇给中间商,试求应汇的佣金为多少。

3.我出口某商品,原报价为350美元/桶CIF纽约,现外商要求将价格改报为CFR C5％。已知保险费率为0.6％,试求我方应将价格改报为多少(USD100＝RMB¥682.70)。

4.我某进出口公司向爱尔兰出口一批货物,按FOB贸易术语成交,每公吨1200美元。后买方因派船有困难,要求我方代办订舱和投保一切险和战争险,保险费率分别为0.62％和0.04％,按CIF发票总值的110％投保。海运运费为每公吨15美元。问:该进出口公司应如何调整单价?

5.某外贸公司出口一批商品,国内进货价共10000元人民币,加工费支出1500元人民币,商品流通费是1000元人民币,税金支出为100元人民币,该批

商品出口销售外汇净收入为2000美元。计算该批商品的出口总成本、出口换汇成本和出口销售盈亏率(USD100＝RMB￥682.70)。

6.某公司欲出口货号ABC的"太阳"牌儿童玩具一批,购货成本为180元/只,包含17%的增值税率,国内费用为购货成本的1%,出口退税率为8%,从国内港口运至国外目的港的海运运费为0.5357美元/只,投保按CIF报价加一成,保费率为1%,该公司的预期利润率为15%。求:FOB C5%和CIF C5%(USD100＝RMB￥682.70)。

第五章

国际货物运输 ≫ ≫ ≫　≫

学习内容与目标 ···

了解国际货物运输的各种方式及特点；

熟悉国际货物运输流程；

掌握海洋运输的经营方式、运费计算；

掌握海运提单的定义、性质、内容、类别；

掌握集装箱运输和国际多式联运的特点和内容；

熟悉运输合同中装运条款的内容与风险防范。

···

案例导读

山东 A 公司向国外出口花生仁 1000 公吨，国外信用证规定：
"shipment from Chinese port to Toronto，Canada；not later than
October 31"（从中国港口运至加拿大多伦多，装运期不晚于 10 月 30
日）。10 月 20 日，该公司发现仓库存货不足，只得在 10 月 25 日把 500
公吨花生仁装载一艘从青岛港驶往多伦多的货轮上，又在 10 月 27 日
从烟台地区紧急备货 500 公吨，而此时青岛、烟台都已没有到达多伦多
的直达船只，该公司只得把该 500 公吨花生仁装载另一艘驶往香港的
船上，待运到香港再装船运到多伦多。A 公司将两次货物的单据集中
在一起向银行交单结汇时，银行以 A 公司擅自分批装运和转船为由拒

绝付款。试分析：以上两个案例中，银行对 A 公司的拒付理由是否成立？A 公司能否顺利收到货款？

【分析】 根据《跟单信用证统一惯例》（UCP600）的规定，除非信用证明确禁止分批装运和转船，否则卖方即有权分批装运和转船。在案例中，信用证中没有禁止分批装运和装船，而且规定装船港为中国港口。因此，只要卖方在信用证规定的最晚装运时间之前装船，在青岛和烟台分别装运，并且在香港转船，这种做法就是符合信用证规定的，银行不得以此拒绝付款。因此，银行对 A 公司的拒付理由不成立，A 公司可以获得货款。

第一节 国际货物运输方式

现代国际贸易中使用的运输方式有海洋运输、铁路运输、航空运输、公路运输、内河运输、邮政运输和联合运输等多种方式，其中以海洋运输和航空运输为主要方式。在国际贸易实务中，究竟采取何种运输方式，需要根据各种运输方式的特点、贸易术语、货物的数量和特性、交货地点等具体情况而定。

一、海洋运输

国际海洋货物运输，简称海洋运输（ocean transport），是指使用船舶通过海洋航道在不同的国家和地区的港口之间运送货物的一种运输方式。海洋运输历史最为悠久，目前它占国际贸易货物运输的比重最大。据有关统计，世界贸易货运总量的 2/3 以上、我国进出口货物运量中约 90% 是通过海洋运输的。

与其他运输方式相比，国际海洋货物运输具有运输量大、通过能力强、运费低廉、适货性强等优点，但是这种运输方式风险较大、速度较慢。因而，海洋运输适宜运输大宗低价值的货物，对不能经受长途长时间运输的货物和易受气候条件影响以及急需的货物，一般不宜采用海运。

按照海洋运输中船舶的经营方式划分，海洋运输可分为班轮运输和租船运输。

（一）班轮运输

1. 班轮运输的含义

班轮（regular shipping linger，简称 liner）是在一定的航线上按照公布的时间表,在规定的港口间连续从事货运的船舶。班轮运输(liner transport)也叫定期船运输,是指按照规定的时间,在固定的航线上,以既定的港口顺序,从事客货运输业务并按事先公布的费率收取运费的运输方式。班轮运输的服务对象是非特定的分散客户,班轮公司具有公共承运人的性质。

2.班轮运输的特点

(1)班轮运输有固定的船期、航线、停靠港口和相对固定的运费率;

(2)班轮运费中包括装卸费,故班轮的港口装卸由船方负责,货方不再另付装卸费,承托双方不计滞期和速遣费;

(3)承运人对货物负责的起讫是从货物装上船到货物卸下船,即"船舷至船舷"或"钩至钩";

(4)承托双方的权利、义务和豁免责任,以船方签发的提单条款为依据并受统一的国际公约制约;

(5)班轮承运货物的品种、数量比较灵活,而且货运质量较有保证,货主按需订舱,特别适合于一般件杂货和集装箱货物的运输。

(二)租船运输

租船运输(charter transport)又称不定期船运输,是指根据双方协商的条件,船舶所有人(即船东)将船舶的全部或一部分出租给租船人使用,以完成特定的货物运输任务,租船人按约定的运价或租金支付运费的商业行为。

1.租船运输的特点

租船运输具有如下基本特点:

(1)没有固定的航线、固定的装卸港口、固定的船期。船东对于船舶的航线、航行时间和货载种类等按照租船人的要求来确定,提供相应的船舶,经租船人同意进行调度安排;

(2)没有固定的运价。租金率或运费率根据租船市场的供求情况来决定,但一般低于班轮运价;

(3)船舶营运中有关费用的支出,如港口使用费、装卸费及船期延误责任等费用,取决于不同的租船方式由船东和租方分担,并在合同条款中订明;

(4)船东和租方的权利、义务和责任划分以租船合同为依据。租船合同条款由船东和租方双方共同商定,各种租船合同均有相应的标准合同格式;

(5)租船运输适宜大宗货物运输。租船主要用来装运农、矿产品等大宗货物,如粮食、矿砂、石油、木材等,因为班轮不能提供足够的舱容。世界海运干货中,租船运输占总运量的80%以上,油轮运输50%以上采用租船方式。

2.租船方式

在国际海运租船业务中,租船方式主要有定程租船和定期租船两种。

(1)定程租船(voyage charter)是以航程为基础的租船方式,又称"程租船"或"航次租船",是指由船舶所有人负责提供船舶,在指定港口之间进行一个航次或数个航次,承运指定货物的租船运输。定程租船的具体方式又可分为单程租船、来回航次租船、连续单程租船、连续来回航次租船等形式。

(2)定期租船(time charter),又称"期租船"或"期租",是指由船舶所有人将船舶出租给承租人,供其使用一定时间的租船运输。在租期内,承租人利用租赁的船舶既可以进行不定期船货物运输,也可以投入班轮运输,还可以在租期内将船舶转租,以取得运费收入或谋取租金差额。

程租船与期租船的区别在于:①租船方式不同。定程租船按航程租用船舶;而定期租船按期限租用船舶。②租金计算方式不同。定程租船按装运货物的吨数计算租金;而定期租船是按月以每月每夏季载重吨或按每日租金额计算租金。③费用负担不同。定程租船人只负担运费、滞期费等几项费用,其他大部分费用如航线所需的燃料费、港口费用及港口代理费等均由船东负担,而定期租船船东只负担船舶营运费,其他大部分费用如航行所需燃料费、供水及港口捐税、港口费用、装卸费、平舱费和理舱费等均由租船人负担。④船方责任不同。定程租船由船东直接负责船舶的经营管理,他要负责船舶航行、驾驶与管理,还应对货物运输负责;而定期租船的船东仅负责船舶的维护、修理和船员工资与给养,船舶的调度、营运管理及货物运输由租船人掌握。

二、航空运输

(一)国际航空货物运输概述

航空运输(air transportation)是指使用运输飞机来实现货物运输的一种方式,具有速度快、准确方便且不受地面限制等优点,但运费高、舱容小、受自然因素影响大。所以,航空运输适宜运输体积小、贵重、量小而急需的商品,如电脑、药品及易腐、鲜活和季节性强的商品。

(二)国际航空货物运输的经营方式

1.班机运输(scheduled airline)

班机运输是指在固定航线上,按固定时间及固定始发站、目的站和途经站进行货物运输的方式。一般航空公司都采用客货混载,因而舱位有限。但一些较大的航空公司在一些航线上开辟定期的货运航班,使用全货机(all cargo carrier)运输。

2. 包机运输(chartered carrier transport)

包机运输是指租机人租用整架飞机或若干租机人合租一架飞机运送货物的方式,分为整架包机和部分包机两种形式。整架包机适用于大宗货物的运送,如能争取来回程都有货载,则可降低费用,否则,单程载货运费很贵;部分包机适用于一吨以上不足整机的多个客户货物的运输。包机运费相对班机较低,但是运送时间较长。

3. 集中托运(consolidation transport)

集中托运是指集中托运人(通常是航空代理公司)把若干批单独发运的货物组成一整批,集中向航空公司办理托运,用一份总运单将货物发送到同一目的站,由预定的代理人负责收货、报关、分批后交给实际收货人的一种运输方式。集中托运可以使用较合理的运价,节省运费。

4. 航空急件快送(air express)

航空急件快送指运用航空运输、地面专递服务、电脑通讯等手段,由专门经营快递业务的公司与航空公司合作,派专人以最快的速度,在发货人、机场、收货人之间传递货物的快捷运输方式。该方式比较适合于急需的药品、贵重物品、合同资料及各种票据单证的传递。

三、铁路运输

国际铁路货物运输(international rail transportation)是我国对外贸易运输中仅次于海洋运输的一种重要运输方式,其具有运量较大、风险小、速度快及连续性强等优点,在贸易运输中占重要地位。特别是内陆国家间的贸易,铁路运输的作用尤为显著。目前,我国对朝鲜、俄罗斯的大部分进出口货物和东欧一些国家的进出口货物,都是采用国际铁路联运的方式运送货物。

我国的国际铁路货物运输可分为国际铁路货物联运和对港澳地区铁路运输两种。

(一)国际铁路货物联运

国际铁路货物联运是指在两国或两国以上的铁路运送中使用一份统一的国际联运票据,并且由一国铁路向另一国铁路移交货物时不需要发货人和收货人参加,由铁路运输方负责全程运送,办理交接的一种运输方式。

采用国际铁路货物联运,有关当事国事先必须有书面的约定。关于国际铁路货物联运的国际条约有两个:《国际货约》和《国际货协》。《国际货约》是《国际铁路货物运送公约》的简称,它是欧洲各国政府批准的有关国际铁路货物联运的规定、制度和组织机构的公约。《国际货协》是 1951 年缔结的《国际铁路货物联运协定》的简称。

国际铁路联运适用于"货协"或"货约"国家之间的顺向或反向的货物运输。目前,我国对朝鲜、越南、蒙古、俄罗斯、哈萨克斯坦的大部分进出口货物以及东欧一些国家的小部分进出口货物,都是采用国际铁路联运的方式运送的。在我国国内,凡可办理铁路货运的车站均可接受国际铁路货物联运。

为适应国际经贸大发展的需要,自 1980 年以来,我国成功地试办了通过西伯利亚铁路的集装箱国际铁路运输。在采用集装箱铁路运输的基础上,又开展了西伯利亚大陆桥运输方式,使海、陆、海集装箱运输有机地形成一定规模。1990 年,我国又开通了一条新的亚欧大陆桥,东起连云港,西至鹿特丹,为国际新型运输发展开辟了又一条通道。而国际铁路联运的成功经验和良好基础,又为开展陆桥运输提供了便利条件。

小资料 5-1

《国际货约》和《国际货协》

早在 1890 年欧洲各国在瑞士首都伯尔尼举行了各国铁路代表大会,制定了《国际铁路货物运送规则》,1938 年修改后为《国际铁路货物运送公约》,目前有英国、法国、德国、瑞士、芬兰、意大利、比利时、西班牙、葡萄牙等 30 多个国家参加。

1951 年 4 月 1 日起,我国同苏联开办了铁路联运,同年 11 月,苏联和东欧各国签订《国际铁路货物联运协定》。1954 年 1 月我国参加了《国际铁路货物联运协定》,随后,朝鲜、蒙古、越南也加入该协定,目前有俄罗斯、中国、蒙古、保加利亚、越南、朝鲜、伊朗等 20 多个成员国。

(二)对港澳地区铁路运输

我国内地往香港、澳门地区的铁路货物运输不同于一般的国内运输,它的特点是"租车方式,两票运输"。

对港铁路运输,由内地段铁路运输和香港段铁路运输两段构成,由中国对外贸易运输公司各地分支机构及香港中国旅行社联合组织进行。发货地外运公司或外贸进出口公司填制铁路运单向车站办理至深圳北站的托运手续;货车从发货地运至深圳北站后,由深圳外运分公司接货,与铁路局进行票据交换,并编制货车过轨计划,办理租车手续;中旅社向香港海关报关,并向广九铁路公司办理托运起票手续;货到香港九龙目的站后,由中旅社负责卸货并交给收货人。

至澳门铁路运输,由内地段铁路运输和澳门段水路运输两段组成,由中国对外贸易运输公司各地分支机构及澳门南光集团联合组织进行。货物自发货地运往广州站,广东省外运公司接货,由其办理水路中转,将货物运往澳门,货到澳门由南光集团运输部负责接货并交付收货人。

内地通过内地铁路运往港澳地区出口货物,一般都委托中国对外贸易运输公司承办。货物装车发运后,由外运公司签发一份承运货物收据给托运人。承运货物收据既是承运人出具的货物收据,也是承运人与托运人签署的运输契约,托运人以此作为结汇凭证。

四、集装箱运输

(一)国际集装箱货运概述

集装箱运输(container transport)是指以集装箱为基本运输单位,采用海陆空等运输方式将货物运往目的地的一种现代化运输方式。

集装箱(container)是一种能反复使用的运输辅助设备,每个集装箱有固定的编号,装箱后封闭箱门的钢绳铅封上印有号码。为统一其规格,国际标准化组织(ISO)制定了三个系列十三种规格的集装箱。目前在国际运输中常用的是 IA 型 $8'×8'×40'$ 和 IC 型 $8'×8'×20'$,习惯上称为 40 英尺和 20 英尺集装箱。为了便于统计计算,国际上都以 20 英尺集装箱作为计算标准单位,以 TEU (twenty-foot equivalent unit)表示。

当前,在各国的集装箱运输中,广泛使用的是干杂货集装箱(dry cargo container)。该集装箱适于装载各种干杂货,是最常用的标准集装箱。此外,运输中还使用冷藏集装箱、散货集装箱、开顶集装箱、框架集装箱、罐式集装箱等类型,以适应某些特定货物的运输需要。

作为一种现代化运输方式,集装箱运输以集装箱作为运输单位进行货物运输,有利于提高装卸效率和加速船舶的周转,提高运输质量和减少货损货差,节省各项费用和降低货运成本,简化货运手续和便利货物运输,把传统单一运输串联为连贯的成组运输,从而促进了国际多式联运的发展。

(二)集装箱货物装箱方式

集装箱货物按其装箱方式,可分为整箱货和拼箱货。

1.整箱货(full container load,FCL)

整箱货是指当货方有足够的货源装载一个或数个集装箱时,在自己的仓库或工厂里自行将货物装满整箱后,直接运往集装箱堆场(container yard,CY),交由承运人托运的一种方式。

2.拼箱货(less than container load,LCL)

拼箱货是指当货主托运的货物数量不足整箱时,由承运人在集装箱货运站(container freight station,CFS)根据货物性质和目的地分类整理,把不同货主运往同一目的地的货物拼装在一个集装箱内,货到目的地(港)后再由承运人拆箱后分拨给各收货人。

(三)集装箱货物交接方式

国际上通用的集装箱货物交接方式主要有以下四种:

1.整箱交、整箱接(FCL/FCL 或 CY/CY),又称整装整拆。即发货人以整箱交货,而收货人以整箱接货。该方式最能发挥集装箱运输的优越性,效果最好。

2.整箱交、拆箱接(FCL/LCL 或 CY/CFS),又称整装拼拆。即交货人以整箱交货,而各收货人凭单拆箱接货。

3.拼箱交、拆箱接(LCL/LCL 或 CFS/CFS),又称拼装拼拆。即发货人拼箱交货,各收货人凭单拆箱接货。承运人负责货物的装箱和拆箱。

4.拼箱交、整箱接(LCL/FCL 或 CFS/CY),又称拼装整拆。即各货主以不足整箱的小票货物交承运人,承运人分类整理后,将同一收货人的货物集中拼成整箱,运往目的地,收货人整箱接货。

(四)集装箱货物的交接地点

集装箱运输货物交接地点,一般分为下列几种:

1.门到门(door to door),即从发货人工厂或仓库至收货人工厂或仓库。整个运输过程完全是集装箱运输,该方式最适宜于整装整拆。

2.门到场站(door to CY or CFS),即从发货人工厂或仓库至目的地的集装箱堆场或集装箱货运站。该方式特征:由门到场站为集装箱运输,由场站到门为货物运输,适宜于整装拼拆。

3.场站到门(CY or CFS to door),即从装运地的集装箱堆场或货运站至收货人工厂或仓库,其特征是:由门到场站为货物运输,由场站到门为集装箱运输,比较适合拼装整拆。

4.场站到场站(CY to CY or CFS;CFS to CY or CFS),即从装运地的集装箱堆场或货运站至目的地的集装箱堆场或货运站。其特征是中间段为集装箱运输,两端为货物运输,适宜于拼装拼拆。

五、国际多式联运

(一)国际多式联运概述

国际多式联运(international multimodal transport)简称多式联运,是在集装箱运输的基础上产生和发展起来的,是指按照多式联运合同,以至少两种不同的运输方式,由多式联运经营人将货物从一国境内的接管地点运至另一国境内指定交付地点的货物运输。国际多式联运只需通过一次托运、一次计费、一张单证、一次保险就可完成货物的全程运输。

国际多式联运的货物主要是集装箱货物或集装化的货物。货物集装箱化促进了国际多式联运的发展,使得国际多式联运具有集装箱运输的高效率、高质量、高技术、高投入和系统性的特点。在运输过程中,无论涉及何种运输方式,分为多少个区段,国际多式联运都是由多式联运经营人完成或组织完成的,国际多式联运经营人要对全程运输负责。从起运地接管货物到在最终目的地交付货物及全程运输中各区段的衔接工作和有关服务业务,由国际多式联运经营人在不同国家或地区的分支机构或委托代理人完成。国际多式联运经营人可以通过货物运输路线、运输方式的选择,运输区段的划分和对各区段实际承运人的选择达到降低运输成本,提高运输速度,实现合理运输的目的。因此,国际多式联运是一票到底,实行全程单一率的运输。发货人只办理一次托运、一次计付运费、一次保险,通过一张运输单据,可以实现从起运地到目的地的全程连贯运输。

目前,我国已开展的国际多式联运路线主要包括我国内地经海运往返日本内地、美国内地、非洲内地、西欧内地、澳洲内地等联运线以及经蒙古或苏联至伊朗和往返西、北欧各国的西伯利亚大陆桥运输线。其中西伯利亚大陆桥集装箱运输业务发展较快,目前每年维持在10000标准箱左右。

（二）国际多式联运应具备的条件

构成国际多式联运应具备以下条件:

1.多式联运经营人与托运人之间必须签订多式联运合同,以明确承、托双方的权利、义务和豁免关系。多式联运合同是确定多式联运性质的根本依据,也是区别多式联运与一般联运的主要依据。

2.必须使用国际多式联运单据(multimodal transport documents,M. T. D.),该单据是物权凭证。

3.必须是全程单一运价。这个运价一次收取,包括运输成本(各段运杂费的总和)、经营管理费和合理利润。

4.必须由一个多式联运经营人对全程运输负总责。他是与托运人签订多式联运合同的当事人,也是签发多式联运单据或多式联运提单者,他承担自接受货物起至交付货物止的全程运输责任。

5.必须是两种或两种以上不同运输方式的连贯运输。如为海/海、铁/铁、空/空联运,虽为两程运输,但仍不属于多式联运,这是一般联运与多式联运的一个重要区别。同时,在单一运输方式下的短途汽车接送也不属于多式联运。

6.必须是跨越国境的国际间的货物运输。这是区别国内运输和国际运输的限制条件。

小资料 5-2

《联合国国际货物多式联运公约》

《联合国国际货物多式联运公约》（United Nations Convention on International Multimodal Transport of Goods，1980)是关于国际货物多式联运中的管理、经营人的赔偿责任及期间、法律管辖等的国际协议,它是 1980 年 5 月 24 日在日内瓦举行的联合国国际联运会议第二次会议上,经与会的 84 个贸发会议成员国一致通过的。但该公约至今未能生效,因为公约内第 36 条规定,要有 30 个国家参与才能生效,目前尚未够数。我国没有参加该公约。

六、大陆桥运输

大陆桥运输(land bridge transport)是指以集装箱为媒介,利用横贯大陆的铁路或公路运输系统作为中间桥梁,把大陆两端的海洋连接起来,构成海/陆/海的连贯运输方式。简单地说,就是两边是海运,中间是陆运,大陆把海洋连接起来,形成海陆联运,而大陆起到了"桥"的作用,所以称之为"陆桥"。而海陆联运中的大陆运输部分就称之为"大陆桥运输"。

大陆桥运输具有集装箱运输和国际多式运输的特点,以集装箱为运输单位,可以大大简化理货、搬运、储存、保管和装卸等环节,可以迅速直接转换运输工具,因而可以缩短运输时间,降低运输成本。

世界上的大陆桥主要有三个:

(一)北美大陆桥

北美大陆桥是美国大陆桥和加拿大大陆桥的统称。

美国大陆桥是世界上第一个出现的大陆桥,有两条运输线路:一条是从西部太平洋沿岸至东部大西洋沿岸的铁路和公路运输线;另一条是从西部太平洋沿岸至东南部墨西哥湾沿岸的铁路和公路运输线。因东部港口和铁路拥挤,特别是西伯利亚大陆桥的出现使这条大陆桥在运价、运期、服务等方面没有什么优势,因而现在已经衰落了,转而衍生出小陆桥运输(mini-bridge)和微桥运输(micro-bridge)等运输组织形式。小陆桥运输从运输组织方式上看与大陆桥运输并无大的区别,只是其运送的货物的目的地为沿海港口。微桥运输与小陆桥运输基本相似,只是其交货地点在内陆地区。

加拿大大陆桥线路是由船公司把货物海运至温哥华,经铁路运到蒙特利尔或哈利法克斯,再换装海运至欧洲各港口。

(二)西伯利亚大陆桥

西伯利亚大陆桥(或称亚欧第一大陆桥)是世界上路线最长、运输最繁忙的大陆桥,它利用俄罗斯西伯利亚铁路作为陆地桥梁,把太平洋远东地区与波罗的海和黑海沿岸以及西欧大西洋口岸连起来,全长1.3万公里。此条大陆桥运输线东自海参崴的纳霍特卡港口起,横贯欧亚大陆,至莫斯科,然后分三路:一路自莫斯科至波罗的海沿岸的圣彼得堡港,转船往西欧、北欧港口;一路从莫斯科至俄罗斯西部国境站,转欧洲其他国家铁路(公路)直运欧洲各国;另一路从莫斯科至黑海沿岸,转船往中东、地中海沿岸。所以,从远东地区至欧洲,通过西伯利亚大陆桥有海、铁,海、海、铁,公路和海、铁、铁三种运送方式。由于该线路存在诸如:运输能力易受冬季严寒影响,港口有数月冰封期,运力仍很紧张,铁路设备陈旧等问题,所以随着新亚欧大陆桥的正式运营,这条大陆桥的地位正在下降。

(三)新亚欧大陆桥

亚欧第二大陆桥,也称新亚欧大陆桥。该大陆桥东起中国的连云港,西至荷兰鹿特丹港,全长10837km,其中在中国境内4143km,途经中国、哈萨克斯坦、俄罗斯、白俄罗斯、波兰、德国和荷兰7个国家,可辐射到30多个国家和地区。1990年9月,中国铁路与哈萨克铁路在德鲁日巴站正式接轨,标志着该大陆桥的贯通。新亚欧大陆桥比起西伯利亚大陆桥将海上运输的距离缩短更多,而且大部分途经我国大陆的中西部地区。近年来,该大陆桥运量逐年增长,并具有巨大的发展潜力。

七、公路运输、内河、邮政和管道运输

(一)公路运输(road transportation)

公路运输也是陆上运输的一种基本运输方式,其工具主要是汽车,通道是公路。公路运输虽然运距较短、载货量较小,但具有机动灵活、方便、应急性强的优点,是港口、车站、机场集散进出口货物的重要手段。尤其在目前"门到门"的运输业务中,公路运输发挥着不可替代的作用。

公路运输作为一种独立的运输体系,已经成为欧洲大陆国家之间、我国边境贸易和港澳货运进出口货物的最重要运输方式之一。

(二)内河运输(inland waterway transportation)

内河运输是指使用船舶通过国际、国内江湖河川等天然或人工水道,运送货物和旅客的一种运输方式。它是水上运输的一个组成部分,是内陆腹地和沿海地区的纽带,也是边疆地区与邻国边境河流的连接线,在现代化的运输中起着重要的辅助作用。内河运输属于一种适宜运输大宗笨重货物的水上运输方式,具有成本低、运量大、耗能少等优点。

由于内河吃水浅、河道窄、弯度多、水位涨幅大,内河运输船舶的结构和要求

不同于海上船舶。

（三）邮政运输（international post transportation）

国际邮政运输是通过邮局来运送货物的一种运输方式，具有国际多式联运和"门到门"的性质。该方式手续简单方便，卖方只需按条件将商品包裹交付邮局，付清邮费并取得邮政收据（post receipt），就算完成交货义务。邮政运输对包裹的重量、体积有一定限制，所以适用于如金银首饰、药品等重量轻、体积小的小件货物的运送。

（四）管道运输（pipeline transportation）

管道运输是货物在管道内借助高压气泵和压力输往目的地的一种高度专业化的特殊运输方式，其运输工具和运输通道都是管道，主要适用于运送液体和气体货物。

欧美国家以及俄罗斯、中东、北非地区在原油的输送上，管道运输发挥了积极的作用。我国起步较晚，目前很多油田如大庆油田、胜利油田、大港油田等都有管道直通海港。

第二节 运输费用

运费（transportation expenses；freight）是指支付货运或全部或部分使用船只、火车、飞机或其他类似运输手段的费用。运输价格按运输方式的不同，可以分为铁路运价、水运运价、汽车运价、航空运价和管道运输运价；按货物运载方式不同，可以分为整车运价和零担运价；按运输距离远近的不同，可以分为长途运价、短途运价。此外，依据运输特点和条件的不同，还有联运运价、专程运价、特种货物运价以及区域运价等等。本节主要介绍海洋货物运输费用（包括班轮运费和租船费用）和海运集装箱运费的计算。

一、海洋货物运输费用

（一）班轮运费

班轮运费是班轮公司承运货物而向货主收取的运输费用。班轮运费视散货运输还是集装箱运输而有所不同。本节所述班轮运费是指散货运输而言，它包括货物从装运港船舷或吊钩下至目的港船舷或吊钩下所发生的全部运输费用（包括装卸费用）。班轮运费是按照班轮运价表的规定来计算的。

1. 班轮运价表

班轮运费由班轮运价表规定,不同的班轮公司或班轮工会有不同的班轮运价表。班轮运价表的结构一般包括:说明及有关规定、货物分级表、航线费率表、附加费率表、冷藏货及活牲畜费率表等。对于基本费率的规定,有的运价表是按每项货物列出其基本费率,这种运价表称为"单项费率运价表";有的是将承运的货物分为若干等级(一般分为 20 个等级),每一个等级的货物有一个基本费率,称为"等级费率表"。属于第一级的商品运费率最低,第二十级的商品,运费率最高。在实际业务中,大都采用等级费率表。

2. 班轮运费的构成

班轮运费包括基本运费(basic freight)和各种附加费(surcharge or additional)。

基本运费是班轮运费的主体,根据基本费率和计费标准算出。附加费用是班轮公司在基本运费之外加收的费用,一般是班轮公司根据不同情况,为抵补运输中额外增加的费用开支或在遭受一定损失时而收取的费用。

基本运费有以下几种计费标准:

(1)按货物重量(weight)计算,以"W"表示。如 1 公吨(1000 公斤)、1 长吨(1016 公斤)或 1 短吨(907.2 公斤)为一个计算单位,也称重量吨,具体标准根据班轮公司的规定。

(2)按货物尺码或体积(measurement)计算,以"M"表示。如 1 立方米(约合35.3147 立方英尺)或 40 立方英尺为一个计算单位,也称尺码吨或容积吨。

(3)按货物重量或尺码中高者计算,即选择其中收取运费较高者计算运费,以"W/M"表示。重量吨和尺码吨统称为运费吨(freight ton)。

(4)按货物的价格收取一定的百分比作为运费,称从价运费,以"Ad Valorem"或"Ad. Val."表示。一般情况下按商品转运地的 FOB 价的 3‰～5‰收取运费,该方式常用于贵重物品的运输。

(5)按货物重量或尺码或价值,选择其中一种收费较高者计算运费,用"W/M or Ad. Val."表示。

(6)按货物重量或尺码选择其高者,再加上从价运费计算,以"W/M plus Ad. Val."表示。

(7)按每件为一单位计收,如活牲畜和活动物,按"每头"(per head)计收;车辆有时按"每辆"(per unit)计收;起码运费按"每提单"(per B/L)计收。

(8)临时议定的价格(open rate)。由承、托运双方按临时议定的价格收取运费。一般多用于低价货物。

根据一般费率表规定:不同的商品如混装在一个包装内(集装箱除外),则全部货物按其中收费高的商品计收运费。同一种货物因包装不同而计费标准不同,但托运时如未申明具体包装形式时,全部货物均要按运价高的包装计收运费。同一提单内有两种以上不同计价标准的货物,托运时如未分列货名和数量时,计价标准和运价全部要按高者计算。这是在包装和托运时应该注意的。

班轮运费中的附加费是由于客观环境的变化,使运输费用大幅度增加,为弥补损失而额外加收的费用。附加费名目繁多,随客观情况的变化而定,主要有以下几类:

(1)燃油附加费(bunker adjustment factor),简称 B. A. F 或 F. A. F(fuel adjustment factor),是因油价上涨,船公司营运成本增加,为转嫁额外负担而加收的费用。燃油附加费有的航线按基本费率的百分比加收,有的航线按运费吨加收一定金额。

(2)港口附加费(port surcharge),指船舶需要进入港口条件较差、装卸效率较低或港口费用较高的港口、拥塞的港口而向货方增收的附加费。

(3)港口拥挤附加费(port congestion surcharge),指由于港口拥挤,船舶需要长时间等泊,为弥补船期损失而规定收取的附加费。该项附加费随港口拥挤程度的变化而调整,若港口恢复正常,该项附加费取消,变动性较大。

(4)货币波动附加费(currency adjustment factor),简称 C. A. F,指为弥补因运费的货币贬值造成的经济损失而收取的费用,一般随着货币贬值的幅度按基本费率的百分之几收取。

(5)超重、超长附加费(heavy-lift additional,每件货物的毛重超过 5 吨者为超重货;long length additional,每件货物长度超过 9 米时为超长货),指每件货物的毛重超过规定重量或每件货物的长度超过规定长度时所增收的附加费。

(6)选卸港附加费(optional charge),指装货时尚不能确定卸货港或者需要在两个或两个以上的卸货港中选择,为此而加收的费用。货方必须在抵达第一选卸港 48 小时前向船方宣布最后确定卸货港,选卸货港货物的运费按待选卸货港中计费高的费率计算,如实际选择了费率低的港口卸货,则超出运费不予退回。

(7)直航附加费(directed additional),对运往非基本港的货物,一次货量达到一定数量时,可以安排直航卸货,为此需加收直航附加费。直航附加费一般比转船附加费低。对去非基本港直航货量的要求都有具体规定。

(8)转船附加费(transshipment surcharge),指对运往非基本港的货物,需在中途转运至目的港,为此增收的费用。向需要在中途港转船的货物所增收的中转包干费,包括换装费、仓储费及二程船运费等附加费。因为它是包干费,所以盈亏由船公司自理。

另外,还有洗舱费(cleaning charge,主要适用于散装油舱)、熏蒸费(fumigation charge)、更改卸港附加费(alteration charge)等。各种附加费的计算方法有两种:一是以百分比表示,即在基本费率的基础上增加一个百分比;另一种是绝对数表示,即每运费吨增加若干金额,可以与基本费率直接相加。

3. 班轮运费的计算

以等级运价表为例,班轮运费具体的计算步骤是:

①根据货物名称从货物分级表中查出货物等级和计算标准;

②从航线费率表中找到相应的航线、起运港、目的港,按等级查到基本运价;

③再查出附加费的计算方法及费率;

④算出货物的单位运价再乘以总运费吨数便得到该批货物的运费总额。

班轮运费计算公式:

班轮运费＝基本运费＋附加运费

班轮运费＝总货运量×基本运费率×(1＋附加费率)

例 5-1

我方以 CFR 价格条件出口加拿大 St. John 港一批罐头水果汁,重量为 9 公吨,体积为 10 立方米。求该批货物总运费。

计算过程如下:

查货物分级表知罐头水果汁为 8 级,计费标准 W/M。

查航线费率表知基本费率为 219 美元/运费吨。

查附加费率表知燃油附加费为 20％。

因为 9 重量吨＜10 尺码吨,所以按 10 运费吨计费。

基本运费＝10×219＝2190 美元

燃油附加费＝2190×20％＝438 美元

总运费＝2190＋438＝2628 美元

(二)租船运输费用

1. 程租船运输费用

程租船的运费一般按货物装运数量计算,也有的按航次包租金额计算。程租船运输费用主要包括程租船运费和装卸费,有时还会涉及滞期费或速遣费。

(1)租船运费

由双方协商经程租合同规定。其计算方式有两种:一是按规定运费率,即按货物每单位重量或体积若干金额计算;二是整船包价(lump-sum freight),即规定一笔整船运费。租船运费费率的高低主要决定于租船市场的供求关系,但也与运输距离、货物种类、装卸率、港口使用、装卸费用划分和佣金高低等有关。合同中对运费按装船重量(intaken quantity)或卸船重量(delivered quantity)计算,运费是预付或到付,均须订明。

(2)装卸费

根据租船双方的权利和义务,由租船合同规定。程租船方式中,合同应明确船方是否负担货物在港口的装卸费用。装卸费用的划分法有以下几种:

①船方负担装卸费(gross terms,liner terms),又称"班轮条件",即装卸费用按班轮做法,将货物的装卸费用包括在运费内,也就是租船人负担运费,装卸费由船方负责支付。在此条件下,船货双方一般以船边为界划分费用,多用于木材和包装货物的运输。

②船方不负担装卸费(free in and out,F. I. O.)。在此条件下,船东既不负责装货费,也不负担卸货费,一般适用于散装货。采用这一条件时,还要明确理舱费和平舱费由谁负担。一般都规定由租船人负担,即船方不负担装卸、理舱和平舱费条件(free in and out,stowed,trimmed,F. I. O. S. T.)。这种方法使用最多。

③船方管装不管卸(free out,F. O.)条件,即船方负责装货费,但不负担卸货费。

④船方管卸不管装(free in,F. I.)条件,即船方不负责装货费,但负责卸货费。

(3)装卸时间

装卸时间也称装卸期限,指船方允许租方必须完成装卸作业的时间,一般规定若干日或若干小时,也可用每天装卸率来表示。通常有以下几种规定方式:

①连续日(running days or consecutive days)。即自然日,时钟走过24小时一天,有一天算一天,不考虑天气好坏,也不扣除周日及节假日的非工作时间。

②工作日(working days)。周日及节假日不算,但不考虑天气好坏。

③好天气工作日(weather working days)。既是工作日,又是好天气。按港口习惯工作时间计算。好天气不是绝对的,根据能否装卸货物而确定。

④连续24小时好天气工作日(weather working days of 24 consecutive hours)。在天气适宜装卸工作日内时钟连续走24小时算一个工作日。这种方法使用最普遍。

租船合同中在规定装卸时间时,要明确如节假日是否除外,如果节假日装卸算不算装卸时间的问题。

(4)滞期费和速遣费

滞期费和速遣费是在程租船合同中才会出现的费用。现在大多数程租船合同中都约定船方不承担装卸责任,为了督促托运人加速货物装卸缩短泊港时间,船主在同托运人的租船合同中规定了滞期速遣条款,这是一种带有奖罚性质的条款。

租船合同中规定的许可装卸期限内,如果租船人未能完成装卸作业,则自许可装卸时间截止后到实际装卸完毕时的这段时间称为滞期。为补偿船方由此而造成船舶延期所产生的经济损失,由租船人向船方支付一定的罚金,此项罚金称为滞期费(demurrage)。滞期费率可以订为每天若干金额或每吨若干金额。

合同规定的许可装卸期限终止前,租船人提前完成货物装卸作业,即实际装卸时间比许可装卸时间短,节省了船期,称为速遣。船方为了鼓励而付给租船人一定金额作为报酬,称为速遣费(despatch money)。速遣费通常规定为滞期费的一半。

值得注意的是,在买卖合同中,对于装卸时间和滞期费和速遣费应作相应规定,防止进出口合同条款与租船合同不一致而造成损失。

2.期租船运输费用

是指在定期租船情况下,租船人为使用船舶而付给船东的费用,也称为期租船租金。期租船的租金率取决于船舶的装载能力和租期,通常按每月每载重吨或整船每天计算。

二、海运集装箱运输费用

目前集装箱海运的基本运费计算方法可分为两种:一是沿用件杂货班轮运费的计算方法,以每运费吨为计算单位;另一种是以箱为计算单位,即按航线包箱费率(box rate)计算。前一种计算方法适合于拼箱货运输,后一种方法适合于整箱货运输。

集装箱包箱费率有三种形式:

1.FAK 包箱费率(freight for all kinds)。即不细分箱内货物类别,不计货量,只按箱型规定统一的费率(如表5-1)。

表 5-1   中国一新加坡航线集装箱费率表(美元)

装 港	货 类	CFS/CFS	CY/CY	
		Per F/T	20' FCL	40'FCL
大连	杂货	78.50	1250	2310
新港	杂货	70.00	1150	2035
黄埔	杂货	63.00	950	1750

2. FCS 包箱费率(freight for class)。即按不同货物种类和等级制定的包箱费率(如表 5-2)。

表 5-2   中国一澳大利亚航线集装箱费率表(美元)

基本港:Brusban,Melbourne,Sydney,Fremantle				
等级	计算标准	20' CY/CY	40' CY/CY	LCL(per F/T)
1—7	W/M	1700	3230	95
8—13	W/M	1800	3420	100
14—20	W/M	1900	3510	105

3. FCB 包箱费率(freight for class and basis)。即按不同货物的类别、等级及计算标准制定的包箱费率。如 8~10 级,CY/CY 交接方式,20 英尺集装箱货物如按重量计费为 1500 美元,如按尺码计费则为 1450 美元。

除基本运费外,集装箱货物也要加收附加费。附加费的标准根据航线、货种不同而有不同的规定。中远集装箱运输公司的包箱费率表中,目前列有下列几种附加费目:超重、超长、超大件附加费;半危、全危、冷藏货附加费;转船附加费;港口附加费和拥挤附加费等。

此外,集装箱运输中还要支付如装箱费、拆箱费、拖箱费等集装箱交接过程中的杂费。

例 5-2

某托运人通过中运某集装箱公司运输 2 个 20 英尺集装箱的整箱货(2×20' FCL),采用包箱费率,从福州港出口到汉堡港经香港转船。另有货币贬值附加费 10%,燃油附加费 5%。

计算集装箱海运费过程如下:

查中国/欧洲集装箱费率表得知:从福州港出口到汉堡港经香港转船,每 20'FCL 费率为 2000 美元。

　　基本运费＝ 2000×2＝4000 美元

　　货币贬值附加费＝ 4000×10％＝400 美元

　　燃油附加费＝ 4000×5％＝200 美元

　　总运费＝4000＋400＋200＝4600 美元

三、国际航空货物运输费用

　　与其他各种运输方式不同的是,国际航空货物运输中与运费的有关各项规章制度、运费水平都是由国际航空运输协会（IATA）统一协调、制定的,而且航空运价仅适用于单一方向。

　　航空运费的计费重量按照货物的实际重量（公斤）和体积重量（以 6000 立方厘米或 366 立方英寸体积折合 1 公斤）两者之中较高者为准。

　　根据运输货物的不同性质和航线情况,航空公司公布的运价表中把航空运价分为四类:

　　1.普通货物运价（general cargo rate,GCR）,又称一般货物运价,它是为一般货物制定的,仅适用于计收一般普通货物的运价。

　　2.特种货物运价或指定商品运价（special cargo rate,SCR）,是指自指定的始发地至指定的目的地而公布的适用于特定商品、特定品名的低于普通货物运价的某些指定商品的运价。这是为了使航空运价更具竞争力,参加国际航空协会的航空公司,根据在一定航线上有经常性特种商品运输的发货人的要求,或者为促进某地区的某种货物的运输而制定的优惠运价。

　　3.货物的等级运价（class cargo rate,CCR）,是指适用于规定地区或地区间指定等级的货物所适用的运价。等级货物运价是在普通货物运价的基础上增加或减少一定百分比而构成的。

　　4.最低运价（minimum rate,MR）,又称起码运费,是航空公司办理一批货物所能接受的最低运费,不论货物的重量或体积大小,在始发地机场至目的地机场之间运输一批货物应收取的最低金额。

四、国际铁路运输费用

　　按惯例,对联运货物的运输费用有如下规定:发送国铁路的运输费用,按发送国铁路的国内运价计算;到达国铁路的运输费用,按到达国铁路的国内运价计算;过境国铁路的运输费用,按国际铁路联运协定统一过境运价规程（统一货价）的规定计算。

　　对香港地区的铁路运费包括内地段运费和香港段运费。内地段按我国的内地运价计算,香港段运费按货物性质分为 5 级,一级最高,五级最低。以计费重量乘以等级运费率即得运费总额。除运费外还要支付装卸费,终点调车费和香港段劳务费等。香港段运杂费均以港币支付。

第三节 运输单据

一、海运提单

海运提单(ocean bill of lading)简称提单(B/L),是指证明海上运输合同和货物由承运人接管或装船,以及承运人据以保证交付货物的凭证。

(一)海运提单的性质和作用

海运提单的性质和作用可以概括为以下三个方面:

1. 提单是承运人或其代理人或船长签发的货物收据(receipt for the goods)。它证明已按提单所列内容收到货物。

2. 提单是货物所有权的凭证(document of title)。提单代表着提单上所记载货物,提单持有人可以凭提单请求承运人交付货物,而船长、船务公司或其代理人也必须按照提单所载内容,将货物交付给收货人,因此提单具有物权凭证性质。它可以通过合法手续进行转让,转让提单也就意味着转让物权。它也可以被作为抵押品向银行融资。

3. 提单是托运人和轮船公司之间所订运输契约的证明(evidence of contract of carriage)。双方的权利、义务都列明在提单之内,因此是处理承运人与托运人在运输中权利、义务的依据。但在采用程租运输的情况下,有关当事人还须受租船合同的约束。

(二)海运提单的格式和内容

海运提单通常做成正本三份,副本两份,其中任何一份正本用于提货,另外的正本自动失效。目前各航运公司所制定的提单,格式上虽不完全相同,但其内容大同小异,主要包括正面内容和背面条款两部分。

1. 提单的正面内容

提单的正面内容具体包括以下各项:承运人名称及主营业所、托运人名称、收货人名称、通知人名称、船名、航次及船舶国籍、装运港、目的港、货物的品名、唛头、件数、重量或体积、运费及其他费用、提单号码、份数、签发日期和地点、承运人或船长或其代理人签字等。正面内容主要由承运人和托运人填写。

2.提单的背面条款

提单背面条款是处理承运人和托运人（或收货人、持单人）之间所发生争议的依据,一般包括:首要条款、定义条款、承运人的责任和豁免、运费条款、转运条款、包装与唛头条款、赔偿条款、留置权条款、特殊货物条款等内容。为了缓解船、货双方的矛盾并照顾到船、货双方的利益,国际上为了统一提单背面条款的内容,曾先后签署了下列几个有关提单的国际公约:

(1)1924 年《统一提单的若干法律规则的国际公约》,简称为《海牙规则》,目前有 87 个成员国。《海牙规则》侧重保护船东利益,是目前影响最广、使用最多的一个运输公约。

(2)1968 年在布鲁塞尔制定了《修改统一提单的若干法律规则的国际公约的议定书》,简称《维斯比规则》,对《海牙规则》作了小的修改。该议定书影响不大。

(3)1978 年在汉堡通过的《联合国海上货物运输公约》,目前已有 20 个缔约国,1992 年 11 月 1 日生效。

(4)2009 年,联合国国际贸易法委员会颁布了《联合国全程或部分海上国际货物运输合同公约》,在荷兰鹿特丹举行签字仪式,开放供成员国签署,因而该公约又被命名为《鹿特丹规则》。其生效条件为:"该规则于第二十份批准书、接受书、核准书或加入书交存之日起一年期满后的下一个月第一日生效。"因此至2012 年底,该公约尚未生效。

(三)海运提单的种类

1.根据货物是否已经装船来划分,可分为已装船提单(on board B/L)和备运提单(received for shipment B/L)。

已装船提单是指货物已装上轮船,并有船名和装船日期,即提单日期。装船日期表明装货完毕的日期,该日期应完全符合买卖合同规定的装运时间。业务中一般要求卖方提供已装船提单。

备运提单是指船方收到货物,等待装运期间所签发的提单,在集装箱运输情况下,银行也可接受货物在承运人监管下出具的备运提单。

2.根据货物外表有无不良批注来划分,可分为清洁提单(clean B/L)和不清洁提单(unclean B/L 或 foul B/L)。

前者指货物在装船时表面状况良好,船方未加任何有关货物受损或包装不良等批注的提单。后者指船方在提单上对货物外表状况有不良的批注(包装不良或存在缺陷),例如提单上批注"X 件损坏"(X packages in damaged condition)、"铁条松失"(iron strap loose or missing)等。银行一般不接受不清洁提单。

3.根据抬头(收货人)不同来划分,有记名提单(straight B/L)、不记名提单(bearer B/L)和指示提单(order B/L)三种。

记名提单(straight B/L),又称"收货人抬头提单",是指在提单收货人一栏内填写指定收货人名称的提单。这种提单只能由提单上指定的收货人提货,不可转让。一般只有在运输贵重物品或展览品时才使用该提单。银行一般不愿意接受记名提单作为议付的单证。

不记名提单(open B/L;blank B/L;bearer B/L),又称来人抬头提单,是指提单收货人栏内不填写具体收货人名称的提单,该栏或留空白,或填写"to the bearer"。这种提单任何人持有皆可提货,而且仅凭交付即可转让,因而风险较大,实务中很少使用。

指示提单(order B/L),是指提单收货人一栏内只填写"凭指示"(to order)或"凭某人指示"(to the order of ×××)字样的提单。这种提单经背书后可转让,在进出口业务中使用最广。背书的方法有两种:空白背书和记名背书。空白背书是仅有背书人(提单转让人)在提单背面签字盖章,而不注明被背书人的名称;记名背书是除背书人签章外,还须列明被背书人名称。目前业务中使用最多的是凭指定并经空白背书的提单,习惯上称其为"空白抬头、空白背书"提单。

4.根据运输方式来划分,有直达提单(direct B/L)、转船提单(transshipment B/L)、联运提单(through B/L)。

直达提单是指货物运输途中不转船,从装运港将货物直接运达目的港所签发的提单。

转船提单是指载货船舶不直接驶往目的港,须在途中某港换装另一船舶时所签发的包括运输全程的提单。转船提单上一般注有"在某港转船"字样。

联运提单是指货物须经两段或两段以上运输才能运达目的港,而其中第一程为海运(如海陆、海空、海海联运)时所签发的提单。转船提单和联运提单的签发人一般只承担它负责运输的一段航程内的货运责任。

5.根据内容繁简不同来划分,可分为全式提单(long term B/L)和简式提单(short term B/L)。

前者既有正面条款又有背面条款,对承托双方的权利、义务有明确的规定;后者仅有正面内容,而略去背面条款。一般,提单副本及租船合同项下的提单多使用简式提单。至于租船合同项下提单有关当事人的责任、权利和义务,多在提单上注有"按照本公司全式提单上的条款办理"的字样。

6.根据运费支付方式不同来划分,可分为运费预付提单(freight prepaid B/L)和运费到付提单(freight to be collected B/L)。

前者指货物装船后立即支付运费的提单;后者指货物到达目的港后,收货人提取货物前支付运费的提单,此种提单在收货人付清运费前,船方可行使货物留置权。

7.根据提单使用效力的不同来划分,可分为正本提单(original B/L)和副本提单(non-negotiable or copy B/L)。

正本提单是指提单上有正本(original)字样的提单,是提货的依据,议付的凭证。全套正本海运提单(full set ocean original B/L)可以是一式两份或是三份,根据合同或信用证要求来定,其中一份提货后,其余各份均告失效。副本提单仅供内部流转、业务工作参考及企业确认装船信息之用。

8.其他种类提单。

舱面提单(on deck B/L),是指承运人签发的提单上注有"货装甲板"字样的提单。这种提单的托运人一般都向保险公司加保舱面险,以保货物安全。除信用证有此规定外,银行一般不接受舱面提单。

过期提单(stale B/L),是指错过规定的交单日期或者晚于货物到达目的港的提单。前者是指卖方超过提单签发日期后21天才交到银行议付的提单,根据惯例,除非另有规定,银行拒绝接受此类提单;后者是在近洋运输时容易出现的情况,所以在近洋国家间的贸易合同中,一般都订有"过期提单可以接受"的条款。

倒签提单(antedated B/L),是指货物装船后,承运人应托运人请求而签发的早于货物实际装船日期的提单。通常是货物实际装船的日期晚于信用证规定的最迟装运日期,但仍在信用证的有效期内,若按实际日期签发提单,会造成单证不符,托运人无法结汇,为了使提单日期符合信用证规定,承运人根据托运人的请求,按信用证规定的装运期签发提单。

预借提单(advanced B/L),是指承运人应托运人要求,在货物装船前先行签发的已装船提单。一般是信用证规定的最迟装运日期已届临,而此时货物因故尚未装船,托运人为了取得与信用证规定相符的提单,要求承运人签发的。按规定提单须于货物装船完毕时签发。倒签提单也好,预借提单也好,提单日期都不是真正的装船日期。这种行为侵犯了收货人的合法权益,故应尽量减少或杜绝使用。上述两种提单均须托运人提供担保函(letter of indemnity)才能获得,英、美、法等国对担保函不承认,亚洲、欧洲一些国家认为只要未损害第三者利益,便不属非法,不过仍应严加控制。

电子提单(e-B/L),是指利用 EDI 系统对海运途中货物所有权进行转让的程序。在电子提单下,卖方、发货人、银行、买方、收货人均以承运人为中心,通过计算机密码通告运输途中货物所有权的转移时间和对象,在完成运输的过程中,通常不出现书面文件。收货人只需出示有效身份证明,由船舶代理验明即可提货。电子提单完全改变了传统提单通过背书转让货物所有权的方式,采用以密码通知来进行货物所有权转移。采用电子提单时,货物所有权人转让货物所有权时应通知承运人,经承运人确认后由承运人通知被转让人,经被转让人确认后,承运人便销毁前手货物持有人的密码,然后向被转让人发出新的密码。

案例 5-1

我国某出口公司先后与伦敦 B 公司和瑞士 S 公司签订两个出售农产品合同,共计 3500 长吨,价值 8.275 万英镑。装运期为当年 12 月至次年 1 月。但由于原定的装货船舶出故障,只能改装另一艘外轮,至使货物到 2 月 11 日才装船完毕。在我公司的请求下,外轮代理公司将提单的日期改为 1 月 31 日,货物到达鹿特丹后,买方对装货日期提出异议,要求我公司提供 1 月份装船证明。我公司坚持提单是正常的,无需提供证明。结果买方聘请律师上货船查阅船长的船行日志,证明提单日期是伪造的,立即凭律师拍摄的证据,向当地法院控告并由法院发出通知扣留该船。经过近 4 个月的协商后,我方赔款 2.09 万英镑,买方撤回上诉而结案。试对此案进行分析。

二、海运单

海运单(sea waybill or ocean waybill)是证明海上货物运输合同和货物由承运人接管或装船,以及承运人保证据以将货物交付给单证所载明的收货人的一种不可流通的单证。因此也称"不可转让海运单"(non-negotiable sea waybill)。

海运单不是物权凭证,不能向银行押款,也不可转让。海运单能方便买方提货,可以减少假提单诈骗现象。收货人不是凭海运单提货,而是接到到货通知后凭证明提货。承运人也不是凭海运单交货,而是凭海运单载明的收货人的收货凭条交货,只要该凭条能证明其为运单上指明的收货人即可。

海运单特别适用于不涉及支付的货物运输(样品、赠品的运输),收货人是托运人的分支机构或代理,及各种非信用证贸易。目前,欧洲、北美和某些远东、中东地区越来越倾向于使用海运单。

三、铁路运输单据

(一)国际铁路联运运单

国际铁路联运运单(international through rail waybill),是发货人与铁路之间缔结的运输契约,它规定了铁路与发、收货人在货物运送中的权利、义务和责任,对铁路和发、收货人都具有法律效力。该运单从始发站随同货物附送至终点站并交给收货人,它不仅是铁路承运货物出具的凭证,也是铁路同货主交接货物、核收运杂费用和处理索赔与理赔的依据。国际铁路联运运单副本,在铁路加盖承运日期戳记后发还给发货人,它是卖方凭以向银行结算货款的主要证件之一。

通常使用的国际货协运单为一式五联。第一联是运单正本,给收货人;第二联是运行报单,给到达铁路;第三联是运单副本,给发货人;第四联是货物交付单,给到达路站,第五联是货物到达通知单,给收货人。

(二)承运货物收据

承运货物收据(cargo receipt)是承运人出具的货物收据,也是承运人与托运人签订的运输契约。我国内地通过铁路运往港、澳地区的出口货物,一般多委托中国对外贸易运输公司承办。当出口货物装车发运后,对外贸易运输公司即签发一份承运货物收据给托运人,以作为对外办理结汇的凭证。

四、航空运单

航空运单(airway bill)是承运人与托运人之间签订的运输契约,也是承运人或其代理人签发的货物收据。航空运单还可作为承运人核收运费的依据和海关查验放行的基本单据。但航空运单不是代表货物所有权的凭证,也不能通过背书转让。收货人提货不是凭航空运单,而是凭航空公司的提货通知单。在航空运单的收货人栏内,必须详细填写收货人的全称和地址,而不能做成指示性抬头。

航空运单可分为两类:航空主运单(master air waybill,MAWB),凡由航空运输公司签发的航空运单就称为主运单,它是航空运输公司据以办理货物运输和交付的依据,是航空公司和托运人订立的运输合同,每一批航空运输的货物都有自己相对应的航空主运单;航空分运单(house air waybill,HAWB),是指集中托运人在办理集中托运业务时签发的航空运单。在集中托运的情况下,除了航空运输公司签发主运单外,集中托运人还要签发航空分运单。航空运单有正面、背面条款之分,不同的航空公司会有自己独特的航空运单格式。但各航空公司所使用的航空运单大多借鉴 IATA 所推荐的标准格式,差别并不大。这种标准化的单证对航空货运经营人提高工作效率,促进航空货运业向电子商务的方向迈进有积极意义。

采用信用证支付方式时,卖方可要求将空运单的收货人填写为开证行,这样货物到达后提货权掌握在银行手中,可以避免收货人凭到货通知提货后不付款或买方拒付。

五、多式联运单据

多式联运单据(multimodal transport documents,MTD)是多式联运合同的证明,也是多式联运经营人收到货物的收据和凭以交付货物的凭证。

根据《联合国运输单据统一规则》(国际商会第 298 号出版物)和 1980 年 5 月通过的《联合国国际货物多式联运合约》规定,多式联运单据可以做成可转让的(做成"凭指示"或"凭来人"抬头,即列明按指示或向持单人交付货物),也可做成不可转让的(做成记名抬头,即指明记名的收货人)。

多式联运单据如签发一份以上的正本单据,应注明份数,其中一份完成交货后,其余各份即失效。

国际多式联运单据与海运中的联运提单有共同之处,但性质上却有较大的区别:

首先,运输方式的组成存在不同:国际多式联运单据是由海运与其他运输方式组成,也可以不包括海运;而联运提单是由海运与其他运输方式组成,并且第一程必须是海运。

其次,提单签发人不同:国际多式联运单据是多式联运经营人签发;而联运提单是船公司或其代理人签发。

最后,提单签发人的责任也不同:国际多式联运单据签发人对全程运输负责;而联运提单签发人只对第一运程负责,在后续运程中,提单签发人只是托运人的代理。

第四节　国际货物运输流程

各种运输方式下,无论是件杂货还是整箱货,无论是整车货还是零担货,货物的运输都由以下几个基本环节组成:安排运输工具,向运输公司洽订舱位或车辆;卖方集中货物到指定仓库或码头;报关和报检后进行装运,将货物装到指定运输工具上;装货完毕运输公司签发运输单据;运输公司将货运至指定目的地卸货;收货人提货。但是每种运输方式的具体流程又有不同,下面以班轮运输(件杂货)和集装箱运输为例对运输工作程序作简单介绍。

一、班轮货运流程

海运出口运输工作,在以 CIF 或 CFR 条件成交,由卖方安排运输,以 FOB 条件成交则由买方安排运输,也可由卖方代办。以 CFR 为例,其工作程序如下:

1. 托运订舱

编制出口托运单,即可向货运代理办理委托订舱手续。货运代理根据货主的具体要求按航线分类整理后,及时向船公司或其代理订舱。货主也可直接向船公司或其代理订舱。当船公司或其代理签出装货单,订舱工作即告完成,就意味着托运人和承运人之间的运输合同已经缔结。

2. 货物集中港区

当船舶到港装货计划确定后,按照港区进货通知并在规定的期限内,由托运人办妥集运手续,将出口货物及时运至港区集中,等待装船。要特别注意与港区、船公司以及有关的运输公司或铁路等单位保持密切联系,按时完成进货,防止工作脱节而影响装船进度。

3. 报关工作

货物集中港区后,把编制好的出口货物报关单连同装货单、发票、装箱单、商检证、外销合同、外汇核销单等有关单证向海关申报出口,经海关关员查验合格放行后方可装船。

4. 装船工作

杂货班轮运输中,托运人应将货物送至船边,然后进行货物的交接和装船作业。对于特殊货物,如危险货物、鲜活货等,通常采取由托运人现装或直接装船的方式。然而,由于杂货班轮承运的货物种类多、票数多、包装式样多、挂靠港口多等原因,为防止装货混乱,提高装船效率,减少货损、货差现象,在杂货班轮运输中,对于普通货物的交接装船,通常采用由班轮公司在各装货港指定装船代理人,由装船代理人在各装货港的指定地点(通常为港口码头仓库)接受托运人送来的货物,办理交接手续后,将货物集中整理,并按次序进行装船的形式,即所谓的"仓库收货,集中装船"的形式。

在装船前,理货员代表船方,收集经海关放行货物的装货单和收货单,经过整理后,按照积载图和舱单,分批接货装船。装船过程中,托运人委托的货运代理应有人在现场监装,随时掌握装船进度并处理临时发生的问题。装货完毕,理货组长要与船方大副共同签署收货单,交与托运人。理货员如发现某批有缺陷或包装不良,即在收货单上批注,并由大副签署,以确定船货双方的责任。但作为托运人,应尽量争取不在收货单上批注以取得清洁提单。

集装箱班轮运输中,由于班轮公司基本上以 CY/CY 作为货物的交接方式,所以集装箱货物的装船工作都会由班轮公司负责。

5.发出装船通知,换取已装船提单

装船完毕后,托运人应向收货人发出装船通知,凭收货单向船公司或其代理换取已装船提单,用以交单结汇。

6.货物卸船

在杂货班轮运输中,理论上卸船意味着交货,指将承运的货物从卸货港船上卸下,在船边交给收货人并办理货物的交接手续。但是,如果由于战争、罢工等特殊原因,为保证船舶的安全,船公司有权决定船舶驶往能安全到达的附近港卸货。另外,对于特殊货物,如危险、重大件等,通常采取由收货人办妥进口手续后来船边接受货物,并办理交接手续的现提形式。

同样,为防止各个收货人都来船边接收货物,造成卸货现场混乱,影响卸货效率的问题,使船舶在有限的停泊时间内迅速将货卸完,通常由船公司指定卸货代理人,由卸货代理人总揽卸货和接收货物并向收货人实际交付货物的工作。因此,在杂货班轮运输中,对于普通货物,通常采取先将货物卸至码头仓库,进行分类整理后,再向收货人交付的所谓"集中卸船,仓库交付"的形式。

集装箱班轮运输中,同样由于班轮公司基本上是以 CY/CY 作为货物的交接方式,所以货物的装卸都会由班轮公司负责。

7.提取货物

班轮运输中,在使用提单的情况下,收货人必须在付清该支付的费用后,凭经正确背书的提单换取提货单,并在办理了进口手续后提取货物。有时由于某种原因,在货物已运抵卸货港的时候,收货人还无法取得提单,此时,按照一般的航运惯例,收货人就会开具由一流银行签署的保证书,以保证书交换提货单后提货。

二、集装箱货运流程

以海洋运输为例,集装箱运输的工作程序如下:

1.订舱。发货人根据贸易合同或信用证条款的规定,在货物托运前一定时间内填好集装箱货物托运单(container booking note),委托其代理或直接向船公司申请订舱。

2.接受托运申请。船公司或其代理公司根据自己的运力、航线等具体情况考虑发货人的要求,决定接受与否,若接受申请就着手编制订舱清单,然后分送集装箱堆场(CY)或集装箱货运站(CFS),据以安排空箱及办理货运交接。

3.发放空箱。通常整箱货货运的空箱由发货人到集装箱码头堆场领取,有的货主有自备箱;拼箱货货运的空箱由集装箱货运站负责领取。

4.拼箱货装箱。发货人将不足一整箱的货物交至货运站,由货运站根据订舱清单和场站收据负责装箱,然后由装箱人编制集装箱装箱单(container load plan)。

5.整箱货交接。由发货人自行负责装箱,并将已加海关封志的整箱货运到集装箱堆场(CY)。CY 根据订舱清单,核对场站收据(dock receipt,D/R)及装箱单验收货物。

6.集装箱的交接签证。CY 或 CFS 在验收货物和/或箱子后,即在场站收据上签字,并将签署后的 D/R 交还给发货人。

7.换取提单。发货人凭 D/R 向集装箱运输经营人或其代理换取提单(combined transport B/ L),然后去银行办理结汇。

8.装船。集装箱装卸区根据装货情况,制订装船计划,并将出运的箱子调整到集装箱码头前方堆场,待船靠岸后,即可装船出运。

9.安排接货。凭出口地寄来的有关货运单证安排接货工作。

10.分发单证。将单证分别送代理人、集装箱货运站或堆场。

11.到货通知。通知收货人有关船舶到港时间,以做好接货准备。在船舶到港后,发出到货通知。

12.换取提货单。收货人按到货通知持正本提单向船公司换取提货单。船公司核对正本提单无误后,即签发提货单。

13.提货。收货人凭提货单连同进口许可证等到集装箱堆场或货运站办理提货手续。

第五节　国际货物买卖合同中的装运条款

在国际货物买卖中,货物的交付都是通过运输来实现的。而运输问题又直接关系到合同的顺利履行和买卖双方的权益。因此,作为货物买卖的双方,必须在合同中就货物运输的相关问题作出明确、合理的规定和安排,这就构成了买卖合同中的运输条款。一般来说,买卖合同中的运输条款主要涉及合同中的装运条款,应具体规定交货时间、装运地、目的地、能否分批装运和转运等内容。

一、装运时间

(一)装运时间与交货时间

装运(shipment)是指将货物交由船方运往目的地的行为,也就是一般所说的装船。在很多场合,也将装运泛指为将货物交由承运人(包括轮船、火车、飞机、卡车)运往指定目的地的行为。交货(delivery)是指卖方为了完成货物的交接而采取的行为。在涉及运输的合同中,交货指把货物交给承运人以运交给买方的行为。由于我国大部分是以 FOB、CIF、CFR 和 FCA、CPT、CIP 术语签订合同,采用这些贸易术语签约时,卖方在装运港或发货地将货物装上运输工具或交给承运人或第一承运人以运交给买方,交货义务即告完成。因此,业务上经常将"装运"和"交货"两者混同使用。

(二)装运时间的规定方法

1.规定在某月或跨月装运

即装运时间限于某一段确定时间(a period of time)。

条款示例 5-1

2007 年 3 月装运。

shipment during March 2007.

条款示例 5-2

2007 年 4/5 月份装运。

Shipment during April /May 2007.

2.规定在某月月底或某日前装运

即在合同中规定一个最迟装运日期,在该日期前装运有效。

条款示例 5-3

2006 年 8 月底或以前装。

shipment at or before the end of August 2006.

条款示例 5-4

装运日期不迟于 6 月 15 日。

Shipment not later than June 15th.

3.规定收到信用证后一定期限内装运

采用信用证支付方式的合同,卖方为了避免买方未能开出或未能及时开立信用证而可能造成卖方损失的风险,有时可采用此种方法规定装运时间,以保障卖方利益。一般远洋运输规定不少于 1 个月,近洋运输不少于 20 天。此时卖方往往要等收到买方开来信用证后才开始备货或投产,因而交货时间与收到信用证的时间相关联。

条款示例 5-5

收到信用证后 30 天内装运。

Shipment within 30 days after receipt of L/C.

另外,为防止买方拖延或拒绝开证而造成卖方不能及时安排生产及装运进程的被动局面,合同中一般还同时订立一个限制性条款,即规定信用证的开立或送达期限。

条款示例 5-6

买方必须不迟于 8 月 18 日将信用证开到卖方。

the buyer must open the relative L/C to reach the seller not later than August 18th.

4. 近期装运术语

此类术语主要有"立即装运"(immediate shipment)、"迅速装运"(prompt shipment)、"尽快装运"(shipment as soon as possible)等。这些近期术语在国际上并无统一的解释,因而为避免误解引起纠纷,除买卖双方有一致理解外,应尽量避免使用。国际商会第 500 号出版物中明确规定:"不应使用诸如'迅速'、'立即'、'尽快'等词语,否则,银行将不予理睬。"

另外,在签订合同时,应特别注意避免"双到期",即信用证结汇有效期与装运期同时到期。一般卖方应争取结汇有效期长于装运期 7～15 天,以便于货物装船后有足够的时间办理结汇手续。

(三)规定装运时间应注意的问题

1. 买卖合同中的装运时间的规定,要明确具体,装运期限应当适度。

2. 应注意货源情况、商品的性质和特点以及交货的季节性等。

3. 应结合考虑交货港、目的港的特殊季节因素。

4. 在规定装运期的同时,应考虑开证日期的规定是否明确合理。

二、装运港(地)和目的港(地)

装运港(地)和目的港(地)的规定关系到买卖双方履行义务、划分风险责任、费用结算等问题,因而,须在合同中作出具体规定。

（一）装运港（地）

一般情况下，装运港（地）由卖方提出，经买方同意后确定，以便利卖方安排货物装运。实际业务中，应考虑多方面因素，根据合同使用的贸易术语和运输方式合理选择装运港（地）。

1. 原则上选择靠近产地、交通方便、费用较低、基础设施较完善的地方。

2. 采用 CFR、CIF 等术语交易时，应多订几个装运港（地），便于灵活选择；采用 FOB 条件时，买方应特别注意装运港（地）的装载条件是否适合。

3. 采用集装箱多式联运时，一般以有集装箱经营人收货站的地方为装运地。

在买卖合同中，通常只规定一个装运港（地），如"装运港：宁波"（port of shipment：Ningbo）。有时因实际业务需要，也可规定多个装运港（地），如"装运港：上海和宁波"（port of shipment：Shanghai and Ningbo）。此时，若签订的是由卖方负责运输的 CFR、CIF 等合同，卖方可根据实际需要，任意选择一个装运港；若是买方负责运输的合同，则卖方应在装运时间之前的合理时间将选定的装运港通知买方，以便于买方办理派船接运或指定承运人等事项。

（二）目的港（地）

在进出口业务中，目的港（地）一般由买方提出，经卖方同意后确定。合同中一般只规定一个目的港，必要时也可规定两个或两个以上或作笼统规定，由买方在装运期前通知卖方。

出口业务中，对于目的港（地）的选择，要考虑如下因素：

1. 要注意不能以我国政府不允许进行贸易往来的国家或地区作为目的港（地）。

2. 目的港必须是船舶可以安全停泊的港口（非疫、非战争地区），争取选择装卸条件良好、班轮经常挂靠的基本港口。若货物运往无直达班轮或航次较少的港口，合同中应规定"允许转船"条款。

3. 目的港（地）的规定应明确具体。一般不宜笼统订为"某某地区主要港口"，如"非洲主要港口"（African main ports）等，以免因含义不明给卖方带来被动。

4. 除非以多式联运方式运输，否则一般不接受内陆城市为目的地的条款，如向内陆国家出口货物，应选择离目的地最近且卖方能安排船舶的港口为目的港。

5. 合理使用"选择港"。采用"选择港"时，应注意：第一，"选择港"数目一般不要超过三个；第二，备选港口应在同一航线上，且是班轮都挂靠的港口；第三，合同中应明确规定买方最后确定目的港的时间；第四，合同中应明确因选择港而增加的运费、附加费等均应由买方承担；第五，运费应按选择港中最高的费率和附加费计算;第六,按一般惯例,如货方未在规定时间通知船方最后选定的卸货港,船方有权在任何一备选港口卸货。

6.注意所规定的目的港(地)有无重名问题。如维多利亚(Victoria)全世界有 12 个;的黎波里(Tripoli)在利比亚、黎巴嫩各有一个。甚至同一国家地名也有重的。因而,此种情况下,应在合同中明确标明目的港(地)所在的国家和所处方位,以免发生差错。

三、分批装运和转运

分批装运(partial shipment)和转运(tanshipment)直接关系到买卖双方的利益,因此往往是进出口合同中的重要内容,需要在交易磋商时即给予确定。

(一)分批装运

分批装运又称分期装运(shipment by installments),是一个合同项下的货物先后分若干期或若干次装运。在国际贸易中,凡数量较大,或受货源、运输条件、市场销售或资金的条件限制,有必要分期分批装运、到货者,均应在买卖合同中规定分批装运条款。如为减少提货手续,节省费用,在进口业务中要求国外出口人一次装运货物的,应在进口合同中规定不准分批装运(partial shipment not allowed)条款。

在进出口合同中规定分批装运的方法主要有以下几种:

1.只规定允许分批装运,对于时间、批次和数量不作具体规定。这种做法对卖方比较有利,卖方完全可以根据货源和运输条件,在合同规定的交货期内灵活掌握。

条款示例 5-7

2010 年 5 月底前装运,允许分批装运。

Shipment before the end of May 2010, with partial shipment allowed.

2.在规定分批装运的时候,订立每期装运的时间和数量。这种做法对卖方的限制较严。在接受这种条件之前,卖方必须慎重考虑货源和运输条件的可能性,以免造成被动。但从买方角度看,比较有利于生产或销售的安排。

条款示例 5-8

2 月/3 月分两批每月平均装运。

Shipment during Feb./Mar. in two equal monthly lots.

3.对于一些大宗交易,有时也可以只在合同规定允许分批交货,但具体时间和数量可由卖方在合同签订后,提出交货计划表,由买卖双方协商确定,纳入合同,予以执行。

（二）转运

转运（transhipment）是指自装货港、发运地或接受监管地到卸货港、目的地的运输过程中，货物从一运输工具卸下，再装上同一运输方式的另一运输工具；或在不同运输方式运输的情况下，货物从一种运输工具卸下，再装上另一种运输工具的行为。货物在中途转运，容易受损和散失、延迟到达目的地，但在无直达运输工具、转运不可避免的情况下，就有必要在买卖合同中规定允许转运，有时还要规定在何地和以何种方式转运的条款。

随着运输工具的不断改进和大型化，集装箱船、滚装船、母子船的不断涌现，以及各种新的运输方式的广泛运用，转运在实际业务中几乎已成为经常发生的现象，并成为被各国贸易界人士普遍接受的事实，转运的含义也发生了变化。《UCP600》规定：即使 L/C 规定不准转运，如果是集装箱运输，也可以接受转运提单。

在进出口合同中，转运条款的规定举例如下：

条款示例 5-9

5000 公吨，2010 年 5 月前集装箱装运，由上海经香港至伦敦。

5000 M/T shipment before May 2010 from Shanghai Via Hong Kong to London by container vessel.

条款示例 5-10

4/5 月分两次每月平均装运，由香港转运。

During Apr. /May. in two equal monthly shipments, to be transhipped at Hong Kong.

条款示例 5-11

2010 年 5 月底前装运，允许分批装运和转运。

Shipment before the end of May 2010, allowing partial shipment and transhipment.

条款示例 5-12

2010 年 5 月底前装运，不允许分批装运和转运。

Shipment before the end of MAY 2010, partial shipment and transhipment are prohibited.

（三）《跟单信用证统一惯例》对分批装运和转运的规定

国际商会《跟单信用证统一惯例（2007 年修订本）》（UCP600）对分批装运和转运的规定主要有：

1. 除非信用证明确规定不准分批装运或转运，否则准许分批装运和转运。

也就是说,如果信用证中没有规定禁止分批装运,可视为允许分批装运。但是,如果信用证规定禁止分批装运,卖方就无权分批装运。在实际业务中,为防止误解,如需要分批装运或转运的出口交易,应在买卖合同中明确规定允许分批装运或转运。

2.运输单据表面注明是使用同一运输工具装运并经同一路线运输,即使运输单据上注明的装运日期不同及/或装货港、接收监管地或发运地点不同,只要运输单据注明是同一目的地,将不视为分批装运。也就是说,对于同一船只、同一航次及同一目的港的多次装运,即使运输单据表面上注明不同的装运日期或不同的装运港口,也不应视为分批装运。

3.对于分批装运的货物,如其中任何一批未按规定装运,则该批及以后各批均告失效。

案例 5-2

我国 A 公司以 CIF 条件对南非出口一批化工产品 2000 公吨,采用信用证支付方式。国外来证规定"禁止分批装运",并注明按《UCP600》办理。A 公司已订妥一艘驶往南非的"黄石"号货轮,该船先停靠新港,后停靠青岛。装运期临近时,该批化工产品在新港和青岛各有 1000 公吨,尚未集中在一起。试分析 A公司是否可以在新港、青岛各装 1000 公吨化工产品于"黄石"号货轮上? 为什么?

四、装运通知

装运通知(shipping advice)是装运条款中不可缺少的一项重要内容。不论按哪种贸易术语成交,交易双方都要承担相互通知的义务。规定装运通知的目的在于明确买卖双方的责任,促使双方互相配合,共同做好车、船、货的衔接,有利于贸易的顺利进行。实际业务中,基本上采用电传通知。

装运通知的作用是使买方得知货物装运情况和预计到达时间,以便及时转售货物,准备接货并办理必要的保险。装运通知对 CFR 及其他由买方负责保险的合同具有特殊重要的意义。按照有些国家的法律,CFR 合同下的卖方在货物装船后必须无延迟地向买方发出装运通知,以便买方及时办理保险,否则,卖方应承担货物在运输途中的一切风险。在具体买卖合同中,为了明确双方责任,避免对"无延迟"有不同解释而引起纠纷,一般应明确规定卖方必须在装船后及时以电讯方式通知买方。

装运通知具体有三种:

1.派船通知。派船通知是 FOB 合同、适用海运的 FCA 合同特有的条款。

通常规定买方必须在装运期开始前若干天,将拟派出的船名、预计到达日期、装运数量等通知卖方。然后在船只到达前若干天,将船只的预计到达日期、承载的数量、船名、船籍等正式通知卖方。

2.备货通知。备货通知是 FOB 和 FCA 合同中所特有的条款,卖方应在约定的装运期开始之前,一般在装运月前 30 天,向买方发出货物备妥的通知。

3.装船通知。装船通知是指卖方在将货物装运完毕后,给卖方发出的有关货物业已装妥的通知。通知内容的繁简可因要求不同而异。一般应包括:品名、实装数量、船名、装船日期、金额、唛头、起运港、目的港等。

五、装卸时间、装卸率和滞期、速遣条款

在国际贸易中,大宗货物多数采用程租船运输。由于装卸时间直接关系到船方的经济效益,在租船人负责装卸货物的情况下,租船合同中船方一般对货物的装卸时间要作出明确规定,并制定罚款和奖励办法,用以约束租船人。但是,在业务中,负责装卸货物的不一定是租船人,可能是买卖合同的另一方,如 FOB 合同的租船人是买方,而装货是卖方;反之,CIF 合同的租船人是卖方,而卸货的则是买方。因此,负责租船的一方为了敦促对方及时完成装卸任务,就必须在买卖合同中规定装卸时间、装卸率和滞期、速遣条款。

⇨【练 习】

一、选择题

1.在班轮运价表中用字母"M"表示的计收标准为( )。

A.按货物毛重计收　　　　　　　B.按货物体积计收

C.按商品价格计收　　　　　　　D.按货物件数计收

2.按提单收货人抬头分类,在国际贸易中被广泛使用的提单有( )。

A.记名提单　　　　　　　　　　B.不记名提单

C.指示提单　　　　　　　　　　D.班轮提单

3.海运提单和航空运单( )。

A.均为物权凭证

B.均为"可转让"的物权凭证

C.前者是物权凭证,后者不可转让,不作物权凭证

D.都不是物权凭证

4.海运提单日期应理解为( )。

A.货物开始装船的日期　　　　　B.货物装船过程中任何一天

C. 货物装船完毕的日期　　　　　　D. 签订运输合同的日期

5. 船公司在提单上批注"few carton bottom little wet"、"some carton little damaged"等字样,这种提单是(　　　)。

A. 清洁提单　　　B. 不清洁提单　　　C. 指示提单　　　D. 记名提单

6. 国际多式联合运输是在(　　　)的基础上产生并发展起来的新型的运输方式。

A. 公路运输　　　B. 水路运输　　　C. 管道运输　　　D. 集装箱运输

7. 在定程租船方式下,对装卸费收取较为普遍采用的办法是(　　　)。

A. 船方不负担装卸费

B. 船方负担装卸费

C. 船方只负担装货费,而不负担卸货费

D. 船方只负担卸货费,而不负担装货费

二、简答题

1. 国际货物运输的方式有哪几种? 实际业务中应当如何选择使用?

2. 简述班轮运输的含义及其特点。

3. 提单的性质和作用是什么?

4. 集装箱运输具有哪些特点? 其货物交接方式主要有哪几种?

5. 国际多式联运的含义和特点是什么?

6. 铁路运单、航空运单、邮包收据与海运提单有哪些异同?

7. 什么是"不可转让海运单"? 它与海运提单有什么区别?

三、计算题

1. 我公司出口到海湾国家 A 商品 100 箱,每箱体积 40 厘米×30 厘米×20 厘米,毛重 30 千克,我应付给船公司运费多少? 查得运价表:A 商品按货物分级表规定计算标准为 M/W,货物等级为 10 级;10 级每运费吨的基本费率为 222 港元,另收燃料附加费 10%。

2. 我公司出口商品 200 件,每件毛重 95 公斤,体积 100 厘米×40 厘米×25 厘米,查轮船公司运费表,该商品计费标准为 W/M,等级为 8 级,每吨运费为 80 美元,另收港口附加费 10%,直航附加费 15%。问:该批货物共计运费多少? 我原报 FOB 上海每件 400 美元,客户要求改报 CFR 价,我应报多少?

3. 某公司向澳大利亚出口商品 1200 箱,目的港为悉尼港,用纸箱包装,每箱毛重 27 千克,体积为 0.040 立方米,运费的计算标准为 W/M10 级,试计算下列两种情况下的运费各为多少? (1)用中远直达船只直抵悉尼港。中远直达船 10 级货直抵悉尼港,基本运费为 150 元人民币,加币值附加费 36%,再加燃料附加费 29%,港口拥挤附加费 40%。(2)香港中转,10 级货至悉尼港基本运费为 520 元港币,加燃料附加费 32%,港口拥挤附加费每运费吨 40 港币。设 HKD100 =CNY70。

四、案例分析

1.中国 S 公司曾按 FOB 条件从北欧进口一批大宗商品。双方约定的装运港原是一个比较偏僻的小港,大船不能直接进港装货。签约后,买方了解该港条件,要求变更装运港,但卖方不同意更改。买方只好租用小船,将货物运至汉堡集中,然后再装海洋货轮运回国内。不仅延误了时间,而且增加了运杂费用。试分析本案中 S 公司的失误。

2.某公司收到从马尼拉开来的一张信用证,其中有如下条款:约 5000 公吨水泥,装运不得迟于 2002 年 4 月 30 日,允许分批装运。其他条件有:2002 年 3 月 31 日或以前装运约 3000 公吨,4 月 30 日以前装运约 2000 公吨。

问:(1)2000 公吨部分水泥可否在 3 月 31 日以前装出? (2)3000 公吨部分水泥规定在 3 月 31 日前装出,那么此 3000 公吨水泥可否在 3 月 31 日以前分批装运?

3.浙江 B 公司与某英国进口公司签订了一笔蛋品贸易合同。英国公司开来的信用证中有关装运条款规定:"300M/T of chicken eggs and 300M/T of duck eggs, Shipment must be effected in two equal lots during March/April"。结合库存,B 公司根据信用证要求作出了如下安排:第一批 300 公吨鸡蛋于 3 月 26 日装运,第二批 300 公吨鸭蛋于 4 月 5 日装运。当 B 公司装完第一批货物后,备齐所有单据交银行议付。不料,4 月 8 日,议付行收到了开证行的拒付通知,理由是:"你第×××号信用证项下单据经我行审核发现单证不符,我信用证规定必须分等量两批分船装运,即按'鸡蛋 150 公吨加鸭蛋 150 公吨'的要求分两批等量装运,而你方却是按'300 公吨鸡蛋先发和 300 公吨鸭蛋后发'的方法分等量两批装运,这显然违背了原 L/C 规定的要求。"试分析:银行对 B 公司的拒付理由是否成立?

4.我某公司按 CFR 条件、凭即期不可撤销信用证以集装箱出口成衣 350 箱,装运条件是 CY TO CY。货物交运后,我方取得清洁已装船提单,提单上表明:"shippers load and count。"在信用证规定的有效期内,我方及时办理了议付结汇手续。20 天后,接对方来函称:经有关检验,发现其中有 20 箱包装严重破损,各方均证明集装箱外表完好无损,为此,对方要求我方赔偿其货物短缺的损失。问:对方的要求是否合理?

第六章

国际货物运输保险

≫ ≫ ≫ ≫

学习内容与目标 ···

 理解货物运输保险的基本原则；

 熟悉货物运输保险的承保范围：风险、损失、费用；

 掌握我国海洋运输货物保险险别、承保范围、责任期间；

 了解伦敦保险人协会海运货物保险条款及其承保范围；

 了解陆、空、邮运输方式的运输保险；

 熟悉海洋货物运输保险实务和保险单据。

案例导读

  有一份 FOB 合同，货物在装船后，卖方向买方发出装船通知，买方已向保险公司投保"仓至仓条款的一切险"（all risks with w/w clause）。但货物在从卖方仓库运往码头的途中，因触礁而致 10% 的货物受损。事后，卖方以保险单含有仓至仓条款，要求保险公司赔偿，但遭保险公司拒绝。后来卖方又请求买方以买方的名义凭保险单向保险公司索赔，也同样遭保险公司拒赔。在此情况下，保险公司有无拒赔的权利？为什么？

  【分析】 保险公司对货物损失进行赔偿的条件是：导致货物损失的原因属于保险公司责任范围；货物损失发生的时间在保险公司

责任期间内；货主与保险公司之间有保险合同；货主对保险货物有可保利益。本案中，导致货物损失的原因和损失发生的时间这两个条件都满足。但是由于 FOB 术语中，买方向保险公司进行投保，故卖方与保险公司间没有保险合同，因此卖方无权向保险公司索赔；而买方虽与保险公司签订合同，购买保险，但此种情况下，买方未取得货物所有权，故对标的不具有可保利益，因此也无权向保险人索赔。所以在上述情况下，无论是对卖方还是对买方，保险公司是有权利拒绝赔偿的。

在国际货物运输中，有可能遇到难以预料的因自然灾害或意外事故而遭受的损失，从而直接影响贸易各方的经济利益。为了确保在货物遭受损失时得到经济补偿，买方或卖方必须根据货物本身的特性、危险程度的大小、运输距离的远近、运输方式的种类与条件，选择不同的保险险别办理货物运输保险。国际货物运输保险是以对外贸易货物运输过程中的各种货物作为保险标的的财产保险。外贸货物的运送有海运、陆运、空运以及通过邮政送递等多种途径，所以国际货物运输保险主要包括海上货物运输保险、铁路货物运输保险、公路货物运输保险、航空货物运输保险和邮包运输保险等，其中历史最悠久、业务量最大、法律规定最全的是海上货物运输保险。

第一节　国际货物运输保险的基本原则

保险在发展的历史过程中，逐渐形成了一系列为人们所公认的基本原则，这些基本原则是保险经营活动的基础，是保险双方必须严格遵守的，有利于维护保险双方的合法权益。与以相对静止状态的财产为保险标的（subject matter）的其他财产保险（如企业财产保险、家庭财产保险等）相比，国际货物运输保险的保险标的是运输过程中的货物，即保险标的是运动状态的，因此个别原则也有一些不同于其他财产保险的特殊之处。

一、最大诚信原则

最大诚信（utmost good faith）指国际货物运输保险合同的当事人应以诚实信用为基础订立和履行保险合同，主要体现在订立合同时的告知义务和在履行合同时的保证义务上。

关于告知义务,我国海商法第222条第1款要求合同订立前,被保险人应当将其知道的或者在通常业务中应当知道的有关影响保险公司据以确定保险费率或确定是否同意承保的重要情况,如实告知保险公司。依海商法第223条的规定,被保险人故意未将重要情况如实告知保险人的,保险公司有权解除合同,并不退还保险费。合同解除前发生保险事故造成损失的,保险公司不负赔偿责任。因此被保险人在投保时应当将货物的品名、包装、数量、是否装载于甲板上以及货物特性等如实告知保险公司,否则可能导致保险公司拒绝赔偿货物损失。

保证义务是指投保人或被保险人在保险合同中所作的保证要做或不做某种事情;保证某种情况存在或不存在;或保证履行某一条件。保证分默示保证和明示保证。默示保证指被保险人要保证货物的合法和承运船舶的适航、适货;明示保证指被保险人在投保单上列明的内容要保证正确或遵守承诺。保险合同中的保证,不论其重要与否,被保险人都必须严格遵守。如有违反,保险人可自保证被违反之日起解除合同义务。

二、保险利益原则

保险利益也叫可保利益(insurable interest),指被保险人对保险标的所具有的合法的利害关系。依我国保险法第12条的规定,投保人对保险标的应当具有保险利益,投保人对保险标的不具有保险利益的,保险合同无效。此原则可以使被保险人无法通过不具有保险利益的保险合同获得额外利益,以避免将保险合同变为赌博合同。保险利益可以表现为现有利益、期待利益或责任利益。

国际货运保险中,保险利益体现在对保险标的的所有权和所承担的风险责任上。国际货运保险不像其他财产保险那样要求被保险人在投保时就具有保险利益,它允许投保人(被保险人)投保时对其预期的保险利益进行投保,但损失发生时必须具有现有保险利益。

小资料6-1

不同贸易术语下保险合同生效的时间

国际货运保险仅要求在保险标的发生损失时被保险人必须具有保险利益,不要求投保时有保险利益。这种特殊规定是由国际贸易的特点所决定的。例如,以FOB、FCA、CFR和CPT条件达成的交易,货物风险的转移以货物在装运港装上船或在出口国发货地或装运地交付承运人为界。显然,在货物装上船或交付承运人之前,风险尚未从卖方转移到买方,买方不具有保险利益。如果规定被保险人在投保时必须具有保险利益,则按以上条件达成的合同,买方便无法在货物装船之前或交付承运人之前及时办理货物保险。在实际业务中,由买方在货物装上船或交付承运人之前作为被保险人向保险公司投保,可视为买方对货物具有预期的保险利益,但保险合同在货物装上船或交付承运人之后才生效。以 CIF 和 CIP 方式达成的交易,在货物装上船或交付承运人之前,卖方拥有货物所有权并承担风险,因此卖方具有保险利益,由卖方向保险公司投保,保险合同在货物起运地起运后即生效。

三、损失补偿原则

损失补偿原则作为保险的一项基本原则,原意指在保险事故发生而使被保险人遭受损失时,保险人必须在责任范围内对被保险人所受的实际损失进行补偿。但是国际货物运输保险合同作为特殊财产保险合同,货物的保险金额是按当事人约定的保险价值确定的,一经确定且两者相等,就视为足额保险。因此,当运输的货物出险时,不论出险当地、当时的市场价格是多少,保险公司均按投保时的保险金额,根据损失程度十足赔偿。

四、近因原则

虽然我国保险法及海商法均没有对近因原则进行明文规定,但在国际货物运输保险实践中,近因原则是常用的确定保险人对保险标的的损失是否负保险责任以及负何种保险责任的一条重要原则。根据近因原则,保险人只对承保风险与保险标的损失之间有直接因果关系的损失负责赔偿,而对保险责任范围外的风险造成的保险标的的损失,不承担赔偿责任。

第二节　货物运输保险承保的范围

国际货物运输保险以运输方式的不同,分为海洋运输货物保险、陆上运输货物保险、航空运输货物保险、邮包保险等。其中,海洋运输货物保险是现代商业保险的起源,经过了几百年的发展,已经成为一个完善、成熟的系统;陆运、空运、邮运货物保险都是借鉴海运货物保险的基本原则和做法发展起来的,保险公司保障的范围与海运保险相似。而国际货物买卖大多数都是通过海洋运输,因此本章主要介绍海洋运输货物保险保障的风险、损失及不同险别的责任范围、保险期限等问题,不仅有助于处理海运货物投保和索赔事宜,对于理解其他运输方式下的货物保险也有重要意义。

在海运货物保险中,保险人的承保范围包括可保障的风险、可补偿的损失和可为保险公司承担的费用三个方面。

一、风险

保险业把海上货物运输的风险分成海上风险和外来风险。

(一)海上风险

海上风险(perils of the sea)又称海难,是指船舶或货物在海上运输过程中发生的或随附海上运输所发生的风险,包括自然灾害和意外事故。

1.自然灾害

自然灾害(natural calamities)是指不以人的意志为转移的自然界的力量所引起的灾害,例如,恶劣气候、雷电、地震、海啸、洪水、火山爆发、浪击落海等人力不可抗拒的力量所造成的灾害。

2.意外事故

意外事故(fortuitous accident)是指由于偶然的、难以预料的原因所造成的事故。如运输工具搁浅、触礁、沉没、与流冰或其他物体碰撞、互撞、失火、爆炸等。

按照国际保险市场的一般解释,海上风险并非局限于海上发生的灾害和事故,那些与海上航行有关的发生在陆上或海陆、海河或与驳船相连接之处的灾害和事故,例如,地震、洪水、火灾、爆炸、海轮与驳船或码头碰撞,也属于海上风险。

(二)外来风险

外来风险(extraneous risks)是指由自然灾害和意外事故以外的其他外来原因引起的风险,但不包括货物的自然损耗和本质缺陷。外来风险又可分为一般外来风险和特殊外来风险两类。

1.一般外来风险是指由一般外来原因所引起的风险,主要包括:偷窃、渗漏、短量、碰损、钩损、生锈、雨淋、受热受潮等。

2.特殊外来风险是指由军事、政治、国家政策法令和行政措施等以及其他特殊外来原因所引起的风险,如战争、罢工、交货不到、被拒绝进口或没收等。

二、损失

承保的损失是指保险人(保险公司)承保哪些性质的损失。海上货物运输保险承保的是海上损失。海上损失(maritime loss)是指被保险货物在海洋运输中由于发生海上风险所造成的损坏或灭失,又称为海损(average)。按货物损失的程度,海损可分为全部损失与部分损失;按货物损失的性质,海损又可分为共同海损和单独海损,二者在保险业务中均属于部分损失的范畴。

(一)全部损失

全部损失(total loss)简称全损,是指运输中的整批货物或不可分割的一批货物的全部损失。全部损失又可分为实际全损和推定全损两种。

1. 实际全损

实际全损(actual total loss)是指被保险货物(保险标的物)在运输途中完全灭失,或者受到严重损坏后不能复原或完全丧失原有用途,或者不能再归保险人所拥有。如整批货物沉入海底无法打捞、船舱进水后舱内货物经海水浸泡无法使用、船被海盗劫去、船舶失踪半年仍无音讯等。

具体来讲,构成被保险货物实际全损的情况有下列几种:

第一,保险标的完全灭失。指保险标的的实体已经完全毁损或不复存在。如大火烧掉船舶或货物,糖、盐这类易溶货物被海水溶化,船舶遭飓风沉没,船舶碰撞后沉入深海等。

第二,保险标的丧失属性。即指保险标的的属性已被彻底改变,不再是投保时所描述的内容,例如货物发生了化学变化使得货物分解,在这类情况下,保险标的丧失商业价值或使用价值,均属于实际全损。但如果货物到达目的地时损失虽然严重,但属性没有改变,经过一定的整理,还可以以原来的商品名义降价处理,那就只是部分损失。

第三,被保险人无法挽回地丧失了保险标的。在这种情况下,保险标的仍然实际存在,可能丝毫没有损失,或者有损失而没有丧失属性,但被保险人已经无可挽回地丧失了对它的有效占有。比如,一根金条掉入了大海,要想收回它是不可能的。再如,战时保险货物被敌方捕获并宣布为战利品。

第四,保险货物的神秘失踪。按照海上保险的惯例,船舶失踪到一定合理的期限,就被宣布为失踪船舶。在和平时期,如无相反证据,船舶的失踪被认为是由海上风险造成的实际全损。船舶如果失踪,船上所载货物也随之发生"不明原因失踪",货主可以向货物保险人索赔实际全损。

2. 推定全损

推定全损(constructive total loss)是指货物发生事故后,被保险货物的实际损失已不可避免,或为避免实际全损所需的费用与继续运送货物到目的地的费用总和超过保险价值。具体来讲,保险货物的推定全损有以下几种情况:

第一,保险标的的实际全损不可避免。如船舶触礁地点在偏远而危险的地方,因气候恶劣,不能进行救助,尽管货物实际全损还没有发生,但实际全损将不可避免地发生;又如货物在运输途中严重受损,虽然当时没有丧失属性,但可以预计到达目的地时丧失属性不可避免。这类情况下被保险人就可以按推定全损索赔。

第二,被保险人丧失对保险标的的实际占有。被保险人丧失对保险标的的实际占有,在合理的时间内不可能收回该标的,或者收回标的的费用要大于标的回收后的价值,就构成推定全损。

第三,保险货物严重受损,其修理、恢复费用和续运费用总和大于货物本身的价值,该批货物就构成了推定全损。

(二)部分损失

部分损失(partial loss)是指被保险货物的损失,没有达到全部损失的程度。部分损失又可分为共同海损和单独海损两种。

1. 共同海损

共同海损(general average)是指载货运输的船舶在运输途中遭遇自然灾害、意外事故等,使船舶、货物或其他财产的共同安全受到威胁,为了解除共同危险,由船方有意识地、合理地采取救难措施,所直接造成的特殊牺牲和支付的特殊费用。例如,暴风雨把部分货物卷入海中,使船身发生严重倾斜,如果不及时采取措施,船货会全部沉入大海,这时船长下令扔掉部分货物以维持船身平衡,这部分牺牲就属于共同海损。

由于共同海损范围内的牺牲和费用是为了使船舶、货物或其他财产免于遭受整体损失而支出的,因而应该由船方、货方和运费收入方根据最后获救价值按比例分摊,这就叫共同海损的分摊。构成共同海损,应具备以下条件:

第一,必须确实遭遇危难。即共同海损的危险,必须是实际存在的,或者是不可避免的,而不是主观臆测的。

第二,必须是自动地、有意识地采取的合理措施,其费用必须是额外的。

第三,必须是为船、货共同安全而采取的措施。如果只是为了船舶或货物单方面的利益而造成的损失,则不能作为共同海损。

第四,必须是属于非常性质的损失。

2. 单独海损

单独海损(particular average)是指除共同海损以外的意外损失,即由于承保范围内的风险所直接导致的船舶或货物的部分损失。该损失仅由各受损方单独负担。它与共同海损的主要区别在于:

第一,造成海损的原因不同。单独海损是承保风险所直接导致的船货损失;共同海损,则不是承保风险所直接导致的损失,而是为了解除船货共同危险而有意采取的合理措施所造成的损失。

第二,损失的承担责任不同。单独海损,由受损方自行承担;而共同海损,则应由各受益方按照受益大小的比例共同分摊。

除上述各种风险损失外,保险货物在运输途中还可能发生其他损失,如运输途中的自然损耗以及由货物本身特点和内在缺陷所造成的货损等,这些损失不属于保险公司承保的范围。

三、承保的费用

海上风险除了使货物本身受到损毁导致经济损失外,还会造成费用上的损失,即为救助船舶及被保险货物所支付的费用,主要包括施救费用和救助费用。

（一）施救费用

施救费用(sue and labour expenses)是指保险标的遭受保险责任范围内的灾害事故时,由被保险人或他的代理人、雇佣人和受让人等,为了防止损失的扩大,采取各种措施抢救保险标的所支付的合理费用。保险人对这种施救费用负责赔偿。

（二）救助费用

救助费用(salvage charges)是指被保险标的遭受了保险责任范围内的灾害事故时,由保险人和被保险人以外的第三者采取救助行动并获成功,而向他支付的劳务报酬。保险人对这种费用也负责赔偿。

案例 6-1

某货物从天津新港驶往新加坡,在航行途中船舶货舱起火,大火蔓延到机舱,船长为了船、货的共同安全,决定采取紧急措施,往船中灌水灭火。火虽被扑灭,但由于主机受损,无法继续航行,于是船长决定雇用拖轮将货船拖回新港修理。检修后重新驶往新加坡。事后调查,这次事件造成的损失有:①1000 箱货烧毁;②300 箱货由于灌水灭火受到损失;③主机和部分甲板被烧毁;④拖船费用;⑤额外增加的燃料和船长、船员工资。试分析:从上述各项损失性质来看,各属于什么海损?

第三节　我国海运货物保险的险别

在我国,进出口货物运输保险最常用的保险条款是"中国保险条款"(China

Insurance Clauses 简称 CIC)。该条款是中国人民保险集团公司旗下的中国人民财产保险股份有限公司(原中国人民保险公司)根据我国保险工作的实际情况,参照1963年伦敦保险业协会货物保险条款,并参照国际保险市场的习惯做法制定的。根据运输方式分别制订了海洋、陆上、航空及邮包运输方式的货物运输保险条款,还有适用于特殊商品的如海运冷藏货物、海运散装桐油、陆运冷藏货物及/或牲畜、家禽的保险条款,以及适用于以上四种运输方式货物保险的附加条款,总称为"中国保险条款"。1981年修改过一次,曾在国内应用广泛。2009年10月1日起新修订的《中华人民共和国保险法》生效,中国人民财产保险股份有限公司对各项船货险条款进行了保险法适应性修改和完善,因此出现了2009年向中国保监会备案的2009版条款,但2009版与1981年版本内容相同,2010年起在涉外货运险保险单证中开始使用。

中国人民保险公司制订的"中国保险条款",按照能否单独投保,分为基本险和附加险两类。基本险可以单独投保;附加险不能单独投保,承保由外来原因所造成的损失,必须在投保某种基本险的基础上加保。

一、基本险别

(一)基本险的险别

海运货物保险的基本险别分为平安险、水渍险和一切险三种。

1.平安险

平安险(free from particular average,F.P.A.)是三个基本险别中承保责任范围最小的一个,概括起来,保险公司对平安险的承保范围如下:

(1)在运输过程中,由于自然灾害和运输工具发生意外事故,造成被保险货物的实际全损或推定全损。

(2)由于运输工具遭遇搁浅、触礁、沉没、互撞、与流冰或其他物体碰撞以及失火、爆炸等意外事故造成被保险货物的全部或部分损失。

(3)在运输工具已经发生搁浅、触礁、沉没、焚毁等意外事故的情况下,货物在此前或此后又在海上遭受恶劣气候、雷电、海啸等自然灾害所造成的部分损失。

(4)在装卸转船过程中,被保险货物一件或数件落海所造成的全部损失或部分损失。

(5)被保险人对遭受承保责任内危险的货物采取抢救、防止或减少货损措施而支付的合理费用,但以不超过该批被救货物的保险金额为限。

(6)运输工具遭遇自然灾害或意外事故,需要在中途的港口或者在避难港口停靠,因而引起的卸货、装货、存仓以及运送货物所产生的特别费用。

(7)发生共同海损所引起的牺牲、分摊和救助费用。

(8)运输契约订有"船舶互撞责任"条款,根据该条款规定应由货方偿还船方的损失。

2.水渍险

保险公司对水渍险(with average 或 with particular average,W.A. 或 W.P.A.)的承保责任范围,除包括上列平安险的各项责任外,还负责被保险货物由于恶劣气候、雷电、海啸、地震、洪水等自然灾害所造成的部分损失。

3.一切险

一切险(all risks)的责任范围,除包括平安险和水渍险的所有责任外,还包括货物在运输过程中的一般外来原因所造成的被保险货物的全损或部分损失。

投保了一切险,并不是指保险公司承保了一切的风险,海运中的特殊外来原因引起的损失并不包含在内。此外,投保了一切险后不必再投保一般附加险,因为已包含在一切险内。由于一切险承保责任范围大,其保险费在三种基本险中也最高。

(二)除外责任

在上述三种基本险中,保险条款还规定了除外责任。所谓除外责任(exclusion)是指保险公司明确规定不予承保的损失和费用。《中国人民保险公司海洋运输货物保险条款》规定,对于下列损失,保险人不负赔偿责任:

1.被保险人的故意行为或过失所造成的损失;

2.属于发货人责任所引起的损失;

3.在保险责任开始前,被保险货物已存在的品质不良或数量短差所造成的损失;

4.被保险货物的自然损耗、本质缺陷、特性以及市价跌落、运输延迟所引起的损失或费用;

5.海洋货物运输战争险条款和货物运输罢工险条款规定的责任范围和除外责任。

(三)保险责任起讫

中国人民保险公司的《海洋运输货物保险条款》规定,基本险承保责任起讫期限或称保险期限,采用国际保险业务中惯用的"仓至仓条款",即保险责任自被保险货物运离保险单所载明的起运地仓库或储存处所开始运输时生效,包括正常运输过程中的海上、陆上、内河和驳船运输在内,直至该项货物到达保险单所载明目的地收货人的最后仓库或储存处所或被保险人用作分配、分派或非正常运输的其他储存处所为止。如未抵达上述仓库或储存处所,则以被保险货物在最后卸载港全部卸离海轮后满 60 天为止。如在上述 60 天内被保险货物需转运至非保险单所载明的目的地时,则于货物开始转运时终止。

二、附加险

附加险是对基本险的补充和扩大,分为一般附加险和特殊附加险。附加险承保的是除自然灾害和意外事故以外的各种外来原因所造成的损失。《中国保险条款》中的附加险不能单独投保,附加险只能在投保某一种基本险的基础上才可加保。

（一）一般附加险

一般附加险(general additional risk)承保由一般外来原因造成的货物的全部或部分损失。一般附加险有下列 11 种险别:

1. 偷窃、提货不着险

偷窃、提货不着险(theft, pilferage and non-delivery, T. P. N. D.)主要承保被保险货物由于偷窃行为以及收货人未能在目的港(地)提取货物所造成的损失。偷窃行为造成的损失,被保险人必须在提货后 10 日内申请检验;如遇"提货不着",被保险人必须向有关责任方索取证明,保险人据以进行赔偿。

2. 淡水雨淋险

淡水雨淋险(fresh water and/or rain damage risk,F. W. R. D.)承保被保险货物因直接遭受雨淋或淡水浸泡所造成的损失。该险种是相对于海水导致的各种损失而言的,因此,当被保险人依据淡水雨淋险提出索赔时,应证明包装外部有淡水或雨水的痕迹。

3. 渗漏险

渗漏险(leakage risk)承保流质、半流质和油类货物由于包装器皿损坏而引起的渗漏,以及用液体储装的货物因液体渗漏而发生腐烂、变质的损失。

4. 短量险

短量险(shortage)承保被保险货物在运输过程中发生数量短少和重量短缺的损失,但不包括运输途中货物的自然损耗。

5. 混杂、沾污险

混杂、沾污险(intermixture and contamination)承保被保险货物在运输过程中,因混进其他杂质或者与其他物质相接触而被沾污所造成的损失。

6. 碰损、破碎险

碰损、破碎险(clash and breakage)承保被保险货物在运输过程中,因震动、碰撞、挤压所造成的碰损和破碎损失。

7. 串味险

串味险(taint of odour)承保货物因受其他物品气味的影响而引起的串味、变味等损失。

8. 受潮受热险

受潮受热险(sweat and heating)承保货物在运输过程中,因气温变化或由于通风不畅、设备失灵等致使船舱内湿度增加,引起货物发潮或发热,造成货物的霉烂、变质或溶化所造成的损失。

9. 钩损险

钩损险(hook damage)承保被保险货物在转运、装卸过程中,因使用吊钩等工具致使外包装破漏造成货物坠落或货物直接被吊钩钩破所造成的损失,以及进行修补或调换所需的费用。

10. 包装破裂险

包装破裂险(breakage of packing)承保被保险货物因装运不慎致使包装破裂而造成货物的短量、沾污、受潮等损失,以及为了安全续运对包装进行修补或调换所支付的费用。但如果是因为包装本身破裂所造成的货物损失,则不属于该险种承保范围,此时可加保短量险、沾污险、渗漏险等附加险来保障。

11. 锈损险

锈损险(rust)承保被保险货物在运输途中因货物生锈而造成的损失。但对于极易生锈的货物,如铁丝、钢丝、金属零件等,以及必然生锈的金属制品,保险人不予承保,对于一些习惯装载于舱面的大型金属制品,也不在保险人的承保范围内。

(二)特殊附加险(special additional risk)

特殊附加险是指承保由军事、政治、国家政策法令以及行政措施等特殊外来原因所引起的风险与损失的险别。中国人民保险公司承保的特殊附加险主要有以下几种:

1. 战争险(war risks)

根据中国人民保险公司《海洋运输货物战争险条款》,海运战争险主要承保以下损失:其一是直接由战争、类似战争行为和敌对行为、武装冲突或海盗行为所致的损失;其二是由上述原因引起的捕获、拘留、扣留、禁止、扣押所造成的运输货物损失;其三是各种常规武器,包括水雷、鱼雷、炸弹所造成的运输货物的损失;其四是战争险责任范围内的共同海损牺牲、分摊和救助费用。但是,对于使用原子或热核武器造成的损失和费用则不负责赔偿。

战争险保险责任的起讫采用的是保险人只负责水面风险的原则,即从货物装上海轮或驳船时开始至货物运抵目的港卸离海轮为止。如果不卸离海轮,则以货物到达目的港当日午夜起 15 天为限。

2. 罢工险(strikes risks)

罢工险主要承保以下损失:其一是由罢工、被迫停工、工人参加工潮、暴动和民众斗争的人员所造成的直接损失;其二是在罢工期间任何人的恶意行为造成的直接损失;其三是恐怖主义者出于政治目的采取行动而造成的损失;其四是由上述行动或行为所引起的共同海损的牺牲、分摊和救助费用。

根据国际保险业的习惯做法,罢工险往往与战争险同时投保。若被保险人已经投保了战争险,需加保罢工险,一般不另收保险费。如果被保险人只投保罢工险,则要按战争险费率缴付保险费。

罢工险对保险责任起讫的规定与其他海运货物保险的险别一样,采用"仓至仓"条款。

3. 黄曲霉素险(aflatoxin risk)

黄曲霉素险承保某些含有黄曲霉素的食物因超过进口港对该霉素的限制标准而被拒绝进口、没收或强制改变用途所遭受的损失。黄曲霉素是一种致癌毒素,发霉的花生、谷物里含该种霉素。如果被保险人加保了这种附加险,保险人就应对这种损失负责赔偿。实际上这是一种专门原因的拒收险。

4. 进口关税险(import duty risk)

进口关税险承保当被保险货物遭受保险责任范围内的损失后,仍需按完好价值缴纳进口关税所造成的损失。对于受损货物征收进口关税的方法,各国具有不同的规定。有些国家规定可酌情减免;有些国家则规定一律按货物的完好价值计税。保险人对于进口关税的赔偿只限于被保险人就货物损失部分应缴纳的关税。

5. 拒收险(rejection risk)

拒收险承保货物不论何种原因在进口港被进口国政府或有关当局拒绝进口或没收所造成的损失。如果在货物起运前,进口国已经宣布禁运,保险人不承担赔偿责任。如果在货物起运后,进口国才宣布禁运,保险人仅负责赔偿运回到出口国或转运到其他目的港(地)而增加的运费。但赔付金额最多不超过保险价值。

6. 交货不到险(failure to deliver)

交货不到险承保不论何种原因,从被保险标的装上船开始,在 6 个月内未能运到指定目的港(地)进行交货所造成的损失。交货不到险与提货不着险和战争险的责任范围有交叉,因此,所有后两个险种负责赔偿的损失,不包括在交货不到险的责任范围之中。但如果因进口商未申领进口许可证而不能进口所导致的交货不到,保险人不予赔偿。

7. 舱面险(on deck risk)

舱面险承保当货物置于舱面时,保险人按保险条款进行负责,其中还包括被投弃和浪击落海所造成的损失。舱面险就是为了满足有些货物由于体积大、有毒性、有污染性或是易燃易爆等,根据航运习惯必须装载于舱面上而产生的。但在集装箱业务中,如果把集装箱货物装载于舱面,装在舱面上的集装箱视为舱内货物承保,不再加收保险费。

8. 出口货物到香港(包括九龙在内)或澳门存仓火险责任扩展条款

出口货物到香港(包括九龙在内)或澳门存仓火险责任扩展条款(fire risk extension clause for Storage of Cargo at Destination HongKong, Including Kowloon, or Macao, F. R. E. C)是一种扩展存仓火险责任的保险,是指出口货物到达港澳地区等目的地时,如果直接卸到保险单载明的过户银行所指定的仓库,则延长存仓期的火险责任。该特别附加险的保险责任期间是从被保险货物运入过户银行所指定的仓库时开始,到银行收回押款、解除货物权益或者运输责任终止时起计算满 30 天为止。在此期间,若发生火灾造成损失则保险人负责赔偿。

被保险人无论已投保何种基本险别,均可另行加保有关的特殊附加险别。

三、海洋运输货物专门保险险别

除了以上适用于大多数货物的基本险和附加险外,考虑到某些货物的特殊性,我国海洋货物运输货物保险还有专门适用于冷藏货物的海运冷藏货物保险、散装桐油的海运散装桐油保险,以及适用于各种运输方式的活牲畜、家禽的运输保险。从投保方式上来看,这三种保险都属于基本险性质,是可以单独投保的。

(一)海洋运输冷藏货物保险

海洋运输冷藏货物保险(ocean marine insurance—frozen products)是海运保险中的一种专门保险条款。投保这一险别后,保险公司承担冷藏货物因灾害、事故或外来原因造成的损失责任。本保险分为冷藏险和冷藏一切险两种。

冷藏险的责任范围除负责海运水渍险承保的责任外,另外还负责赔偿由于冷藏机器停止工作连续达 24 小时以上所造成的腐败或损失。

冷藏一切险是在冷藏货物保险的基础上还负责被保险货物在运输途中由于外来原因所致的腐败或损失。

海洋运输冷藏货物保险除外责任除包括海运基本险的除外责任外,对于下列两种情况也不负责:(1)被保险货物在运输过程中的任何阶段,因未存放在有冷藏设备的仓库或运输工具中,或辅助运输工具没有隔温设备造成的货物腐败。(2)被保险货物在保险责任开始时因未保持良好状态,包括整理加工和包扎不妥,冷冻上的不合规定及骨头变质所引起的货物腐败和损失。

海洋运输冷藏货物保险责任起讫与海运基本险相似,采用了"仓至仓"条款,但是,货物到达保险单所载明的最后卸除港后,如果 30 天内卸离海轮,并将货物存入岸上冷藏库后继续有效。但以货物全部卸离海轮时起算满 10 天为限。在上述期限内货物一经移出冷藏库,则责任即行终止,如卸离海轮后不存入冷藏库,则至卸离海轮时终止。

(二)海洋运输散装桐油保险

海洋运输散装桐油保险(ocean marine insurance—woodoil bulk)也是海运保险中的一种专门保险条款,承保不论任何原因所致被保险桐油短少、渗漏、沾污或变质损坏的损失,以及对遭受承保责任内危险的桐油采取抢救、防止或减少货损的措施而支付的合理费用

海洋运输散装桐油保险的除外责任与海运基本险相同。

海洋运输散装桐油保险的责任起讫也是按照"仓至仓"条款负责。但如桐油不及时卸离海轮或未交至岸上油库,则最长保险期限以海轮到达目的港后 15 天为限。

(三)活牲畜、家禽的运输保险

根据我国《活牲畜、家禽的海上、陆上、航空运输保险条款》(livestock & poultry insurance),保险公司对活牲畜、家禽在运输途中的死亡负责赔偿。但是以下原因导致的死亡不赔偿:在保险责任开始前,被保险活牲畜、家禽健康状况不好;或被保险活牲畜、家禽因怀仔、防疫注射或接种所致的死亡;或因传杂病、患病,经管理当局命令屠杀或因缺乏饲料而致的死亡;或由于被禁止进口或出口或检验规格的不符所引起的死亡。

活牲畜、家禽的运输保险条款适用于各种运输方式,保险责任起讫自被保险活牲畜、家禽装上运输工具时开始直至目的地卸离运输工具时为止。如不卸离运输工具,最长的保险责任期限从运输工具抵达目的地当日午夜起算,以 15 天为限。

第四节　我国陆、空、邮运输方式的货物保险

一、陆上运输货物保险

陆上运输货物保险的基本险别分为陆运险和陆运一切险两种；另外还有适于陆运冷藏货物的专门保险——陆上运输冷藏货物险，也属于基本险性质。附加险主要有铁路运输方式下的陆上运输货物战争险（火车）。

（一）基本险别

1. 陆运险（overland transportation risks）的承保责任范围类似于海运货物保险条款中的"水渍险"，其责任范围包括：被保险货物在运输途中遭受暴风、雷电、洪水、地震自然灾害或由于运输工具遭受碰撞、倾覆、出轨或在驳运过程中因驳运工具遭受搁浅、触礁、沉没、碰撞，或由于遭受隧道坍塌，崖崩或失火、爆炸意外事故所造成的全部或部分损失；被保险人对遭受承保责任内危险的货物采取抢救、防止或减少货损的措施而支付的合理费用，但以不超过该批被救货物的保险金额为限。

2. 陆运一切险（overland transportation all risks）的承保责任范围类似于海运货物保险条款中的"一切险"，除包括上列陆运险的责任外，本保险还负责被保险货物在运输途中由外来原因所致的全部或部分损失。

上述险别范围均适用于火车和汽车运输，并以此为限。

陆运险与陆运一切险的除外责任与海运货物保险的除外责任基本相同。

陆上运输保险责任起讫，也采用"仓至仓"条款：自被保险货物运离保险单所载明的起运地仓库或储存处所开始运输时生效，包括正常运输过程中的陆上和与其有关的水上驳运在内，直至该项货物运达保险单所载目的地收款人的最后仓库或储存处所或被保险人用作分配、分派的其他储存处所为止，如未运抵上述仓库或储存处所，则以被保险货物运抵最后卸载的车站满 60 天为止。

（二）陆上运输冷藏货物险

陆上运输冷藏货物险（overland transportation insurance — frozen products）是陆上运输货物保险中的一种专门保险，可以单独投保。与陆运险相比，其主要责任范围增加了被保险货物在运输途中由于冷藏机器或隔温设备的损坏或者车厢内贮存冰块的溶化所造成的解冻溶化而腐败的损失。

陆上运输冷藏货物险的责任起讫,也采用"仓至仓"条款,但是最长保险责任的有效期以被保险货物运抵最后卸载的车站满 10 天为止。

(三)陆上运输货物战争险(火车)

对于陆上运输的战争险,国外保险公司大都不承保;我国为适应外贸需要,制定了陆上运输货物战争险(火车)(overland transportation cargo war risks — by train),赔偿在火车运输途中由于战争风险导致的损失。但它只是陆上运输货物保险的特殊附加险,只有在投保了陆运险或陆运一切险的基础上才能加保,而且只适用于铁路运输方式。它的责任范围和除外责任和海运中的战争险都十分相似。

陆运战争险的责任起讫和海运战争险相似,从货物装上保险单所载起运地的火车时开始,到保险单所载目的地卸离火车时为止,即货物在运输工具时为限。

二、航空运输货物保险

航空运输货物保险的基本险别有航空运输险(类似于海运水渍险)和航空运输一切险两种;此外,附加险主要有航空运输货物战争险。

(一)基本险别

1.航空运输险(air transportation risks)。航空运输险的责任范围类似于海运"水渍险",包括:被保险货物在运输途中遭受雷电、火灾、爆炸或由于飞机遭受恶劣气候或其他危难事故而被抛弃,或由于飞机遭碰撞、倾覆、坠落或失踪意外事故所造成的全部或部分损失;被保险人对遭受承保责任内危险的货物采取抢救、防止或减少货损的措施而支付的合理费用,但以不超过该批被救货物的保险金额为限。

2.航空运输一切险(air transportation all risks)。其责任范围除包括上列航空运输险责任外,还包括被保险货物由外来原因所致的全部或部分损失。

航空运输险与航空运输一切险的除外责任与海运货物保险的除外责任基本相同。

航空运输保险责任起讫,也采用"仓至仓"条款,但不同于海洋运输的是:如果货物运抵保险单载明的目的地而未运抵收货人的最后仓库或储存处所,则以被保险货物在最后卸载地卸离飞机后满 30 天为止。如在上述 30 天内被保险的货物需转送到非保险单所载明的目的地时,则以该项货物开始转运时终止。

(二)航空运输货物战争险

航空运输货物战争险(air transportation cargo war risks)是航空运输货物

保险的特殊附加险,只有在投保了航空运输险或航空运输一切险的基础上才能加保,保险公司负责赔偿在航空运输途中由于战争风险导致的损失。

三、邮包运输货物保险

邮包运输货物保险是指对货物在邮运途中有可能发生的意外、灾害或事故所引起的损失进行的保险。造成风险的原因同样有自然灾害、意外事故、外来原因,根据《邮包保险条款》的规定,其基本险别有邮包险和邮包一切险两种,附加险主要有邮包战争险。

就保险责任而言,邮包险(parcel post risks)类似于海运货物保险条款中的"水渍险",邮包一切险(parcel post all risks)的承保责任范围类似于海运货物保险条款中的"一切险"。邮包战争险(parcel post war risks)类似于海运货物保险条款中的"战争险",也是一种附加险,只有在投保了邮包险或邮包一切险的基础上才能加保。

邮包险和邮包一切险的保险责任起讫,是由被保险货物离开起运地点运往邮局,经邮局收讫并签发邮包收据时开始生效,直至该邮包运抵保单所载明目的地邮局送交收件人为止。但保险责任最长期限以邮包到达目的地邮局后,该局发出通知书给收件人的当日午夜 24 时起算满 15 天为止。邮包战争险的保险责任,是自被保险邮包经邮政机构收讫后自储存所开始运送时生效,直至该项邮包运达保险单所载明的目的地邮政机构送交收件人为止。

小资料 6-2

我国邮包运输货物保险的做法

在办理国际邮包运输时,应当正确选用邮包的保价与保险。凡经过保价的邮包,一旦在途中遗失或损坏,即可向邮政机构按保价金额取得补偿。因此,对寄往办理保价业务的国家,可予保价。鉴于有些国家和地区不办保价业务,或有关邮政机构对保价邮包损失赔偿限制过严,或保价限额低于邮包实际价值,则可采取保险,也可采取既保险又保价的做法。根据中国人民保险公司规定,凡进行保价的邮包,可享受保险费减半收费的优待。我国通过邮包运输进口的货物,按邮包运输进口货物预约保险合同的规定办理投保手续。

第五节　伦敦保险人协会海运货物保险条款

《协会货物条款》(Institute Cargo Clause, I. C. C.)最早由英国伦敦保险人协会于 1912 年首次制定,后来经过多次修改,伦敦保险人协会在 1982 年对原有保险条款进行了一次实质性的变革,形成了协会货物保险条款(A)、(B)、(C)。为了适应各国法律法规和全球经济政治形势发展的变化,联合货物保险委员会于 2008 年再次修订并公布了新版协会货物运输保险条款,自 2009 年 1 月 1 日正式生效。目前,国际上仍有许多国家和地区的保险公司在国际货物运输保险业务中采用《协会货物条款》。在我国按 CIF 或 CIP 术语成交的出口贸易中,国外商人有时要求按伦敦保险人协会货物保险条款投保,我国出口企业和保险公司一般均可接受。

小资料 6-3

伦敦保险人协会、劳合社与联合货物保险委员会

伦敦保险人协会(The Institute of London Underwriters, ILU)即协会(INSTITUTE),是英国保险公司的主要行业协会,最早成立于 1884 年,曾拥有会员 450 个,其中会员进行个人寿险和非寿险业务,他们占在英国授权的保险公司承保同样保险业务的 90% 以上市场,下设一个"技术与条款委员会",专门从事保险条款的标准化工作。1998 年 12 月 31 日伦敦保险人协会和伦敦国际保险与再保险市场协会(London International Insurance and Reinsurance Market Association, LIRMA)合并为"伦敦国际保险人协会"(International Underwriting Association of London, IUA),目前是世界上最大的国际保险人组织。

自从伦敦成为最大的贸易港口以来,劳合社(The Lloyd's)在海上保险市场扮演十分重要的角色。劳合社是一个类似于交易所的法人组织,由劳合社团体组织和进行管理的市场。用来开展保险业务和再保险业务的资金均由投资者提供,这些投资者称之为劳合社会员,每个会员的资本金为 250,000 英镑,众多会员可以组成一个承保集团,承保集团由经理人代表会员从事保险业务。承保集团只通过获得劳合社资格的经纪人来接受义务,经纪人在摊位上可以面对面地同承保人进行交谈,将一笔保险业务的具体情况向承保人介绍,承保人根据经纪人介绍的情况可以决定是否承保这笔业务。

联合货物保险委员会(Joint cargo committee,JCC)代表着在伦敦保险业市场上对海运货物以及相关风险承保的保险人利益。该委员会由来自劳合社市场(The Lloyd's)和伦敦国际保险人协会(IUA)市场上的保险人代表组成,也包括来自英国货物保险市场的保险人代表。为了适应各国法律法规和全球经济政治形势发展的变化,联合货物保险委员会于2006年2月向全球相关业者寄出问卷,针对(A)(B)(C)条款与战争和罢工条款征求业界意见后做出修改,然后于2008年10月最终完成修正草案,并决定于2009年1月1日实施2009版协会货物保险条款。

一、《协会货物条款》的险别

2009版的协会海运货物保险条款主要险别有六种,它们是:(1)协会货物条款(A)(Institute Cargo Clause A,简称 I.C.C.(A));(2)协会货物条款(B)(Institute Cargo Clause B,简称 I.C.C.(B));(3)协会货物条款(C)(Institute Cargo Clause C,简称 I.C.C.(C));(4)协会战争险条款(货物)(Institute War Clause-Cargo);(5)协会罢工险条款(货物)(Institute Strikes Clause-Cargo);(6)恶意损坏条款(Malicious Damage Clause)。前三种即协会货物条款(A)(B)(C)是主险或基本险,可以单独投保;后三种则为附加险,但与我国保险条款不同的是,协会战争险和罢工险在需要时也可以单独投保。

此外,伦敦保险人协会还针对特殊货物制定了一系列专门保险条款,如协会天然橡胶(液态胶乳除外)保险条款(Institute Natural Rubber Clause (Excluding Liquid Latex))、协会煤炭条款(Institute Coal Clauses)、协会散装油条款(Institute Bulk Oil Clauses)、协会黄麻条款(Institute Jute Clauses)、协会冷冻食品(冻肉除外)保险条款(Institute Frozen Food Clause (Excluding Frozen Meat))、协会冻肉保险条款(Institute Frozen Meat Clauses)等。

本节主要介绍协会货物保险(A)(B)(C)条款。

协会货物(A)、(B)、(C)三种险别的承保风险,主要规定在各个险别的第一部分承保范围中所列的风险条款(Risks Clause)、共同海损条款(General Average Clause)和船舶互有过失碰撞责任条款(Both to Blame Collision Clause)之中。三种险别的区别,主要反映在风险条款中。

(一)I.C.C.(A)险条款

I.C.C.(A)险的承保范围较广,I.C.C.(A)险对其所承保的风险是采用"一切风险＋除外责任"的方式来表示,即除了"除外责任"项下所列风险保险人不予负责外,其他风险均予负责。

2009 版 I. C. C.(A)条款的除外责任删除了 1982 版中的副标题,改为直接用除外责任条款表示,可以分为四类:一般除外责任(general exclusion clause)、不适航不适货除外责任(unseaworthiness and unfitness exclusion clause)、战争除外责任(war exclusion clause)和罢工及恐怖主义除外责任(strikes and act of terrorism exclusion clause)。尤其在罢工和恐怖主义除外责任中,2009 版有两点显著变化:一是对"恐怖主义"做出定义,将定义范围内的行为一并纳入恐怖主义除外责任范围。二是将任何人出于信仰或宗教目的实施的行为也纳入除外范围。故该除外条款比 1982 版有所扩展。

战争除外责任和罢工及恐怖主义除外责任因已有专门的战争险和罢工险单独承保,故在此将其列为除外责任。但由于在战争除外责任里有"海盗行为除外"几个字,则意味着"海盗"风险属于 I. C. C.(A)险的承保责任。

另外,"恶意损害险"也属于 I. C. C.(A)险的承保责任。

(二)I. C. C.(B)险

I. C. C.(B)比 I. C. C.(A)的承保范围小,采用"列明风险"的方法,即把保险人所承保的风险一一列出。I. C. C.(B)承保的风险是灭失或损失合理归因于下列原因之一者:火灾、爆炸;船舶或驳船触礁、搁浅、沉没或倾覆;陆上运输工具倾覆或出轨;船舶、驳船或运输工具同水以外的外界物体碰撞;在避难港卸货;地震、火山爆发、雷电;共同海损牺牲;抛货;浪击落海;海水、湖水或河水进入船舶、驳船、运输工具、集装箱、大型海运箱或贮存处所;货物在装卸时落海或摔落造成整件的全损。可见,I. C. C.(B)包括了大多数的海上风险和意外事故。

I. C. C.(B)的除外责任,除对"海盗行为"和"恶意损害险"的责任不负责外,其余均与 I. C. C.(A)条款的除外责任相同。

(三)I. C. C.(C)险

I. C. C.(C)也和 I. C. C.(B)险一样,采用了"列明风险"的方法将承保风险一一列出,但它的承保范围比 I. C. C.(A)和 I. C. C.(B)要小得多,它只承保"重大意外事故",而不承保"自然灾害及非重大意外事故"。其具体承保风险包括:火灾、爆炸;船舶或驳船触礁、搁浅、沉没或倾覆;陆上运输工具倾覆或出轨;船舶、驳船或运输工具同水以外的外界物体碰撞;在避难港卸货;共同海损牺牲;抛货。

I. C. C.(C)的除外责任与 I. C. C.(B)完全相同。

二、协会货物条款的保险责任起讫

2009 版协会海运货物保险条款对保险责任起讫的规定,同我国海运货物保险条款对保险责任期限的规定大体相同,也是"仓至仓"条款。但是2009版条款扩展了保险责任起讫期限。

(一)保险责任起讫的规定

根据2009版协会海运货物保险条款第8条规定:"保险责任自保险标的为了开始航程立即搬运至运输车辆或其他运输工具的目的,开始进入仓库或储存处所(保险合同载明的地点)时生效,包括正常运输过程,直至运到下述地点时终止。"下列4种情况以先发生者为准:

(1)在本保险合同载明的目的地最后仓库或储存处所,从运输车辆或其他运输工具完成卸货。

(2)在保险合同载明的目的地任何其他仓库或储存处所,或在中途任何其他仓库或储存处所,从运输车辆或其他运输工具完成卸货,上述任何其他仓库或储存处所是由被保险人或者其雇员选择用作:在正常运送过程之外的储存货物,或分配货物,或分派货物。

(3)被保险人或其雇员在正常运输过程之外选择任何运输车辆或其他运输工具或集装箱储存货物。

(4)自保险标的在最后卸货港卸离海轮满60天为止。

如果保险标的在最后卸货港卸离海轮后,但保险责任终止前,需被转运至非保单载明的其他目的地时,该保险在依然受上述4种有关终止规定所制约的同时,截止于该项保险标的开始转运之时。

(二)2009版协会货物条款的变化

从保险责任起点来看,1982版保险责任是自货物运离仓库或储存处所时生效,而2009版第8条使得保险责任自保险标的开始进入仓库或储存处所时就生效,如何认定"开始进入",目的是"为了开始航程立即搬运至运输车辆或其他运输工具"。可见,该条款将"开始进入"与航程前的"装货"紧密联系起来。显然,与1982版相比,2009版扩展了保险责任的起点。

从保险责任期间来看,包括正常运输过程,2009版与1982版规定一致,没有变化。

从保险责任终点来看,1982版强调是"运到",而2009版强调是"完成卸货",显然,2009版扩展了1982版的终点,对被保险人更为有利。

第六节 国际货物运输保险实务

在国际货物买卖过程中，由哪一方负责办理投保，应根据买卖双方商订的价格条件来确定。在出口时，按 CIF 或 CIP 条件订立的出口合同，由出口方负责投保。按我国保险公司的有关规定，出口货物的投保一般需逐笔填写投保单，向保险公司提出书面申请，投保单经保险公司接受后由保险公司签发保险单。在进口时，凡按 FCA、FOB、CPT、CFR 条件订立的进口合同，由进口方负责投保。我国外贸企业为了防止漏保和延误投保，也为了简化手续，大都采用预约保险做法，即由我外贸企业与保险公司事先签订各种不同运输方式的进口预约保险合同（open cover），又称预约保单（open policy）。按照预约保险合同规定，外贸企业无需逐笔填送投保单。在进口货物时，只需将国外客户的装运通知送交保险公司，即认为办理了投保手续，保险公司对该批货物自动承担承保责任。对于不经常有货物进口的单位，也可逐笔办理投保。

进出口业务中，办理货运保险的一般程序是：

一、选择投保险别

不同的险别，保险人所承担的责任范围不同，被保险人所支付的保险费也不同。我国海运货物保险的基本险中平安险保障范围最小，保险费率也最低，一切险保障范围最广，保险费率也最高，因此在投保时既要顾及到货物的安全，又要考虑到保险费率支出的大小。

保险险别通常应在合同中明确约定。根据《2010 国际贸易术语解释通则》，按照 CIF 或 CIP 术语成交的合同如果没有明确保险的险别，卖方可以投保最低险别。实践中，选择投保险别一般要考虑货物的性质和特点，货物的运输包装，运输工具和路线，运输季节的不同，国际上政治、经济形势的变化，货物的残损规律等因素。另外还要尊重各国贸易习惯，例如比利时通常要求卖方最低投保水渍险。

二、确定保险金额

保险金额是计算保险费的基础，又是货物发生损失后保险公司承担赔偿的最高限额。

按照国际保险市场的习惯做法,出口货物的保险金额一般按 CIF 货价另加 10%计算,这增加的 10%称为保险加成,也就是买方进行这笔交易所付的费用和预期利润。当然,保险加成率 10%并不是一成不变的。保险人同被保险人可以根据不同的货物、不同地区进口价格与当地市价之间不同差价、不同的经营费用和预期利润水平,约定不同的加成率,一般不超过 20%。

保险金额计算的公式:

保险金额＝CIF/CIP 价×(1＋保险加成率)

特殊情况下,合同会以含佣价或含折扣价成交,除非合同规定或信用证订明,保险金额可以包含佣金,但是不包括折扣,因此确定保险金额时一般会把折扣去除。保险金额应以减除折让后的净价为基数,计算公式如下:

保险金额＝CIF/CIP 价×(1－折扣率)×(1＋保险加成率)

保险金额＝CIF/CIP 含佣价×(1＋保险加成率)

例 6-1

某批出口货物,CIF 价发票总金额为 18000 美元,信用证规定按发票金额 110%投保一切险和战争险,其保险金额为:

保险金额＝18000×110%＝19800(美元)

例 6-2

某出口货物 CIF 价 12000 美元,如含折扣 5%,加一成投保,则保险金额应为:

保险金额＝12000×(1－5%)×110%＝12540(美元)

我国按 FOB 或 FCA 进口的保险金额,原则上按进口货物的 CIF 或 CIP 货值计算,不另加成。为简化手续,方便计算,进口企业可与保险公司签订预约保险合同,议定平均保险费率和平均运费率。此时计算保险金额的公式如下:

保险金额＝FOB/FCA 价×(1＋平均保险费率＋平均运费率)

三、填写投保单

保险单是投保人向保险人提出投保的书面申请,其主要内容包括被保险人的姓名、被保险货物的品名、标记、数量及包装、保险金额、运输工具名称、开航日期及起讫地点、投保险别、投保日期及签章等。

四、支付保险费

保险费(premium)是投保人承付给保险人的投保费用。投保人按约定方式缴纳保险费是保险合同生效的条件,保险费按投保险别的保险费率计算。

目前,我国出口货物的保险费率是我国保险公司根据不同的险别、不同的商品、不同的运输方式、不同的目的地,并参照国际上的费率水平而制订的。我国出口货物保险费率分为"一般货物费率"和"指明货物加费费率"两种。前者是一般商品的费率,后者系指特别列明的货物(如某些易碎、易损商品)在一般费率的基础上另行加收的费率。

保险费根据保险费率表按保险金额计算,其计算公式是:

保险费＝保险金额×保险费率

保险费＝CIF 货价×(1＋保险加成率)×保险费率

例 6-3

某批出口货物,CIF 价发票总金额为 11400 美元,信用证规定按发票金额 110％投保一切险和战争险,两种险的费率合计为 0.6％,其保险费应为:11400×110％×0.6％＝75.24(美元)

进口货物保险费率有"进口货物保险费率"和"特约费率"两种。前者分为"一般货物费率"和"指明货物加费费率"两项。后者是保险公司与有关进口企业商订的,是一种优惠的费率,主要适用于预约保险合同项下的进口货物。

五、取得保险单

交付保险费后,投保人即可取得保险单(insurance policy)。国际货物运输保险单据是国际货物运输保险合同的书面证明,是证明国际货物运输保险合同成立的法律文件,集中反映了保险人与被保险人之间的权利义务关系,一旦发生承保范围内的损失,它就是被保险人索赔的法律依据。

不同保险公司出具的保险单据内容大同小异,多以英国劳合社船货保险单(S. G. Policy)为蓝本。海洋运输保单一般包括下列内容:保险人与被保险人名称、保险标的物和保险价值、保险金额、保险责任和除外责任、保险费、保险期间、损失和争议的处理规定、承保险别及适用条款、检验理赔人或代理人、运输工具等。

常见保险单证有:

1. 保险单(insurance policy)

保险单又称"大保单",是投保人与保险公司之间订立的正式的保险合同。它除了在正面载明证明双方当事人建立保险关系的文字、被保险货物的情况、承保险别、理赔地点以及保险公司关于所保货物如遇险可凭本保险单及有关证件给付赔款的声明等内容外,在背面还对保险人和被保险人的权利和义务作了规定。

2.保险凭证(insurance certificate)

保险凭证又称小保单,它是一种简化的保险合同,除其背面没有列入详细保险条款外,其余内容与保险单相同,保险凭证也具有与保险单同样的法律效力。

3.预约保险单(open policy)

预约保险单又称为"开口保险单",它是被保险人和保险人之间订立的总合同。为简化内部手续,保证进口货物及时投保,外经贸系统的外贸公司与中国人民保险公司签订了预约保险合同,对不带保险成交的进口货物,保险公司负有自动承保责任。

4.联合凭证(combined certificate)

联合凭证是一种将发票和保险单相结合的,比保险凭证更为简化的保险单据。这种单据目前仅适用于对港澳地区部分华商和少部分新马地区的业务,只有来证表明可以接受联合凭证时,才能使用这种单据。

和海运提单一样,货运保险单和保险凭证可以经背书进行转让。保险单据的转让无须取得保险人的同意,也无须通知保险人。即使在保险标的发生损失之后,保险标的仍可有效转让。在 CIF 或 CIP 条件下,保险单据的形式和内容,必须符合买卖双方在合同中的约定,特别是信用证支付方式下,必须符合信用证的有关规定。保险单据的出单日期不得迟于运输单据所列货物装船或发运或承运人接受监管的日期。因此,办理投保手续的日期不得迟于货物装运日期。

六、提出索赔手续

当被保险的货物发生属于保险责任范围内的损失时,被保险人可以向保险人提出赔偿要求。

被保险货物运抵目的地后,收货人如发现整件短少或有明显残损,应立即向承运人或有关方面索取短损或货差证明,并联系保险公司指定的检验理赔代理人申请检验,提出检验报告,确定损失程度;同时向承运人或有关责任方提出索赔。属于保险责任的,可填写索赔清单,连同提单副本、装箱单、保险单正本、磅码单、修理配置费凭证、第三者责任方的签证或商务记录以及向第三者责任方索赔的来往函件等向保险公司索赔。索赔应当在保险有效期内提出并办理,否则保险公司可以不予办理。

七、保险索赔

当货物遭受承保范围内的损失时,具有保险利益的人,应在分清责任的基础上确定索赔对象,备好必要的索赔单据,并在索赔时效内(一般为两年)提出索赔。由于货运保险一般为定值保险,如货物遭受全损,应赔偿全部保险金额。如货物遭受部分损失,则应正确计算赔偿金额。对某些易破和短量的货物的索赔,应了解是否有免赔规定。有的不论损失程度,一律给予赔偿;也有的规定一定的免赔率,免赔率有相对免赔率和绝对免赔率之分,前者不扣除免赔率全部予以赔偿,后者则扣除免赔率,只赔超过部分。中国人民保险公司采用绝对免赔率的办法,当货物遭受承保范围内的损失,而其损失应由第三者(如承运方、海关等)负责时,则被保险人在取得赔款后,应将向第三者追偿的权益转让给保险人,以使其取得代位权。

在保险业务中,为了防止被保险人的双重获益,保险人在履行赔偿后,在其赔付金额内,要求被保险人转让其对造成损失的第三者责任方要求赔偿的权利,这种权利称代位权。在实际业务中,保险人需首先向被保险人进行赔付,才能取得代位权。被保险人在获得赔偿后签署一份权益转让书,作为保险人取得代位权的证明。保险人便可凭此向第三者责任方进行追偿。

如果被保险人的货物遭受严重损失,而要求按推定全损处理时,应向保险人提出委付通知,否则,保险人只按部分损失赔偿。

第七节　国际货物买卖合同中的保险条款

订立明确合理的保险条款是国际货物买卖合同的重要内容之一。国际贸易合同中保险条款的内容,必须根据贸易术语而定。

一般来讲,进出口合同中的保险条款必须订明下列内容:

1.由谁投保。采用不同的贸易术语,办理投保的人就不同。凡采用 FOB 或 CFR 条件成交时,在买卖合同中,应订明由买方投保。凡以 CIF 条件成交的出口合同,订明由卖方负责办理保险。

2.投保金额,或称保险金额。按照国际保险市场习惯,通常按 CIF 或 CIP 总值加 10％计算,所加的百分率称为保险加成率。

3.保险险别。由双方约定投保的险别,注意避免使用"通常险""惯常险"或"海运保险"等笼统规定方法。

4.以哪一个保险条款为准。不同保险条款中保险的险别名称可能相同,而且同一条款可能经过多次修订因此应订明按什么保险条款保险,并注明该条款的生效日期。目前,我国现行的保险条款是 2009 版货物运输保险条款。

但有时国外客户要求按照英国伦敦保险业协会货物保险条款为准,我方也可以接受。

一、FOB、FCA 和 CFR、CPT 合同中的保险条款

如果按 FOB、FCA 和 CFR、CPT 条件成交,签订出口合同时,保险条款可规定为:"保险由买方自理"(Insurance to be effected by the buyer)。

如果对方委托我方代办,可以订为:"由买方委托卖方按发票金额×××%代为投保×××险,保险费买方负担"(Insurance to be effected by the Sellers on behalf of the Buyers for ××× % of invoice value against ××× Risk, premium to be for Buyer's account)。同时应规定保险费的支付时间和方法。

二、CIF 和 CIP 合同中的保险条款

按 CIF 和 CIP 条件成交,签订出口合同时,应将双方约定的险别、保险金额以及保险条款等内容在合同中加以明确。

条款示例 6-1

保险由卖方按发票金额 110% 投保一切险,以 1981 年 1 月 1 日中国保险条款有关海运货物保险条款为准。

Insurance to be effected by the Seller for 110% of total invoice value against All Risks as per Ocean Marine Cargo Clauses of the China Insurance Clause dated 1981/1/1.

条款示例 6-2

保险由卖方按发票金额 110% 投保 I.C.C.(B)险,以 1982 年 1 月 1 日伦敦保险业协会保险条款为准。

Insurance to be covered by the Seller for 110% of total invoice value against I.C.C.(B) Risks as per Institute Cargo Clauses dated 1982/1/1.

▷【练 习】

一、选择题

1. 根据我国海洋货物运输保险条款的规定,轮船因失踪、下落不明满三个月,保险公司可对轮船上运载的货物按(   )赔偿。

A. 实际全损   B. 推定全损   C. 部分损失   D. 推定部分损失

2. 下列不在 1981 年中国人民保险公司海洋运输货物保险一切险承保范围内的是(   )。

A. 偷窃提货不着险　B. 渗漏险　　　C. 战争险　　　　D. 串味险

3. 我公司按 CIF 条件出口棉花 300 包，货物在海运途中因货舱内水管渗漏，致使 50 包棉花遭水渍受损，在投保（　　）时，保险公司负责赔偿。

A. 平安险　　　　B. 水渍险　　　C. 战争险　　　　D. 一切险

4. 根据现行伦敦保险协会《海运货物保险条款》的规定，下列险别中，不能单独投保的是（　　）。

A. I. C. C. （A）　　B. 战争险　　　C. I. C. C. （C）　　D. 恶意损害险

二、简答题

1. 简述货运保险的基本原则。

2. 构成推定全损有哪几种情况？

3. 共同海损与单独海损的区别有哪些？构成共同海损的条件是什么？

4. 我国海运货物保险的基本险别有哪些？责任范围有何区别？除外责任是什么？

5. 一切险包括哪些一般附加险？

三、计算题

1. 我方以 50 美元/袋 CIF 新加坡出口某种商品 1000 袋，货物出口前，由我方向中国人民保险公司投保水渍险、串味险及淡水雨淋险。水渍险、串味险及淡水雨淋险的保险费率分别为 0.6%、0.2% 和 0.3%，按发票金额 110% 投保。问：该批货物的投保金额和保险费各是多少？

2. 我方以每打 1.8 美元 CIF New York 出口某商品 60000 打，自装运港至目的港的运费总计 5000 美元，投保金额为发票金额 110%，投保险别为水渍险和战争险，查得水渍险的保险费率为 0.3%，战争险费率为 0.4%。若对方提出以 FOB 条件成交，我方应如何报价？

3. 有一批货物出口，货主以定值保险的方式投保了货物运输保险，按投保时实际价值与保险人约定保险价值 24 万元，保额也为 24 万元，后货物在运输途中出险，出险时当地完好市价为 20 万元。问：（1）如果货物全损，保险人如何赔偿？（2）如果部分损失，损失程度为 80%，则保险人如何赔偿？

四、案例分析

1. 某载货船舶在航行过程中突然触礁，致使部分货物遭到损失，使个别部位的船板产生裂缝，急需补漏。为了船货的共同安全，船长决定修船，为此将部分货物卸到岸上并存舱，卸货过程中部分货物受损，事后统计此次事件造成的损失有：①部分货物因船触礁而损失；②卸货费、存舱费及卸货过程中的货物损失。从以上各项损失的性质来看，属于什么海损？

2.我国粮油进出口公司以 CIF 条件向日本出口大米 1000 包,共 10 公吨,投保了 FPA 险,货物由某货运公司承运,装在底层货舱。在运输途中,货轮触礁,底舱严重进水,船方全力抢救,方使 500 包大米移至舱面,后来又遇风暴将这 500 包大米全部吹落海中,而其余装于舱底的 500 包大米则遭受严重水浸,无法食用。货轮抵达日本后,收货人凭保险单向保险公司索赔,遭到拒赔。你认为保险公司能否拒赔? 为什么?

3.某外贸公司按 CIF 术语出口一批货物,装运前已向保险公司按发票总额的 110% 投保平安险,6 月初货物装妥顺利开航。载货船舶于 6 月 13 日在海上遭遇暴雨,致使一部分货物受到水渍,损失价值 2100 美元。数日后,该轮又突然触礁,致使该批货物又遭到部分损失,价值达 8000 美元。问:保险公司对该批货物的损失是否赔偿,为什么?

4.我方向澳大利亚出口坯布 100 包。我方按合同规定投保水渍险。货物在海上运输途中因舱内食用水管漏水,致使该坯布中的 30 包浸有水渍。问:对此损失应向保险公司索赔还是向船公司索赔? 为什么?

5.我国某公司向海湾集团出口花生糖一批,投保的是一切险。由于货舱陈旧,速度慢,加上该轮沿途揽载,结果航行 3 个月才到达目的港,卸货后,花生糖因受热时间过长已全部潮解软化,无法销售。试分析这种情况下保险公司是否可以拒赔。

第七章

国际货款的收付 ≫ ≫ ≫ ≫

学习内容与目标 ···

> 了解汇票、本票、支票三种支付工具；
> 掌握汇款、托收、信用证三种常用的国际支付方式；
> 了解银行保函、备用信用证、国际保理等支付方式；
> 熟悉各种支付方式在国际贸易中的使用。

案例导读

我国 A 公司与国外 B 公司洽谈一笔出口交易，其他条款均已取得一致意见，但在支付条款上双方的意见不同，我方坚持全部合同金额采用不可撤销信用证方式结算，对方则坚持全部合同金额采用即期 D/P 方式结算。为达成交易，双方各作让步，最后以即期信用证与即期 D/P 各占 50％合同金额而订约。试问：A 公司应如何处理货运单据和汇票才能保证安全收汇？

【分析】 在本案中，50％合同金额采用不可撤销信用证方式结算，50％合同金额采用即期 D/P 方式结算，因此，出口商需要开两套汇票，其中信用证部分的货款凭光票付款，而全套货运单据应附在托收部分汇票项下，按即期 D/P 托收。同时，A 公司应要求在信用证中明确规定"买方在付清全部发票金额后方可交单"的条款，如进口商不付清全部金额,则货运单据由开证行掌握,听凭出口商处理。

在国际贸易中,处于两个不同国家的买卖双方,因为商品买卖必然要发生货款的收付,以结清买卖双方之间的债权债务关系,这种活动我们称之为国际货款的收付。国际货款的收付是进出口合同履行的主要环节之一,采用何种支付工具,以何种支付方式进行货款结算,是进出口合同中十分关键的问题,它直接关系到买卖双方的资金周转和融通以及各种金融风险和费用的负担。

随着国际贸易和国际信用制度的发展,逐渐产生了多种支付工具,如汇票、本票、支票等,也出现了多种支付方式,如汇付、托收、信用证、银行保函、国际保理等。目前,国际货款的支付,只有极少数情况下利用可自由兑换的货币进行支付结算,一般都是通过银行,利用支付工具进行的。国际贸易中主要采用汇票进行货款的结算。

第一节　支付工具

一、汇票

(一)汇票的定义

汇票(bill of exchange)是国际贸易中使用最为广泛的票据。由于它最能反映票据的性质、特征和规律,最能集中体现票据所具有的结算、融资等各种经济功能,因而它是票据的典型代表,而本票和支票可以被看作汇票的特例。

《中华人民共和国票据法》第十九条对汇票下了如下的定义:"汇票是出票人签发的,委托付款人在见票时或在指定日期无条件支付确定的金额给收款人或者持票人的票据。"

《日内瓦统一法》未给汇票下定义。按照各国广泛引用或参照的英国票据法所下的定义,"汇票是由一人签发给另一人的无条件的书面命令,发出命令的人签名,要求受票人见票时或于未来某一规定的或可以确定的时间,将一定金额支付给某一特定的人或其指定的人或持票人。"

(二)汇票的内容

汇票是一种要式证券,所以形式上必须具备必要项目。必要项目包括两种记载事项:一是必须记载事项,此类事项必须按法律规定在汇票上明确记戴;二是相对记载事项,此类事项如果记载在汇票上,必须按法律规定记载,如未记载在汇票上,可以根据法律予以确定。

我国《票据法》规定汇票必须记载下列事项:(1)标明"汇票"字样;(2)无条件支付的委托;(3)确定的金额;(4)付款人名称;(5)收款人名称;(6)出票日期;(7)出票人签章。汇票上未记载上述规定事项之一的,汇票无效。

实际业务中,汇票还需列明付款日期、付款地点和出票日期等内容。根据我国《票据法》的规定,如汇票上未记载付款日期的,为见票即付;未记载付款地的,以付款人的营业场所、住所或者经常居住地为付款地;未记载出票地的,以出票人的营业场所、住所或者经常居住地为出票地。

除此之外,汇票还可以有一些票据法允许的其他内容的记载,例如,汇票编号、利息和利率、付一不付二、出票条款、禁止转让等(汇票样例见附录6)。

(三)汇票的种类

汇票可以从不同的角度进行分类。

1.按付款时间不同,汇票可分为即期汇票与远期汇票

即期汇票(sight draft;demand draft)是指见票即付的汇票,或者是没有规定付款期限的汇票。

远期汇票(usance draft;time draft)是指约定在将来确定的或可确定的时间进行支付的汇票。远期汇票通常由持票人要求付款人在汇票上做承兑行为,以明确到期付款的责任。

在实际业务中,付款期限的表示方法主要有以下几种:

(1)见票即付(payable at sight 或 payable on demand)。持票人向付款人提示汇票的当天,即为付款到期日。

(2)定日付款(payable on a fixed future date)。例如:"于 2013 年 3 月 15 日付交……"(on March 15,2013 Pay to...)。

(3)出票日后定期付款(payable at a fixed time after date)。例如:"出票日期后 30 天付交……"(at 30 days after date Pay to...)。

(4)见票日后定期付款(payable at a fixed time after sight)。持票人向付款人提示,经承兑后确定付款到期日。例如:"见票后 45 天付交……"(at 45 days after sight Pay to...)。

此外,在实践中还有使用"运输单据出单日期后定期付款"、"交单后定期付款"的做法,例如:"提单日后 60 天付交……"(at 60 days after bill of lading date Pay to...)或"交单后 30 天付交……"(at 30 days after date of presentation of the documents Pay to...)。

2.按出票人不同,汇票可分为商业汇票与银行汇票

商业汇票(commercial draft)是指汇票的出票人是工商企业或个人,付款人可以是工商企业或个人,也可以是银行。在国际贸易中,商业汇票通常是由出口商开立,委托当地银行向国外进口商或银行收取货款时使用的汇票。商业汇票大都附有货运单据。

银行汇票(banker's draft)是指汇票的出票人和付款人都是银行。在国际贸易中,银行签发汇票后,一般交汇款人,由汇款人寄交国外收款人向汇票指定的付款银行取款。银行汇票一般为光票,不随附货运单据。

3.按是否随附货运单据,汇票可分为光票与跟单汇票

光票(clean draft)是指不附带货运单据的汇票。光票的流通全靠出票人、付款人或背书人的信用。在国际贸易中,一般仅用于贸易从属费用、货款尾数、佣金等的收取或支付时使用。

跟单汇票(documentary draft)是指附有货运单据的汇票。跟单汇票的付款以附交货运单据如提单、发票、保险单等单据为条件。跟单汇票体现了钱款与单据对流的原则,对进出口双方提供了一定的安全保障。因此,在国际货款的结算中,较多以跟单汇票作为结算工具。

4.按承兑人的不同,汇票可分为商业承兑汇票与银行承兑汇票

商业承兑汇票(commercial acceptance draft)是由工商企业或个人承兑的远期汇票。它是建立在商业银行的基础之上,其出票人也是工商企业或个人。

银行承兑汇票(banker's acceptance draft)是由银行承兑的远期汇票。在国际贸易结算中,银行承兑汇票通常由出口商按照进口国银行的授权签发以该银行或其指定银行为付款人的远期汇票,经付款银行承兑后,该付款银行即成为该汇票的主债务人。所以,银行承兑汇票是建立在银行信用的基础之上,便于在金融市场上贴现转让,进行流通。

一份汇票通常同时具备几种属性。例如,一份汇票可以同时是即期的又是跟单汇票,或远期的又是银行承兑汇票,或商业承兑汇票又是跟单汇票。

(四)汇票的使用

汇票的使用大致经过出票、提示、承兑、背书、付款或拒付等环节。

1.出票(draw;issue)

出票是指汇票的出票人写成汇票经签字后交付给收款人的票据行为。可见,出票由两个动作组成,一是由出票人写成汇票并在汇票上签字;二是由出票人将汇票交付给收款人。对出票人来说,出票人出票后,即承担保证汇票被承兑和/或付款的责任,若付款人拒绝,则持票人就有权向出票人行使追索权。对收

款人来说,收款人取得汇票成为持票人,取得汇票上的权利。对付款人来说,付款人并不因此负有必须付款的义务。

在出票时,对收款人(又称抬头)通常有三种写法:

(1)限制性抬头。例如,"仅付××公司"(pay to ×× Co. only)或"付给××公司,禁止转让"(pay to ×× Co. not transferable),这种抬头的汇票不能流通转让,只能由指定的公司收取票款。

(2)指示性抬头。例如,"付××公司或其指定人"(pay to ×× Co. or order 或 pay to the order of ×× Co.),这种抬头的汇票可以经背书转让。

(3)来人抬头或持票人抬头。例如,"付给来人"(pay to bearer)或"付给持票人"(pay to holder),这种抬头的汇票无须背书,仅凭交付即可转让。

国际结算中使用的商业汇票通常需签发一式两份,分次寄发,以防遗失,但只对其中一份承兑或付款。为此,在汇票上一般都分别注明"付一不付二[pay this first of exchange (second of exchange being unpaid)]"或"付二不付一[pay this second of exchange(first of exchange being unpaid)]"字样,以防止重复承兑或付款。银行汇票通常只签发单份。

2. 提示(presentation)

提示是指持票人向付款人提交汇票要求其承兑或付款的一种行为。付款人见到汇票称为"见票"。如果是即期汇票,持票人只需一次提示,即付款提示,付款人见票后立即付款。而远期汇票需要持票人提示两次,分别为承兑提示和付款提示,即付款人见票后办理承兑手续,汇票到期才付款。各国票据法规定,持票人应在规定的时间内向付款人提示汇票要求承兑或付款,否则,持票人就丧失对其前手及出票人的追索权。至于提示的具体时间,各国票据法有不同的规定。

3. 承兑(acceptance)

承兑是指远期汇票付款人对远期汇票表示承担到期付款责任的行为。一般由付款人在汇票正面写上"承兑"(accepted)字样,注明承兑的日期,并由付款人签名。承兑后汇票交还持票人留存,到期提示付款,有时也由承兑人保管,在承兑当日发出承兑通知书给持票人。付款人承兑汇票后便成为承兑人,并成为汇票的主债务人,而出票人从此成为汇票的从债务人。承兑人对汇票承担到期绝对的、无条件的付款义务,事后不能以出票人的签字是伪造的、或背书人无行为能力等理由来否认汇票效力。

4. 付款(payment)

付款是指汇票付款人向持票人支付汇票金额以注销汇票的行为。对即期汇票,付款人见票时即应付款;对远期汇票,付款人在办理承兑手续后,于汇票到期日付款。持票人获得付款时,应当在汇票上签收,并将它交给付款人作为收据存查。汇票一经付款,汇票上的一切债权债务即告消灭或终止。

5. 背书(endorsement)

背书是指持票人以转让其权利为目的而在汇票背面签字的一种行为,是票据转让的一种重要方式。对于受让人来说,所有在他之前的背书人和原出票人都是他的"前手"(prior party),而对于出让人来说,所有在他出让以后的受让人都是他的"后手"(sequent party),"前手"对"后手"负有保证汇票必然会被承兑或付款的担保责任。

背书主要采取以下三种方式:

(1)限制性背书(restrictive endorsement)

限制性背书是指持票人在汇票背面签字而将其权利转让给其在汇票背面所指定的某一人的一种行为。例如,pay to DEF co. only。经过限制性背书,汇票背面所指定的人即受让人只能自己去实现汇票所代表的权利,而不得将此汇票再转让他人。

(2)特别背书(special endorsement)

特别背书又称记名背书,是指持票人在汇票背面签字而将权利转让给其指定的某人或某人的指定人的一种行为。例如,pay to the order of DEF co. 或 pay to DEF co. or order。这种背书可由被背书人继续将汇票转让下去。

(3)空白背书(blank endorsement)

空白背书又称不记名背书,是指持票人在汇票的背面仅仅签字而没有指定其他内容的一种行为。汇票经空白背书后,交付给一个不记名的受让人,此时,汇票的受让人可以不作背书,仅凭交付再转让汇票。

6. 拒付(dishonor)

拒付是指持票人依票据法规定作有效提示时,遭付款人或承兑人拒绝付款或拒绝承兑的行为。拒付行为可以是实际的,也可以是推定的。前者指持票人正式提示时,付款人或承兑人明确地拒绝付款或拒绝承兑,从而构成实际拒付;后者指付款人纯属虚构,或虽经努力仍无法找到,或者付款人或承兑人已死亡,或宣告破产,或被依法停止营业,则构成推定拒付。汇票拒付后,持票人应当向前手发出拒付通知,并提供有关拒绝证书,以此向前手行使追索权。

7. 追索(recourse)

追索是指汇票不获承兑或者不获付款,或者其他法定原因出现时,持票人在履行保全手续后,向其前手背书人、出票人要求清偿汇票金额以及费用的票据行为。相应地,追索权是指汇票遭到退票,持票人对其前手背书人或出票人有请求其偿还汇票金额及费用的权利。

二、本票

(一)本票的定义

《英国票据法》关于本票的定义是:本票是一项书面的无条件的支付承诺,由一人作成,并交给另一人,经制票人签名承诺即期或定期或在可以确定的将来时间,支付一定数目的金钱给一个特定的人或其指定人或来人。

我国《票据法》对本票的定义是:本票是出票人签发的承诺自己在见票时无条件支付确定的金额给收款人或者持票人的票据。本法所称本票,是指银行本票。

(二)本票的内容

根据《日内瓦统一法》的规定,本票必须具备以下项目:(1)写明"本票"字样;(2)无条件支付承诺;(3)收款人或其指定人;(4)制票人签字;(5)出票日期和地点(未载明出票地点者,制票人名字旁的地点视为出票地);(6)付款期限(未载明付款期限者,视为见票即付);(7)一定金额;(8)付款地点(未载明付款地点者,出票地视为付款地)。本票样例如下:

Promissory Note for GBP900.00   London,8th Sep. 2012

    At 60 days after date we promise to pay Beijing Arts and Crafts Corp. or order the sum of Nine Hundred Pounds.

For Bank of Europe,

London

(signature)

我国《票据法》规定本票必须记载下列事项:(1)表明"本票"字样;(2)无条件支付的承诺;(3)确定的金额;(4)收款人的名称;(5)出票日期;(6)出票人签章。

与《日内瓦统一法》相比,我国票据法规定的本票必要项目欠缺付款期限,因为我国规定的本票是见票即付的银行本票。另外,我国票据法虽未把付款地点和出票地点作为有效本票必须记载的内容,但也要求本票上付款地、出票地事项等应当清楚、明确。如未记载付款地、出票地的,出票人的营业场所为付款地与出票地。

(三)本票的种类

根据出票人的不同,本票可分为商业本票和银行本票。

1. 商业本票

商业本票是指公司、企业或个人签发的本票。商业本票是建立在商业信用基础上的,是为了清偿国际贸易中产生的债务关系而开立的。在国际贸易中,商业本票均融入银行信誉。如某企业利用出口信贷融资进口大型设备时,可开具远期付款本票,经进口方银行背书保证,到期由出票人偿还本息。

2. 银行本票

银行本票是指由银行签发的本票。它是银行应存款客户的某种需要开立的,常用于代替现金支付或进行现金转移,是建立在银行信用基础上的,出票人是银行。它的主要作用是代替现金流通,简化结算手续,从而有利于实现资金清算票据化,充分发挥票据支付手段的作用。我国《票据法》所规定的本票专指银行本票。

(四)本票与汇票的区别

1. 基本当事人不同。本票有两个基本当事人,即制票人和收款人;汇票有三个基本当事人,即出票人、付款人、收款人。

2. 付款方式不同。本票的制票人自己出票自己付款,所以制票人向收款人承诺自己付款,它是承诺式票据;汇票是出票人要求付款人无条件地支付给收款人的书面支付命令。汇票付款人没有义务必须支付票款,除非他承兑了汇票,所以汇票是命令式或委托式票据。

3. 名称的含义不同。本票(promissory note)英文直译为"承诺券",它包含一笔交易的结算;汇票(bill of exchange)英语直译为"汇兑票",它包含两笔交易的结算。

4. 承兑的要求不同。远期汇票大多要经过付款人承兑以确定付款人的付款责任;而本票的出票人就是付款人,远期本票由他签发,因而无须承兑。即使是见票后定期付款的本票,持票人也只需向出票人提示"签见",以确定到期日。

5. 国际本票遭到退票,不需作成拒绝证书;国际汇票遭到退票,需作成拒绝证书。

6. 主债务人不同。本票的主债务人是制票人;汇票的主债务人,承兑前是出票人,承兑后是承兑人。

7. 本票不允许制票人与收款人作成相同的一个当事人,汇票允许出票人与收款人作成相同的一个当事人。

三、支票

(一)支票的定义

英国票据法规定,支票是以银行为付款人的即期汇票。即支票是银行客户向银行开出，由银行客户签字，授权银行对某一特定的人或其指定人或持票来人即期支付一定货币金额的书面的无条件支付命令。

我国《票据法》第81条规定："支票是出票人签发的，委托办理支票存款业务的银行或其他金融机构在见票时无条件支付确定金额给收款人或者持票人的票据。"

从以上定义可以看出，作为支票有两个最重要的特点，一是见票即付，二是银行作为付款人。

（二）支票的必要项目

根据《日内瓦统一法》的规定，支票必须具备以下几项：（1）写明"支票"字样；（2）无条件支付命令；（3）付款银行的名称和地点；（4）出票人的名称和签字；（5）出票日期和地点（未载明出票地点者，出票人名称旁的地点视为出票地）；（6）写明"即期"字样，如未写明即期者，仍视为见票即付；（7）一定金额；（8）收款人或其指定人。支票样例如下：

Cheque for GBP5000.00 　　　　　　　　　　　　　　London，8th Sept.，2012

Pay to the order of ABC Co. the sum of FIVE THOUSAND POUNDS only

To：National Westminster Bank Ltd.，London

　　　　　　　　　　　　　　　　　　　For DEF Co.，London

　　　　　　　　　　　　　　　　　　　　　（Signed）

我国《票据法》第85条规定，支票必须记载以下事项：（1）标明"支票"字样；（2）无条件支付的委托；（3）确定的金额；（4）付款人的名称；（5）出票日期；（6）出票人签章。

（三）支票的种类

在我国，支票可按不同用途分为普通支票、现金支票和转账支票。我国票据法第84条明确规定："支票可以支取现金，也可以转账。在用于转账时，应当在支票正面注明。支票中专门用于支取现金的，可以另行制作现金支票，现金支票只能用于支取现金。支票中专门用于转账的，可以另行制作转账支票，转账支票只能用于转账，不得支取现金。"不是专供转账或专供支取现金的支票为普通支票。普通支票可以支取现金，也可以转账，用于转账时，应当在支票正面注明。

在国际上，支票可按收款人的写法、是否划线、如何划线以及是否有他人保证分为若干种。

1.记名支票和不记名支票

记名支票是指在支票收款人一栏中记载收款人的具体名称，有的还加上"或其指定人"。如："付ABC公司"（pay to ABC Co.）或者"付ABC公司或其指定人"（pay to the order of ABC Co.）。持记名支票取款时，须由载明的收款人在背面签章。

不记名支票又称来人支票或空白抬头支票，即支票上不写明收款人的具体名称，只写明"付来人"（pay to bearer）。支款时无须收款人签章。持票人可仅凭交付即可将支票权利转让。

2.非划线支票和划线支票

非划线支票是指持票人既可以从银行提取现金，也可以委托银行收款入账的支票。

划线支票是指在支票上划两条平行线以表明持票人只能委托银行收款入账，而不能提取现金的支票。使用划线支票主要目的是防止在遗失时被人冒领。即使被冒领，也有可能通过银行收款线索追回款项。

根据线内是否注明收款银行名称，划线支票分为一般划线支票和特别划线支票。一般划线支票是指不注明被委托收款的银行的划线支票。一般划线支票的收款人可以通过任何一家银行收款。特别划线支票是指在平行线内写明具体收款银行的划线支票。特别划线支票的付款银行只能将票款付给划线中指定的银行。若该支票的付款银行将票款付给非划线内注明的收款指定银行，那么就应对真正所有人承担由此造成损失的赔偿责任。

根据国际惯例，支票可由付款银行批注"保付"字样并签字而成为保付支票。支票一经保付，付款银行成为主债务人，而出票人和背书人都可免责。经银行保付过的支票信誉好，便于流通。

（四）支票与汇票、本票的区别

1.当事人不同

汇票和支票均有三个基本当事人，即出票人、付款人和收款人；而本票只有两个基本当事人，即出票人和收款人。

2.票据性质不同

汇票和支票均是委托他人付款的票据，属委托证券；而本票是由出票人自己付款的票据，属自付证券或承诺证券。

3.承兑要求不同

远期汇票需要付款人履行承兑手续。本票由于出票时出票人就负有担保付款的责任，因此无须提示承兑，但见票后定期付款的必须经出票人见票才能确定到期日，因此又有提示见票即"签见"的必要。支票均为即期，故也无须承兑。

4.出票人与付款人的关系不同

汇票的出票人对付款人没有法律上的约束，付款人是否愿意承兑或付款，是付款人自己的独立行为，但一经承兑，承兑人就应承担到期付款的绝对责任；本票的付款人即出票人自己，一经出票，出票人即应承担付款责任；支票的付款人只有在出票人在付款人处有足以支付票面金额的存款时才负有付款义务。

5. 主债务人不同

汇票在承兑前的主债务人是出票人，承兑后的主债务人是承兑人；本票和支票的主债务人是出票人。

6. 使用要求不同

商业汇票通常签发一式两份（银行汇票除外）；而本票和支票只能签发一式一份。

第二节　汇　付

一、汇付的基本当事人

汇款（remittance）是指付款人委托所在国的银行，将款项汇交收款人的结算方式。在国际贸易中，采用汇付方式结算货款时，通常是卖方装运货物后，将有关货运单据自行寄送给买方；而买方按照合同规定的时间和条件，通过银行将货款汇交卖方。在汇付业务中，结算工具（委托通知、票据）的传递方向与资金的流向相同，属于顺汇。

汇付的当事人有：

1. 汇款人（remitter）

汇款人是委托汇出行将款项汇交收款人的当事人。在国际贸易中，汇款人通常是进口商或债务人。其责任是填具汇款申请书，向银行提供将要汇出的款项并承担有关费用。

2. 收款人（payee or beneficiary）

收款人是接受汇款人所汇款项的当事人。在国际贸易中，收款人通常为出口商或债权人。

3. 汇出行（remitting bank）

汇出行是接受汇款人的委托汇出款项的银行。汇出行通常是汇款人所在地的银行，其职责是按汇款人的要求将款项汇交收款人。

4. 汇入行（paying bank）

汇入行也称解付行，是接受汇出行委托，向收款人解付汇入款项的银行。汇入行通常是收款人所在地银行,它必须是汇出行的联行或代理行。其职责是证实汇出行委托付款指示的真实性,通知收款人取款并付款。

二、汇付的种类及其业务程序

汇款结算方式根据所使用的结算工具的不同可分为电汇、信汇和票汇三种。

1. 电汇(telegraphic transfer,T/T)

电汇是汇款人委托汇出行以电报(cable)、电传(telex)、环球银行间金融电讯协会(SWIFT)方式,指示出口地某一银行(其分行或代理行)作为汇入行,解付一定金额给收款人的汇款方式。

电汇经历了从电报到电传再到 SWIFT 通讯方式的演变过程。随着通讯技术的发展和电传费用的降低,电传逐渐取代了电报,此后又出现了 SWIFT 通讯方式。SWIFT 方式由于具有传递速度快、正确性高、收费合理等特点,已经成为银行电汇业务中所依赖的主要传送方式。电汇业务程序见图 7-1。

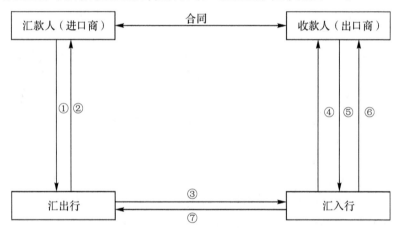

图 7-1 电汇业务程序

注:①汇款人填写汇款申请书,交款付费给汇出行,申请书中说明使用电汇方式;

②汇出行给汇款人以电汇回执;

③汇出行根据申请书的内容,用电传或 SWIFT 方式向其国外的联行或代理行(即汇入行)发出汇款委托书;

④汇入行收到汇款委托书后核对密押,再通知收款人取款;

⑤收款人持通知书及其他有关证件前去汇入行取款,并在收款人收据上签字;

⑥汇入行核对无误向收款人解付汇款;

⑦汇入行将付讫借记通知书邮寄给汇出行。

通过电汇办理汇款速度快、安全可靠,但费用略高。由于目前电汇业务中 SWIFT 的广泛使用,费用已大大降低,安全性却日益可靠,电汇已成为最常用、最基本的汇款方式。

2.信汇(mail transfer,M/T)

信汇是汇出行应汇款人的申请,用信函的方式指示汇入行解付一定金额给收款人的一种汇款方式。信汇的业务程序与电汇基本相同。两者的差别是:在信汇方式下,汇款人填写信汇申请书后,汇出行通过航空信函邮寄信汇委托书 (M/T advice)或支付委托书(payment order)给汇入行;在电汇方式下,汇出行根据申请书的内容,用电报、电传或 SWIFT 方式向汇入行发出汇款委托书。

由于信汇业务是用航空信寄送付款指令,因此,费用低廉,但邮寄过程慢,资金在途时间长,转移速度慢,资金的利息损失较为明显。而且,邮递过程环节较多,信件可能被耽搁甚至遗失,安全性比电讯差。目前信汇已基本停用。

3.票汇(remittance by banker's demand draft,D/D)

票汇是汇出行应汇款人的申请,代汇款人开立以其分行或代理行为解付行的银行即期汇票,支付一定金额给收款人的一种汇款方式。票汇业务程序见图 7-2。

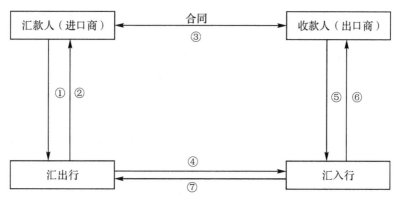

图 7-2 票汇业务程序

注:①汇款人填写汇款申请书,交款付费给汇出行,申请书说明使用票汇方式;

②汇出行作为出票行,开立银行即期汇票交给汇款人;

③汇款人将银行即期汇票寄收款人;

④汇出行将汇款通知书(即票根)寄汇入行,凭此与收款人提交汇票正本核对。近年来,银行为了简化手续,汇出行不寄汇款通知书;

⑤收款人提示银行即期汇票给汇入行要求付款;

⑥汇入行借记汇出行账户,取出头寸,凭票解付给收款人;

⑦汇入行将付讫借记通知书邮寄给汇出行。

票汇的特点是具有很大的灵活性,只要汇票抬头许可,汇款人可将汇票带到国外亲自去取款,也可以将汇票寄给国外债权人去取款,还可以背书转让汇票。如果将汇票转让,传递环节较多,汇票失窃或遗失的风险较大。票汇的使用介于电汇和信汇之间。

三、汇付方式在国际贸易中的应用

在国际贸易中以汇付方式结算买卖双方债权债务时,根据货款支付和货物运送时间的不同,汇付分为先付款后交货或先交货后付款两种类型。前者称为预付货款(payment in advice),后者称为货到付款(payment after arrival of the goods)。

1. 预付货款

预付货款是指进口商先将货款的一部分或全部汇交出口商,出口商收到货款后,立即或在一定时间内发运货物的一种汇款结算方式。预付货款是对进口商而言,对出口商来说则是预收货款。

预付货款的结算方式,有利于出口商,而不利于进口商。因为,预付货款不但积压了进口商的资金,而且使进口商负担着出口商可能不履行交货和交单义务的风险。

2. 货到付款

货到付款是指出口商先发货,待进口商收到货物后,立即或在一定期限内将货款汇交出口商的一种汇款结算方式。货到付款还可称为赊销方式(sell-on credit)或记账赊销方式(open account,简称 O/A)。

货到付款有利于进口商,而不利于出口商。因为,货到付款不但积压了出口商的资金,而且使出口商承担着进口商可能不付货款的风险。

四、合同中的汇付条款

汇付方式在国际贸易中用于预付货款和货到付款。在合同中应当明确规定汇付的时间、具体汇付方式和金额等。

条款示例 7-1

买方应不晚于 2012 年 3 月 25 日将全部货款用电汇(信汇或票汇)方式预付给卖方。

The buyers shall pay the total value to the sellers in advance by T/T(M/T or D/D) not later than Mar. 25,2012.

条款示例 7-2

买方应不迟于 6 月 30 日将 100％的货款用电汇预付交至卖方。

The buyers shall pay 100％ of the sales proceeds in advance by T/T to reach the sellers not later than Jun. 30.

条款示例 7-3

买方同意在本合同签字之日起，1 个月内将本合同总金额 50％的预付款，以电汇方式交卖方。

50％ of the total contract values as advance payment shall be remitted by the buyer to the seller through telegraphic transfer within one month after signing this contract.

条款示例 7-4

买方收到本合同所列单据后，应于 30 天内电汇付款。

Payment by T/T: Payment to be effected by the buyer shall not be later than 30 days after receipt of the documents listed in the contract.

第三节　托　收

一、托收的含义及其当事人

（一）托收的含义

托收（collection）是国际贸易中常见的结算方式，是出口方委托银行向进口方收取货款的一种支付方式。按照《托收统一规则》（国际商会第 522 号出版物）第 2 条的规定：托收是指由接到委托指示的银行处理金融单据和/或商业单据以便取得承兑或付款，或凭承兑或付款交出商业单据，或凭其他条件交出单据。

简言之，托收是指债权人（出口方）委托银行，通过一定的商业单据和/或金融单据，向债务人（进口方）收取货款的一种支付方式。由于托收一般都通过银行办理，所以又叫银行托收。

（二）托收的当事人

托收方式的基本当事人有四个，即委托人、托收行、代收行和付款人。除此之外，还可以有提示行和需要时的代理这两个其他当事人。

1.委托人(principal consignor)

委托人是托收业务中委托银行办理托收的一方。一般是出票人、债权人或出口商。

2.托收行(remitting bank)

托收行,又称寄单行,是受委托人委托办理托收的银行。通常是出口商的往来银行。

3.代收行(collecting bank)

代收行是在托收过程中,除托收行以外的参与办理托收的任何银行。通常是托收行在付款人所在地的联行或代理行。

4.付款人(payer drawee)

付款人是根据托收指示书被提示单据的人。一般是受票人、债务人或进口商。

5.提示行(presenting bank)

提示行,又称交单行,是向付款人提示单据的代收行。一般情况下,代收行直接向付款人提示单据,但是如果代收行与付款人无账户关系或者不在同一城市,则代收行须转托另一家银行提示单据,该银行即为提示行。

6.需要时的代理(representative in case of need)

需要时的代理是指委托人为了防止付款人拒付发生无人照料货物的情形,而在付款地事先指定的代理人。如委托人指定需要时的代理,则应在托收指示书中明确且完整地注明该代理人的权限。如无此注明,银行将不接受该代理人的任何指示。

二、托收的种类及业务程序

根据托收中涉及的单据,托收可以分为光票托收和跟单托收。

(一)光票托收

光票托收(clean collection)是指不随附商业单据的金融单据的托收。在光票托收中,委托人委托银行向付款人收款时,只是将金融单据交给银行,由银行向付款人提示,而其他单据则由委托人直接寄给付款人。因此,委托人在付款人付款之前已丧失对商业单据,特别是提单的控制权,所以这种方式对委托人来说风险较大。目前光票托收在国际贸易货款的收付中较少使用,一般用于小额款项,如货款尾数、佣金、运费等的收取。光票托收的业务流程如图7-3所示。

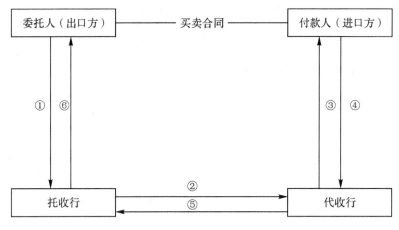

图 7-3　光票托收业务程序图

说明：

①出口人按买卖合同规定装货后,填写托收申请书,开立即期汇票,交托收行委托代收货款。

②托收行根据托收申请缮制托收委托书,连同汇票寄交进口地代收银行委托代收。

③代收行按照委托书的指示向进口人提示汇票与单据(或仅提示单据)。

④进口人审单无误后付款。

⑤代收行办理转账并通知托收行款已收妥。

⑥托收行向出口人交款。

(二)跟单托收

跟单托收(documentary collection)是指附有商业单据的金融单据的托收以及不附金融单据的纯商业单据的托收。前者一般是商业汇票随附发票、提单、装箱单、品质证以及保险单等商业单据。这种跟单托收是凭汇票付款,其他单据是汇票的附件。付款人根据该无条件支付命令对指定的收款人或持票人支付汇票金额,这一业务在托收中比较常见。后者不附有金融单据。采用这类托收主要由于某些国家对汇票征收印花税,进口商为了减免印花税负担,要求出口商不提供汇票。跨国公司内部以及相互信任的公司之间,采用这种不附有金融单据的商业单据托收方式。

国际贸易中的托收大多采用跟单托收。按交单条件的不同,跟单托收可分为付款交单和承兑交单。

1. 付款交单(documents against payment,D/P)

付款交单是指出口人的交单是以进口人的付款为条件,即出口人发货后取得装运单据,委托银行办理托收,并在托收委托书中指示银行,只有在进口人付清货款后,才能把商业单据交给进口人。

付款交单按付款时间不同,又可分为即期付款交单和远期付款交单。

(1)即期付款交单(D/P at sight),是指代收行提示跟单汇票给付款人要求其付款,付款人见票即付后,代收行才交单给付款人的一种交单方式。即期付款交单中,付款人在提示单据时即行付款,汇票的作用并不重要,完全可以由商业发票取代,所以采用即期付款交单方式,出口商可以开立即期汇票,也可以不开,但远期付款交单和承兑交单中,汇票是必不可少的。即期付款交单的业务程序见图 7-4 所示。

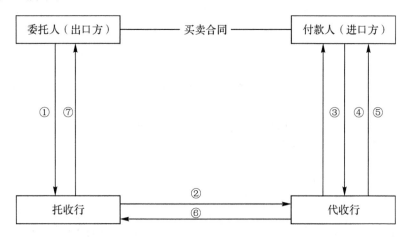

图 7-4　即期付款交单业务程序图

说明:

①出口人按买卖合同规定装货后,填写托收申请书,开立即期汇票,连同货运单据(或不开立汇票,仅将货运单据)交托收行委托代收货款。

②托收行根据托收申请缮制托收委托书,连同汇票(或没有汇票)、货运单据寄交进口地代收银行委托代收。

③代收行按照委托书的指示向进口人提示汇票与单据(或仅提示单据)。

④进口人审单无误后付款。

⑤代收行交单。

⑥代收行办理转账并通知托收行款已收妥。

⑦托收行向出口人交款。

（2）远期付款交单（D/P after sight），是指出口人发货后开具远期汇票，代收行提示跟单汇票给付款人要求其承兑，付款人承兑后由代收行保管全套商业单据，于到期日提示付款，付款人付款后代收行才交单给付款人的一种交单方式。远期付款交单业务程序见图 7-5 所示。

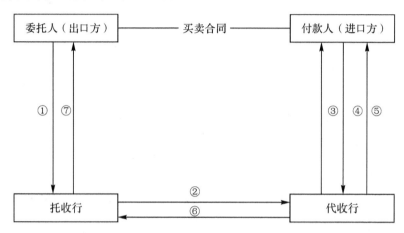

图 7-5　远期付款交单业务程序图

说明：

①出口人按买卖合同规定装货后，填写托收申请书，开立远期汇票，连同货运单据交托收行委托代收货款。

②托收行根据托收申请缮制托收委托书，连同汇票、货运单据寄交进口地代收银行委托代收。

③代收行按照委托书的指示向进口人提示汇票与单据，进口人审核无误在汇票上承兑，代收行收回汇票与单据。

④进口人到期付款。

⑤代收行交单。

⑥代收行办理转账并通知托收行款已收妥。

⑦托收行向出口人交款。

2. 承兑交单（documents against acceptance，D/A）

承兑交单是指代收行在付款人承兑远期汇票后，把货运单据交给付款人，于汇票到期日由付款人付款的一种交单方式。承兑交单只适用于远期汇票托收。由于承兑交单是进口人只要在汇票上承兑即可取得货运单据，凭以提取货物，对出口人的保障只能依赖进口人的信用，一旦进口人到期不付款，出口人便会遭受损失。因此，出口人一般谨慎采用承兑交单方式。承兑交单的业务程序见图 7-6所示。

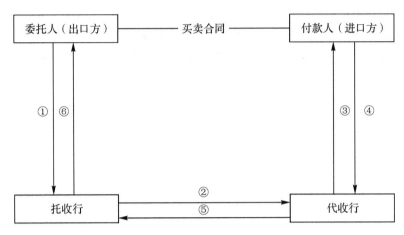

图 7-6　承兑交单业务程序图

说明：

①出口人按买卖合同规定装货后，填写托收申请书，开立汇票，连同货运单据交托收行委托代货款。

②托收行根据托收申请缮制托收委托书，连同汇票、货运单据寄交进口地代收银行委托代收。

③代收行按照委托书的指示向进口人提示汇票与单据，进口人在汇票上承兑，代收行在收回汇票的同时，将货运单据交给进口人。

④进口人到期付款。

⑤代收行办理转账并通知托收行款已收妥。

⑥托收行向出口人交款。

三、跟单托收方式下的资金融通

（一）出口贸易融资

在跟单托收方式下，出口商从银行取得资金融通的方式主要是跟单托收出口押汇。

跟单托收出口押汇是托收行对出口商有追索权的购买货权单据的融资行为，属于出口商发货后对其提供的短期融资。也就是，出口商在向托收行提交全套出口单据时，就可获得汇票或发票金额扣除押汇利息及费用的净额。如果付款人拒付，托收行可以向出口商追索，追回押汇款项。托收项下出口押汇是托收行向出口商融通资金的一种方式，旨在加速企业的资金周转，扩大出口贸易。

由于托收方式是建立在商业信用基础上的，托收行叙做出口押汇有较大的风险。在实际业务中,托收行一般只对少数进口国外汇情况稳定、进出口商资信均佳的托收单据叙做押汇。

(二)进口贸易融资

在跟单托收方式下,进口商从银行取得资金融通的方式主要有信托收据和提货担保。

1. 信托收据(trust receipt,T/R)

在远期付款交单(D/P 远期)的托收业务中,当货物、单据到达目的地,而付款期限未到时,由于进口商还没有付款拿不到单据,进口商为尽早提货以信托的方式向代收行借出单据而出具的书面凭证。进口商出具信托收据的目的是在尚未付款时先向代收行借出单据并提货。如果代收行自己凭进口商的信托收据将单据借给进口商,日后进口商于汇票到期不能付款,则代收行应对出口商和托收行负责。为此,代收行在叙做信托收据借出单据时,必须审查进口商的资信。如果凭信托收据借单提货的做法,是由出口商主动通过托收行授权办理的,则一切风险由出口商自己承担。

小资料 7-1

信托收据

信托收据这种融资方式最早产生于美国,现已在各国盛行。它的核心是:依据信托收据,进口商与银行便形成一种信托关系,进口商以受托人的身份,根据信托收据上的条款,用信托收据换取货运单据提取货物,并出售这些货物,将出售货物的货款一次或分数次还给银行,以清偿其垫款;而银行则以信托人的身份,保留对货物的所有权,也就是以进口商的货物作为抵押品,直到票款完全得到清偿。进口商如违反信托收据上的条款,银行有权以货物所有人的身份,随时向进口商收回货款,以确保其债权。

2. 提货担保(delivery against bank guarantee)

在正常情况下,收货人应凭正本提单向船公司办理提货手续,但有时因航程过短,货物运抵目的港(地)后,包括提单在内的单据尚未寄到,进口商无法提货,而延期提货会使进口商增加额外开支,或者承受进口商品行情下跌、市价回落的风险,进口商为了报关的需要,凭银行担保书提货的方式。进口商向银行申请提货担保后,凭担保在没有正本提单的情况下提货。

所谓提货担保,即银行接受收货人的申请向船公司出具书面担保,请其凭以先行放货,保证日后及时补交正本提单,并负责缴付船公司的各项应收费用及赔偿由此而可能遭受的损失。一般情况下,银行应收货人要求签发提货担保之前,收取全额保证金,或对有信托收据额度者,在额度内凭信托收据签发提货担保,由收货人向船公司凭以提货。待收到单据后,用正本提单换回提货担保,银行的担保责任即告解除。银行通常仅对资信良好的客户提供跟单托收项下的提货担保服务。

四、托收的风险与防范

托收业务中的银行仅提供服务,而不提供任何信用和担保。银行在传递单据、收取款项的过程中,既不保证付款人一定付款,对单据是否齐全、是否符合合同的规定也不负责审查。对货物到达目的地后,遇到进口商拒不赎单而导致的无人提货和办理进口手续等情形,除非事先征得银行同意,银行也无照管货物之责。因此,在采用托收方式时,出口商面临较大的风险。

(一)出口商面临的风险

(1)进口商破产、倒闭或丧失偿付能力。

(2)货物发运后,货价下跌,进口商借口单据上所载货物的规格、包装、交货期限等项内容不符合合同规定,因而要求减价,否则不予付款,甚至向出口商提出索赔要求。

(3)进口商未办妥货物进口许可手续,致使货物到达目的地时被禁止进口或被当地海关罚款、没收,使出口商蒙受损失。

(4)进口商未办妥外汇申请报批手续,货物虽被允许进口,但因没有外汇,进口商只能对代收行交付等值进口国的当地货币,导致出口商的资金长期在进口国滞留而不能使用。

(5)进口商在承兑交单(D/A)方式下凭承兑汇票取得单据后,到期拒付,出口商虽可以凭进口商承兑的汇票要求其承担法律责任,但此时的进口商往往已经破产、倒闭,出口商可能遭到钱货两空的损失。

(二)出口商的风险防范措施

(1)调查进口商的资信情况和经营作风。出口商应调查进口商的资信情况和经营作风,并根据每个进口商的具体情况确定不同的授信额度,妥善掌握成交和发货的总金额,尤其是发货总金额不宜超过对各个进口商的授信额度。在进口商的资信情况和经营作风有变化时,授信额度也应及时作相应调整。

(2)了解商品在进口国的市场动态。出口商应针对商品在进口国的不同市场动态,加以区别对待。如商品滞销,则只有在进口商资信和经营作风良好的条件下才可考虑使用托收结算方式。如商品价格波动频繁、波动幅度较大,则出口商一般不宜采用托收方式收取货款。尤其要注意的是,远期付款交单方式只有在出口商收款确有把握时使用,对承兑交单方式出口商更应从严掌握。

（3）熟悉进口国的贸易管制和外汇管制法规。一般情况下，不宜对有进口管制和外汇管制国家的进口商采用托收方式收取货款。

（4）了解进口国的习惯做法。在托收业务中，某些欧洲和拉美国家的银行基于当地的法律和习惯，对来自他国银行的按远期付款交单方式的委托收款业务，经常把远期付款交单改按承兑交单处理。因此，出口商在决定采用托收方式前，应熟悉进口国的有关法律和惯例，以免被对方找到拒付甚至骗取货物的机会，对远期付款交单应采取较即期付款交单更为慎重的态度。

（5）正确选择代收行。托收项下选择一家资信良好、善于合作的银行为代收行非常重要。虽然托收中银行只是收款代理人，并不担保货款的收取，但是具体向付款人提示付款以及催收货款的是代收行，所以正确选择代收行，有利于保证国际惯例的遵守以及各种代收指示的执行，减少收款的风险。

（6）力争自办保险

在托收业务中，出口商应争取按 CIF 或 CIP 条件达成合同，由出口商自己负责办理保险。如果货物在途中遇险、进口商又拒付货款，由于出口商掌握有保险单，就可以据以向保险人索赔。此外，出口商应在必要时投保卖方利益险和出口信用保险。

（7）严格按照合同的规定交货、制单

出口商应该严格按照买卖合同的规定交付货物、制作单据，以防止被进口商找到任何拒付的借口。在填写运输单据时一般应做成指示性抬头并加以空白背书，以方便在进口人拒付时可再进行货物的转售。

五、《托收统一规则》简介

在托收业务中，银行与委托人之间的关系以及银行与银行的关系，往往由于各方对权利、义务和责任的解释有分歧，不同的银行在业务做法上也有差异，从而导致误会、争议和纠纷，在一定程度上影响了国际贸易和结算的开展。为此，国际商会（ICC）曾于 1958 年拟订了《商业单据托收统一规则》（Uniform Rules for Collection of Commercial Paper）（即国际商会第 192 号出版物），建议各银行采用，以便成为共同遵守的惯例。1967 年 5 月，国际商会修订了上述规则并建议各国银行自 1968 年 1 月 1 日起实施，即国际商会第 254 号出版物，从而使银行在进行托收业务时取得了统一的术语、定义、程序和原则，也为出口商在委托代收货款时提供了依据和参考。1978 年国际商会又对该规则作了修订，并改名为《托收统一规则》国际商会第 322 号出版物（Uniform Rules for Collection, ICC Publication No. 322，简称 URC322），于 1979 年 1 月 1 日起正式生效和实施。

1995 年,国际商会对该规则作了进一步的修订,出版了托收规则 1995 年修订本,即《托收统一规则》国际商会第 522 号出版物(Uniform Rules for Collection,ICC Publication No. 522,简称 URC522)。该规则已于 1996 年 1 月 1 日生效。URC522 是现行托收业务的国际惯例,共有 26 条,分为总则和定义、托收的形式及结构、提示方式、义务和责任、付款、利息手续费及其他费用、其他规定共七个部分。

应当指出的是,《托收统一规则》并不是国际上公认的法律,而是托收业务中国际惯例的统一解释,只有在有关当事人事先约定后,才受其约束,但它在一定程度上解答了托收过程中的问题。《托收统一规则》公布以来,已被许多国家的银行采纳,并据以处理托收业务中各方的纠纷与争议。我国银行在接受托收业务时,原则上也按此规则办理。

六、合同中的托收条款

采用托收方式时,应在合同中明确规定托收种类、交单条件、承兑或付款责任以及付款期限等。

条款示例 7-5

买方应凭卖方开具的即期跟单汇票于见票时立即付款,付款后交单。

Upon first presentation the buyers shall pay against documentary draft drawn by the sellers at sight. The shipping documents are to be delivered against payment only.

条款示例 7-6

买方对卖方开具的见票后 30 天付款的跟单汇票,于提示时应即予承兑,并应于汇票到期日即予付款,付款后交单。

The buyers shall duly accept the documentary draft drawn by the sellers at 30 days sight upon first presentation and make payment on its maturity. The shipping documents are to be delivered against payment only.

条款示例 7-7

买方对卖方开具的见票后 30 天付款的跟单汇票,于提示时应即承兑,并应于汇票到期日即予付款,承兑后交单。

The buyers shall duly accept the documentary draft drawn by the sellers at 30 days sight upon first presentation and make payment on its maturity. The shipping documents are to be delivered against acceptance.

第四节 信用证

一、信用证的定义、特点与作用

（一）信用证的定义

根据《跟单信用证统一惯例》（国际商会第 600 号出版物）（以下简称 UCP600）第 2 条对信用证（Letter of credit，L/C）所下的定义：就本惯例而言，信用证意指一项约定，无论其如何命名或描述，该约定不可撤销并因此构成开证行对于相符提示予以兑付的确定承诺。其中，兑付意指：a. 对于即期付款信用证即期付款。b. 对于延期付款信用证发出延期付款承诺并到期付款。c. 对于承兑信用证承兑由受益人出具的汇票并到期付款。

简而言之，信用证是银行开立的有条件的承诺付款的书面文件。在国际贸易中，通常使用的信用证是跟单信用证。跟单信用证是银行（开证行）根据买方（申请人）的要求和指示向卖方（受益人）开立的，在一定期限内凭与信用证条款相符的单据，即期或在一个可以确定的将来日期，支付一定金额的书面承诺。

（二）信用证的特点

1. 开证行负第一性付款责任

开证行一旦开出信用证，就表明它以自己的信用作了付款保证，处于第一性付款人的地位。因此受益人可凭信用证径向开证行寄单索偿，无须先找进口商。

开证行的付款责任，不仅是第一性，而且是独立的。即使进口商在开证后失去偿付能力，只要受益人提交的单据表面与信用证条款一致，开证行就必须承担付款责任，付了款如发现有误，也不能向受益人和索偿行追索。

可见，信用证是一种银行信用，体现的是开证行对受益人承担首要的、独立的付款责任。

2. 信用证是一项自足文件

信用证的开立以买卖合同为基础，在内容上反映了买卖合同的内容。但是信用证一经开出，便成为独立于买卖合同以外的契约，不受买卖合同的约束。根据 UCP600 的规定，信用证与作为其依据的销售合同或其他合同是相互独立的交易，即使信用证中提及该合同，银行也与该合同完全无关，并不受其约束。所以，在信用证业务中，各有关当事人的权利与责任完全以信用证中所列条款为依据,出口商提交的单据即使符合买卖合同的要求,但若与信用证条款不一致,仍会遭到拒付。

可见,信用证是一项自足文件,开证行只对信用证负责,并只凭符合信用证条款的单据付款。参与信用证业务的其他银行也完全按信用证的规定行事。

3.信用证方式是纯单据业务

根据 UCP600 的规定:在信用证业务中,各有关当事人处理的是单据,而不是与单据有关的货物、服务及/或其他行为。所以,信用证方式是一种纯粹的单据买卖,银行只根据表面上符合信用证条款的单据付款,单据之间表面不一致,也视为单据与信用证条款不符。

在信用证业务中,银行对于受益人履行义务的审查仅限于受益人提交的单据,单据与代表的货物是否与合同一致银行没有必要审查。如果进口商付款后发现货物有缺陷,可凭买卖合同和单据向有关责任方提出损害赔偿要求,而与银行无关。相反,即使货物合格,但提交的单据未能与信用证条款表面相符,开证行也有权拒绝付款。

(三)信用证的作用

从信用证业务的特点,可以看出信用证的性质属银行信用。但需要说明的是,进口商申请办理了开立信用证手续,并不等于已经付了款,如果开证行倒闭,失去偿付能力,进口商仍须重新申请开证或以其他方式付款。因此,采用信用证结算方式,出口商获得的是在商业信用保证之外增加了银行信用保证。

采用信用证方式,给进出口双方和银行都带来一定的好处,主要表现在:

1.对出口商

(1)保证出口商凭相符单据取款。信用证结算遵循"严格相符"的原则,只要出口商按信用证规定发运货物,向指定银行提交相符单据,收取货款就有了保障。

(2)可以取得资金融通。出口商如资金周转困难时,在货物装运前,可凭信用证向银行申请打包贷款,或者在货物装运后将汇票和单据交议付行议付,通过押汇及时得到资金融通,有利于加速资金周转。

2.对进口商

(1)取得资金融通。进口商申请开证时只需缴纳少量押金,对信誉良好的开证申请人银行还可免收押金。大部分或部分货款,等单据到达后再行支付,这就减少了资金的占用。如开证行在履行付款义务后,进口商筹措资金有困难,还可开立信托收据要求开证行准予借单先行提货出售或使用,到期再向开证行付款。

(2)保证按时、按质、按量收到货物。通过信用证上所列条款,进口商可以控制出口商的交货时间、交货数量和质量等，以保证收到的货物符合销售、使用时令和买卖合同的规定。

3. 对开证行

开证行开出信用证是以自己的信用做出的保证，实际贷出的只是信用而不是资金。由于开证行贷出信用不是无条件的，开证前要求进口商提供一定金额的押金。当开证行履行付款后，还有出口商交来的货运单据做保证，从而减轻了垫款风险。开证行在对出口商或议付行交来的单据偿付前，已经掌握了代表货物的单据，加上开证申请人缴纳的押金，可以控制风险。

4. 对出口地银行

对于出口地的议付行，在议付出口商提交的单据时，只要出口商交来的单据符合信用证条款，就可以对出口商进行垫款，叙做出口押汇，可从中获得利息、手续费等收入。此外，通过信用证业务，可带动其他开户往来、保险、仓储等业务，为银行增加收益。

需要注意的是，信用证方式在贸易结算中并不是完美无缺的。例如，买方不按时开证、不按合同条款开证、开证时故意设下陷阱使卖方无法履行合同；再如，受益人如果变造单据使之与信用证条款相符，甚至制作假单据，也可从银行取得款项，从而使进口商成为欺诈行为的受害者。此外，信用证方式在具体业务操作上手续较之汇款和托收繁琐，费用也高。在各业务环节上技术要求高，稍有不慎，容易产生疏漏差错，造成损失。

二、信用证的当事人

（一）基本当事人

信用证的基本当事人即开证行和受益人，如经保兑，则保兑行成为与开证行承担相同责任的一个基本当事人。

1. 开证行（issuing bank，opening bank）

开证行是应申请人的要求和指示，或代表其自身开立信用证（这种信用证也称备用信用证）的银行，一般是进口地的银行。当信用证规定的单据全部提交指定银行或开证行，并符合信用证的条款和条件，便构成开证行的确定付款承诺。

2. 受益人（beneficiary）

受益人是指有权依照信用证条款和条件提交汇票及/或单据要求兑取信用证款项的人，也是信用证中受益的一方，一般为出口商。

3. 保兑行（confirming bank）

保兑行是指应开证行的授权或请求对信用证加具保兑的银行，它与开证行承担相同的责任。

（二）其他当事人

1. 开证申请人（applicant）

开证申请人，又称开证人，是指向银行提出申请开立信用证的人，一般为进口商。如开证行为其自身的需要开立信用证时，该信用证则没有申请人。

2. 通知行（advising bank）

通知行是指受开证行的委托，将信用证通知给受益人的银行。一般是出口商所在地的银行，而且通常是开证行的代理行。通知行的责任是证明信用证的真实性并及时澄清疑点，及时通知或转递信用证，并不承担其他义务。

3. 议付行（negotiating bank）

议付行，又称押汇银行，是指根据开证行的授权买入或贴现受益人开立和提交的符合信用证规定的汇票及/或单据的银行。开证行可以在信用证中指定议付行，也可以在信用证中不具体指定议付行。在不指定议付行的情况下，所有银行均是有权议付的银行。在信用证业务中，议付行通常是以受益人的指定人和汇票的善意持票人的身份出现的，因此它对受益人的付款是有追索权的。

4. 付款行（paying bank）

付款行是即期付款或延期付款信用证下的付款人。付款行可以是开证行，也可以是开证行指定的另一家银行。付款行如同一般的汇票受票人，一经付款，即使事后发现有误，也不得向受益人追索，只能向开证行追索。

5. 承兑行（accepting bank）

承兑行是对远期信用证下受益人签发的远期汇票进行承兑，并承担到期付款责任的银行。承兑行可以是开证行，也可以是开证行指定的另一家银行。如果承兑行不是开证行，在承兑汇票后倒闭或丧失付款能力，则由开证行承担最后付款责任。如果承兑行不肯承兑汇票，开证行可让受益人再开立以开证行为受票行的远期汇票，经开证行承兑后，于到期日付款。承兑行的付款是终局性的，对受益人没有追索权。承兑行付款后有权要求开证行偿付。

6. 偿付行（reimbursing bank）

偿付行，又称信用证清算银行（clearing bank），是开证行指定的对被指定银行（议付行、付款行或承兑行）进行偿付的银行。偿付行是开证行的账户行。

当信用证货币不是开证行所在国货币，而是第三国货币时，为了便利资金调拨，即可授权第三国货币清算中心的一家代理行或联行作为偿付行。偿付行不受单和审单，如事后开证行发现单证不符，也不能向偿付行追索，但可向议付行或付款行或承兑行追索。

7. 转让行(transferring bank)

转让行是指办理信用证转让的指定银行,或当信用证规定可在任何银行兑付时,指开证行特别授权并实际办理转让的银行。开证行也可担任转让行。

8. 第二受益人(second beneficiary)

第二受益人是接受可转让信用证的受益人,又称信用证的受让人或被转让人。一般为提供货物的生产者或供应商。可转让信用证的转让人即第一受益人通常是中间商。第二受益人受让信用证后,不能再将可转让信用证转让给其他人使用,但允许转回给信用证的第一受益人,即信用证的原受益人。

三、信用证的内容与开证方式

(一)信用证的内容

国际商会曾先后设计并介绍过几种不同的信用证标准格式,但迄今为止,采用国际商会标准格式的银行并不多。在实际业务中,有些银行采用的是在本身原有格式基础上参照标准格式略加修改的格式。虽然各国银行所使用的信用证没有统一的格式,但其所包含的主要内容基本相似,主要包含以下内容:

1. 关于信用证本身的说明

包括信用证的当事人、种类、编号、金额、有效期、到期地点、交单期。

2. 关于装运货物的说明

包括有关货物的描述、货物数量的增减幅度、包装、单价、唛头。

3. 关于装运的说明

包括装运日期、运输方式、装运港(地)、目的港(地)、可否分批装运或转运。

4. 关于单据条款

规定要求哪些单据及有关单据的具体要求和应出具的份数。

5. 特殊条款

主要是根据进口国政治、经济情况或每一笔具体业务的要求加列一些特殊条款,例如限装运某国籍船只或不许装某国籍船只条款、限制航线和港口等。

6. 开证行的责任保证条款

开证行对受益人、汇票持有人保证付款的责任文句以及适用的国际惯例、开证行的签章。

(二)信用证的开证方式

1. 信开(open by airmail)

信开是指开证行采用印刷的信函格式开立正本一份和副本若干份,以航邮的方式寄通知行,这种方法费用低,但时间长。

2. 全电开立 (open by telecommunication)

全电开立是指开证行将信用证的全部条款加注密押,用电报、电传、SWIFT等电讯手段通知受益人所在地的代理行,由其通知受益人。这种方法速度快,安全可靠,但费用高。由于当前 SWIFT 系统已遍及全球,入网银行通过 SWIFT 系统开立信用证既迅速、安全,费用又低,因而现在的信用证多为 SWIFT 信用证。SWIFT 系统设计的信用证格式代号为 MT700、MT701(SWIFT 信用证样例见附录 7)。

3. 简电开立,附寄证实书 (brief cable, mail confirmation to follow)

有时为了使出口商及早备货、安排运输而将信用证的一些主要内容,如信用证金额、号码、装运期、有效期等预先通知,这种简电不能作为议付的凭证。开证行在发出简电后,必须不迟延地向通知行发送有效的信用证文本,即证实书。

小资料 7-2

SWIFT

SWIFT 又称"环球同业银行金融电讯协会"(Society for Worldwide Interbank Financial Telecommunication),是国际银行同业间的国际合作组织,1973 年在比利时成立,专门从事传递各国之间的非公开性的国际间的财务电讯业务,主要包括外汇买卖、证券交易、开立信用证、办理信用证项下的汇票业务和托收等,同时还监理国际间的账务清算和银行间的资金调拨。目前全球大多数国家大多数银行已使用 SWIFT 系统。SWIFT 的使用,为银行的结算提供了安全、可靠、快捷、标准化、自动化的通讯业务,从而大大提高了银行的结算速度,目前信用证的格式主要都是用 SWIFT 电文。

四、信用证业务程序

信用证有不同的类型,其业务程序也各不相同,但就其基本流程而言,大体要经过申请开证、开证、通知、交单议付、索偿、付款、赎单等环节。常用的即期议付信用证业务程序如图 7-7 所示。

(一)订立买卖合同

进出口双方先就国际货物买卖的交易条件进行磋商,达成交易后订立国际货物买卖合同,明确规定进口商以信用证方式支付货款,其中一般还规定开证行的资信地位、信用证的类型、金额、到期日、信用证开立并送达卖方的日期等。

(二)申请开证

进口商应在买卖合同规定的期限内或在装船期以前,向其所在地银行填写

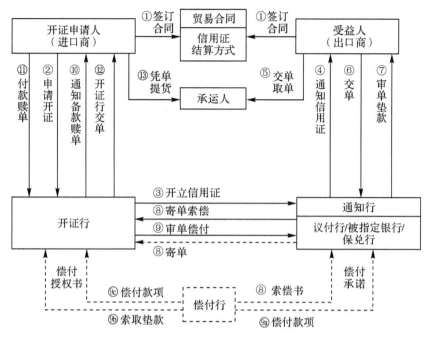

图 7-7　即期议付信用证业务程序

开证申请书,申请开立以出口商为受益人的信用证。开证申请书包括两部分内容:一是进口商对开证行详细的开证指示;二是开证申请人的承诺。开证申请书上应加盖公章和法人代表章。

（三）开立信用证

开证行审核开证申请书、申请人资信情况及必要文件,严格按照开证申请书开出信用证给通知行。

（四）通知信用证

通知行收到信用证后,应即核对开证行的签字或密押,经核对证实无误,除留存副本或复印件备查外,必须尽快将信用证通知受益人。

（五）受益人审证发货制单

受益人收到信用证后,根据买卖合同和《跟单信用证统一惯例》对其进行认真审核,主要审核信用证中有无内容与买卖合同不相符合或者与有关国际惯例的规定不相符合,以及是否存在软条款(soft clauses)和无法办到的条款。如有上述情况,应决定是否通知开证申请人要求修改。

信用证"软条款"也叫陷阱条款,主要有三种情况:一是信用证暂不生效软条款;二是与单据有关的软条款,如"客检条款"的设置;三是付款软条款。

出口商接受信用证或信用证修改后,严格按照信用证的指示办事,包括货物出运、商检、投保等事宜,并取得符合信用证规定的合格单据。另外,还需自行缮制诸如发票、装箱单、汇票等单据,为交单结汇做好准备。

（六）受益人交单

受益人备妥全部单据后,应在合理时间内到银行交单。合理时间为信用证到期日与最迟交单日中先到的日期。受益人交单时应同时提交正本信用证及所有修改书。

（七）审单

议付行在收到受益人或其委托银行交来的单据后,应及时地合理谨慎审核信用证所要求的单据。如经审核为合格单据,则银行应根据信用证规定进行议付;如单据不合格,则有权拒收单据,拒绝安排付款。

（八）寄单索偿

信用证项下的寄单索偿一般有两种情况:一是信用证规定另一家银行作为偿付行时,往往要求将汇票寄往偿付行,向偿付行索偿,其余单据则仍寄开证行;二是信用证没有规定偿付行时,全部单据寄往开证行,向开证行索偿。

（九）偿付

开证行收到议付行寄来的单据后,应立即审核单据,并于五个银行工作日内付款或提出拒付。

（十）通知开证申请人付款赎单

开证行对议付行付款之后,会立即通知开证申请人付款赎单。

（十一）开证申请人付款赎单

申请人在接到开证行的赎单通知后,应即到开证行付款赎单,当然在赎单之前可以要求审核单据,如发现不符点,也可提出拒付,但拒付理由一定是单单之间或单证之间的问题。

（十二）开证行交单

开证行收款后,将信用证项下的单据交给开证申请人。

（十三）开证申请人凭单提货

开证申请人付款后,就可凭单据向承运人提货。如果申请人发现收到的货物与合同不符,有权向有关责任方索赔,但无权根据信用证要求开证行退款。

五、信用证项下的贸易融资

(一)出口贸易融资

1. 打包贷款(packing loan)

打包贷款是银行为支持出口商按期履行合同义务而向出口商提供的以正本信用证为抵押的贷款,旨在提供货物出运前的周转资金,从而缓解出口商的资金紧缺。因为最初这种贷款是专向出口商提供货物的包装费用,所以称作打包贷款。

打包贷款以正本信用证做抵押,但银行不是仅凭信用证就给受益人贷款,还要求出口商资信良好,具有足够的偿还能力,且与贷款银行保持稳定的业务往来。贷款发放后,贷款银行承担了议付义务。议付行收到出口商交来的单据后应马上寄开证行,收到开证行支付的货款后即可扣除贷款本息,然后将余额付给出口商。因此,打包贷款的期限一般自信用证抵押之日至收到开证行支付货款之日。

2. 出口押汇(negotiation of outward bill/outward bill purchased))

信用证项下出口押汇,也叫出口议付或买单,指议付行在审核单据后确认受益人所交单据符合信用证条款规定的情况下,买入受益人的汇票及单据,按照票面金额扣除从议付日到估计收到票款之日的利息,将净款按议付当日汇率折成相应币种付给信用证受益人的行为银行在办理出口押汇时,一般要求出口商出具质押书(letter of hypothecation)。质押书是出口商提供给银行的书面保证,它表明了出口商应承担的义务。银行办理押汇后,向开证行寄单索偿。若开证行拒付,押汇银行有权向出口商追索垫款、迟付利息及一切损失。

3. 卖方远期信用证融资(seller's usance L/C)

卖方远期信用证又称真远期信用证,它是付款期限与贸易合同规定一致的远期信用证。采用卖方远期信用证融资主要是指通过远期汇票的承兑与贴现来融资。

银行承兑(bank's acceptance)是指银行在远期汇票上签署"承兑"字样,使持票人能够凭此在公开市场转让及贴现其票据的行为。银行承兑的主要是有贸易背景的汇票,承兑汇票的持有人通常是出口商。银行承兑汇票时,不必立即垫付本行资金,而只是将自己的信用借出,增强汇票的流通性和可接受性,使持票人能在二级市场上取得短期融资的便利。由于银行对汇票予以承兑后便成为汇票的主债务人,到期应承担付款责任,因此,承兑银行在承兑前应对进口商的资信等进行审查,并采取相应的措施,以降低自身风险。

票据贴现(discount)是指票据持有人在票据到期前为获取现款而向银行贴付一定利息所做的票据转让。贴现票据必须是已承兑的远期汇票,承兑人通常是开证行或其他付款行,票据持有人通常是出口商。出口商要求叙做贴现时,应向银行提出书面申请。银行审查同意后,与出口商签订质权书,确定双方的责任和义务,并按现行贴现率和融资期限对已承兑远期票据叙做贴现,将扣除贴现息后的票款付给出口商。银行待汇票到期时,用收回的货款冲销垫款。如发生付款人迟付现象,贴现银行有权向出口商追收迟付利息;如发生拒付,贴现银行有权向出口商追索垫款及迟付利息。此外,银行还应对贴现票据的付款人、承兑人资信情况进行审查,只有在确认符合条件后才予以贴现。

(二)进口贸易融资

1.开证授信额度(limits for issuing letter of credit)

开证授信额度是开证行对本行开户且资信良好的进口商在申请开立信用证时提供的免收保证金或不要求其办理反担保或抵押的最高资金限额。这是开证行根据资信情况对进口商在开立信用证方面给予的信用支持。

通常情况下,银行在进口商申请开立信用证时,要求其提交开证申请书并提供保证金或抵押金,存入银行专用账户,以便单据到后对外付款,或要求进口商提供反担保及抵押品,保证合格单据到后付款赎单。银行这样做的目的是为了避免进口商破产或无力付款赎单,或不按期付款赎单,以降低自身风险。

但对资信良好的长期往来客户,为简化手续,提供优惠服务,增强吸引力和竞争力,银行通常可根据客户的资信、经营状况和业务数量,确定一个限额,即开证额度。银行内部对开证额度按余额进行控制,只要进口商申请开立信用证的金额不超过这一限额,银行就可以免收保证金、抵押品或不要求办理反担保,从而减轻进口商的资金压力。对于超过信用证额度部分的金额仍按正常手续办理。

根据客户资信和业务性质的不同,授信额度可分为循环使用授信额度和一次性使用授信额度。前者可由进口商在限额内自行掌握,反复周转使用,这种授信额度多用于在银行开立账户并与银行长期保持良好业务关系的进口商;后者就某一笔进口开证业务使用,该笔信用证业务结束后,授信额度即失效,它主要用于银行对其资信有一定了解,但业务往来不多的进口商。

2.信托收据(trust receipt,T/R)

信用证项下的信托收据是指在远期信用证的情况下,有时付款交单期限迟于到货日期,申请人在付款赎单前,往往凭借信托收据向银行借取单据。

信托收据需逐笔申请,进口商在付款或承兑日前向银行提出书面申请,申请书须明确信托收据金额、期限、申请人的责任、还款方式、还款责任及违约处理等,并注明此业务的船名、货名、唛头、金额、信用证号码。银行所核定的信托收据额度通常按一定的比例包含在开证额度内,信托收据额度与开证额度的比例主要是根据客户的经营范围、商品类别、行业习惯、资金周转速度等因素而决定的。如客户主要经营转口贸易、鲜活易腐商品或季节性强的商品,信托收据额度的比例应适当加大,反之则可相应降低。

在使用信托收据的情况下,银行仅凭一纸收据将物权单据释放给客户,并授权客户处理货物。尽管从理论上讲,客户处于受托人地位,货物所有权仍属银行所有,但实际上银行已经很难控制货物。如客户资信欠佳,将物权单据抵押给第三者,或货物经加工后已改变形态或失去标识,或将货物运往第三国进行加工或转卖,在这些情况下,银行收回货物的机会微乎其微,银行的风险很大。因此,银行对信托收据的审查比开证额度更为严格。

3. 进口押汇(inward bill receivable)

信用证项下的进口押汇是指银行在收到其所开立的信用证项下单据并经审核无误后,须对外付款,而开证申请人因资金周转关系,无法及时付款赎单,以该信用证项下代表货权的单据为质押,并同时提供必要的抵押/质押或其他担保,由银行在付款到期日先行代为对外付款。申请人在规定期限内向银行偿还贷款本金、利息及费用。从根本上说,进口信用证押汇是申请人以进口货物做抵押,银行予以短期融资的行为。押汇银行一般是从垫款之日起开始收取押汇利息,利率按市场利率加上一定的升幅。这个升幅可根据每个客户的不同情况、回收期的长短等因素确定。

4. 提货担保(delivery against bank guarantee)

进口信用证项下的提货担保是指在进口信用证业务中,货物到达目的地而单据未到时,为了能及时提货用于生产销售并免付高额滞港仓储等费用,收货人在征得运输公司(承运人)的同意后,凭银行担保书提货的方式。进口商向银行申请提货担保后,凭担保在没有正本提单的情况下提货。银行应收货人要求签发担保之前,必须查明该批货物确属银行所开立信用证项下的货物,并确定收货人申报的货值无误。此外,还要落实收货人对银行的原担保。在一般情况下,银行收取全额保证金,或对有信托收据额度者,在额度内凭信托收据签发提货担保,由收货人向船公司凭以提货。待收到单据后,用正本提单换回提货担保,银行的担保责任即告解除。

银行出具提货担保后,对随后收到的对应信用证项下的单据,无论单证是否相符,均必须立即偿付议付行或交单行。因此,在受理提货担保申请时,银行必须要求收货人放弃拒付的权利。

六、信用证的种类

（一）跟单信用证和光票信用证

根据是否附有货运单据，可将信用证分为跟单信用证和光票信用证。

1. 跟单信用证（documentary credit）是指开证行凭规定的汇票和单据或仅凭单据付款的信用证。这里的"单据"是指代表货物所有权或证明货物业已装运的商业单据，即运输单据以及商业发票、保险单据、商检证书、产地证书、包装单据等。国际贸易结算中使用的信用证绝大部分是跟单信用证。

2. 光票信用证（clean credit）是指开证行仅凭受益人开具的汇票而无须附带货运单据付款的信用证。光票信用证主要用于跨国公司内部贸易、货款尾数的清偿、贸易的费用结算以及非贸易结算等。

（二）不可撤销信用证和可撤销信用证

根据开证行所负的责任不同，可将信用证分为不可撤销信用证和可撤销信用证。

1. 不可撤销信用证（irrevocable credit）是指信用证一经开出，在有效期内未经受益人、开证行和保兑行（如有的话）的同意，既不能修改也不能撤销的信用证。只要受益人提交符合信用证条款的单据，开证行就必须履行付款义务。由于不可撤销信用证对受益人收取货款比较有保障，所以在国际贸易中一般使用不可撤销信用证。

2. 可撤销信用证（revocable credit）是指在付款、承兑或议付前，开证行可以不经过受益人同意也不必事先通知受益人而随时修改或撤销的信用证。凡可撤销信用证，应在信用证上注明"可撤销"字样。这种信用证对出口人缺乏保障，因此在实际业务中原则上不应接受这种信用证。

如果信用证未表明是可撤销或不可撤销的，则为不可撤销信用证。

（三）保兑信用证和不保兑信用证

根据是否有另一家银行对信用证加具保兑，可将信用证分为保兑信用证和不保兑信用证。

1. 保兑信用证（confirmed credit）是指另一家银行，即保兑行应开证行请求，对其所开信用证加以保证兑付的信用证。经保兑行保兑的信用证，保兑行保证凭符合信用证条款的单据履行向受益人或其指定人付款的责任，而且付款或议付后对受益人或其指定人无追索权。

保兑行所承担的责任相当于开证行，保兑行与受益人的关系，相当于开证行与受益人的关系，而且它的保兑不能单方面撤销。所以任何银行只愿意对不可撤销的信用证加具保兑,因此保兑信用证一定是不可撤销的信用证。所以,保兑信用证对出口人的安全收汇极为有利,不但有开证行的不可撤销的付款保证,而且有保兑行的兑付保证。

保兑信用证若需要修改,须经开证行、保兑行、受益人三方同意,若保兑行同意,则对修改后的信用证也有保兑效力;若保兑行不同意修改,则对信用证修改的内容不承担责任,这时的保兑已经有名无实,受益人需要谨慎。

2. 不保兑信用证(unconfirmed credit)是指未经开证行以外的其他银行保兑的信用证,也即一般的不可撤销信用证。

(四)即期付款信用证、延期付款信用证、承兑信用证和议付信用证

根据兑付方式不同,可将信用证分为即期付款信用证、延期付款信用证、承兑信用证和议付信用证。

1. 即期付款信用证(sight payment credit)是指开证行或付款行在收到符合信用证条款的汇票及/或单据后即予付款的信用证。如规定需开立汇票,以开证行或指定付款行为汇票付款人。付款行付款后对受益人没有追索权,因此使用即期付款信用证对受益人极为有利。

2. 延期付款信用证(deferred payment credit),又称无承兑远期信用证,是指开证行或付款行在收到符合信用证条款的单据(不开立汇票)后将来一定时间付款的信用证。付款时间的具体规定方法有三种:(1)交单后若干天;(2)运输单据后若干天;(3)固定的日期。这种信用证不需受益人开立汇票,所以出口商也不能利用汇票贴现融通资金,如果出口商资金紧张,只能向银行贷款或通过其他方式融资。

3. 承兑信用证(acceptance credit)是指开证行或付款行收到符合信用证条款的汇票和单据时,先在汇票上履行承兑手续,待到期日再行付款的信用证,因此又称为银行承兑信用证。

采用承兑信用证,出口商较容易获得融资。在汇票到期前,如果出口商资金紧张,可凭银行承兑汇票办理贴现以融通资金,贴现利息和费用均由出口商承担,因此也被称为"卖方远期信用证(seller's usance L/C)"。在一些即期交易中,进口商为了得到开证行或付款行的融资,也会要求开立承兑信用证,由受益人开立远期汇票,由付款行负责贴现,但规定远期利息和贴现费用均由进口人负担(the usance draft is payable on a sight basis, discount charges and acceptance commission are for buyer's account)。这种信用证,表面上看是远期信用证,但从上述条款规定来看,出口人却可以即期收到十足的货款,因而称之为"假远期信用证(usance credit payable at sight)"。由于这种信用证贴现费用由买方负

担,因此又称为"买方远期信用证(buyer's usance credit)"。

4.议付信用证(negotiation credit)是指开证行在信用证中邀请其他银行买入汇票和/或单据的信用证。在单据符合信用证规定的条件下,议付行扣减从议付日到开证行付款日的利息和手续费后将信用证的余额付给受益人。议付信用证按是否限定议付行,可分为限制议付信用证和自由议付信用证。前者只能由开证行指定的银行办理议付业务,后者任何银行均可办理议付业务。

(五)可转让信用证和不可转让信用证

根据受益人使用信用证的权利能否转让,可将信用证分为可转让信用证和不可转让信用证。

1.可转让信用证(transferable credit)是指开证行在信用证内明确注明"可转让"(transferable)字样,授权受益人(第一受益人)可以要求信用证中的指定银行,将该信用证的全部或部分转让给一个或数个受益人(第二受益人)使用的信用证。被授权办理转让的银行称为转让行。信用证一经转让,信用证上的原受益人成为第一受益人,受让人是第二受益人。

可转让信用证产生的背景主要是中间商和代理商的出现。经营出口商品的中间商或代理商,手中并无货物,只是利用其国际交易关系向国外进口商出售商品。中间商与国外进口商成交后,再向实际供货商进货,赚取其中的买卖差价。因此中间商往往要求国外进口商开立可转让信用证,将信用证的权利转让给实际供货商。

按照《跟单信用证统一惯例》(UCP600)的规定,只有明确注明"可转让"(Transferable)的信用证方能转让,否则均视为不可转让信用证。如果信用证内使用诸如"可分割(divisible)"、"可分开(fractionable)"、"可过户(assignable)"、"可转移(transmissible)"之类的措辞,并没有使信用证可以转让,银行可不予理会。

可转让信用证只能转让一次,第二受益人不能再将信用证转让给其他人,但允许他将信用证重新转让给第一受益人。如果信用证允许分批装运/支款,在累计不超过信用证金额的前提下,可以分割转让给数个第二受益人,各项转让金额的总和将视为信用证的一次转让。

2.不可转让信用证(non-transferable credit)是指受益人不能将信用证的权利转让给他人的信用证。凡信用证中未注明"可转让"者,就是不可转让信用证。

(六)循环信用证

循环信用证(revolving credit)是指信用证被全部或部分使用后,其金额又恢复到原金额,可再次使用,直至达到规定的次数或规定的金额为止的信用证。

这种信用证一般用于合同需要在较长时间内分批履行的情况下,进口人可以节省逐笔开证的手续和费用,减少押金,有利于资金周转,出口人也可以减少逐批催证、审证、改证等手续。

循环信用证可分为按时间循环信用证和按金额循环信用证。

1.按时间循环信用证

按时间循环信用证是指信用证的受益人可按一定时间周期(按月或季度)循环支取信用证上约定的金额。又可分为积累性和非积累性循环信用证两种。

(1)积累性循环信用证(cumulative revolving credit)是指可以将上一个循环周期内未用完的信用证金额在下一个循环周期内积累使用的按时间循环的信用证。

(2)非积累性循环信用证(non-cumulative revolving credit)是指不能将上一个循环周期内未用完的信用证金额在下一个循环周期内积累使用的按时间循环的信用证。

2.按金额循环信用证

按金额循环信用证是指信用证金额议付后,仍恢复到原金额再度使用,直至达到信用证约定的次数或用完规定的总金额为止的信用证。它又可分为自动循环、半自动循环和非自动循环三种。

(1)自动循环,即信用证在规定时间内装运议付后,无需等待开证行通知即自动恢复到原金额。

(2)半自动循环,即受益人每次装运议付后若干天内,开证行未发出禁止恢复到原金额的通知,信用证便自动恢复到原金额继续使用。

(3)非自动循环,即受益人每次装运议付后,必须等待开证行循环通知到达,信用证才恢复到原金额继续使用。

(七)对开信用证

对开信用证(reciprocal credit)是指两张信用证的开证申请人互以对方为受益人开立的信用证。其特点是:第一张信用证的受益人(出口人)和开证申请人(进口人)就是第二张信用证(回头证)的开证申请人和受益人;第一张信用证的开证行也就是回头证的通知行;第二张信用证的通知行一般也是回头证的开证行。两证可以同时生效,也可分别生效。对开信用证通常用在易货贸易、补偿贸易和来料加工等贸易方式中。

(八)背对背信用证

背对背信用证(back-to-back credit),又称对背信用证、转开信用证,是指一张信用证的受益人以这张信用证为保证,要求该证的通知行或其他银行在该证的基础上,开立一张以本地或第三国的实际供货人为受益人的新证,这张新证就是背对背信用证。尽管背对背信用证以原证为担保开立,但这一担保只是背对背信用证开证行与其申请人之间的约定,而与原证以及背对背信用证的所有其他当事人均无关系,所以从实质上来看,背对背信用证是一个独立于原证的新的信用证。这种信用证主要用于中间商为转售他人货物从中牟利,或两国不能直接进行贸易需通过第三者沟通时使用。

(九)预支信用证

预支信用证(anticipatory credit)是指允许受益人在货物装运交单前预支全部或部分货款的信用证。信用证的预支条款过去常用红字书写,故又习称"红条款信用证"(red clause credit)。

(十)备用信用证

备用信用证(standby credit)又称商业票据信用证或担保信用证,在该信用证中,开证行保证在开证申请人未能履行其应尽的义务时,受益人只要按备用信用证的规定向开证行开具汇票(或不开汇票),并随附开证申请人未履行义务的声明或证明文件,即可得到开证行偿付。因此,备用信用证也是一种银行信用。如果开证申请人按期履行了合同义务,受益人就无需启用备用信用证,这时备用信用证就成了"备而不用"的文件。

备用信用证首先出现在19世纪中期的美国,由于当时美国的法律禁止银行向客户开立保函,为了避免和法律发生冲突,同时又能满足客户的需要,美国银行就以备用信用证取代保函。现在备用信用证已广泛用于投标、履约、还款、预付等各项业务中。

七、《跟单信用证统一惯例》简介

在处理信用证业务时,各国银行往往按照各自的习惯和规定办事,对单据、术语等没有一个统一的解释和公认的准则,当事人之间经常发生争议和纠纷。国际商会为了减少信用证各有关当事人之间的争议,在1932年拟定《商业跟单信用证统一惯例》(国际商会第82号出版物)(Uniform Customs and Practice for Commercial Credit),此后,该惯例经过多次修订。首次修订本为1951年的国际商会第151号出版物,之后有1962年的国际商会第222号出版物(从该版本起,改称为《跟单信用证统一惯例》Uniform Customs and Practice for Documentary Credit,简称为UCP),1973年的国际商会第290号出版物,1983年的国际商会第400号出版物,1993年的国际商会第500号出版物,2006年的国际商会第600号出版物,该出版物已于2007年7月1日生效。

UCP600 的版本在条文编排上参照了 ISP98 的格式，对 UCP500 的 49 个条款进行了大幅度的调整及增删，变成现在的 39 条。其中第 1~5 条为总则部分，包括 UCP 的适用范围、定义条款、解释规则、信用证的独立性等；第 6~13 条明确了有关信用证的开立、修改、各当事人的关系与责任等问题；第 14~16 条是关于单据的审核标准、单证相符或不符的处理的规定；第 17~28 条属单据条款，包括商业发票、运输单据、保险单据等；第 29~32 条规定了有关款项支取的问题；第 33~37 条属银行的免责条款；第 38 条是关于可转让信用证的规定；第 39 条是关于款项让渡的规定。

八、合同中的信用证条款

采用跟单信用证结算时，应在合同中明确规定：信用证的种类、受益人、开证行、开证日期、信用证金额、有效期和到期地点、随附单据等内容。

条款示例 7-8

买方应通过为卖方所接受的银行，于装运月份前 30 天开立并送达卖方即期信用证，有效至装运月份后第 15 天在中国议付。

The Buyer shall open through a bank acceptable to the Seller a Sight Letter of Credit to reach the Seller 30 days before the month of shipment and to be valid for negotiation in China until the 15th day after the month of shipment.

条款示例 7-9

买方应通过为卖方所接受的银行，于装运月份前 30 天开立并送达卖方见票后 30 天付款的信用证，有效至装运月份后第 15 天在上海议付。

The Buyer shall open through a bank acceptable to the Seller a Letter of Credit at 30 days sight to reach the Seller 30 days before the month of shipment and to be available for negotiation in Shanghai until the 15th day after the month of shipment.

条款示例 7-10

100% 不可撤销即期信用证应由买方及时开出并在 2009 年 3 月 15 日前到达卖方，该信用证在装运日期后二十天内在中国议付有效。如信用证迟到，卖方对迟延装运不承担任何责任，卖方并有权撤销本合同和/或提出损害赔偿。

By 100% Irrevocable Sight Letter of Credit to be opened by the Buyer in time to reach the Seller not later than MARCH 15, 2009 and to be available for negotiation in China until the 20th day after the date of shipment. In case of late arrival of the L/C, the Seller shall not be liable for any delay in shipment and shall have the right to rescind the contract and / or claim for damages.）

第五节　银行保函与备用信用证

一、银行保函

（一）银行保函的含义与当事人

1.银行保函的含义

在国际经济交往中,如果一方未能履约,就会使对方蒙受损失。为使双方能放心大胆地达成交易,常常需要由一个第三者作为担保人,向一方提供另一方一定履约的保证,由担保人以自己的资信向受益人保证对委托人履行交易合同项下的责任义务,或偿还债务,承担责任。银行因为有雄厚的资金和较强的经营能力,常应客户要求,担当这种担保人,这成为银行的经常性业务。

银行保函(banker's letter of guarantee,L/G),又称银行保证书,指银行应客户要求而开立的书面承诺,保证在委托人违约时在规定货币金额范围内对受益人进行支付。也就是,当合同的当事人不履行义务时,银行将担当付款义务,且这项义务是不可撤销的。

银行保函是一种非常灵活的国际结算方式,它是为了适应国际经济的发展而出现的。信用证方式只能用于国际贸易结算,而国际贸易只是国际经济交往的一种方式。除此之外,国际经济交往还包括国际工程承包、项目融资、基础设施招标等。这些交易因期限长、金额大、风险大、交易条件较为复杂,难以使用信用证方式进行结算。银行保函就是为适应这种情况而出现的一种结算方式,也是国际结算中不可缺少的方式之一。

2.银行保函的当事人

银行保函基本当事人有三个,即申请人、受益人和担保人。此外,还可能涉及其他当事人,如转递行、保兑行、反担保行、转开行等。

（1）申请人(principal)

申请人,又称委托人,是指向银行提出申请要求开立保函的一方,一般为经济交易中的债务人。申请人的主要责任是:①按照已签合同或协议的规定履行各项义务;②在自己违约后,补偿担保人因为承担担保责任而向受益人做出的任何赔偿;③向担保人支付有关费用。

（2）受益人（beneficiary）

受益人是接受保函并有权在申请人违约后向担保人提出索偿并获取赔偿的一方,一般为经济交易中的债权人。受益人有权索偿但前提是履行合同规定的义务,在索偿时还必须提供保函规定的索偿文件。

（3）担保行（guarantor bank）

担保行是接受申请人的要求,向受益人开立保函的银行。担保行的责任是:①督促申请人履行合同的各项义务;②在申请人违约时,根据受益人提出的索偿文件和保函的规定向受益人赔偿;③有权在赔偿后向申请人索偿。

（4）转递行（transmitting bank）

转递行是根据担保行的请求将保函转递给受益人的银行,相当于信用证业务中的通知行。转递行的责任就是负责核实印鉴或密押以确定保函表面的真实性,不承担保函项下的任何支付。

（5）保兑行（confirming bank）

保兑行是指根据担保行的要求,在保函上加具保兑,承诺当担保行无力赔偿时,代其履行付款责任的银行,也称第二担保行。

（6）反担保行（counter guarantor bank）

反担保行是指接受申请人的委托向担保行出具不可撤销反担保,承诺在申请人违约且无法付款时,负责赔偿担保行所做出的全部支付,是与申请人有经济业务往来的其他银行。有了反担保行,担保行就有了向申请人以外的另一方追索其所付款项的选择,而反担保行也有权向申请人索偿。

（7）转开行（reissuing bank）

转开行是接受原担保行的请求,向受益人开立以原担保行为申请人及反担保行以自身为担保行的保函的银行。它一般是受益人所在地银行。转开行有权拒绝担保人要其转开保函的要求,并及时通知担保人,以便担保人选择其他的转开行。但是,一旦转开行接受担保人的要求开出保函,它就成为担保人,承担起担保人的责任和义务,而原担保人就变为反担保人。转开行付款后,有权凭反担保保函向反担保人（即原担保人）索偿。

（二）银行保函的基本内容

银行保函并没有统一的格式,但通常包括以下内容:

1. 基本栏目

基本栏目主要包括:保函的编号,开立日期,各方当事人的名称、地址,有关交易或项目的名称,有关合同或标书的编号和订约或签发的日期等。

2.责任条款

责任条款为出具保函的银行在保函中担负的责任条款,它是银行保函的主体。

3.保函金额

保函金额为出具保函的银行在该项保函业务中所承担的最高金额,可以是一个具体的金额,也可以是合同金额的一定比例。

4.有效期

银行保函的有效期指受益人最迟的索赔期限,或称到期日。它既可以是一个具体的日期,也可以是在某一行为或某一事件发生后的一个时期到期。例如在交货后 45 天。

5.索偿条件

索偿条件表明担保行在什么条件下,凭受益人提供何种单据、何种证明向受益人付款。索偿条件是保函中极为重要的一个条款,应视不同基础合约的性质,提出不同的单据要求。对此有以下几种不同的意见:

(1)以担保人的调查意见作为是否付款的依据。这种意见认为当索偿提出时,应由担保人对违约事实进行调查,以调查意见作为判断是否违约、是否付款的条件。这种做法固然有利于担保人,但也易使其卷入无谓的合同纠纷中。

(2)凭申请人的违约证明付款。认为索偿条件不必与事实相联系,仅需凭申请人签发承认违约的证明作为索偿条件。这种做法对受益人非常不利,往往难以为受益人所接受。因为即使申请人违约,只要不签发违约证明,受益人就无法索偿。

(3)凭受益人提交的符合保函规定的单据或证明文件付款。认为索偿条件不必与事实相联系,但必须由受益人在有效期内提交保函规定的单据或书面文件,证明申请人违约,且申请人提不出相反证据时,即可认定所规定的付款条件已经具备,索赔有效。

目前的银行保函多采取第三种意见为索偿条件。

(三)银行保函的种类

1.出口类保函

出口类保函是指银行应出口商申请,向进口商开出的保函,是为满足出口货物和出口劳务需要而开立的保函,主要包括投标保函、履约保函、预付款保函、保留金保函等。

(1)投标保函(tender guarantee)

投标保函是担保行应投标人的申请向招标人开立的保证文件,保证投标人在开标前不中途撤销投标或片面修改投标条件；中标后不拒绝签约；中标后不拒绝交付履约保函，否则，担保行负责赔偿招标人一定金额的损失。

（2）履约保函（performance guarantee）

履约保函是担保行应申请人的要求向受益人开出的保证申请人按合同条款履行各项义务，否则由担保行赔偿受益人一定金额损失的保证文件。履约保函在进出口贸易、来料加工、工程承包、融资租赁以及质量维修等方面都可以使用，具有应用范围广、担保金额高的特点。其有效期一般自相关合同生效之日起，至合同失效之日或双方协商确定的具体期限为止。

（3）预付款保函（advance payment guarantee）

预付款保函是指进口商或接受承包的业主在预付定金时要求出口商或承包方提供的银行担保。担保行向受益人保证在出口商或承包商因故不能履约时，由银行负责将预付款项加上利息退还。

预付款保函金额就是进口商或接受承包的业主预付款项的金额。有效期可定为预付款项全部扣完时为止，也可定为至合同执行完毕日为止，再加上一定天数的索偿期。

（4）保留金保函或留置金保函（retention money guarantee）

保留金保函或留置金保函是银行应出口商的申请，向进口商发出的，保证如果货到后发现品质不符，将进口商预先支付的保留金退还进口商的归还保证书。

在成套设备进出口合同中，常常规定先支付合同金额的 90%～95%，其余 5%～10% 待设备安装完毕运转良好，经买方验收后再支付。这一小部分余额称为保留金或留置金。如发现机械设备、品质、规格与合同规定不符，双方洽商减价，减价的部分便从保留金抵扣。

由于上述保留金所涉及的金额往往很大，有时卖方要求买方同意将此笔保留金随大部分货款一并支付卖方，这时买方往往要求卖方首先提供银行保函，之后才同意卖方的要求。此时，卖方提供的银行保函须保证：如果货到发现品质不符、货物短量时，担保行便将预支的保留金退还买方。此银行保函即是保留金保函。简言之，保留金保函就是银行为出口商提前收回保留金而提供的归还保证书。

保函金额就是保留金的金额，有效期是合同规定的索赔期满加 3～15 天索偿期。

（5）质量保函（quality guarantee）

在供货合同中，尤其是在军工产品、机械设备、船舶飞机等出口合同中，为保证产品质量，买方要求卖方提供银行担保，保证如货物质量不符合同规定，而卖方又不能更换或维修时,担保行便将保函金额赔付买方,以弥补其所受损失。这种银行保函即为质量保函。保函金额一般为合同金额的 5%～10%,保函有效期一般至合同规定的质量保证期满,再加 3～15 天索偿期。

(6)维修保函(maintenance guarantee)

在承包工程合同中,工程完工后业主扣留一部分款项备作补偿工程质量缺陷而承包人不予维修造成的损失。工程业主要求承包人提供银行担保,保证在工程质量与合同规定不符而承包人又不能维修时,担保行便按保函金额赔付业主,以弥补其所受损失,则业主可以释放这部分扣款。这种银行保函即为维修保函。

保函金额一般为合同金额的 5%～10%,保函有效期一般至合同规定的工程维修期满,再加 3～15 天索偿期。

2.进口类保函

进口类保函是指银行应进口商申请,向出口商开出的保函,是为进口货物和进口技术需要而开立的保函,主要包括付款保函、延期付款保函、租赁保函等。

(1)付款保函(payment guarantee)

付款保函是担保行对买方的付款责任而出具的一种保函,主要分为以下两种情况:

①在只凭货物付款,而不是凭单据付款的交易中,进口商向出口商提供银行担保,保证在出口商交货后,或货到后,或货到经买方检验与合同相符后,担保行一定支付货款,或进口商一定支付货款,如进口商不支付,担保行将代为付款。

②在技术交易中,买方向卖方提供银行担保,保证在收到与合同相符的技术资料后,担保行一定付款,或买方一定付款,如买方不付,担保行将代为付款。

以上两种银行担保就是付款保函。付款保函的金额就是合同金额,保函有效期按合同规定的付清价款日期再加半个月。

(2)延期付款保函(deferred payment guarantee)

进口大型机械设备、成套设备时多采用延期付款方式,一方面是由于交货不集中,往往要在较长的时间内才能交货完毕;另一方面进口商往往无力一次支付全部款项,特别是一些发展中国家要等引进的设备安装完毕投产后,用投产后产生的收益在一段时间内分批来付款。在这种延期付款的情况下,进口商按照合同规定预付出口商一定比例的订金(如货款的 5%),其余部分(货款的 95%)由进口方银行开立保函,保证进口商凭货运单据支付一部分(如货款的 10%),其余部分(货款的 90%)分为 10 个相等份额,每份金额加利息,连续每半年支付一次,共 5 年分 10 次付清全部货款。如果进口商不能付款,担保行将代为付款。

此种保函称为延期付款保函。

延期付款保函的金额为扣除预付部分的货款金额，保函有效期按保函规定的最后一期货款及利息付清日期再加上半个月。

（3）租赁保函（leasing guarantee）

租赁保函是指当采用租赁方式进口机械、仪器、设备、运输工具时，银行向出租人担保承租人按规定付给租金，否则由担保行赔偿的保函。

租赁保函的金额就是租金总额，担保行的责任随每一次租金的支付而减少，保函有效期按租赁合同规定之全部租金付清日期再加半个月。

（4）补偿贸易保函（compensation guarantee）

在补偿贸易中，进口设备的一方向供应设备的一方提供银行担保，向其保证：如进口商在收到与合同相符的设备后，未能将该设备生产的产品，按合同规定返销出口给供应设备方或由其指定的第三者以偿付进口设备的价款，又不能以现汇偿付设备款及附加利息，担保行将按保函金额加利息赔付供应设备的一方。这种保函就是补偿贸易保函。

补偿贸易保函的金额通常是设备价款金额加利息，保函有效期一般为合同规定进口商以产品偿付设备款之日期再加半个月。

3.其他类保函

其他类保函包括在一切非贸易性质的国际经济交往中，银行代债务人向债权人开出的各种保函。在我国，比较常见的保函有以下几种：

（1）借款保函（loan guarantee）

企业或单位向国外借款，一般需提供银行担保，用以向国外贷款人保证，如借款人未按借款契约规定按时偿还借款并付给利息，担保行将代借款人偿还借款并支付利息。这种保函就是借款保函。

借款保函的金额为借款金额加利息，保函有效期为借款契约规定的还清借款并付给利息的日期再加半个月。

（2）关税保付保函（customs guarantee）

关税保付保函是指银行向国外海关开立的，保证临时进入该国的商品会按时被撤回，否则由银行向海关支付相应税金的书面保证。比如承包工程公司在国外施工，需将施工器械运进工程所在国家，在运入该国时，应向该国海关交纳一笔税金，工程完毕后将施工器械撤出该国时，该国海关可以退还这笔税金。承包方为了避免垫付这笔税款，常要求银行向工程所在国海关出具担保，向其保证，如承包方在工程完毕后未将施工器械撤离该国，将由担保行支付该笔税金。

在外国举办展览或其他宣传活动，将展品或有关器具运进该国也会发生同样情况,举办展览的单位也可用提供关税保付保函的办法来避免垫付关税。

关税保付保函的金额即外国海关规定的税金金额,保函有效期为合同规定施工器械或展品等撤离该国的日期再加半个月。

(3)账户透支保函(overdraft guarantee)

承包工程公司在外国施工时,常在当地银行开立账户,为了得到当地银行资金融通,有时需要开立透支账户。在开立透支账户时,一般需提供银行担保,向当地账户行保证,如该公司未按透支合约规定及时向该行补足透支金额,担保行将代其补足。这种保函就是账户透支保函。

账户透支保函的金额一般是透支合约规定的透支限额,保函有效期一般为透支合约规定的结束透支账户日期再加半个月。

(4)保释金保函(bail bond)

保释金保函多用于海事纠纷。比如载运货物的船只或其他运输工具,由于船方或运输公司责任造成货物短缺、残损,使货主遭受损失,或因碰撞事故造成货主或他人损失,在确定赔偿责任前,被当地法院下令扣留,需交纳保释金方予放行时,可由船方或运输公司向当地法院提供银行担保,向其保证:如船方或运输公司不按法庭判决赔偿货主或受损方所受损失,担保行就代其赔偿,当地法院即以此银行担保代替保释金,将船只或其他运输工具放行,这种银行担保就是保释金保函。

保释金保函的金额视可能赔偿金额的大小,由当地法院确定,保函有效期一般至法庭裁决日期后若干天。

(四)银行保函与跟单信用证的区别

银行保函与跟单信用证同属银行信用,不同之处主要表现在以下几方面:

1. 使用的可能性

跟单信用证主要用于国际货物买卖合同的货款支付,只要交易正常进行,凭跟单信用证要求支款的行为是必然要发生的。银行保函只有在申请人违反合同或不履行合同义务时,受益人才会凭保函向担保行索偿,因此凭保函支款不是每笔交易必然会发生的。简言之,信用证用于履约收款,保函用于违约赔偿。

2. 付款责任

跟单信用证的开证行承担的是第一性的付款责任。银行保函的担保行的付款责任有时是第一性的,有时是第二性的。在从属性保函下,担保行承担第二性的付款责任;而在独立性保函下,担保行承担第一性的付款责任。

3. 付款依据

跟单信用证只凭符合信用证条款规定的单据付款。银行保函中担保行的付款依据是申请人不履行合同义务的"事实"而不是"单据"(见索即付保函除外)。

4.适用范围

跟单信用证主要用于国际货物买卖合同的货款支付,而保函可以用于任何一种国际经济交往中,如工程承包、投标与招标、融资等业务。

5.适用的国际惯例

跟单信用证适用于 UCP600。银行保函适用的主要是 2010 年制定的《见索即付保函统一规则》(Uniform Rules for Demand Guarantees)修订本 URDG758 和 1995 年制定的《联合国独立保函和备用信用证公约》。

二、备用信用证

（一）备用信用证的含义

备用信用证(standby L/C),又称担保信用证,是指不以清偿商品交易的价款为目的,而以贷款融资或担保债务偿还为目的所开立的信用证。国际商会出版物第 515 号也对备用信用证下了定义:备用信用证是一种信用证的安排,它代表了开证行对受益人的以下责任,不管其称谓或代表方式如何:(1)偿还申请人的借款或预付给申请人或记在申请人账户的款项;(2)支付由申请人承担的任何债务;(3)支付由于申请人在履行义务上的违约。

备用信用证起源于美国,根据《美国联邦银行法》的规定,在美国的商业银行不得开出保函。为了满足客户提出代其担保的要求,美国的银行便开立了实际上是保函性质的备用信用证。现在日本、香港的银行也常开立备用信用证来代替保函。

（二）备用信用证与跟单信用证的区别

备用信用证与跟单信用证都具有自足性文件、纯单据交易,开证行承担第一性付款责任等特点,但两者有明显区别。

1.要求的单据不同

跟单信用证要求的基本单据包括运输单据、保险单据和商业发票等商业单据。备用信用证要求的单据主要是证明开证申请人未履行其义务的证明文件或声明,这些单据通常都是由受益人自己制作的。

2.有效期限不同

跟单信用证的有效期限一般较短,通常为几个月,超过一年的情况很少。备用信用证常用于担保工程的实施或贷款的偿还,基础交易过程比较长,因此备用信用证的有效期限比较长。

3.适用范围不同

跟单信用证主要用于国际贸易结算,使用范围相对狭窄。备用信用证的用途较广,既可用于国际贸易结算,也可用于国际经济合作、工程承包、国际信贷等国际经济活动中的履约担保方面。

4.作用不同

跟单信用证是简单的结算和信用工具,是把由进口商履行的付款责任转为由银行来履行付款,以银行信用取代商业信用,用来解决买卖双方的互不信任。备用信用证是一种担保工具,它是开证行对开证申请人履行其偿付义务的支持或保证。备用信用证即使是用于货物买卖,其功能也不是用货款结算,而是用来担保开证申请人支付货款。

5.适用的法律规则不同

虽然《跟单信用证统一惯例》对备用信用证和跟单信用证都下了定义,但从1999年1月1日起,备用信用证优先适用于《国际备用信用证惯例》(即 ISP98),而跟单信用证则适用于 UCP600。

(三)备用信用证与银行保函的区别

银行保函与备用信用证作为国际结算和担保的重要形式,在国际经济业务中的应用十分广泛,具有许多相似之处,但两者有明显的区别。

1.付款责任不同

在备用信用证下,银行承担第一性的付款责任,受益人只要提交符合信用证规定的申明书和/或证件,就可取得款项,银行与开证申请人和受益人之间的合同无关;而银行保函有从属性保函与独立性保函之分。在从属性保函下,担保行承担第二性的付款责任,银行可能会被牵连到合同中去;在独立性保函下,担保行承担第一性的付款责任。

2.适用的惯例不同

备用信用证适用统一的国际惯例,一般在开立信用证时,都要明确记载该信用证所适用的国际惯例的名称。目前,可适用于备用信用证的国际规则主要有三个:一是《国际备用信用证惯例》(ISP98);二是《跟单信用证统一惯例》(UCP600);三是《联合国独立保证与备用信用证公约》。如果备用信用证指明同时适用 ISP98 和 UCP600,ISP98 的条款应优先适用。如果备用信用证中规定同时适用《公约》和 ISP98,那么 ISP98 并不能优先适用,因为对于缔约国的当事人而言,《公约》相当于法律。

银行保函适用各国关于担保的法律规范。由于各国关于保函的法律规范各不相同,到目前为止,没有一个可为各国银行界和贸易界广泛认可的保函国际惯例。独立性保函虽然在国际经贸实践中有广泛的应用,但大多数国家对其性质在法律上并没有明确规定,这在一定程度上阻碍了保函的发展。银行独立保函可适用的国际规则主要有:国际商会制定的第 758 号出版物,即《见索即付保函统一规则》(URDG758)和联合国国际贸易法委员会制定的《联合国独立保证与备用信用证公约》。但是,前者尚未被世界各国广泛承认和采纳,而后者也只能对参加公约的国家生效。

第六节　国际保理与福费廷

一、国际保理

传统的国际贸易支付方式有三种,即汇付、托收和信用证。汇付和托收是属于商业信用,出口人承担的风险较大。信用证是银行信用,虽然一定程度上对出口人的收款给予了银行保证,但占压进口人的资金,且手续繁琐费用高。随着买方市场的形成,进口人一般都不愿意采用信用证方式,而要求出口人提供承兑交单(D/A)或赊销(O/A)等信用付款方式。为了解决赊销中出口人的资金占压和进口人的信用风险问题,于是出现了国际保理业务。

(一)国际保理的概念

国际保理(international factoring),全称国际保付代理业务,简称保理。根据《国际保理公约》的定义:保理是指卖方/供应商/出口商与保理商之间存在一种契约关系。根据该契约,卖方/供应商/出口商将其现在或将来的基于其与买方(债务人)订立的货物销售/服务合同所产生的应收账款转让给保理商,由保理商为其提供下列服务中的至少两项:贸易融资、销售分账户管理、应收账款的催收和信用风险控制与坏账担保。

简言之,国际保理是由保理商(factor)(银行或其他金融机构)经过资信审查,为短期赊销出口供货商提供信用管理、账务管理、坏账担保以及应收账款融资等结算—融资服务业务,在我国又称为承购应收账款业务。

(二)国际保理的当事人

保理业务一般有四个当事人,即出口人、进口人、出口保理商和进口保理商。

1. 出口人(exporter),又称销售商或供货商,是指对所提供的货物或劳务出具发票,其应收账款由出口保理商承做保理的当事人。

2.进口人(importer),又称买方或债务人,是指对由提供货物或劳务所产生的应收账款负有付款责任的当事人。

3.出口保理商(export factor)是与出口方签订保理协议,对出口人的应收账款承做保理业务的当事人,通常在出口商的所在地。在国际单保理的情况下,无出口保理商。

4.进口保理商(import factor)是同意代收由出口人出具发票并转让给出口保理商的应收账款,并依照国际保理通则对已承担信用风险的受让应收账款有义务支付的当事人。

(三)国际保理的服务项目

1.海外进口人的资信调查及信用评估

出售债权的出口人对国际市场不甚了解,保理公司可受其委托,对有关进口人进行全面详细的资信调查和信用评估。由于保理公司熟知国际市场情况,有广泛的信息网络,可以向用户提供有关国外客户的资信情况和有关市场的咨询服务,并确定每个进口人的信用额度(即保理公司承担风险的合同最高额度)。同时,也对出口人的资信及其经营能力和生产能力进行调查了解,以决定是否接受其申请。

2.贸易融资

保理公司应出口人的要求,在出口人发运货物或提供技术后,收到其发票副本时,即可以以应收账款作抵押无追索权地预付给出口人不超过发票金额的80%的款项。垫付货款的利率一般参照伦敦银行同业拆放利率(LIBOR)再加2%左右,为卖方提供融通资金的方便。保理商向出口方提供的这种无追索权的贸易融资,手续方便,简单易行。

3.销售分账户管理

对于有大量分散的出口赊销业务的出口企业,账户管理工作是确保出口企业正常生产、经营和销售的必要手段。由于该项工作要消耗大量的人力和费用开支,而且还容易出错,所以利用保理商先进的设备和完善的财务管理制度来代为管理,则既可以降低人力成本和费用开支,还可以减少因自己管理出错而造成的巨大损失。保理公司对承办的应收账款负责结算,定期公布已收和未收的情况,利用其电子数据交换系统,每月提供一份电脑财务报告,分析账户动态。出口人则不必自行记账,简化了出口人应收账款的财务管理。

4.应收账款的催收

国际贸易中的应收账款拖欠问题是困扰出口商的一大难题。一般出口商甚至包括畅销产品的卖方,由于欠缺债款回收的技术,在企业应收账款回收方面往往需要付出巨大的人力和资金成本,导致企业资金周转不灵、应收账款不能及时收回、应付账款也不能按期偿付,给企业的生产、经营和销售造成很大的障碍。保理商则会针对不同的债务人的财务情况,利用专业的收债技术和网络,为出口商提供债款催收服务。如果产生争议或纠纷,保理商可利用自己专门的法律部门和保理商联合会广泛的代理网络提供有效的律师服务。

5.提供 100%坏账担保

出口人与出口保理公司签订出口保理协议后,债权即由出口人转移给出口保理公司,交易的信用风险由保理公司全部承担。

如果进口人拒付货款,则根据保理协议,保理公司必须无条件地支付不超过信用额度的货款,但保理公司只对其已核准的应收账款承担 100%的坏账担保,对超额度发货的发票不予担保。因此,只要出口商对其客户的销售控制在保理商核定的信用额度范围之内,就能有效地消除因买方信用造成的坏账风险。但如果因货物质量、数量及交货期不符等违约行为引起的拒付、少付,则不在保理公司承担的付款责任范围之内。

(四)国际保理的种类及业务程序

根据保理运营机制的不同,可将国际保理分为两种:单保理和双保理。

1.单保理(Single factor),是指仅涉及进口保理商的保理。故单保理只有三个当事人,即出口人、进口保理商和进口人。在实际业务中已很少使用。

2.双保理(Two factors),是出口保理商通过进口保理商共同为出口企业提供保付代理服务。它有四个当事人,即出口人、出口保理商、进口保理商和进口人。这是目前国际上较为通行的做法。

下面以双保理为例,介绍国际保理业务程序(见图7-8)。

(五)国际保理的利弊

1.对买方的利弊

(1)减少资金占压。由于采用的是非信用证支付方式,进口商免去了向银行交纳开证押金,减少了资金积压和利息损失,同时也省去了诸如开证费、改证费等银行手续费,从而使进口成本有所下降。

(2)获得卖方信用。进口商利用赊销或承兑交单等优惠的付款条件获取卖方信用,可以用其有限的资金购进更多的货物,有时甚至可以不必动用自身资金就能赚取利润。因为进口商可在收到货物后,将货物转售出去,用售货所得款项于远期汇票到期日按规定履行付款责任。因而,进口商可加快资金周转,扩大营业额。

(3)保证收到合格货物。由于保理商对出口商承担买方信用风险担保的

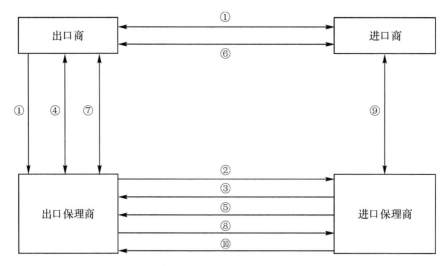

图 7-8 双保理的业务流程

说明：

①出口商在以商业信用出售商品的交易过程中，首先将进口商的名称及有关交易情况报给出口保理商，即向其提出申请并询价。

②出口保理商根据进口商的情况选择进口保理商，并将上述有关进口商的资料整理后，提交给进口保理商，并请其据以报价。

③进口保理商对进口商的资信进行调查，并将调查结果及可以向进口商提供赊销金额的具体建议通知出口保理商，即核定信用额度，同时报价。

④出口保理商报价并与出口商签订保理协议。

⑤出口、进口保理商签订保理协议，通过协议，出口保理商将债权转让给进口保理商，由后者向进口商收款并承担相应义务。

⑥出口商与进口商签订贸易合同并发货寄单。出口商将有关单据正本直接寄给进口商，注明应收账款已转让给保理商，而以副本和应收账款转移通知书要求出口保理商提供保理融资服务。

⑦出口商转让债权并获得资金融通。

⑧出口保理商将有关单据寄送进口保理商。

⑨进口保理商负责到期向进口商催收货款。

⑩进口保理商将收回的货款划付给出口保理商，出口保理商扣除融资本息及有关保理费用后，再将余额付给出口商。

前提条件是出口商严格履行买卖合同的各项义务。出口商为了顺利收回款项，一般都须按照合同的规定发货并提交单据。因此，在很大程度上保证了进口商所收单据的真实性及收到货物的合格率，减少了出口商欺诈的可能性。

（4）商品价格较其他支付方式高。出口商一般会将办理该业务的有关费用转移到出口货物的价款中，从而增加进口商的成本负担。

2. 对卖方的利弊

（1）确保收汇安全。保理商代出口商对进口商的资信进行调查，为出口商决定是否向进口商提供商业信用以扩大商品销售而提供信息和数据，由保理商承担 100％ 的买方信用风险担保。只要出口商在批准的信用额度内发运符合合同规定的货物，便可避免到期收不回货款的商业信用风险，杜绝坏账损失。

（2）取得融资便利。出口商将货物装运完毕后，可向保理商提出融资要求，立即获得资金，从而可以加速资金周转。

（3）促进出口成交。由于在叙做保理业务时，出口商可以向国外新老客户提供颇受欢迎的 D/A、O/A 等优惠付款条件，从而在激烈的国际市场竞争中赢得优势，极易与进口商达成交易。

（4）国际保理收费高。国际保理的佣金手续费一般是货款的 1％～3％，如有融资服务，则费用更高一些。这些费用一般由出口商承担，当然也可以事先将其估算在出口成本之内转嫁给进口商。但因此提高货物价格，对交易的顺利达成或多或少有一定的影响，也会一定程度上导致企业出口利润下降，降低企业的出口竞争力。

3. 对保理商的利弊

对保理商而言，开展保理业务，最大的益处当然是获得收益。收益主要由利息和手续费组成。另外，由于保理业务具有连续性的特点，开展保理业务还利于带动进出口商与保理商建立其他的业务往来。

对保理商的不利之处在于保理商承担的风险较大，远远大于信用证业务中开证行的风险。虽然在国际保理业务中，国际保理商事先已对进口商的资信进行了调查和评估，并规定了信用额度，然而一旦出现坏账或者汇率风险等问题，保理商就可能遭受损失。所以，保理商批准的信用额度一般都不大。

小资料 7-3

国际保理的组织和惯例

目前世界上有三个国际性保理服务机构，即国际保理联合会（Factors Chain International，FCI）、国际保理协会（International Factors，IF）和哈拉尔海外公司（Heller Oversea Corporation）。

这三个国际机构中，最大的是 FCI，成立于 1968 年，总部设在荷兰阿姆斯特丹，其目的是为会员公司提供国际保理服务的统一标准、程序、法律依据和规章制度,负责组织协调和技术培训。FCI是由各国保理公司组成的民间商业机构,允许一个国家有多家保理公司参加,现已拥有近40个国家和地区100多家会员公司。从事国际保理业务的保理商一般须加入国际保理商联合会(Factors Chain International,FCI),其保理业务员均须通过FCI组织的保理考试,获得FCI颁发的合格证书。FCI会员间的业务往来完全通过FCI开发的保理电子数据交换系统(EDI-Factoring),通过业务的无纸化操作进行。目前国内的中国银行、中国工商银行、中国建设银行、交通银行和东方保理公司等已成为其会员。

FCI有联系世界主要保理公司的全球网络,旨在通过保理和有关的财务服务,促进国际贸易发展。FCI利用通讯电子信息服务公司(GEISCO)的MarkⅢ卫星,成功开发了保理公司之间财务通信系统(Inter-factor Accounting Communication,IFAC)、计算机和通讯辅助保理服务系统(Factoring Aided by Computer and Telecommunication System,FACT)及电子数据交换(EDI),供各会员公司使用。此外,FCI还协助各会员公司制定法律框架文件,以保护进出口商和保理商的利益;制定标准程序以保持优良服务质量;提供一揽子培训方案;在全世界推广国际保理服务,使其成为行之有效的贸易财务服务方法。FCI为统一各会员公司的业务做法,减少国际保理业务中的纠纷,特别颁布了《国际保理业务惯例规则》(国际保理商联合会1991年8月修订本)和《国际保理业务仲裁规则》供各会员公司参照。

二、福费廷

资本性货物的贸易付款期限一般都在180天以上,有的甚至长达几年。在这期间,可能会出现各种情况,比如:汇率和利率的变动、进口国发生国家信用风险、出口人的信用风险和资金转移的风险,都会使出口人的资金受损或难以收款。另外,这种不断延长的付款期限也大大超出了卖方本身资金的承受程度,卖方不得不向银行提出越来越长的融资需求。于是,一种新型的结算和融资业务——福费廷就产生了。

(一)福费廷的概念

福费廷(forfaiting)又称包买票据或买断,是指金融机构作为包买商从出口商那里无追索权地购买经进口商承兑的、并通常由进口商所在地银行担保的远期汇票或本票,出口商将远期应收账款以贴现方式卖给包买商后即提前取得现款的一种资金融通方式。

（二）福费廷业务的当事人

1.出口商（exporter / seller）：提供商品或劳务，并向包买商出售票据的人。

2.进口商（importer / buyer）：福费廷业务的最终债务人，即承担到期支付票据款项的最终责任人。

3.包买商（forfaitor）：提供福费廷融资业务的商业银行或其他金融机构，通常在出口方所在地。包买商与出口商达成包买票据的协议后，需要无追索权地购入出口商转让的票据。如果业务量较大，可以有多个包买商的联合（包买辛迪加 forfaiting syndicate）。此外，如果存在二级包买市场，则会有初级包买商（primary forfaitor）和二级包买商（secondary forfaitor）的区别。

4.担保人（guarantor）：对进口商签发的远期汇票或本票进行承兑或担保的银行，多在进口方所在地。若进口商不能偿还货款，担保人履行付款责任后，有权向进口商追索。

（三）福费廷业务的特点

1.主要提供中长期贸易融资。福费廷业务的融资期限一般在1~5年，最短6个月，最长可达10年。

2.出口人卖断的是"无追索权"的票据。福费廷业务中，出口人在取得包买商的资金时，即在票据上写明"无追索权"（without recourse）字样，而把收款的权利、风险及责任一并转嫁给了包买商，包买商也同时放弃对出口人的追索权，因此它属于一种买断行为。

3.融资金额一般较大，多在100万美元以上，属于批发性融资。由于包买商在资信调查、单据审核和资产管理方面所做的工作大致相同，费用开支也差别不大，但当费用分摊到融资成本中去，所反映的增加幅度就不一样了。因此，金额越大，客户的融资风险就相对较小，福费廷业务的优势也就越明显。

4.出口商必须对资本货物的数量、质量、装运、交货期负全部责任。

5.福费廷不仅有初级市场，而且还有二级市场。包买商买下出口人的债权凭证后可以在二级市场流通转让。

（四）福费廷业务的程序

下面以远期信用证业务为例，介绍关于福费廷业务的一般流程，如图7-9所示。

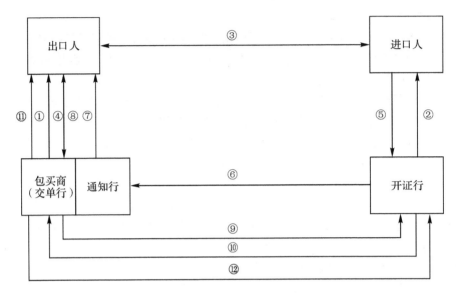

图 7-9　福费廷业务流程图

说明：

①出口人联系包买商安排信贷。出口人在与进口人签订合同时,如欲叙做福费廷业务,应事先和在出口地的包买商取得联系,以便做好信贷安排。

②进口人联系经福费廷商同意的担保行,签订担保协议。

③进出口双方签订交易合同,按中长期的信用证方式付款。

④出口人与包买商签订包买协议,规定有关权利和义务。

⑤进口人向一家包买商同意的进口地银行申请开立信用证。

⑥开证行开出信用证。

⑦出口地的通知行向出口人通知信用证。

⑧出口人按信用证条款发货、制单并向出口地的银行交单。

⑨出口地的银行(一般是交单行)向开证行寄单。

⑩开证行对出口人的远期汇票承兑并通知出口地的寄单行。

⑪包买商向出口人作无追索权的付款,买入出口人签发的经开证行承兑的汇票,出口人则必须放弃对所出售债权凭证的一切权益。

⑫包买商于付款到期日向开证行作付款请求,开证行付款。

（五）福费廷业务的利弊

1.对出口人来说

利：

(1)在交货或提供服务后,可马上从包买商处获得无追索权的中长期贸易融资,而且避免各种风险的承担,有利于加速资金周转,提高经济效益。

（2）福费廷业务手续简便易行。包买商在被要求叙做此业务时往往要先审查开证行或票据担保行的资信。如认可,一般就会接受出口人的要求,立即与其签订有关协议。

（3）福费廷业务通常是保密的,便于保护出口人的商业秘密。

弊：

（1）出口人必须保证汇票、本票能够被承兑或担保,否则,就不能获得包买商无追索权的融资。

（2）出口人有时不能保证进口人能够找到一家包买商满意的开证行或担保行,因而叙做福费廷业务有一定难度。

（3）福费廷业务中的费用相对纯粹的信用证业务要高一些。但考虑到可以免除出口人的诸多风险,还是可以为出口人接受的。

2. 对进口人来说

利：

赎单手续简单快捷,可以获得出口人提供的中长期贸易融资。

弊：

（1）按惯例必须支付票据承兑或担保的一切费用。

（2）由于汇票、本票或其他债权凭证所具有的性质,进口人不能因为任何有关货物或服务的贸易纠纷拒绝或拖延付款。

（3）出口人往往会把福费廷业务中的高费用转嫁给进口人,因而造成进口人的成本提高。

3. 对包买商来说

利：

（1）手续相对简便,办理迅速。只要票据经由其同意的银行承兑或担保后,包买商即可无追索权地买入票据及其所代表的一切权益。

（2）包买商可以自行选择任何可自由兑换的货币买入票据。

（3）买入票据后,包买商如希望在票据尚未到期前即得到资金融通,可将所购的承兑汇票到二级包买市场上流通转让。

（4）因为包买商承担了有关收汇的所有风险,所以收取的费用较高,收益颇丰。

弊：

（1）包买商在福费廷业务中承担了所有的风险,如果应收账款未能按时收回,包买商对任何人都没有追索权。

(2)为了保护自己的利益,包买商必须了解进口人所在国的有关法律规定、调查承兑银行或担保银行的资信情况。所以,不是所有的中长期付款交易,都可叙做福费廷业务的。

第七节 各种支付方式的结合使用

在国际贸易中,通常一笔交易只使用一种支付方式。但在交易双方很难就某一支付方式达成一致的情况下,或由于具体业务的需要,实际业务中有时可选择两种或两种以上的支付方式结合起来使用。常见的有以下几种:

一、信用证与汇付相结合

信用证与汇付相结合,是指部分货款用信用证结算,余数用汇付方式结算。这种结算形式常用于初级产品的交易中,其交货数量不宜精确,允许其交货数量有一定的机动幅度。例如,对于矿砂、煤炭、粮食等初级产品的交易,买卖双方约定按信用证规定凭货运单据先付发票金额的若干成,余数待货到目的地后,根据检验的实际结果,按实际品质或数量确定余额,用汇付方式支付。另外,对于特定的交易需要进口商预付定金的,可用汇付方式支付定金,而余款用信用证方式结算。

条款示例 7-11

买方同意在本合同签字之日起 1 个月内将合同总金额 30％的预付款以电汇方式汇交卖方,其余 70％的金额用信用证方式结算。

30％ of the total contract value as advance payment shall be remitted by the buyer to the seller through telegraphic transfer within one month after signing this contract, while the remaining 70％of the invoice value against the draft on L/C basis.

二、信用证与托收相结合

信用证与托收相结合,是指部分货款用信用证结算,余数用托收方式结算。其具体操作是分别开立汇票,其中信用证部分的货款凭光票付款,而全部单据附在托收部分汇票项下,按即期付款交单方式托收。同时,在信用证中明确规定"买方在全数付清发票金额后方可交单"的条款。

条款示例 7-12

货款 50％应开立不可撤销信用证，余款 50％见票后即期付款交单。全套货运单据随于托收项下，于申请人付清发票全部金额后交单。如进口商不付清全部金额，则货运单据由开证银行掌握，听凭卖方处理。

50％ of the invoice value is available against payment by irrevocable L/C, while the remaining 50％ of documents be held against payment at sight on collection basis. The full set of the shipping documents of 100％ invoice value shall accompany the collection item and shall only be released after full payment of the invoice value. If the importer fails to pay full invoice value, the shipping documents shall be held by the issuing bank at the exporter's disposal.

三、跟单托收与备用信用证或银行保函相结合

跟单托收建立在商业信用基础上，出口商能否收取货款完全取决于进口商的信用状况和支付能力。有时跟单托收项下的货款会遭进口商拒付，出口商可采用备用信用证或银行保函追回货款。也就是，在采用备用信用证或银行保函和跟单托收方式时，如果遭买方拒付，卖方开立汇票和签发买方拒付的声明书，要求开证银行或担保行进行偿付，但其有效期必须晚于托收付款期限后一段适当的时间，以便被拒付后能有足够的时间办理追偿手续。

条款示例 7-13

即期或××天远期付款交单，并以卖方为受益人的总金额为××的备用信用证或银行保函。备用信用证或银行保函规定如下条款：如××号合同跟单托收项下的付款人到期拒付，受益人有权凭该备用信用证或银行保函开立汇票，连同一份该合同被拒付的声明文件索取货款。

Payment is available by D/P at sight or ×× days after sight with a standby L/C or L/G in favour of seller for the amount of ×× as undertaking. The standby L/C or L/G should bear the clause: In case the darwee of the Documentary collection under S/C No. ×× fails to honor the payment upon due date, the Beneficiary has the right to draw under this standby L/C or L/G by their draft with a statement stating the payment on S/C No. ×× dishonored.

在国际贸易实务具体业务过程中，由于受不同国家或地区、不同客户、不同交易等多方面因素的影响，还有其他一些不同结算方式的使用，例如，跟单托收

与预付押金相结合,托收与汇付相结合,汇付、银行保函和信用证相结合等。另外,在成套设备和大宗交易的情况下,一般采用分期付款和延期付款的方式。总之,不同结算方式的选择要根据具体业务的需要来决定。

☞【练 习】

一、名词解释

汇票 背书 承兑 本票 支票 电汇 票汇 跟单托收 光票托收 付款交单 承兑交单 跟单信用证 银行保函 备用信用证 国际保理 福费廷

二、选择题

1.票据是国际通行的结算工具,其中使用最多的是( )。

A.支票　　　　B.本票　　　　C.汇票　　　　D.发票

2.根据承兑人的不同,汇票可分为( )。

A.银行汇票和商业汇票　　　　B.光票和跟单汇票

C.银行承兑汇票和商业承兑汇票　　D.即期汇票和远期汇票

3.支票是( )。

A.一种有条件的支付命令　　　B.即期也可以是远期付款

C.以银行为付款人的远期票据　　D.以银行为付款人的即期票据

4.从国际汇兑角度看,汇付方式是( )。

A.顺汇　　　　B.逆汇　　　　C.票汇　　　　D.信汇

5.汇付的基本当事人包括( )。

A.汇款人　　　B.收款人　　　C.汇出行　　　D.解付行

6.在票汇中,汇出行开出的汇票是一种( )

A.银行远期汇票　　　　B.银行即期汇票

C.延期汇票　　　　D.固定日期付款汇票

7.托收方式的当事人有( )。

A.出票人、托收行、代收行、付款人

B.出票人、付款人、持票人、背书人

C.出票人、背书人、被背书人、付款人

D.正当持票人、出票人、保证人、付款人

8.未经委托人指示,代收行同意付款人的请求,以 T/R 条件借得提单提货,但到期却未能付款,则应由( )负责。

214　　A.委托人　　　B.托收行　　　C.代收行　　　D.付款人

9. 托收业务中,汇票的付款人应是(　　　)。

A. 出口商　　　　B. 进口商　　　　C. 出口方银行　　D. 进口方银行

10. 在下列托收业务中,进口商可凭信托收据向银行借单提货的是(　　　)。

A. D/P at sight　　B. D/P after sight　C. D/A　　　　D. D/A after sight

11. 在托收业务中,(　　　)决定代收行向付款人交单的方式。

A. 委托人　　　　B. 托收行　　　　C. 代收行　　　　D. 付款人

12. 在 D/P 和 D/A 支付方式下,就卖方风险而言(　　　)。

A. D/P 大于 D/A　B. D/P 小于 D/A　C. D/P 等于 D/A　D. 不确定

13. 信用证方式下,银行审单议付的依据是(　　　)。

A. 合同和信用证　B. 合同和单据　　C. 单据和信用证　D. 信用证和委托书

14. 按照《跟单信用证统一惯例》的规定,在信用证中如未注明是否可以撤销,则该信用证为(　　　)。

A. 可撤销信用证　　　　　　　　B. 不可撤销信用证

C. 由双方协商决定　　　　　　　　D. 不确定

15. 在保兑信用证中,保兑行的付款责任是(　　　)。

A. 在开证行不履行付款义务时履行付款义务

B. 承担第一性的付款义务

C. 在开证申请人不履行付款义务时履行付款义务

D. 只有在开证行破产的情况下才履行付款义务

16. 托收和信用证使用的汇票都是商业汇票,都是通过银行收款,则(　　　)。

A. 两者都属于商业信用

B. 两者都属于银行信用

C. 托收是银行信用,信用证是商业信用

D. 托收是商业信用,信用证是银行信用

17. 如果运输单据出单日期为 9 月 5 日,信用证规定运输单据签发日以后 21 天交单,信用证的有效期为 9 月 30 日,则最迟提交银行议付的时间为(　　　)。

A. 9 月 30 日　　　B. 9 月 20 日　　C. 9 月 30 日　　D. 9 月 26 日

18. 下列(　　　)不是信用证支付方式的特点。

A. 开证行在进口商不履行付款义务时向受益人付款

B. 开证行承担第一性付款责任

C. 信用证是自足的文件

D. 信用证业务处理以单据为准

19.按 UCP600 规定,付款后可以对受益人行使追索权的银行是( )。

A.付款行   B.保兑行   C.议付行   D.开证行

20.L/C 与托收相结合的支付方式,其全套货运单据应( )交到银行。

A.随信用证项下的汇票

B.随托收项下的汇票

C.50%随信用证项下,50%随托收项下

D.单据和票据分别在信用证和托收项下

三、简答题

1.汇票、本票和支票各自的含义是什么? 它们之间有何异同?

2.汇付业务的主要当事人有哪些? 其各自的责任和权利是什么?

3.汇付有哪些种类? 其各自的业务程序如何?

4.汇付方式在国际贸易中是如何运用的?

5.采用跟单托收时,出口商应如何有效提高收款的安全性?

6.简述信用证的含义及特点。

7.信用证方式有哪些基本当事人? 他们各自承担什么样的责任?

8.跟单信用证的基本业务程序是怎样的?

9.进出口企业如何利用信用证进行融资?

10.银行保函与备用信用证有何区别?

11.备用信用证与跟单信用证有何区别?

12.简述国际保理的优点。

13.什么是福费廷?

四、案例分析

1.我国 C 公司向美国 A 公司出口工艺品。第一笔业务成交时,客户坚持要以 T/T 付款,认为这样节约费用,对双方有利。考虑到今后业务的长期发展,C 公司答应了客户的要求。在完成装货收到 B/L 后即给客户发传真,客户很快将货款 USD10000 汇给我方,第一单非常顺利。1 个月后,客户要求再次发货并仍以 T/T 付款,我方同意。3 个月内连续 4 次发货总值 FOB DALIAN USD40000,目的港为墨西哥。待 4 批货物全部出运以后,再向客户索款时,客户以各种理由拖延,半年后再也联系不上客户。从这个案例中,出口商可以得到哪些教训和启示?

2.出口商甲与进口商乙在洽商合同时都同意使用远期跟单托收方式。但甲主张使用 D/P at 30 days after sight,而乙则主张使用 D/A at 30 days after sight。请分析甲、乙两种主张不同的原因。

3.某年我出口公司对新加坡出口红枣。新加坡开证行开来的信用证规定为"三级品"红枣。当时因"三级品"缺货,经研究为及时供应开证申请人的进口需求,用"二级品"装船,在发票上注明:二级品红枣,价格按三级货计收。受益人原以为所装运货物级别较信用证规定高,而价格不变,进口商应当不会有任何异议。但是,恰恰相反,开证行收到单据后,以"单证不符"为由拒付。开证行能否拒付?为什么?

4.外国一家贸易公司与我国一家进出口公司订立合同,购买化肥 500 吨。合同规定,1 月 30 日前开出信用证,2 月 5 日前装船。1 月 28 日买方开来信用证,有效期至 2 月 10 日。由于卖方按期装船发生困难,故电请买方将装船期延至 2 月 17 日,并将信用证有效期延长至 2 月 20 日,买方回电表示同意,但未通知开证行。2 月 17 日货物装船后,卖方到银行议付时,遭到拒绝。银行是否有权拒绝议付?为什么?

5.开证行 I 银行开立了不可撤销议付信用证,信用证条款规定:"covering 150M/T of Hemaseeds, admixture and moisture must be identical with the contract No. DHF94308 stipulated."。双方签订的合同规定杂质最高 3%,水分最高 12%。受益人提交的发票上记载:杂质最高 3%,水分最高 12%。开证行收单后认为单证不符,发出拒付电。问:开证行拒付的理由是否成立?为什么?

6.我国某公司向国外某公司进口一批货物,货物分两批装运,支付方式为不可撤销即期信用证,每批分别由中国银行开立一份信用证。第一批货物装运后,卖方在有效期内向银行交单议付,议付行审单无误后,向卖方议付货款,随后,中国银行对议付行作了偿付。我方在收到第一批货物后,发现货物品质不符合合同,因而要求开证行对第二份信用证项下的单据拒付,但开证行表示拒绝。问:开证行这样做是否有道理?为什么?

7.一家银行应开证申请人的要求,向受益人开立了一份不可撤销信用证。该信用证以后被修改,要求增加由开证申请人指定的检验机构签发的商检证书。遭到受益人的拒绝后,开证行开始宣称,如提示的单据中不包括该商检证将拒不偿付,继而又声明,如开证申请人收到的货物与信用证条款相符,可以照付。货抵目的地后,经检验收到的货物仅为发票所列数量的 80%,因此遭到拒付。为此,受益人起诉开证行违反信用证承诺。试对此案进行评论。

第八章

检验、索赔、不可抗力和仲裁 ≫ ≫ ≫ ≫

学习内容与目标 ·······································

掌握合同中检验时间和地点的规定方法；

熟悉合同中的检验条款和索赔条款；

了解不可抗力的范围、认定和法律后果；

熟悉不可抗力条款的订立方法；

正确认识仲裁裁决的承认和执行；

熟悉合同中的仲裁条款。

·······································

案例导读

买卖双方以 CIF 贸易术语达成一笔交易，合同规定卖方向买方出口某商品 1000 件，每件 10 美元，信用证方式付款。商品检验条款规定："以出口国商品检验局出具的检验证书作为卖方议付货款的依据，货到目的港，买方有权对商品进行复验，复验结果作为买方索赔的依据。"卖方在办理装运、制作整套结汇单据，并办理完结汇手续以后，收到了买方因货物质量与合同不符而向卖方提出索赔的电传通知及目的港检验机构出具的检验证明，但卖方认为，交易已经结束，责任应由买方自负。请问，卖方的看法是否正确？为什么？

【分析】 买卖双方在合同中规定商品的检验权，以及如何检验是国际货物买卖的重要环节。本案涉及商品的检验权,案中的商品检验条款说明出口国商品检验局出具的检验证明并不是确定交货品质和重量的最后依据,而仅仅是议付的依据。若收到货物后,经复验发现货物的质量与合同规定不符,买方有权向卖方提出索赔,卖方则应承担合同中的卖方责任。所以卖方的看法是不正确的。

第一节　商品检验

进出口商品检验简称商检,是指在国际货物买卖中,由国家设置的管理机关或由政府注册的第三者身份的民间公证鉴定机构,对进出口商品的质量、数量、规格、重量、包装、残损、安全性能、卫生方面的指标以及装运技术和装运条件等项目实施的检验、鉴定和管理工作。通过商品检验,可以确定卖方所交货物是否与贸易合同、有关标准规定相一致,是否符合进出口国有关法律和行政法规的规定。有时还要根据商品检验明确货损原因和责任归属,以利于货物的交接和交易的顺利进行。因此,商品检验是国际贸易中的一个重要环节,直接关系到买卖双方权利和义务,买卖双方应在买卖合同中对于商品检验的相关问题作出明确具体的规定。

一、买方的检验权

根据各国法律和《联合国国际货物销售合同公约》规定,买方有权对其所买的货物进行检验,以保障买方的利益。国际货物买卖双方在交接货物过程中,通常要经过交付(delivery)、检验或察看(inspection or examination)、接受或拒收(acceptance or rejection)三个环节。在长期的国际贸易实践中,对于货物的检验或察看、货物的接受或拒收方面,已形成了一些惯例,有的国家对此还作出法律规定。按照一般法律规则,"接受"是指买方认为他所购买的货物在质量、数量、包装等方面均符合买卖合同的规定,因而同意接受卖方所交付的货物。买方"收到"货物并不等于他已经"接受"了货物。如果他收到货物后经检验,认为与买卖合同的规定不符时,他可以拒收。如果未经检验就接受了货物,即使事后发现货物有问题,也不能再行使拒收的权利。

《联合国国际货物销售合同公约》38条规定了买方对货物享有检验权:"(1)买方必须在按情况实际可行的最短时间内检验货物或由他人检验货物。(2)如果合同涉及到货物的运输,检验可推迟到货物到达目的地后进行。(3)如果货物在运输途中改运或买方必须再发运货物,没有合理机会加以检验,而卖方在订立合同时已知道或理应知道这种改运或再发运的可能性,检验可推迟到货物到达目的地后进行。"同时第36条第1款也规定:"卖方应按照本公约的规定,对风险移转到买方时所存在的任何不符合同情形,负有责任,即使这种不符合同情形在该时间后方始明显。"可见买方对货物有检验的权利,即便货物不符合同的情形在风险转移的时候并未表现明显,但检验结果显示这种情形于风险转移到买方时就已存在的亦应由卖方负责。

我国《中华人民共和国合同法》对买方检验权也有明确的规定。第157条规定:"买方收到标的物时应当在约定的检验期间内检验,没有约定检验期间的,应当及时检验。"第158条还规定:"当事人约定检验期间的,买方应当在检验期间内将标的物的数量或质量不符合约定的情形通知卖方。买方怠于通知的,视为标的物的数量或质量符合约定。当事人没有约定检验期间的,买方应当在发现或应当发现标的物的数量或质量不符合约定的合理期间内通知卖方。"

综上可知,无论《公约》还是我国法律都认为,除双方另有约定外,买方有权对自己所购买的货物进行检验。如发现货物不符合同规定,而且确属卖方责任的,买方有权采取要求卖方予以损害赔偿等补救措施,直至拒收货物。但是,必须指出,买方对货物的检验权并不是表示对货物接受的前提条件,买方对收到的货物可以进行检验,也可以不进行检验。假如买方没有利用合理的机会对货物进行检验,就是放弃了检验权,也就丧失了拒收货物的权利。因此,买方检验权是一种法定的检验权,它服从于合同的约定。

二、检验的时间和地点

商品检验在何时何地进行,各国法律无统一规定。而货物的检验权又直接关系到买卖双方在货物交接过程中的权利和义务,因此买卖双方通常在合同中就买方如何行使检验权,包括检验的时间和地点都作出相关规定,以明确双方的责任。对于商品检验的时间和地点的规定与合同所使用的贸易术语、商品特性、包装方式、行业惯例以及当事人所在国的法律、行政法规的规定有密切关系。

在国际货物贸易中贸易合同中关于检验时间和地点的规定,基本做法有以下四种:

(一)在出口国检验

在出口国检验又分为产地检验或工厂检验和装船前或装船时检验。

1. 工厂(产地)检验

货物在离开生产地点(如工厂、农场或矿山)之前,由出口方或其委托人的检验人员或进口方的验收人员,对货物进行检验或验收。卖方承担货物离开产地之前的责任,而在运输途中出现的品质、数量等方面的风险则由买方承担。

2. 装运前或装运时在装运港(地)检验

又称以离岸质量、重量或数量为准(shipping quality, weight or quantity as final),即出口货物在装运港(地)装运前或装运时,以双方约定的商检机构对货物进行检验后出具的质量、重量、数量和包装等检验证书,作为决定交货质量、重量或数量的最后依据。

在这里,卖方取得商检机构出具的各项检验证书,就意味着其所交货物的质量、重量或数量是与合同规定相符合的,买方对此无权提出任何异议。货物运抵目的港(地)后,买方如再对货物进行复验时,即使发现问题,也无权再表示拒收或提出索赔。

(二)在进口国检验

在进口国检验是指在进口国的目的港(地)或在买方营业处所检验。

1. 目的港(地)检验。又称以到岸质量、重量(或数量)为准(landing quality, weight or quantity as final),即在贸易货物运抵目的港(地)卸货后的一定时间之内,由双方约定的目的港(地)的商检机构进行商检,并以该商检机构出具的检验证书作为决定交付货物的质量、重量或数量的最后依据。如果检验证书证明货物的质量、重量或数量与贸易合同不符系卖方责任,卖方应予负责。

2. 在买方营业处所或最终用户所在地检验。对于不方便在目的港(地)进行检验的贸易货物,如密封包装货物或需要一定的检验条件或设备才能进行检验的货物,可以将检验延伸和推迟到货物运抵买方营业处所或最终用户所在地后的一定时间内进行,并由双方约定的该地的商检机构实施检验。该检验机构对商品检验后出具的检验证书作为买卖双方决定交货质量、重量或数量的依据。

采取上述两种做法时,卖方实际上须承担到货质量、重量或数量的责任。如果货物在质量、数量等方面存在的不符点属于卖方责任所致,买方则有权凭货物在进口国商检机构出具的检验证书,向卖方提出索赔,卖方不得拒绝。可见,这两种方法对卖方很不利。

(三)在出口国检验、进口国复验

在当前的国际贸易中,广泛采用在出口国检验、进口国复验的检验方法。按此做法,装运港(地)的检验证书作为卖方议付货款的凭证之一,但不是货物质量、重量或数量的最后依据。货到目的港后,由双方约定的检验机构在规定的期限内复验货物,并出具复验证明。复验中若发现交货质量、重量或数量与合同规定不符且责任属于卖方时,买方可凭复验的证明向卖方提出索赔。这种做法对于买卖双方来说都比较方便而且公平合理,因而成为一条公认的原则。

鉴于国际贸易中的货物常需要经远程运输,其质量和重量在过程中难免会有变化,装船时和到达时两次检验结果常有出处。出现差异的原因是多方面的:可能由于两地商检机构使用的检验标准或方法不同,也可能产生于运输装卸照顾不善,还可能因货物自然损耗等。为了保证合同的顺利履行,尽量减少因两地检验结果不同产生争议,可在检验条款中作下列规定:

(1)凡属于船方或保险公司责任的情况下,买方不得向卖方索赔,只能向有关责任方要求赔偿。

(2)如两次检验结果的差异在一定范围之内,如 0.15%,则以出口国检验结果为准。如超出这个范围,可由双方协商解决,如不能解决,可提交第三国检验机构进行仲裁检验。

(四)装运港(地)检验重量、目的港(地)检验质量

又习称"离岸重量、到岸品质"(shipping weight, landed quality)。在大宗商品交易的检验中,为了调和买卖双方在商品检验问题上存在的矛盾,常将商品的重量检验和质量检验分开进行,即以装运港(地)检验机构出具的重量检验证书,作为卖方所交货物重量的最后依据,以目的港(地)检验机构出具的质量检验证书,作为商品质量的最后依据。

货物到达目的港(地)后,如果货物在质量方面与合同规定不符,而且该不符是由卖方责任所致,则买方可凭质量检验证书,就货物的质量向卖方提出索赔,但买方无权对货物的重量提出异议。这种做法多应用于大宗商品的检验。

需要指出的是,由于实际业务中检验时间和地点的规定,常常与合同中所采用的贸易术语、商品的特性、检测手段、行业惯例以及进出口国的法律、法规密切相关。因此,在规定商品检验时间和地点时,应综合考虑上述因素,尤其要考虑合同中所使用的贸易术语。

通常情况下,商品的检验工作应在货物交接时进行,即卖方向买方交付货物时,买方随即对货物进行检验。经检验合格后,买方即受领货物,卖方在货物风险转移之后,不再承担货物发生质量、数量等变化的责任。这一做法特别适用于以 E 组和 D 组实际交货的贸易术语达成的交易。但如果按 FOB、CFR 和 CIF贸易术语成交时,情况则不同。由于在采用上述三种术语成交的情况下,卖方只要按合同规定在装运港将货物装上船,并提交符合合同规定的单据就算完成交货义务,货物风险也自货物在装运港装上船开始由卖方转移给买方,但此时买方

却并没有收到货物,自然更无机会检验货物。因此,以装运港交货的贸易术语达成的贸易合同,在规定检验时间和地点时,一般采用"出口国检验、进口国复验"。

案例 8-1

我方出口货物给甲国 A 商,A 商又将其转售给乙国的 B 商。货抵甲国后,A 商将原货经另一条船运往乙国,B 商收到货物后发现数量短少,向 A 商提出索赔。据此,A 商又向我方索赔。你认为对此案我方应如何处理,为什么?

三、检验机构

在对外贸易中,国际上都承认买方在接受货物之前有权检验货物,而商品检验工作一般都是由专业的检验机构受理的。商品检验机构,是指接受委托对商品进行检验或公证鉴定的专门机构,简称检验机构或商检机构。

（一）国际上商品检验机构的类型

1.官方检验机构

官方检验机构是指由国家或地方政府投资、按照国际有关法律对出入境商品实施强制性检验、检疫和监督管理的机构。世界各国为了维护本国的公共利益,一般都制定检疫、安全、卫生、环保等方面的法律,由政府设立监督检验机构,依照法律和行政法规的规定,对有关进出口商品进行严格的检验管理,这种检验称为"法定检验"、"监督检验"或"执法检验"。官方机构只对特定商品（如粮食、药物等）进行检验,如美国食品药物管理局（FDA）、美国粮谷检验署（FGES）、法国国家实验检测中心、日本通商产业检验所等都是官方检验机构。

2.非官方检验机构

非官方检验机构是指由私人创办的、经政府注册登记、具有专业检验、鉴定技术能力的公证行或检验公司。由于民间商检机构承担的民事责任,有别于官方商检机构承担的行政责任,所以国际贸易中的商品检验主要由民间机构承担。比较著名的民间机构有:瑞士通用鉴定公司（SGS）、日本海外货物检验株式会社（OMIC）、美国安全试验所（UL）、英国劳合氏公证行（Lloyd's surveyor）、法国船级社（BV）及香港天祥公证化验行等。

3.半官方检验机构

半官方检验机构是指一些有一定权威的、由国家政府授权、代表政府行使某项商品检验或某一方面检验管理工作的民间机构。例如,美国安全试验所（UL）。

在我国,主管全国出入境商品检验、检疫、鉴定和管理工作的机构是中华人民共和国国家出入境检验检疫局（China Inspection and Quarantine,CIQ）,及其设在全国各口岸的出入境检验检疫局。

小资料 8-1

美国安全试验所(UL)

美国安全试验所(Underwriters Laboratories INC.),始建于 1894 年,总部设在伊利诺斯州的诺斯布鲁克,在纽约、长岛、佛罗里达州的坦帕、加利福尼亚州的桑塔克莱拉等地设有分支机构。UL 公司是美国最有权威的、也是世界上最大的对各类电器产品进行检验、测试和鉴定的民间检验机构。美国许多州的法律明文规定,没有 UL 标志的家电产品不准在市场上销售。在美国,无论个人、家庭、学校、机关,在市场上选购电风扇、电熨斗、电褥子、电吹风、电烤箱、微波炉、电热水器、电按摩器等家用电器时,只要看到贴有 UL 标志,便觉得放心,用起来有一种安全感,这是由于 UL 公司 100 多年来长期从事机电产品安全性能鉴定树立起良好信誉的结果。

(二)我国的商品检验机构

在我国,主管全国出入境商品检验、检疫、鉴定和管理工作的机构是中华人民共和国国家出入境检验检疫局(China Inspection and Quarantine,CIQ),及其设在全国各口岸的出入境检验检疫局。其主要职责有:

1.对进出口商品实施检验。主要包括商品的质量、规格、数量、重量、包装以及是否符合安全、卫生要求。商检机构实施进出口商品检验的范围可归纳为两方面,即法定检验和对法定检验以外的进出口商品的检验。

法定检验是指商检机构或国家商检部门、商检机构指定的检验机构,根据国家的法律、行政法规,对规定的进出口商品和有关的检验事项实施强制性检验。凡属法定检验范围内的进出口商品,必须经过商检机构检验合格,才能进出口。对于法定检验以外的进出口商品,商检机构可以抽查检验。

2.对进出口商品的质量和检验工作实施监督管理。监督管理是指国际商检部门、检验机构对进出口商品的收货人、发货人及生产、经营、储运单位以及国家商检部门、商检机构指定或认可的检验机构和认可的检验人员的检验工作实施监督管理。

3.办理进出口商品鉴定。鉴定业务是指商检机构和国家检验部门、商检机构指定的检验机构以及经国家商检部门批准的其他检验机构接受对外贸易关系人以及国内外有关单位的委托,办理规定范围内的进出口商品鉴定业务。进出口商品鉴定业务的范围主要包括:进出口商品的质量、数量、重量、包装、海损鉴定,集装箱及集装箱货物鉴定,进出口商品的残损鉴定,出口商品的装运技术条件鉴定,货载衡量、产地证明、价值证明以及其他业务。

四、检验证书

商品检验机构对进出口商品进行检验检疫或鉴定后，根据不同情况、不同检验结果或鉴定项目签发不同的检验证书、鉴定证书或其他证明书，统称为商检证书（inspection certificates）。在国际贸易中，商检证书起着公正证明的作用，它是买卖双方商品交接、结算货款以及进行索赔和理赔的依据之一，也是报关验放、计算关税和运费的重要凭据，还是证明装运条件下、明确贸易关系人责任、处理经济诉讼和仲裁的有效凭证。在使用信用证方式结算货款时，商检证书通常也是银行议付货款和出口收汇的依据。

商检证书按其内容来分，主要有以下几种：

1. 品质检验证书（inspection certificate of quality），是证明进出口商品的质量、规格、等级等符合贸易合同或有关规定的证明文件。它可以作为国际贸易关系人交接货物、结算货款、通关验放、索赔理赔及仲裁诉讼举证的有效证明。

2. 重量或数量检验证书（inspection certificate of weight or quantity），是证明进出口商品的重量或数量是否符合贸易合同规定的证明文件。它可以作为贸易关系人交接货物、结算货款、纳税、计算运费、进行索赔和理赔的有效证明。

3. 包装检验证书（inspection certificate of packing），是证明进出口商品包装情况的证明文件。

4. 兽医检验证书（veterinary inspection certificate），是证明进出口动物产品经过检疫合格的证明文件，适用于冻畜肉、冻禽、禽畜肉、罐头、冻兔、皮张、毛类、绒类、猪鬃、肠衣等。有时还要加上卫生检验内容，称兽医卫生检验证书（veterinary sanitary inspection certificate）。它也是对外交接、银行结汇和进口通关的重要文件。

5. 卫生检验证书（sanitary inspection certificate），又称健康检验证书（inspection certificate of health），是证明可供人类食用或使用的动物产品等经过卫生检验或检疫合格的证明文件，适用于肠衣、罐头、冻鱼、冻虾、食品、蛋品、乳制品、蜂蜜等，也是对外交接货物、银行结汇和通关放行的重要证件。

6. 消毒检验证书（inspection certificate of disinfection），是用于证明出口谷物、油籽、豆类、皮张、山羊毛、羽毛、人发等商品已经过消毒处理，保证安全卫生的证件。

7. 熏蒸检验证书（inspection certificate of fumigation），是用于证明出口谷物、油籽、豆类、皮张等商品，以及包装用木材与植物性填充物等已经过熏蒸灭虫的证书，其内容主要证明使用的药物、熏蒸的时间等情况。

8. 温度检验证书(inspection certificate of temperature),是证明出口冷冻商品温度的证书。测温结果一般列入品质检验证书中,若国外要求单独出证,也可单独出具温度检验证书。

9. 残损检验证书(inspection certificate on damaged cargo),简称验残证书,是证明进口商品残损情况的证明文件。主要内容为确定商品的受损情况及其对使用、销售的影响,估计损失程度,判断致损原因。它可以作为收货人向供货人或承运人或保险人等有关责任方索赔的有效证明。

10. 船舱检验证书(inspection certificate on tank/hold),是证明承运出口商品的船舱清洁、牢固、冷藏效能及其他装运条件是否符合保护承载商品的质量和数量完整与安全要求的证明文件。它可以作为承运人履行租船契约适载义务、对外贸易关系人交接货物和处理货损事故的依据。

11. 货载衡量检验证书(inspection certificate on cargo weight and measurement),也称衡量检验证书,是证明进出口商品重量、体积吨位的证书,是计算运费和制定配载计划的依据。

12. 产地证明书(certificate of origin),包括一般产地证、限制禁运产地证、野生动物制品产地证和普惠制产地证等。它是通关放行和减免关税的必要证明文件。

13. 价值证明书(certificate of value),主要用于证明发票所列商品的价值是否真实正确。它是进口国管理外汇和征收关税的凭证。

以上这些检验证书,尽管类别不一,但其作用基本相同,表现为:作为证明卖方所交货物的品质、重量(数量)、包装以及卫生条件等是否符合合同规定的依据;作为买方对品质、重量、包装等条件提出异议、拒收货物、要求索赔、解决争议的凭证;作为卖方向银行议付货款的单据之一;作为海关验关放行的凭证。

五、合同中的检验条款

商品检验条款一般包括:有关检验权的规定;检验或复验的时间和地点;检验机构;检验项目和检验证书等。

条款示例 8-1

双方同意以装运港中国进出口商品检验局签发的品质及数量检验证书为最后依据,对双方具有约束力。

It is mutually agreed that the goods are subject to the Inspection Certificate of Quality and Inspection Certificate of Quantity issued by China Import and Export Commodity Inspection Bureau at the port of shipment. The

Certificate shall be binding on both parties.

条款示例 8-2

双方同意以装运港中国进出口商品检验局签发的品质、数量(重量)检验证书作为信用证项下议付所提单据的一部分。买方有权对货物的品质、数量(重量)进行复验,复验费由买方负担。如发现品质或数量(重量)与合同不符,买方有权向卖方索赔。但须提供经卖方同意的公证机构出具的检验报告。

It is mutually agreed that the Inspection Certificate of Quality and Quantity (Weight) issued by the China Import and Export Commodity Inspection Bureau at the port of shipment shall be part of the documents to be presented for negotiation under the relevant L/C. The Buyers shall have the right to reinspect the Quality and Quantity (Weight) of the cargo. The reinspect fee shall be borne by the Buyers. Should the Quality and/or Quantity (Weight) be found not in conformity with that of the contract, the Buyers are entitled to lodge with the Sellers a claim which should be supported by survey reports by a recognized Surveyors approved by the Sellers.

条款示例 8-3

在交货前制造商应就订货的质量、规格、数量、性能做出准确全面的检验,并出具货物与本合同相符的检验证书。该证书为议付货款时向银行提交单据的一部分,但不得作为货物质量、规格、数量、性能的最后依据,制造商应将记载检验细节的书面报告附在品质检验证书内。

Before delivery the manufacturer should make a precise and overall inspection of the goods regarding quality, quantity, specification and performance and issue the certificate indicating the goods in conformity with the stipulation of the contract. The certificates are one part of the documents presented to the bank for negotiation of the payment and should not be considered as final regarding quality, quantity, specification and performance. The manufacturer should include the inspection written report in the Inspection Certificate of Quality, stating the inspection particulars.

在合同中订立商品检验条款时,应注意以下几个问题:

1. 检验条款应与合同其他条款相一致,不能相互矛盾。检验证书的内容要与质量、数量、包装以及信用证的内容保持一致,否则不利于合同的履行及货款的收付。

2. 品质条款应订得明确、具体。品质条款不能含糊其辞、模棱两可,因为这会致使检验工作失去确切依据而无法进行,或只能按照不利于出口人的最严格的质量标准进行检验。

3.应明确规定商品的复验期限、地点及复验机构。贸易合同中,买方如有复验权,应对复验的期限、地点作出明确规定。复验的期限实际就是买方索赔期限,买方只有在规定的期限内行使其权利,索赔才有效,否则无效。应根据货物性质、运输港口等情况决定适宜的复验期限和地点。

4.应明确规定商品包装的结构、方法以及所使用的材料。进出口商品的包装应与商品的性质及运输方式的要求相适应,并详细列明包装容器所使用的材料、结构及包装方法等,不宜采用诸如"合理包装"、"习惯包装"等订法,以免因双方理解不一致而产生矛盾。

5.应坚持独立自主、平等互利的原则。对我国的出口商品,一般坚持由我国商品检验机构按我国有关检验标准及规定的方法进行检验。目前暂无统一标准的,可参照同类商品的标准,或由我国生产部门会同商检部门共同商定的标准及检验方法进行。同时,也不排斥个别商品采用国外标准及方法进行检验。

第二节　索　赔

由于国际贸易的涉及面广,业务环节多,情况复杂多变,在履约过程中,如果一个环节出现问题,就可能影响合同的履行,导致一方当事人违约,给另一方当事人造成损害,从而引起争议。

一、争议与违约责任

(一)争议

争议是指交易一方认为另一方未能全部或部分履行合同规定的责任而引起的业务纠纷。其原因有多方面的:(1)合同是否成立,双方国家法律和国际贸易惯例解释不一。(2)合同条款规定欠明确,双方对合同条款解释不一致。(3)在履行合同时产生了双方不能预见和无法控制的情况,导致合同无法履行或无法按期履行,但双方对发生的不可抗力的法律后果解释不一致。(4)买方不按时开证,不按时付款赎单、无理拒收货物、不按时派船等。(5)卖方不按时交货,不按合同规定的质量、数量、包装交货,卖方不提供合同和信用证规定的单据等。

(二)违约责任

合同一方违反合同义务,就应承担违约的法律后果,受损方有权提出损害赔偿的要求。但各国的法律或国际组织的文件对于违约方的违约行为及由此产生的法律后果、对该后果的处理又有不同的规定和解释。

1.违约的构成要件

大陆法系认为,买卖合同当事人出现不能或不能完全履行合同义务时,只有当存在着可以归咎于他的过失时,才能构成违约,从而承担违约的责任。

英美法系认为,一切合同都是"担保",只要债务人不能达到担保的结果,就构成违约,应负赔偿责任。在《英国货物买卖法》和《美国统一商法典》中,关于构成违约的条件并未被详细写明,但从司法实践中看,处理违约并不是以当事人有无过失作为构成违约的必要条件。通常只要当事人未履行合同规定的义务,即被视为违约。

《联合国国际货物销售合同公约》也未明确规定违约必须以当事人有无过失为条件。《公约》第 25 条规定,只要当事人违反合同行为的结果使另一方蒙受损害,就构成违约,当事人要承担违约责任。

2.违约的形式

大陆法基本上将违约的形式概括为不履行债务或延期履行债务两种情况。不履行债务,也称为给付不能,是指债务人由于种种原因,不可能履行其合同义务。延迟履行债务,也称为给付延迟,是指债务人履行期已届满,而且是可能履行的,但债务人没有按期履行其合同义务。违约方是否要承担违约责任,则要看是否有归责于他的过失。如果有过失,违约方才承担违约的责任。

《英国货物买卖法》将违约的形式划分为违反要件和违反担保两种。违反要件是指违反合同的主要条款,即违反与商品有关的品质、数量、交货期等根本性的重要条款。在合同的一方当事人违反要件的情况下,另一方当事人即受损方有权解除合同,并有权提出损害赔偿。违反担保是指违反合同的次要的、从属于合同的条款。在违反担保的情况下,受损方只能提出损害赔偿,而不能解除合同。至于在每份具体合同中,哪些属于要件,哪些属于担保,该法并无明确具体的解释,只是根据"合同所做的解释进行判断"。这样,在解释和处理违约案件时,难免带有不确定性和随意性。

与《英国货物买卖法》不同,《联合国国际货物销售合同公约》则对违约的后果及其严重性进行了判断,将违约分为根本性违约和非根本性违约。按《公约》规定,一方当事人违反合同的结果,如使另一方当事人蒙受损害,以至于实际上剥夺了他根据合同有权期待得到的东西,即为根本性违反合同,除非违反合同的一方并不预知而且同样一个通情达理的人处于相同情况中也没有理由预知会发生这种结果。不构成根本性违约的情况，均视为非根本性违约。可见，《公约》规定根本性违约的基本标准是"实际上剥夺了合同对方根据合同有权期待得到的东西"。这种规定，避免了对各种违约情况作出武断的划分，实际上是对违约的性质做了基本的定义。违约方的故意行为造成的违约，如卖方完全不交货，买方无理拒收货物、拒付货款，其结果给受损方造成实质损害。如果一方当事人根本违约，另一方当事人可以宣告合同无效，并可要求损害赔偿。非根本性违约中的受损方只能要求损害赔偿，而不能宣告合同无效。

我国的《中华人民共和国涉外经济合同法》并未将违约责任具体划分，但明确受损方有权请求赔偿损失。其中第 18 条规定，当事人一方不履行合同或履行合同义务不符合约定条件，即违反合同，另一方有权要求赔偿损失或采取其他合理的补救措施。采取其他补救措施后，尚不能完全弥补另一方受到损失的，另一方仍然有权要求赔偿损失。但损失赔偿以另一方受到的损失为限。

综上所述，我国法律和国际条约对于违约行为的区分，对于不同的违约行为应承担的责任，以及另一方可以采取的补救方法都有不同的规定。因此，为维护我方的权益，根据我国法律和国际上有关的法律和惯例，订好国际货物买卖合同中的索赔条款，并在合同履行中加以正确运用，是十分重要的。

二、索赔

在国际贸易中，买卖双方往往会由于合同中的权利义务问题而引起争议。争议发生后，因一方违反合同规定，直接或间接给另一方造成损失，受损方在合同规定的期限内向违约方提出赔偿要求，以弥补其所受损失，就是索赔（claim）。

违约一方，如果受理受损方提出的赔偿要求，赔付金额或实物，以及承担有关修理、加工整理等费用，或同意换货等就是理赔（claims settlement）。如有足够的理由，解释清楚不接受赔偿要求的就是拒赔。索赔和理赔是一个问题的两个方面，对受损方是索赔，对违约方是理赔。

由于国际贸易情况复杂，产生争议和索赔的原因是多种多样的。争议和索赔也不限于买卖双方，还会涉及运输、保险等方面，而且各方往往有着密切的关系。因此必须根据实际情况，分清原因和责任方。

（一）索赔的种类

1. 向卖方的索赔。由于卖方违约而造成买方的损失，买方可向卖方索赔。例如卖方交货品质、规格与合同不符；数量短缺；包装不善致使货物受损；拒不交货或延期交货等。

2.向买方的索赔。由于买方违约而造成卖方的损失。如卖方已根据合同备货而买方拒不开证，该货的专业性又强；买方采用不正当手段将货物转口至卖方限制的地区；买方未按时支付货款或延迟接受货物；在 FOB 合同下，买方未及时订舱等。

3.向船公司的索赔。即运输索赔，包括船公司推迟发船、运输途中出现货损、私自改线绕船航行推迟船到目的港的时间、短卸等。

4.向保险公司的索赔。凡发生在投保范围内的损失，都可向保险公司索赔。

（二）索赔的方式

1.要求一方履行合同义务。如卖方不交货、买方不开证、无理拒收货物、收货后拒付货款等，可采取这种方式。

2.要求卖方交付替代货物。如果卖方所交货物与合同不符，致使买方无法接受，买方可要求卖方交付替代货物，即另外交付一批符合合同要求的货物，以替代不符合的货物，而原不符的货物则可运回或低价销售。

3.要求卖方对不符合同的货物进行修补或补足合同数量。在大批量交货或数量较难确定的合同中，买方可允许卖方补足不够的数量。而在大型设备的交易中，可能出现部分非关键部件的遗失或损坏，买方也可要求卖方派员对设备进行修补工作，以使货物符合要求。

4.要求减价。当卖方所交货物勉强为买方接受时，可对该货物的瑕疵或其他损坏情形要求适当的减价。减价应按实际交付货物在交货时的价值与当时符合合同的价值两者之间的比例计算。若是卖方已对货物不符合同的情况做出补救，则买方不得再要求减低价金。

5.赔款。通常对保险公司或船公司的索赔，均以赔款方式处理。如系卖方责任，而损失不大时，也可以赔款方式解决，以求简便。赔款多少根据损失的大小决定。

6.退货还款。当卖方所交货物不符合同构成根本性违约时，买方可以拒受货物，将货物运还卖方，同时要求卖方退还所收货款。此种方式较为少见，因为往返运输耗时且耗费运输费用。

（三）索赔时效

索赔时效是指索赔一方向违约一方提出索赔要求的有效期限。如果逾期，对方可以不予赔偿。因此索赔一方应尽快于发现索赔原因之后提出索赔，以免耽误时间。

1.向卖方索赔的时效

在合同中一般会规定买方向卖方索赔的期限。索赔的期限应根据不同商品的情况具体作出规定,例如对于一些食品、农产品等易腐及鲜活商品,索赔期限应规定得短一些。对于一般商品的索赔期限,通常规定为货到目的地后 30 天或 45 天。对于机器设备的索赔期限则可规定得长一些,一般为货到目的地后 60 天或更长。索赔期限一般不宜过长,以免卖方承担过重的责任,也不宜过短,致使买方无法行使索赔权利。

2.向承运公司索赔的时效

向承运公司的索赔一般在运输合同中有规定。通常在卸货时如发现货物有包装破损、泄漏、串味、短卸等情况,应及时会同承运人或其代理人办理公证手续或直接取得有关的事故证明书或短卸证明书,以便受货人向承运人提出索赔。如是海运,一般在船抵埠 14 天内发出。

3.向保险公司索赔的时效

向保险公司索赔时,应注意在保单条款规定的时效以及地域内提供的公证手续。根据海上货物保险时效条款规定,除一般散装及特殊的货物,另订条款指明在卸载码头后,保险时效即行终止外,凡货物进入码头仓库后,如在受货人控制情况下,应尽速提货。如在无法控制情况下不能尽速提货,则该保险公司的有效期最长亦不超过 60 天。

案例 8-2

我某公司与香港一公司签订了一个进口香烟生产线合同。设备是二手货,共 18 条生产线,由 A 国某公司出售,价值 100 多万美元。合同规定,出售商保证设备在拆卸之前均在正常运转,否则更换或退货。设备运抵目的地后发现,这些设备在拆运前早已停止使用,在目的地装配后也因设备损坏、缺件根本无法马上投产使用。但是,由于合同规定如要索赔需商检部门在"货到现场后 14 天内"出证,而实际上货物运抵工厂并进行装配就已经超过 14 天,无法在这个期限内向出售商索赔。这样,工厂只能依靠自己的力量进行加工维修。经过半年多时间,花了大量人力物力,也只开出了四套生产线。试分析此案中我方公司的失误之处。

(四)索赔的依据

索赔的法律依据是合同和适用的法律、惯例。索赔的事实依据是违约事实的书面文件,即有资格的机构出具的书面证明、当事人的陈述和其他旁证。索赔依据是指提出索赔必须具备的证据以及出证的机构。

1.向卖方索赔的依据。包括索赔函、公证机构出具的检验报告(说明事故发生的性质、内容及数量等)、索赔清单(说明损失项目的名称、数量、索赔金额及计算方式)以及其他单据。

2.向承运人索赔的依据。包括索赔函、公证机构出具的检验报告、索赔清单、事故证明文件、由船公司或港务机构出具的破损事故证明书或短卸证明书、提单正本或副本(全部短卸或灭失时,应提交正本,部分损失时提交副本)、商业发票副本、其他船公司要求的证件。

3.向保险公司索赔的依据。包括索赔函、标的物损失名称、数量、单价、公证机构的事故证明文件(如海难证明书、事故证明书等)、保单正本或副本、卖方签发的商业发票、卖方签发的其他单据(如质量证明书、装箱单等)、出口地公证机构出具的检验证明书。承运货物的船只,如因故宣布共同海损,买方还应向保险公司提交承运人通知函副本以及共同海损保证书正副本。

当一方接受索赔通知及其相关证据后,应立即审核索赔内容,调查索赔发生的情况,以便妥善处理。

三、合同中的索赔条款

索赔条款有两种规定方式,一种是异议与索赔条款,另一种是罚金条款。在一般货物买卖合同中,多数只订立异议与索赔条款。而在大宗商品和机构设备合同中,除了异议与索赔条款,往往还需另订罚金条款。

1.异议与索赔条款

异议与索赔条款(discrepancy and claim clause)是指买卖合同中关于处理违约责任和索赔的规定,包括索赔的依据、索赔的期限、索赔的方法等内容。

条款示例 8-4

买方对于装运货物的任何索赔,必须于货物到达提单及/或运输单据所订目的港(地)之日起××天内提出,并须提供卖方同意的公证机构出具的检验报告。属于保险公司、轮船公司或其他有关运输机构责任范围内的索赔,卖方不予受理。

Any claim by the Buyer regarding the goods shipped should be filed within... days after the arrival of the goods at the port/place of destination specified in the relative Bill of Lading and/or transport document and supported by a survey report issued by a surveyor approved by the Seller. Claims in respect of matters within responsibility of insurance company, shipping company/ other transportation organization will not be considered or entertained by the Seller.

这一条款中所规定的买方索赔期限,也就是检验条款中的买方对货物进行复验的有效期限。由于检验条款与索赔条款有密切联系,有的合同将这两种条款结合起来订立,称为"检验与索赔条款"(inspection & claim clause)。

2.罚金条款

罚金条款(penalty clause)是指合同中规定如由于一方未履约或未完全履约,应向对方支付一定数量的约定金额。金额的多少视延迟时间长短而定,并规定最高罚款金额。这一条款的规定一般适用于卖方延长交货时间或买方延期接货等情况。它的特点是在合同中约定赔偿金额或赔偿的幅度。罚金的支付,并不能解除卖方的交货义务。如卖方根本不履行交货义务,仍要承担因此给买方造成的损失。

在订立罚金条款时,应注意各国的法律对于罚金条款持有的不同态度和不同解释与规定。在法国、德国等国家的法律中,对合同中的罚金条款是予以承认和保护的。但在美国、英国、澳大利亚和新西兰等英美法系国家的法律中则有不同的解释。如英国的法律对合同中订有固定赔偿金额条款,按其情况分为两种性质:一种是作为"预定损害赔偿金额",是指双方当事人在订立合同时,根据估计可能发生违约所造成的损害,事先在合同中规定赔偿的百分比。另一种是作为"罚款",是指当事人为了保证合同的履约,对违约一方征收的罚金。对上述性质的区分是根据当事人在合同中表示的意思由法官来确定的。按照英国法院的主张,如属预定的损害赔偿,不管损失金额的大小,均按合同规定的固定金额判付,如属"罚金",对合同规定的固定金额不予承认,而根据受损方提出损失金额的证明另行确定。

我国《合同法》中没有规定"罚金",而规定"违约金"。违约金与罚金是不同性质的两个概念。违约金是违约责任的方式,是违约救济的措施之一。违约方通过支付一定违约金,有时可以终止合同的效力,不再承担合同义务。罚金是一种督促履行合同的措施,带有惩罚性质的方法,违约方支付罚金后不能终止合同,必须按规定继续履行合同。

需要指出的是,我国《合同法》还规定:"约定的违约金低于造成损失的,当事人可以请求人民法院或仲裁机构予以增加;约定的违约金过分高于造成的损失的,当事人可以请求人民法院或仲裁机构予以适当减少。"可见,违约金的制定并不是毫无限制的自由约定,而要受国家法律的正当干预。这种干预是通过法院或仲裁机构适当减少或增加的方法来实施的。违约一方支付违约金并不当然免除继续履行义务,受害方要求履行合同,而违约方有继续履行能力的,必须继续履行。

条款示例 8-5

如卖方不能按合同规定的时间交货,在卖方同意由付款银行在议付货款中扣除罚金或由买方于支付货款时直接扣除罚金的条件下,买方应同意延期交货。

罚金率按每七天收取延期交货部分总值的 0.5％,不足七天者以七天计算。但罚金不得超过延期交货部分总金额的 5％。如果卖方延期交货超过合同规定期限十周时,买方有权撤销合同,但卖方仍应不延迟地按上述规定向买方支付罚金。

Should the Sellers fail to make delivery on time as stipulated in the contract, the Buyers shall agree to postpone the delivery on the condition that the Sellers agree to pay a penalty which shall be deducted by the paying bank from the payment under negotiation, or by the Buyers detect at the time of payment. The rate of penalty is charged at 0.5％ of the total value of the goods whose delivery has been delayed for every seven days, odd days less than seven days should be counted as seven days. But the total amount of penalty, however, shall not exceed 5％ of the total value of the goods involved in the late delivery. In case the Sellers fail to make delivery ten weeks later than the time of shipment stipulated in the contract, the Buyers shall have the right to cancel the contract and the Sellers, in spite of the cancellation, shall still pay the aforesaid penalty to the Buyers without delay.

条款示例 8-6

买方因自身原因不能按合同规定的时间开立信用证,应向卖方支付罚金。罚金按迟开证每×天收取信用证金额的×％,不足×天者按×天计算,但罚金不超过买方应开信用证金额的×％。该罚金仅作为迟开信用证引起的损失赔偿。

Should the Buyers for its own sake fail to open the letter of credit on timen stipulated in the contract, the Buyers shall pay a penalty to the Sellers. The penalty shall be charged at the rate of ... ％ of the amount of the Letter of Credit for every... days of delay in opening the Letter of Credit, however, the penalty shall not exceed ... ％ of the total value of the Letter of Credit which the Buyers should have opened. Any fractional days less than... days shall be deemed to be... days for the calculation of penalty. The penalty shall be the sole compensation for the damage caused by such delay.

第三节　不可抗力

一、不可抗力的含义

不可抗力(force majeure),又称人力不可抗拒,是指买卖合同签订之后,不是由于签约当事人任何一方的过失或疏忽,而是由于发生了签约当事人不能预见、也无法预防或控制的意外事故,致使合同不能履行或不能按期履行。

一项意外事故是否构成不可抗力,需要具备四个条件:

1.这种意外事件发生在签订合同之后。

2.事件的发生不是由于任何一方当事人的故意或过失造成的,而是由于偶然发生的和异常的事件。如果由于一方过失引起意外火灾使得合同无法履行,则视同一方违约,应当承担违约的赔偿责任。

3.事故是订立合同时,双方不能预见的。如货币贬值,价格涨落,是商人能够预见的,只能作为商业风险。又如逆风对于租船契约不属于不可抗力,尽管不可预见,但这是订约人在订约时应当设想到肯定会发生的风险。

4.事故的发生是不可避免而且是人力所不能抗拒、不可控制的,如地震、海啸,无论如何防范,也是不可避免,而且不可抗拒。

二、引起不可抗力的原因

引起不可抗力的原因有自然原因和社会原因两种。通常分为两种:

1.由自然原因引起的,如水灾、火灾、冰灾、地震、飓风、大雪、暴风雨等。

2.由社会原因引起,如战争、暴动、罢工、政府禁令等。

对于上述事故范围,国际上对自然力量引起的事故的解释比较一致,但对社会原因引起的意外事故,各国的解释常有分歧。如,美国习惯上认为不可抗力仅指由于自然力量所引起的意外事件,而不包括社会力量所引起的意外事件,所以美国一般不使用"不可抗力"这一术语,而称为"意外事故条款"(contingency clause)。

由于国际上没有统一的解释,各国法律一般都允许当事人在合同中订立不可抗力条款时自行商定。从国际贸易实践和某些国家的案例来看,一般对不可抗力事故的范围都是从严解释的,这既表现在对引起的不可抗力事故本身的解释上,也表现在对一些常见风险的解释上。某些事故(如上文所述),例如,签约后世界市场价格的涨跌,货币的贬值与升值,这对买卖双方来说虽说是无法避免或无法控制的,但这是国际交易中的常见现象和常见风险,也不是完全不可预见的,故不属于不可抗力的范围,不能援引不可抗力条款以求免责。

三、不可抗力的法律后果

合同中的不可抗力条款是一种免责条款。遭受不可抗力事件的当事人可免除其不履行或不按期履行合同的责任,而另一方不得要求赔偿损失。《联合国国际货物销售合同公约》第 79 条规定:"当事人对不履行义务,不负责任,如果他能证明此种不履行义务,是由于某种非他所能控制的障碍,而且对于这种障碍,没有理由预期他在订立合同时能考虑到或能避免或克服它的后果。"此处所述"障碍"即为不可抗力。

不可抗力是许多国家法律的一个原则,在英美法系中称之为"合同落空",在大陆法系中称为"情势变迁"。"合同落空"(frustration of contract)是指合同签订后,不是由于双方当事人自身的过失,而是由于发生了双方当事人意想不到的情况,致使签订合同的目的受挫,据此未履行合同义务,当事人得以免除责任。"情势变迁"(rebus sie stantibus)也称"契约失效",是指不是由于当事人的原因,而是由于发生了当事人预想不到的变化,致使不可能再履行合同或对原来的法律效力需作相应的变更。不过,法院对以此为由要求免责的规定是极为严格的。

不可抗力发生后,有三种法律后果:一是解除合同,二是部分解除合同,三是延期履行合同。至于在什么情况下采取什么样的处理方式,要看不可抗力对履行合同的影响,也可由双方当事人在合同中具体加以规定。若合同未明确规定,一般的解释是:如果发生的不可抗力事件已经破坏了履行合同的根本基础,致使履行合同成为不可能,则可解除合同。如只是部分地影响了合同的履行,则可部分地免除当事人履行合同的责任。如发生的不可抗力事件只是暂时或在一定时间内阻碍合同的履行,只能中止合同或延期履行合同,但不能解除有关当事人履行合同的义务。一旦事故后果得以消除,仍然要履行合同。

案例 8-3

有一份 CIF 合同,合同规定在 9 月 15 日以前装船,但在同年 8 月 20 日,卖方所在地发生地震。由于卖方存货的仓库距震中较远,因此货物未受到严重损失,仅因交通受到破坏而使货物不能按时运出。但事后,卖方以不可抗力为由通知买方撤销合同,买方不同意。试分析:卖方的主张是否有理?

四、不可抗力的通知和证明文件

按照国际惯例,当发生不可抗力影响合同履行时,不能按规定履约的一方当事人要取得免责的权利,必须及时通知另一方,并提供必要的证明文件,而且在通知中应提出处理的意见。对此,《联合国国际货物销售合同公约》规定:"不履行义务的一方必须将障碍及对其履行义务能力的影响通知另一方。如果该项通知在不履行义务的一方已知道或理应知道此障碍后一段合理时间内仍未被另一方收到,则他对由于另一方未收到通知而造成的损害,应负赔偿责任。"我国法律也认为:当事人一方因不可抗力不能履行合同的,应当及时通知另一方,以减轻可能给另一方造成的损失,并且应当在合理期间内提供证明。

在实践中,为防止争议,通常在合同的不可抗力条款中明确规定具体的通知期限。出具不可抗力证明的机构,在国外,一般由当地商会或合法的公证机构出证。在我国,由中国国际贸易促进委员会(即中国国际商会)或其设在各省、自治区、直辖市的分会出证。对出具证明的机构,最好也在合同中订明。

一方接到对方关于不可抗力的通知或证明文件后,无论同意与否都应及时答复,否则,若长期拖延不理,要负违约责任,或按有些国家的法律如《美国统一商法典》的规定,将视作默认。

五、合同中的不可抗力条款

合同中的不可抗力条款的规定通常有以下几种方法:

1. 概括式规定

在合同中不具体规定哪些事件属于不可抗力事件,只是笼统地规定:由于公认的不可抗力原因,致使一方不能履行合同义务,则发生事件的一方可据此免除责任。由于这种方法过于笼统,含义模糊,伸缩性大,容易引起争议,不宜采用。

条款示例 8-7

如发生不可抗力情况,卖方应及时以电报/传真/电传通知买方,并在 14 天内邮寄事故发生地商会出具的证明事故的文件。

The Sellers shall advise the Buyers by CABLE/FAX/TLX in case of Force Majeure, and furnish the latter within 14 days by registered airmail with a certificate issued by local Chamber of Commerce attesting such event or events.

2. 列举式规定

在合同中详列不可抗力事件,凡是发生了所罗列的事件即构成不可抗力,合同中未列举的事件,即不构成不可抗力事件。这种列举的方法虽然明确具体,但文字繁琐,且可能出现遗漏,因此也不是最好的规定方法。

条款示例 8-8

如由于战争、地震、水灾、火灾、暴风雨、雪灾的原因,致使卖方不能全部或部分装运或延迟装运合同货物,卖方对于这种不能装运或延迟装运本合同货物不负有责任。但卖方须以电信方式通知买方,并须在若干天以内,以航空挂号信件向买方提交由中国国际促进委员会(中国国际商会)出具的证明此类事件的证明书。

If the shipment of the contracted goods is prevented or delayed in whole or in part by reason of war, earthquake, flood, fire, heavy snow, the Seller shall not be liable for non-shipment or late shipment of the goods of this contract. However, the Seller shall notify the Buyer by teletransmission and furnish the latter within... days by registered airmail with a certificate issued by the China Council for the Promotion of International Trade (China Chamber of International Commerce) attesting such event or events.

3. 综合式规定

列明可能经常发生的不可抗力事件(如战争、洪水、地震等)的同时,再加上"以及双方同意的其他不可抗力事件"的文句。这种规定方法,不仅在合同中概括不可抗力的具体含义,又列举属于不可抗力范围的事件,既明确具体,又有一定灵活性,是一种可取的方法。

条款示例 8-9

如由于战争、地震、水灾、火灾、暴风雨、雪灾或其他不可抗力原因,致使卖方不能全部或部分装运或延迟装运合同货物,卖方可不负责任。但卖方应立即将事件通知买方,并于事件发生后若干天内将事件发生地政府主管当局出具的事件证明书用航空挂号信件邮寄买方,并取得买方认可。在上述情况下,卖方仍有责任采取一切必要措施从速交货。如果事件持续超过若干个星期,买方有权撤销合同。

The Seller shall not be held responsible for failure of delay to perform all or any part of this contract due to war, earthquake, flood, fire, storm, heavy snow or other cause of Force Majeure. However, the Seller shall advise the Buyer immediately of such occurrence, and with... days thereafter, shall send by registered airmail to the Buyer for their acceptance a certificate issued by the Competent Government Authorities of the place where the accident occurs as evidence thereof. Under such circumstance, the Seller, however, is still under the obligation to take all necessary measure to hasten the delivery of the goods. In case the accident lasts for more than... weeks, the Buyers shall have the right to cancel the contract.

六、援引不可抗力条款应注意的事项

1. 按照合同规定严格审查对方的免责要求

在我国进出口贸易中,当对方援引不可抗力条款要求免责时,我们应按照合同规定严格进行审查,以便确定其所援引的内容是否属于不可抗力条款规定的范围。凡不属于该范围又无"双方同意的其他人力不可抗拒"规定时,不能按不可抗力事故处理。即使有此规定,也应由双方协商,一方不同意时,不能算作不可抗力事故。

2. 实事求是地确定不可抗力的后果

援引不可抗力条款时,应本着实事求是的精神,弄清情况,确定影响履约的程度,以此来判定是解除履约责任,还是延期履约。

第四节　仲　裁

国际贸易中,当事人发生争议,一般通过友好协商方式解决,当协商不成,则可以采用调解、诉讼和仲裁等其他方式。友好协商(negotiation)指争议双方当事人,在争议发生后,通过口头、书面或其他通讯方式,相互协商以寻求争议解决的一种方式。调解(conciliation)是指双方当事人自愿将争议提交给一个独立的第三方作为调解人居间调解,以促进当事人互谅互让,从而达成协议以解决争议。诉讼(litigation)是指一方当事人向有管辖权的法院起诉,控告另一方有违约违法的行为,由法院按照法律程序解决双方的贸易争议。而仲裁(arbitration)是指各方当事人自愿将有关争议交由双方同意的仲裁机构进行审理和裁决,以求争议的最终解决。贸易中的争议,如友好协商、调解都未成功而又不愿诉诸法院解决时,则可采用的仲裁。

仲裁的优势在于其程序简便、结案较快、费用较少,能独立、公正、迅速地解决争议,给予当事人以充分的自治权。它还具有灵活性、保密性、终局性和裁决易于得到执行等优点,从而为越来越多的当事人所选择采用。

一、仲裁的形式与机构

仲裁有机构仲裁和临时仲裁两种基本形式。前者是指由一个常设的仲裁机构进行仲裁，后者是指当事人自己依协议组建仲裁庭或及时常设仲裁机构介入，仲裁机构也不进行程序上的管理，而是由当事人依协议约定临时程序或参考某一特定的仲裁规则或授权仲裁庭自选程序进行仲裁。

世界上许多国家和一些国际组织都设有专门从事国际商事仲裁的常设机构，如国际商会仲裁院、英国伦敦仲裁院、英国仲裁协会、美国仲裁协会、瑞典斯德哥尔摩商会仲裁院、瑞士苏黎世商会仲裁院、日本国际商事仲裁协会，以及香港国际仲裁中心等。我国的涉外仲裁机构为中国国际经济贸易仲裁委员会（China International Economic and Trade Arbitration Commission，简称CIETAC），在北京、上海和深圳等地设有分会。

小资料 8-2

世界主要仲裁机构介绍

国际商事仲裁院（The International Court of Arbitration of International Chamber of Commerce，简称 ICC），是国际商事仲裁领域最具影响的仲裁机构，成立于 1923 年，属于国际商会的一部分。现总部及其秘书局设在法国巴黎，与任何国家没有关系，尽管它是根据法国法律设立。国际商事仲裁院的委员来自40 多个国家，他们都具有法律背景和国际商事法律及争议解决的专业经验。其仲裁员来自世界各个国家，其仲裁的一个主要特点是可以在世界的任何一个地方进行仲裁程序。其秘书局的工作人员也来自不同的国家，能够使用多种语言进行工作。

美国仲裁协会（American Arbitration Association，简称 AAA），成立于1926 年，是一个非盈利性的为公众服务的机构。美国仲裁协会的目的在于，在法律许可的范围内，通过仲裁、调解、协商、民主选择等方式解决商事争议。其受案范围很广泛，从国际经贸纠纷，到劳动争议、消费者争议、证券纠纷，等等。与此相应，美国仲裁协会有许多类型的仲裁规则，分别适用于不同类型的纠纷。美国仲裁协会的仲裁员来自很多国家，且数量达数千人之多，当事人可以在其仲裁员名册之外指定仲裁员。在没有约定的情况下，所有案件只有一名仲裁员，即独任仲裁员，但如仲裁协会认为该案件争议复杂时，可决定由三名仲裁员组成仲裁庭。

香港国际仲裁中心（Hong Kong International Arbitration Center，简称HKIAC），成立于 1985 年，机构设在香港。香港国际仲裁中心的仲裁规则以

UNCITRAL 仲裁规则为基础,当事人有很大的自由自行约定和设计仲裁程序。中心还设有调解机构,调解包括家庭纠纷在内的各种争议。

中国国际经济贸易仲裁委员会(China International Economic and Trade Arbitration Commission,简称 CIETAC,中文简称"贸仲委"),是世界上主要的常设商事仲裁机构之一。根据 1954 年 5 月 6 日中央人民政府政务院第 215 次会议通过的《关于在中国国际贸易促进委员会内设立对外贸易仲裁委员会的决定》,贸仲委于 1956 年 4 月由中国国际贸易促进委员会(简称"中国贸促会")组织设立,当时名称为对外贸易仲裁委员会,1988 年改名为中国国际经济贸易仲裁委员会。2000 年,中国国际经济贸易仲裁委员会同时启用中国国际商会仲裁院的名称。贸仲委在北京、深圳、上海、天津和重庆分别设有贸仲委华南分会、上海分会、天津国际经济金融仲裁中心(天津分会)和西南分会,在香港特别行政区设立贸仲委香港仲裁中心。贸仲委及其分会是统一的仲裁委员会,适用同一部《仲裁规则》和同一个《仲裁员名册》。

二、仲裁协议

仲裁协议是指双方当事人根据意思自治的原则,将两者之前已经发生或可能发生的合同纠纷或其他财产权益争议提交仲裁机构解决的一种共同的、书面的意思表示。

(一)仲裁协议的形式

仲裁协议分为合同中订立的仲裁条款和以其他书面方式订立的仲裁协议两类。

1.仲裁条款。仲裁条款在争议发生之前订立的,通常由双方当事人在所签订的合同中以仲裁条款出现,表示愿意将他们之间将来可能发生的争议提交仲裁机构解决。

2.以其他书面方式订立的仲裁协议。即双方当事人在争议发生之前或争议发生之后,单独订立的愿意将争议提交仲裁机构解决的一种书面文件。该文件可有多种形式,如特别协议、往来函电及其他书面约定等。这种协议书是在合同中没有仲裁条款的情况下,由双方当事人另行共同商定的一种仲裁协议。

(二)仲裁协议的法律效力

1.约束双方当事人只能以仲裁方式解决争议,不得向法院起诉。

2.排除法院对有关案件的管辖权,如一方违背仲裁协议,自行向法院起诉,另一方可根据仲裁协议要求法院不予受理,并将争议案件退交仲裁庭裁决。

3.使仲裁机构取得对争议案件的管辖权。

上述三条作用的中心是第二条,即排除法院对争议案件的管辖权。因此,双方当事人不愿意将争议提交法院审理时,就应在争议发生前在合同中订立仲裁条款,以免将来发生争议后,由于达不成仲裁协议而不得不诉诸法院。

根据我国法律,有效的仲裁协议必须包括有请求仲裁的意思表示,选定的仲裁委员会和约定仲裁事项(该仲裁事项依法应具有可仲裁性),必须是书面的,当事人具有签订仲裁协议的行为能力,形式和内容合法。

三、仲裁的程序

仲裁程序,是指由法律规定仲裁机构处理争议所需经过的几个步骤,一般包括申请、受理、组成仲裁庭、审理和裁决等几个主要环节。

1.仲裁申请

是指合同一方当事人依据双方达成的仲裁协议,向选定的仲裁机构提交仲裁申请书。双方当事人有仲裁协议的,当发生合同争议时,要处理该争议,一方当事人必须向仲裁机构提出仲裁申请。该方当事人为申请人,对方为被申请人。当事人申请,是仲裁程序的第一个法定环节。

2.仲裁机构受理

是指仲裁机构经过审查对符合法定条件的仲裁申请予以接受。受理表明,仲裁已立案,打算处理该案件。当然,并不是所有仲裁申请都会被仲裁机构接受,只有符合法定条件的申请才为仲裁机构接受。

需要说明的是,提交仲裁申请或仲裁机构受理后,申请人可以放弃或变更仲裁请求(主要是增加或减少仲裁请求事项等),被申请人可以承担或反驳仲裁请求,有权提出反请求(请求申请人赔偿因违约给自己造成的损失)。

3.组成仲裁庭

仲裁委员会受理仲裁申请后,应依法组成仲裁庭来处理案件,这也是仲裁程序的必经环节。这里所说的仲裁庭,不是指仲裁委员会内部常设的组织机构,而是指由仲裁委员会成员依据当事人约定或仲裁委员会指定组成的仲裁某一具体争议的临时机构。

仲裁庭的组成人员可为一人或三个。一人组成的仲裁庭为独任仲裁庭,适用于以下两种情况:(1)双方当事人约定仲裁庭的组成人员应当为一个。(2)根据案件的性质或当事人约定,案件适用简易仲裁程序。在简易仲裁程序中,仲裁庭的组成人员多为一人。

除了上述两种情况外,仲裁庭的组成人员均应为三人,申请人和被申请人可分别指定一名仲裁员,然后由这两名仲裁员共同指定第三人为首席仲裁员,或由双方共同指定或共同委托某一仲裁机构指定第三人为首席仲裁员。被指定的仲裁员,如和案件有利害关系,应当自行向仲裁委员会请求回避。仲裁员因回避或其他援引不能履行其职责时,则应按照原定仲裁员的程序重新指定。

4. 审理

仲裁审理的过程一般包括开庭审理、进行调解、收集和审查证据或询问证人。仲裁庭审理案件的形式通常有三种,即开庭审理、书面审理及上述两者相结合的混合审理。国际上通行的做法是,仲裁庭有权自行决定其审理方式。根据我国《仲裁法》规定,仲裁庭应当开庭审理案件,但经双方申请或征得双方当事人同意,仲裁庭也认为不必开庭审理的,可以不开庭审理,而只是依据书面文件进行审理并作出裁决。

在审理过程中,如有必要还可采取"保全措施",即对有关当事人的财产做出的一种临时性的强制性措施,如出售易腐货物、冻结资金、查封、扣押物品等。

5. 裁决

仲裁裁决是仲裁庭在审理案件过程中或案件终结后,根据查明的事实和认定的依据,对当事人提交仲裁之争议的请求事项作出的予以支持或驳回、或部分支持、或部分驳回的书面决定。它可分为中间裁决、部分裁决和最终裁决。中间裁决,即对审理清楚的争议所作的暂时性裁决,以利于案件的进一步审理。部分裁决,即仲裁庭对整个争议中的某些问题已经审理清楚,而现行作出的部分终局性裁决。最终裁决,即仲裁程序进行的最后阶段,仲裁庭在实体上对当事人提交的全部仲裁请求和反请求争议事项所作出的终局性决定。

仲裁裁决必须在审理案件终结之日起 45 天内以书面形式作出。仲裁裁决除由于调解达成和解而作出的裁决书外,应说明裁决所依据的理由,并写明裁决是终局性的和作裁决的日期和地点,以及仲裁员的署名。

四、仲裁裁决的承认与执行

仲裁的承认是指法院根据当事人的请求,依法确定仲裁裁决具有可予执行的法律效力。裁决的执行是当事人自动履行裁决事项,或法院根据一方当事人的申请依法强制另一方当事人执行裁决事项。

仲裁裁决作出后,一般情况下,败诉方能够自动履行裁决。但当败诉方拒绝履行时,由于仲裁机构和仲裁员本身无强制执行的权力,则胜诉方只能请求法院强制执行。但是国际商事仲裁中可能发生另外一种情况,即在一国进行仲裁,而败诉方在另一国,这样胜诉方在向外国的法院申请强制执行时,就可能存在困难。为此,国际间曾缔结过三个关于承认和执行外国仲裁裁决的国际公约。第一个是 1923 年在国际联盟主持下制定的《仲裁条款议定书》,第二个也是在国际联盟下制定的 1927 年《关于执行外国仲裁裁决的公约》,第三个是 1958 年由联合国主持在纽约订立的《承认及执行外国仲裁裁决公约》。现在,1958 年《纽约公约》实际上已取代了前两个公约,成为目前国际上关于承认和执行外国仲裁裁决的最主要公约。我国于 1986 年加入该公约。

1.中国涉外仲裁机构仲裁裁决在外国的承认和执行

依照《中华人民共和国民事诉讼法》第 266 条和《中华人民共和国仲裁法》第 72 条规定,我国涉外仲裁机构作出的发生法律效力的仲裁裁决,当事人请求执行的,如果被执行人或其财产不在中国领域内,应当由当事人直接向有管辖权的外国法院申请承认和执行。由于我国已加入《纽约公约》,当事人可依照公约规定直接到其他有关缔约国申请承认和执行我国涉外仲裁机构作出的裁决。

2.外国仲裁裁决在中国的承认和执行

按照《中华人民共和国民事诉讼法》第 269 条规定,国外仲裁机构的裁决需要我国人民法院承认和执行的,应当由当事人直接向被执行人住所地或其财产所在地的中级人民法院申请,人民法院应当依照我国缔结或者参加的国际条约或按照互惠原则办理。

需要说明的是,我国在加入《纽约公约》时,作出了两项保留声明:

(1)我国只在互惠的基础上对另一缔约国领土内作出的仲裁裁决的承认和执行适用该公约。

(2)我国只对根据我国法律认为属于契约性和非契约性商事法律关系所引起的争议适用该公约。

可见,符合上述两个条件的外国仲裁裁决,当事人可依照《纽约公约》规定直接向我国有管辖权的人民法院申请承认和执行。对于在非缔约国领土内作的仲裁裁决,需要我国法院承认和执行的,只能按互惠原则办理。也就是说,当事人向我国有管辖权的人民法院申请承认和执行外国仲裁裁决,但该仲裁机构所在国与我没有缔结或共同参加有关国际条约,也没有互惠关系的,当事人应该以仲裁裁决为依据向人民法院起诉,由有管辖权的人民法院作出判决,予以执行。

五、合同中的仲裁条款

贸易合同中的仲裁条款一般包括:提请仲裁的争议范围、仲裁地点、仲裁机构、仲裁规则、仲裁裁决的效力、仲裁费用的负担等。其中仲裁地点是买卖双方磋商仲裁条款时的一个重点,这主要是因为仲裁地点与仲裁所适用的程序法,以及合同适用的实体法关系密切。仲裁条款主要有三种形式:即规定在我国仲裁的条款、规定在被诉方所在国仲裁的条款和规定在第三国仲裁的条款。

条款示例 8-10

凡因执行本合同引起的或与本合同有关的一切争议,双方应通过友好协商解决。如协商不能解决,应将争议提交北京中国国际经济贸易仲裁委员会,根据该会的仲裁规则进行仲裁。仲裁裁决是终局的,对双方均有约束力。仲裁费用除仲裁庭另有裁决外,应由败诉方承担。

All disputes arising out of the performance of, or relating to this contract, shall be settled through friendly negotiation. In case no settlement can be reached through negotiation the case shall be then submitted to the China International Economic and Trade Arbitration Commission, Beijing, China for arbitration in accordance with its Rules of Arbitration. The arbitral award is final and binding upon both parties. The arbitration fee shall be borne by the losing party unless otherwise awarded by the arbitration court.

条款示例 8-11

凡因执行本合同所引起的或与本合同有关的任何争议,双方应通过友好协商解决,如不能协商解决,则应提交仲裁解决。仲裁在被告人所在国进行。在中国,由北京中国国际经济贸易仲裁委员会根据该会仲裁规则进行仲裁。在____
____(被告人所在国),由_____(被告人所在国仲裁机构)根据其仲裁规则进行仲裁,仲裁裁决是终局的,对双方均有约束力。仲裁费用除仲裁庭另有裁决之外,应由败诉方承担。

All disputes arising from the execution of, or in connection with this contract shall be settled amicably through friendly negotiation. In case on settlement can be reached through negotiation, the case shall then be submitted for arbitration. The location of arbitration shall be in the country of the domicile of the dependent. If in China, the arbitration shall be conducted by the China International Economic and Trade Arbitration Commission, Beijing in accordance with the Rules of Arbitration. If in _____ the arbitration shall be conducted by _____ in accordance with its arbitral rules. The arbitral awards is final and binding upon both parties. The arbitration fee shall be borne by the losing party unless otherwise awarded by the arbitration court.

条款示例 8-12

凡因执行本合同所引起的或与本合同有关的任何争议,双方应通过友好协商解决。如不能协商解决,则应提交_____(仲裁机构),根据其仲裁规则进行仲裁。仲裁裁决是终局的,对双方均有约束力。仲裁费用除仲裁庭另有裁决之外,应由败诉方承担。

All disputes arising from the execution of or in connection with this contract, shall be settled amicably through friendly negotiation. In case no settlement can be reached through negotiation, the case shall be submitted to _____ (arbitral authority) for arbitration in accordance with its arbitral rules of procedure. The arbitral award is final and binding upon both parties. The arbitration fee shall be borne by the losing parties unless otherwise awarded by the arbitration court.

【练 习】

一、选择题

1. 国际上应用较广泛的商品检验时间、地点的规定方法是(   )。

A. 装船前装运港检验

B. 出口国装运港(地)检验,进口国目的港(地)复验

C. 装运港(地)检验重量,目的港(地)检验品质

D. 进口国目的港(地)检验

2. 多数情况下,出现交货数量不足时,应该向(   )索赔。

A. 保险公司　　　　B. 买方　　　　C. 卖方　　　　D. 承运人

3. 不可抗力事故引起的法律后果是(   )。

A. 遭遇事故的一方可要求损害赔偿

B. 遭遇事故的一方可要求解除合同

C. 遭遇事故的一方可要求延期履行合同

D. 遭遇事故的一方可要求交付替代货物

4. 仲裁协议的作用主要表现在(   )。

A. 约束双方当事人解决争议的方式

B. 排除法院对该案件的管辖权

C. 授予仲裁机构对争议案件的管辖权

D. 仲裁解决不了问题,可提请上诉

5. 仲裁的效力(   )。

A. 是终局的,对争议双方具有约束力

B. 是非终局的,对争议双方不具有约束力

C. 有时是终局的, 有时不是终局的

D. 一般还需法院最后判定

6. 仲裁与诉讼的区别有( )。

A. 仲裁以双方当事人自愿为基础, 而诉讼具有强制力

B. 仲裁的手续简单, 而诉讼的手续复杂

C. 仲裁对双方的关系影响较小, 而诉讼较伤和气

D. 仲裁费用较低, 诉讼费用较高

二、简答题

1. 在国际货物买卖中, 关于商品检验的时间和地点的方法有哪些?

2. 合同中的检验条款一般应包括哪些内容, 订立商检条款应注意哪些问题?

3. 在处理索赔和理赔时应注意哪些问题?

4. 合同中的索赔条款有几种规定方法?

5. 什么是不可抗力? 它有哪些认定条件?

6. 在贸易合同中, 不可抗力条款有哪几种规定方法?

7. 什么是仲裁协议, 它有什么作用?

8. 仲裁协议的形式有哪些?

三、案例分析

1. 我国 A 公司以 CIF 东京条件向日本 B 公司出口一批货物, B 公司又将该货物转卖给新加坡 C 公司。货到东京后, B 公司发现货物有质量问题, 但仍将货物转运至新加坡。然后, B 公司在合同规定的索赔期内凭新加坡商检机构签发的检验证书向我 A 公司提出索赔要求。请问 A 公司应如何处理, 为什么?

2. 某合同中商检条款规定以装船地商检报告为准。但在目的港交付货物时却发现品质与约定规格不符。买方经当地商检机构检验并凭其出具的检验证书向卖方索赔, 卖方却以上述商检条款拒赔, 请问, 卖方拒赔是否合理, 为什么?

3. 有一份 CIF 合同, 出售 100 公吨大米, 单价为每公吨 500 美元, 总值为 50000 美元。事后卖方只交货 5 公吨。在这种情况下, 买方可主张何种权利? 为什么? 如果卖方交货 90 公吨, 买方又可主张何种权利? 为什么?

4. 某公司以 CIF Rotterdam 出口食品 1000 箱, 即期信用证付款, 货物装运后, 卖方凭已装船清洁提单和投保一切险及战争险的保险单, 向银行办理了结汇。货到目的港后, 经进口人复验发现下列情况: (1) 该批货物共有 10 个批号, 抽查 20 箱, 发现其中两个批号涉及 200 箱内沙门氏菌超过进口国标准。(2) 收货人实际收到 998 箱, 短少 2 箱。(3) 有 15 箱货物外表良好, 但箱内货物短少 60kg。以上情况进口人应分别向谁索赔?

5.我内地某企业从香港某商进口 20 台精密仪器,每台 3 万港元。合同规定,任何一方违反合同,应支付另一方违约金额 1 万港元。事后卖方只交付了12 台,其余 8 台不能交货。当时因市场价格上涨,每台价格为 4 万港元。卖方企图赔付违约金 1 万港元了结此案,但买方不同意。你认为买方能向卖方索赔的金额应为多少?

6.我某企业与某外商按国际市场通用规格订约进口某化工原料。订约后不久,市价明显上涨。交货期限届满前,该商所属生产该化工原料的工厂失火被毁,该商以该厂火灾属不可抗力为由要求解除其交货义务。对此,我方应如何处理,为什么?

7.我方按 FOB 条件进口商品一批,合同规定交货期为 8 月份。7 月 10 日接对方来电称,因洪水冲毁公路(附有证明),要求将交货期推至 10 月份。我方接信后,认为既然有证明因洪水冲毁公路,推迟交货期应该没有问题,故我方一直未答复对方。10 月份船期较紧,我方于 11 月份才派船前往装运港装货。因货物置于码头仓库产生了巨额的仓租、保管等费用,对方要求我方承担有关的费用。对此,我方应如何处理,为什么?

8.我某公司向外商出口货物一批,合同中明确规定一旦在履约过程中发生争议,如友好协商不能解决,即将争议提交中国国际经济贸易仲裁委员会在北京进行仲裁。后来,双方就商品的品质发生争议,对方在其所在地法院起诉我方,法院也发来了传票,传我方公司出庭应诉。对此,我方应如何处理?

第九章

国际货物买卖合同的商订 ≫ ≫ ≫ ≫

学习内容与目标 ···

　　了解交易磋商的形式和内容；

　　掌握国际货物买卖磋商的一般程序；

　　重点掌握发盘和接受两个环节；

　　了解贸易合同有效成立的条件和签订书面合同的意义。

···

案例导读

　　中国 A 公司于某年 9 月 2 日致函美国 B 公司,提出以每公吨 1800 美元 CIF 纽约的价格向 B 公司出售 100 公吨咖啡豆,发盘规定的有效期为 14 天。9 月 14 日 A 公司获悉国际市场上咖啡价格上涨了 30%,同日 A 公司收到 B 公司发来的表示接受的电传,B 公司表示其已做好履行合同的准备。15 日,A 公司向 B 公司提出将咖啡豆的售价由原来的每公吨 1800 美元增加至每公吨 2300 美元,B 公司未同意。后 A 公司将该批咖啡豆以每公吨 2300 美元的价格销售给了另一家公司。B 公司遂向中国某法院提起诉讼,要求 A 公司赔偿其所遭受的损失。A 公司则辩称,其与 B 公司间并不存在任何合同关系,B 公司的索赔主张缺乏依据。请问:两公司间是否存在合同关系?

　　【分析】 本案的焦点是两家公司是否存在合同关系。A 公司 9 月

2日的发盘于到达受盘人B公司时生效,A公司作为发盘人应受其发盘内容的约束。B公司在发盘有效期内作出接受并已生效,根据相关法律规定,合同于承诺生效时成立。A公司将合同所涉货物出售给他人的行为违反了合同的约定,损害了B公司的利益,应当对B公司因此而遭受的损失承担赔偿责任。

第一节　交易磋商的形式与内容

交易磋商是指买卖双方以一定的方式并通过一定的程序就交易的货物及各项交易条件进行协商,最后达成协议的整个过程。

一、交易磋商的形式

交易双方在进行磋商时常采用口头磋商和书面磋商。

（一）口头磋商

口头磋商即面对面谈判,通常适合于交易双方初次进行贸易,或交易内容复杂、条件多的情况。口头磋商中交易双方可以直接交流,便于了解对方的诚意和态度,并根据交易洽商的进展情况及时调整策略,因此比较容易达到预期目的。同时也使双方互相了解,增进感情,有利于建立长期的伙伴关系。另外通过电话洽谈也归属口头磋商形式。

（二）书面磋商

书面磋商是指通过信函、电报、电传、传真或电子邮件等方式来进行的,双方不见面的谈判。它适用于在有潜在交易意向、已经有过贸易往来,或是需要寻求新的交易对象时采用。书面磋商有文字记载作为记录并可以长期保存,且费用也较低,因此在贸易中被普遍使用。

在实际业务中,一般采用其中的一种方式,有时也将两种方式结合起来。

二、交易磋商的内容

交易磋商的内容就是合同各项条款的内容。合同中的各项条款按性质分为"主要交易条件"和"一般交易条件"。主要交易条件包括货物的品名、质量、数量、包装、价格、装运、保险和支付等。一般交易条件是指商品的检验、索赔、不可抗力和仲裁等,其主要的作用是保障交易的实施,或是预防争议的发生和解决争议。一般交易条件通常印在交易合同的背面,只要对方不提出异议,就不需要逐条商定了。因此一般交易条件也称为"背面条款"或"格式条款"。当然,如果双方在洽谈时,对方对在合同中已印制的格式条款不接受,也可作出变更。

第二节　交易磋商的程序

交易磋商的程序有邀请发盘、发盘、还盘和接受四个环节,其中发盘和接受是达成交易、合同成立必不可少的两个基本环节和必经的法律步骤。

一、邀请发盘

邀请发盘(invitation to offer),是指交易一方为购买或销售某项商品,向潜在的供货人或买方探询该商品的有关交易条件,或者就该项交易条件提出带有保留条件的建议。它不具有法律上的约束力,也不是交易磋商的必经步骤,但往往是一笔交易的起点。邀请发盘有多种形式,最常见的是询盘(inquiry)这种形式。

邀请发盘一般是起邀请对方发盘的作用。与发盘相比,邀请发盘有以下特点:主要交易条件不完备,附有保留条件,内容不够明确等。邀请发盘可以是卖方询盘,也可以是买方询盘。

条款示例 9-1

可供 99％铝锭,七月份装运,如有兴趣请电告。

Can supply aluminum ingot 99 pct July shipment please cable if interested.

条款示例 9-2

对东北大豆有兴趣,请电告 CIF 伦敦最低价。

Interested in northeast soybean please telea CIF London lowest price.

二、发盘

发盘(offer),又称发价,法律上称为"要约",是指交易的一方向另一方提出购买或出售某种商品的各项交易条件,并表示愿意按这些条件与对方达成交易、订立合同的肯定表示。发盘既属于商业行为,也属于法律行为。

发盘可以由卖方发出,即售货发盘(selling offer),也可由买方发出,即购货发盘(buying offer),或称为递盘(bid)。

发盘是交易磋商中必需的一个环节,在法律上对发盘人具有约束力。发盘在有效期内,发盘人不得任意撤销或修改其内容;一旦受盘人在有效期内表示无条件接受发盘内容,发盘人将承担按发盘条件与对方订立合同的责任。

(一)构成发盘的条件

构成一项有效的发盘,必须具备下列四个条件:

1. 表明订约意旨

一项发盘必须表明订约意旨。表明订约的意旨,可以是明示的,也可以是暗示的。明示的表示,是指发盘人可在发盘时明白说明或写明"发盘"(offer)、"发实盘"(firm offer)或明确规定发盘有效期等。暗示的表示,则应按照当时谈判情形,或当事人之间以往的业务交往情况或双方已经确立的习惯做法来确定。

如果发盘中没有表明订约意旨,或表示了发盘人不受其发盘的约束,或者附有保留或限制性条件,该发盘就不是真正的发盘,而只能被看作邀请发盘。如"以我方确认为准"(subject to our confirmation)、"以货物未售出为准"(subject to prior sale)、"以取得许可证为准"(subject to license obtainable)等。

2. 向一个或一个以上特定的人提出

发盘必须向一个或一个以上特定的人作出。所谓"特定的人",是指在发盘中指明个人姓名或企业名称的受盘人。不指定受盘人的发盘,仅视为邀请发盘。如出口人向国外许多客户寄发商品目录、价目单等,因其对象是不特定的,这类行为不构成发盘。在实际业务中,为了防止误解,出口人在寄发商品目录和价目表时,最好注明"价格仅供参考"(the prices stated are for reference only)或"价格不经事先通知得予变动"(the prices may be altered without prior notice)等保留条件。

3. 发盘内容十分确定

是否属于一项条件完整的发盘,《联合国国际货物销售合同公约》第14条规定:一项订立合同的建议"如果写明货物,并且明示或暗示地规定数量和价格或如何确定数量和价格,即为十分确定"。按此规定,一项订约建议只要列明货物、数量和价格三项条件,即可认为其内容"十分确定",而构成一项有效的发盘。如该发盘为受盘人所接受,即可成立合同。至于所缺少的其他内容,如货物的包装、交货和支付条件等,可在合同成立后,按双方之间已确立的习惯做法、惯例或按《公约》的有关规定,予以补充。

但在实际业务中,为防止误解和可能发生的争议,我外贸人员在对外发盘时,应明示或暗示地至少规定六项主要交易条件,即货物的品质、数量、包装、价格、交货和支付条件。这样,一旦受盘人表示接受,双方即可明白无误地了解双方协商一致的主要合同条款,无需借助有关规定予以补充。

4.传达到受盘人

发盘无论是口头的还是书面的,都必须在传达到受盘人时生效。这是《公约》和各国法律普遍的要求。例如,发盘人通过电话向受盘人发盘,中途电话发生故障,传送声音模糊,必须待电话修复后,让受盘人听清全部发盘内容方为有效。又如,发盘人通过电传发盘,传送过程中线路或电传机发生故障,所传送的电文不清,必须等修复后重新传送,使受盘人收到清晰无误的发盘方为有效。

条款示例 9-3

兹发盘 5000 打运动衫,规格按 3 月 15 日样品,每打 CIF 纽约价 84.5 美元,纸箱装 5～6 月装运,不可撤销信用证支付,限 20 日复到。

Offer 5000 dozen sport shirts sampled March 15th USD84.5 per dozen CIF New York packed in cartons May/June shipment irrevocable sight L/C reply here 20th.

条款示例 9-4

订购 50 公吨干酵母粉,含量 30%,80 公斤纤维包装,8～9 月装船,每公吨 500 美元 CIF 几内亚,不可撤销即期信用证付款,5 月 30 日我方时间得到有效。

Order 50 M/T dried yeast powder content 30 percent, packing 80kg glass fiber packages Aug/Sept shipment USD500 per M/T CIF Guinea irrevocalbe sight L/C reply here May 30 our time.

(二)发盘的有效期

发盘有效期是指可供受盘人对发盘作出接受的期限。在国际贸易中,凡是发盘都有有效期,作为发盘人受约束的期限和受盘人接受的有效时限。

发盘有效期的规定通常有两种方法:

1.规定最迟送达发盘人的时间

如"发盘限 15 日复"(offer subject rely fifteenth)。这种规定方法,存在一个问题,即该截止期(15 日)是指受盘人在他的所在地发出接受通知的期限,还是接受通知必须送达发盘人的期限,容易产生纠纷。为明确截止期,在规定最迟接受期限时,同时限定以接受送达发盘人或以发盘人所在地的时间为准。如"发盘限我方时间 15 日复"(offer subject reply fifteenth our time);"发盘有效至我方时间星期五"(offer valid until friday our time)。

2.规定一段接受时间

如"发盘 3 天有效"(offer valid three days)。这种规定方法存在如何计算"一段接受期间"的起讫时间问题。根据《公约》第 20 条规定:发盘人在电报或信件中订定的一段接受期间,从电报交发时刻或信件载明的发信日期起算。如信上未载明发信日期,则从信封上所载日期起算。发盘人以电话、电传或其他可立即传达到对方的通信方法订定的一段接受期间,从发盘到达受盘人时起算。在计算一段接受期间时,这段期间内的正式假日或非营业日应计算在内。但是,如果接受通知在接受期间的最后一天未能送达发盘人的地址,是因为那天在发盘人的营业所在地是正式假日或非营业日,则这段期间应顺延至下一个营业日。

对于口头发盘的有效期,《公约》第18条规定:对口头发盘,除发盘人发盘时另有声明外,受盘人只有当场表示接受方为有效。对"另有声明",则可理解为,发盘人在口头发盘时,明确规定了有效期,例如"3天有效",则该发盘不在"立即接受"之列。

（三）发盘的生效和撤回

按照《公约》第15条的规定,发盘于送达受盘人时生效。这说明两点,一是发盘虽然已发出,但在到达受盘人之前并不产生对发盘人的约束力,受盘人也只有在接到发盘后,才可考虑接受与否的问题。二是一项发盘即使是不可撤销的,只要在发盘生效之前,发盘人仍可随时撤回或修改其内容。

发盘的撤回(withdrawal)是指发盘人将尚未为受盘人收到的发盘予以取消的行为。根据《公约》第15条规定:"一项发盘,即使是不可撤销的,也可以撤回,如果撤回通知于发盘送达受盘人之前或同时送达受盘人。"这一规定是基于发盘到达受盘人之前对发盘人没有产生约束力,所以,发盘人可以将其撤回。但前提条件是,发盘人要以更快的通讯方式使撤回的通知赶在发盘到达受盘人之前到达受盘人,或起码与之同时到达。

在实际业务中,如用信件或电报发出发盘后,发现内容有误或市场发生重大变化,则可用更快速的通信方法(如电话、电传),将撤回通知于发盘送达之前或同时送达受盘人。如果发盘一旦生效,那就不是撤回的问题,而是撤销的问题。

（四）发盘的撤销

发盘的撤销(revocation)是指发盘人将已经为受盘人收到的发盘予以取消的行为。

对于发盘生效后能否撤销的问题,各国法律规定有较大区别。英美普通法认为,发盘在被接受之前可以撤销,除非受盘人给予了某种"对价"(consideration),例如支付一定金额或给付了一定物品。大陆法认为,发盘生效后即不得撤销。其中德国法律明确规定,发盘在发盘有效期内原则上不可撤销;法国法律虽然同意要约可以撤销,但必须承担损害赔偿责任,这实际上还是认为要约在有效期内不可撤销。

《公约》在此问题上对英美法和大陆法的分歧,作出了折中的规定:发盘送达受盘人后,在受盘人尚未表示接受前,发盘人将撤销通知送达受盘人,发盘可予撤销。但下列两种情况不得撤销:(1)发盘是以规定有效期或以其他方式表明为不可撤销的,如表明不可撤销,或发实盘;(2)如受盘人有理由相信该发盘是不可撤销的,并已本着对该发盘的依赖采取了行动(如寻找客户、组织货源等)。《公约》的这种规定实际上是为了保护受盘人利益,并说明《公约》对发盘撤销的规定是很严格的。

(五)发盘的终止

发盘的终止(termination)是指发盘人不再受发盘约束,受盘人失去了接受该发盘的权利。在以下几种情况下发盘终止:

1.在有效期内未被接受而终止。明确规定有效期的发盘,在有效期内未被受盘人接受,即终止。如是口头发盘,受盘人当场未予接受,或离开现场,发盘即失效。

2.被受盘人拒绝或还盘。发盘一经受盘人拒绝或还盘,则立即失效。如果受盘人反悔又表示接受,即使是在原先发盘的有效期之内,合同也不能成立,除非原发盘人对该"接受"(实际上是原受盘人作出的一项新发盘)予以确认。

3.发盘人在受盘人作出接受前对发盘进行了有效的撤销。

4.法律的适用。发盘在接受前出现了某些特定情况,按有关法律的适用而终止。如,发盘人破产或失去行为能力,或发生了不可抗力事故;特定的标的物毁灭,如一件不可替代的艺术品,在发盘后毁灭;发盘中的商品被出口国或进口国宣布禁止出口或进口。出现上述情况,发盘依据法律而终止有效。

案例 9-1

我出口企业于6月1日用电传向英商发盘销售某商品,限6月7日复到。6月2日收到英商发来电传称:"如价格减5%可接受。"我方尚未对英商来电作出答复,由于该商品的国际市价剧涨,英商又于6月3日来电传表示:无条件接受你方6月1日发盘,请告合同号码。试问在此情况下,我方应如何处理?

三、还盘

还盘(counter-offer),又称还价,法律上称为反要约,是指受盘人对发盘内容不完全同意而提出修改或变更的表示。一经还盘,原发盘即失去效力,发盘人不再受其约束。一项还盘等于是受盘人向原发盘人提出的一项新的发盘。

一笔交易有时不经过还盘即可达成,有时要经过还盘,甚至反复还盘才能达成。进行还盘时,可用"还盘"术语,但一般是仅将不同条件的内容通知对方,即意味着还盘。

条款示例 9-5

你方发盘价格太高,每件 9.80 美元,7 月份装运,限本月 12 日复到。

Your offer price is too high counter offer USD 9.80 per piece shipment July reply 12th.

条款示例 9-6

你方 10 日电收悉,装运期 5 月 D/P 远期 30 天。

Your cable 10th May shipment D/P 30 days.

四、接受

接受(acceptance),法律上称"承诺",是指交易一方同意对方在发盘中提出的各项交易条件,并愿意按这些条件与对方达成交易、订立合同的一种肯定表示。接受与发盘一样,既属于商业行为,也属于法律行为。

(一)构成有效接受的条件

根据《公约》规定,一项有效的接受应具备下面四个条件:

1.接受必须由特定的受盘人作出

这一条件与发盘条件的第一条相呼应。发盘是向特定的人发出,因此对发盘表示接受也必须是发盘中所指明的特定受盘人。如果其他人通过某种途径了解发盘的内容,并表示完全同意,也不能构成有效的接受,该"接受"只是其他人向原发盘人作出的一项发盘。

2.接受必须表示出来

《公约》第 8 条规定:缄默或不行动本身并不等于接受。所以接受必须由受盘人以某种方式向发盘人表示出来。表示接受的方式有两种:

(1)用"声明"(statement)来表示。即受盘人用口头或书面形式向发盘人表示同意发盘。这是国际贸易中最常用的方法。

(2)用"做出行为"(performing an act)来表示。用行为表示接受,比如卖方采购原料、开始生产、发运货物;买方汇付货款或开立信用证。但必须注意,这种表示接受的方式是根据该发盘的要求或依照当事人之间确立的习惯做法或惯例而行事的,而且该行为必须在发盘明确规定的有效期内方为有效。

需要说明的是,我国在批准参加《公约》时对《公约》承认合同可以书面以外形式订立的规定申明保留。因此,在实际业务中,我贸易公司应以书面通知的形式表示对发盘的接受。

3.接受的内容必须与发盘相符

原则上讲,接受的内容应该与发盘中的条件完全一致,才表明交易双方就有关的交易条件达成了一致意见。这样的接受才能导致合同的成立。那么,是不是说受盘人在表示接受时,不能对发盘的内容作丝毫的变更呢?也不是的。根据《公约》的精神,这里关键是看这种变更是属于实质性变更原发盘条件还是非实质性变更原发盘条件。

实质性变更,《公约》第19条指出:有关货物价格、付款、质量和数量、交货地点和时间、一方当事人对另一方当事人赔偿责任范围或解决争端等的添加或不同条件,均视为实质性变更发盘的条件。实质性变更是对发盘的拒绝,构成还盘。如"接受,但按 D/P 方式",这种接受已改变了原有的支付方式,只能视作还盘。

非实质性变更,《公约》第19条指出:对发盘表示接受但载有添加或不同条件的答复,如所载添加或不同条件在实质上并不改变发盘的条件,除非发盘人在不过分迟延的期间内以口头或书面通知反对其差异外,仍构成接受。这就是说,如果受盘人对发盘内容所作的变更不属于实质性的,能否构成有效的接受,要取决于发盘人是否反对。如果发盘人不表示反对,合同的条件就包含了发盘的内容以及接受通知中所作的变更。如"接受,但附一张原产地证书",这种接受并未对实质性利益有影响,如当事人没有对此提出异议,则接受有效。

4.接受必须在发盘的有效期内传达到发盘人

发盘中通常都规定有效期,接受必须在此期限内表示接受才生效。在口头谈判、通过电话谈判,或用电传磋商交易时,由于一方作出的接受可立即被传达到对方,所以,在发盘有效期内作出的接受可以在发盘有效期内传达到发盘人。但是在用信件或电报方式表示接受时,由于接受通知不能立即传达到发盘人,对此,接受应于何时生效,各国法律规定不同。

英美法系的国家采用"投邮生效"原则(despatch theory),即以信件、电报等方式传达时,接受的表示一经投邮或发出即告生效,只要发出的时间是在有效期内。即使接受的函电在邮递途中延误或遗失,未能在有效期内收到,也不影响合同成立。也就是说,传递延误或遗失的风险由发盘人承担。但如发盘人在发盘中规定,接受必须于有效期内传达到发盘人,则接受的函电传达到发盘人时,接受方为有效。

大陆法系的国家采用"到达生效"原则(receipt theory),即表示接受的函电必须在发盘有效期内到达发盘人,接受才生效。如果表示接受的函电在邮递过程中延误或遗失,合同不能成立。其传递延误或遗失的风险由受盘人承担。

《公约》采用"到达生效"原则,它在第 18 条中规定:接受于到达发盘人时生效。这是针对书面形式进行发盘和接受时的规定。而对口头发盘必须立即接受,但情况有别者不在此限。

条款示例 9-7

你方 10 日电接受。

Yours tenth we accepted.

条款示例 9-8

你方 15 日电确认,请告合同号码。

Yours fifteenth confirmed please advise contract number.

（二）逾期接受

在国际贸易中,有时会出现受盘人的接受通知晚于发盘人规定的有效期才送达的情况,这在法律上称为"逾期接受"或"迟到的接受"。

对于这种迟到的接受,发盘人不受其约束,不具有法律效力,而看作一项新的发盘。但根据《公约》规定,下列两种情况下仍然有效:

1. 如果发盘人毫不迟延地用口头或书面形式将该逾期接受仍然有效的意见通知受盘人。

2. 如果载有逾期接受的信件或其他书面文件表明,它在传递正常的情况下,本能及时送达发盘人,由于传递不正常的情况而造成了延误,这种逾期接受仍可被认为是有效的,除非发盘人毫不迟延地用口头或书面形式通知受盘人,该发盘已失效。

这说明一点,在接受迟到的情况下,不管受盘人有无责任,决定该接受是否有效的主动权在发盘人。

（三）接受的撤回

接受于到达发盘人时生效。因此,在接受通知送达发盘人之前,受盘人可随时撤回接受,只要撤回通知先于接受通知或与接受通知同时到达发盘人即可。

接受一经到达发盘人即生效,合同即告成立,如要撤销接受,在实质上已构成毁约行为。

第三节　国际货物买卖合同的订立

在交易磋商过程中,一方发盘经另一方接受后,交易即告成立,买卖双方就构成了合同关系。双方在磋商过程中的往返函电,即是合同的书面证明。但根据国际贸易习惯,买卖双方还要签订书面贸易合同,以进一步明确双方的权利和义务。

一、合同有效成立的条件

一方的发盘经对方有效接受,合同即告成立。但合同是否具有法律效力,还要具备下列条件:

（一）当事人的意思表示必须真实

各国法律都认为,合同当事人的意思表示必须是真实的,其所签订的合同才成为一项有约束力的合同,否则无效或可以被撤销。我国《合同法》也明确规定:采取欺诈或者胁迫手段订立的合同无效。

（二）当事人必须具有签订合同的行为能力

签订买卖合同的当事人主要为自然人和法人。自然人签订合同的行为能力,是指精神正常的成年人才能订立合同。法人签订合同的行为能力,各国法律一般认为,法人必须通过其代理人,在法人的经营范围内签订合同,越权的合同不能发生法律效力。我国《合同法》也规定:当事人订立合同,应当具有相应的民事权利能力和民事行为能力。此外,我国对某些外贸合同的签约主体还有一定的限定,例如,规定只有取得外贸经营权或特许经营权的企业或其他经济组织,才能签订对外贸易合同。

（三）合同必须有对价和合法的约因

合同只有在有对价和约因时,才是法律上有效的合同。

对价（consideration）,是指当事人为了取得合同利益所提供的相互给付,即双方互为有偿(英美法系的概念)。例如,在买卖合同中,买方支付货款是为了得到卖方提交的货物,而卖方交货是为了取得买方支付的货款,买方支付和卖方交货就是买卖双方的“相互给付”,就是合同中的“对价”。约因（cause）,是指当事人签订合同所追求的直接目的(法国法的概念)。

（四）合同的内容必须合法

合同的标的是指合同项下的货物与货款。合同的内容是指合同的各项条款。各国的法律都要求当事人所订立合同的标的和内容都必须合法,凡是违反法律、违反善良风俗与公共秩序的合同,一律无效。

（五）合同的形式必须符合法律规定的要求

《公约》对国际货物买卖合同的形式,原则上不加限制。无论采用书面形式还是口头形式,均不影响合同的效力。《公约》第 11 条规定:买卖合同无须以书面订立或证明,在形式方面不受任何其他条件的限制,买卖合同可以包括人证在内的任何方法证明。

但《公约》允许缔约国对该条的规定提出声明予以保留。我国在核准该公约时,对这一条提出了保留,坚持订立国际货物买卖合同必须采用书面形式,才具有法律效力。

一个合同只有符合上述条件,才具有法律效力,才能得到法律的承认和受到法律保护。因此,在与外商签订合同时,对此要严格遵守,善加运用。

二、书面合同的签订

根据我国法律规定和国际贸易一般的习惯做法,交易双方达成协议后,还必须签订书面合同。

(一)签订书面合同的意义

1.是合同成立的证据

根据法律要求,凡是合同必须能得到证明,包括人证和物证。通过口头磋商成立的合同,一旦发生争议,常因举证困难而不能得到法律保护。相对而言,书面合同的作用和意义则较为明显。因此,虽然有些国家的法律并不否认口头合同的效力,但在国际贸易中,一般都签订书面合同。

2.是合同生效的条件

一般情况下,合同的生效是以接受的生效为条件的,只要接受生效,合同就成立。但在特定环境中,如果双方都同意以签订书面合同为准,或者根据有关国家法律规定必须以经主管部门批准的合同为准,在这种情况下,签订书面合同就作为合同生效的条件。

3.是履行合同的依据

无论是口头还是书面协议,如果没有一份包括各项条款的合同,则会给合同的履行带来诸多不便。因此,在实际业务中,双方一般都要求将各自享受的权利和应当承担的义务用文字规定下来,以作为履行合同的依据。

(二)书面合同的形式

在国际上,对货物买卖合同的形式,没有特定的限制。买卖双方既可以采用正式的合同、确认书、协议,也可采用订单、委托订购单等形式。

1.合同

合同的内容比较全面,除包括交易的主要条件如品质、数量、包装、价格、支付方式外,还包括保险、检验、索赔、不可抗力、仲裁等。使用这种合同,由于内容全面、详细,对于明确双方责任、避免争议十分有利,所以大宗交易一般都采用这种合同形式。出口人草拟的合同称为"销售合同",进口人草拟的合同称为"购货合同"。

2.确认书

确认书是合同的简化形式,其内容一般包括交易的主要条件,而索赔、不可抗力、仲裁等条款一般不予列入。确认书适用于成交金额不大、批次较多的轻工日用品、土特产品,或已有包销、代理等长期协议的交易。出口人拟就的确认书称为"销售确认书",进口人拟就的确认书称为"购货确认书"。

3.协议

协议在法律上是"合同"的同义词。当双方当事人把经协商一致的交易条件归纳为书面形式时,就成为"协议"。它与合同一样具有法律效力。

如果买卖双方所洽谈的交易比较复杂,经过谈判后,只商定了一部分条件。在此情况下,双方可把已商定的条件确定下来,形成"初步协议"或"原则性协议",其他条件以后再行洽谈,并在协议中申明"本协议属初步性质,正式合同有待进一步洽商后签订"或类似词语,以明确该协议不属正式有效的合同,以免误解。

4.订单和委托订购单

订单是指由进口商或实际购买者拟定的货物订购单。委托订购单是指由代理商或佣金商拟定的代理买卖货物的订购单。

订单和委托订购单,在实际业务中可以区别为两种性质:一种是双方经磋商达成交易后,对方寄来的订单或委托订购单,这是国外客户的购货合同或购货确认书,是一种具有法律效力的文件。另一种是双方当事人事先并未进行过磋商,而是一方单方面的行为。这种在没有达成交易的情况下寄来的订单或订购单,只是一种发盘或邀请发盘,不具有法律效力。

(三)书面合同的内容

书面合同的内容一般包括三个部分:约首、本文和约尾。

1.约首,是指合同的开头部分,一般包括合同的名称、编号、买卖双方名称和地址、通讯联系方式等内容。此外,在约首部分常常写明双方订立合同的意愿和执行合同的保证。

2.本文,是指合同的主体部分,包括合同的主要交易条款和一般交易条件,即品质、数量、包装、价格、支付、检验、索赔等内容。

3.约尾,是指合同的结尾部分,包括订约日期、合同的份数、使用的文字及其效力、订约地点及生效时间、双方当事人签字等内容。有时,有的合同会将订约时间和地点在约首部分列明。此外,有的合同还根据需要制作了附件附在后面,作为合同不可分割的一部分。

（四）签订书面合同时应注意的问题

买卖合同不仅关系到交易双方的利益，还关系到国家的利益和政策法令，所以，在签订合同时还应注意以下问题：

1.要贯彻我国的对外贸易政策，在合同条款的拟定上要体现"平等互利"的原则。既反对把片面维护一方利益的条款订入合同，也决不把对方不愿意接受的某些条款强加于人。

2.合同文本的起草问题。按照惯例，必须先通过交易磋商达成原则性协议，然后再起草正式合同文本。而有些外商往往在交易磋商开始时就提出一份完整的文本。对于这种做法要具体问题具体分析，不能轻易接受。因为，以对方拟定的文本作为交易磋商的基础，等于我方按着外商划定的模式进行谈判，必然使我方处于不利地位。另外，用外文文本作基础，因外文往往一词多义，如理解出现偏差，也容易产生纠纷。因此，一般应争取由我方起草合同文本或双方共同协商拟订合同文本。

3.在合同的序言部分，缔约双方的意愿和执行合同的保证在措词上应准确清楚，切忌含糊不清。因为合同是严肃的法律文件，不能容许文字上的随意性。如缔约双方的名称和地址应完整、准确，不要用简称，更不能写错。

4.合同的内容应与商定的事项完全一致，同时在条款的规定上必须严密，要明确责任，权利义务对等。有关商品的品名、品质、数量、包装、价格、交货期、支付等主要交易条件，决不能有任何出入。切忌订立有多种解释的、不确定性的条文。如果有些条款事先未商定，要订入合同时，需进一步协商，达成协议再订入，否则易产生纠纷。

5.要注意合同各条款间的一致性。合同的各项交易条件必须协调一致，不能脱节，更不能相互矛盾。如在数量方面有溢短条款，那么在采用以信用证为支付方式时，信用证的金额应规定相应的增减幅度。又如价格条件为 FOB 或 CFR 成交时，保险条款中就应订明由买方负责投保并支付保险费。

【练 习】

一、选择题

1.交易磋商中必不可少的环节是（　　　）。

A.邀请发盘　　　　B.发盘　　　　　　C.还盘　　　　　　D.接受

2.某发盘规定了有效期，根据《公约》规定该发盘（　　　）。

A.不得撤销

B. 在对方回复到达前可以撤销

C. 不得撤回

D. 撤销通知在对方收到发盘前或同时到达对方,此发盘可撤销

3. 根据《公约》规定,一项发盘必须表明(　　)。

A. 货物、数量、包装、价格、交货期和支付方式

B. 货物、数量、价格

C. 货物、数量、价格、装运期

D. 货物、数量、价格、支付方式

4. 国外客商向我出口公司来电"接受你方 12 日发盘请降价 5%",此来电属交易磋商环节中的(　　)。

    A. 发盘　　　　　　B. 询盘　　　　　　C. 还盘　　　　　　D. 接受

5. 我某公司于 5 月 5 日以电报方式向外商发盘,限 5 月 8 日复到有效。对方于 7 日以电报方式发出接受通知,由于电讯部门延误,我公司于 9 日才收到,事后我公司未表态,根据《公约》(　　)。

A. 该逾期接受无效,合同未成立。

B. 因我公司未及时提出异议,该接受有效,合同成立。

C. 只有在我公司及时表示确认后,该接受才有效,否则,合同不成立。

D. 只有在对方再次发出接受通知时,该接受才有效,否则,合同不成立。

二、简答题

1. 交易磋商的环节有哪些? 哪些环节是必不可少的?

2. 简述发盘的构成条件。

3. 发盘有效期的规定方法有哪些?

4. 发盘的撤回与发盘的撤销有什么不同?

5. 发盘在哪些情况下失效?

6. 简述接受的构成条件。

7. 逾期接受应如何处理?

8. 为什么要签订书面合同?

三、案例分析

1. 我出口企业于 6 月 1 日用电传向英商发盘销售某商品,限 6 月 7 日复到。6 月 2 日收英商发来电传称:"如价格减 5% 可接受。"我方尚未对英商来电作出答复,由于该商品的国际市价剧涨,英商又于 6 月 3 日来电传表示:"无条件接受你方 6 月 1 日发盘,请告合同号码。"试问,在此情况下,我方应如何处理? 为什么?

2. 我某外贸公司于某年 3 月 1 日向美商发去电传,发盘供应某农产品 1000 公吨并列明"牢固麻袋包装"(packed in sound gunny bags)。美商收到我方电传后立即复电表示:"接受,装新麻袋装运"(accepted, shipment in new gunny bags)。我方收到上述复电后,即着手备货,准备于双方约定的 6 月份装船。数周后,该农产品国际市价猛跌,针对我方的催证电传,美商于 3 月 20 日来电称:"由于你方对新麻袋包装的要求未予确认,双方之间无合同。"而我外贸公司则坚持合同已有效成立,于是双方对此发生争执。试问:此案应如何处理,为什么?

3. 以下是我国一出口公司与科威特商行阿卜图拉公司 Abdulla company (P. O. BOX No. 123, Kuwait)洽谈蝴蝶牌缝纫机 JA-1 型(butterfly brand sewing machine model JA-1)的往来电传,请从这些往来电文中判断交易磋商的四个环节,并拟定一份合同。

(1)9 月 2 日来电:有兴趣蝴蝶牌缝纫机 JA-1 型 3000 架即装请报价。

Interested in butterfly brand sewing machine model JA-1 3000 sets prompt shipment please quote.

(2)9 月 3 日去电:蝴蝶牌缝纫机 JA-1 型 3000 架木箱装每架 62 美元 CIFC2 科威特 10 月/11 月装即期信用证限 6 日复到此地。

Butterfly brand sewing machine model JA-1 3000 sets packed in wooden cases USD62 per set CIFC2 Kuwait Oct/Nov shipment sight credit subject reply here sixth.

(3)9 月 5 日来电:你 3 日电传歉难接受竞争者类似品质报 55 美元请速复。

Your Tlx third regret unable accept competitors quoting similar quality USD55 please reply immediately.

(4)9 月 7 日去电:我 3 日电传重新发盘限 10 日我方时间复。

Ours third renew offer subject reply tenth our time.

(5)9 月 9 日来电:你 7 日电传接受如 55 美元 CIFC3 D/P 即期请确认。

Yours seventh accept provided USD55 CIFC3 D/P sight please confirm.

(6)9 月 10 日去电:你 9 日电传最低 60 美元即期信用证限 12 日复到此地。

Yours ninth best USD60 sight credit subject reply reaching here twelfth.

(7)9 月 11 日来电:你 10 日电传接受再订购 500 架同样条件即复。

Yours tenth accept book additional 500 sets same terms reply promptly.

(8)9 月 12 日去电:你 11 日电传确认请速开证。

Yours eleventh confirmed please open L/C immediately.

(9)9 月 13 日来电:你 12 日电传信用证将由科威特邮政信箱第 345 号 ABC

公司开立。

Yours twelfth credit will be opened by ABC company P. O. Box No. 345 Kuwait.

四、情景模拟训练

经过交易磋商,某业务员与美国普利支公司达成了一笔交易。该业务员将交易磋商中的往来函电进行整理,得到了下面的售货确认书,准备寄给美商会签。请核实该销售确认书还需要如何补充完整?

售货确认书

SALES CONFIRMATION

买方:美国普利支公司   合同号码:S—003

BUYER:PLIZER INC. 330 PORTAGE SREET,KZO—300—203 U.S.A.

CONTRACT NO:S—003

卖方:杭州万力进出口有限公司   日期:2006—5—20

SELLER:HANGZHOU WANLI IMPORT & EXPORT CO.,LTD   DATE:2006—5—20
ZHEJIANG CHINA

双方同意按以下条款由买方购进卖方售出下列货物

THE BUY AGREES TO BUY AND THE SELLER AGREES TO SELL THE UNDER MENTIONED COMMODITY ON TERMS AND CONDITIONS AS SET FORTH BELOW:

(1)货物名称、规格包装及装运唛头 NAME OF COMMODITY SPECIFICATIONS PACKING AND SHIPPING MARKS	(2)装运期限 SHIPMENT	(3)数量 QUANTITY	(4)单价 UNIT PRICE	(5)总值
TOTAL AMOUNT(USD)	收到信用证后50天交货			
1. 0403—01—TSJ—GP		3000PCS		15000.00
2. 0403—02—TSJ—GP		3000PCS		27000.00
3. J—002/0403—03—TSJ—GP		3000PCS		33000.00
4. 0403—04—TSJ—GP		3000PCS		17500.00
5. 0405—22—TSJ—MP		3000PCS		22500.00
6. 0405—23—TR—MP		3000PCS		47300.00
7. 0405—24—TR—GP		3000PCS		32600.00
8. 0405—26—TSJ—GP		3000PCS		42700.00
9. 0413—31—TR—GP		3000PCS		52100.00
10. J—001		3000PCS		71200.00

TOTAL AMOUNT:USD THREE HUNDRED THOUSAND AND NINE HUNDRED ONLY.

(6)装运数量允许有 5% 的增减

SHIPMENT QUANTITY 5% MORE OR LESS ALLOWED.

(7)装运口岸

PORT OF LOADING：SHANGHAI

(8)目的地

PORT OF DESTINATION：NEW YORK

(9)付款方式:出运后 45 天之内 T/T 全部货款,在接单之前开到卖方指定银行保兑的、不可撤销的、即期付款信用证,允许转船及分批装运,并注明有关合同号码,议付金额允许有 5% 的增减,幅度以实际装运数量为准。

PAYMENT：45 DAYS T/T AFTER SHIPMENT, BY APPOINTED CONFIRMED IRREVOCABLE LETTER OF CREDIT TO BE OPENED TO THE SELLER, ALLOWING TRANSSHIPMENT AND PARTIAL SHIPMENTS. MENTIONING THE RELATIVE CONTRACT NUMBER AND THE NEGOTIATED AMOUNT 5% MORE OR LESS ALLOWABLE WITH SUBJECT TO THE ACTURAL SHIPPED QUANTITY.

(10)卖方在接受买方信用证后,必须按照买方的交货期进行生产安排(从开证到目的地交货为 65～70 天)。如果有违约,违约方赔偿守约方总货款的 10%,交期超过 15 天,买方有权拒收。

AFTER THE SELLER ACCEPT THE LETTER OF CREDIT, MUST OPERATE THE PRODUCTION ON THE DATE OF DELIVERY. (SINCE OPEN LC IN 65～70 DAYS DELIVERY OF DESTINATION). THE OBSERVER TO BE CLAIME PAY FOR 10% IN TOTAL PAYMENT OF GOODS. BUYER CLAIME REFUSE THE GOODS IN EXCESS 15 DAYS.

(11)卖方必须遵守买方质量要求,出货前必须由买方出具质量报告。

THE SELLER MUST OBSERVE THE QUALITY AND HAVE THE REPORT OF QUALITY.

(12)保险：   投保   险   按发票金额的 110% 投保。

INSURANCE：COVERING   RISK   110% OF INVOICE VALUE TO BE EFFECTED BY THE BUYER.

(13)买方签字：   (14)卖方代理签字：

THE BUYERS SIGNATURE：   AS AGENT OF SELLERS SIGNATUR：

第十章

出口合同的履行 ❯ ❯ ❯ ❯

学习内容与目标 ···

　　掌握出口合同履行的各个环节；

　　熟悉出口合同履行各环节应注意的问题。

···

案例导读

　　中国南方某公司与丹麦 AS 公司在 2004 年 9 月按 CIF 条件签订了一份出口圣诞灯具的商品合同，支付方式为不可撤销即期信用证。AS 公司于 7 月通过丹麦日德兰银行开来信用证，经审核与合同相符，其中保险金额为发票金额的 110%。就在我方正在备货期间，丹麦商人通过通知行传递给我方一份信用证修改书，内容为将保险金额改为发票金额的 120%。我方没有理睬，仍按原证规定投保、发货，并于货物装运后在信用证交单期和有效期内，向议付行议付货款。议付行审单无误，于是放款给受益人，后将全套单据寄丹麦开证行。开证行审单后，以保险单与信用证修改书不符为由拒付。试问：开证行拒付是否有道理？为什么？

　　【分析】　按照国际惯例《跟单信用证统一惯例》的相关规定，信用证经过修改后，银行即受该修改后的信用证的约束。出口商可自行决定修改内容或拒绝修改，但其应发出是否同意修改的通知。当出口商告知其接受修改之前，原证对开证行继续有效，即原证的条款对出口商仍具有约束力。但如果出口商未发出接受或拒绝的通知，而其提交的单据与原证的条款相符，则视为出口商拒绝其修改；如果出口商提交的单据与经修改后的信用证条款相符，则视为出口商接受了其修改。从这时起，信用证就被视为已经修改。总之，出口商是否同意修改的信用证可以在结汇提交的单据来表示。

在本案中，我方公司在收到有关信用证修改的通知后，并未发出接受或拒绝修改的通知，而且在交单时向银行提交了符合原信用证规定的单据，受益人以其行为作出拒绝信用证修改的表示，原信用证的条款对受益人仍然有效，信用证的修改因未获得受益人的同意而无效。因此，开证行审单后，以保险单与信用证修改书不符为由拒付是不合理的。

出口合同的履行过程中，涉及的环节较多，手续比较复杂。以我国目前使用较多、也最具有代表性的采用 CIF 贸易术语和凭不可撤销即期信用证支付的出口交易为例，履行出口合同一般要经过备货、催证、审证、改证、租船订舱、报检、报关、投保、装船和制单结汇等环节的工作，即货（备货、报检）、证（催证、审证、改证）、运（租船订舱、装船、报关、保险）、款（制单结汇）四个基本环节。这些环节有些是平行展开，有些是相互衔接，都必须按照合同的规定和法律、管理的要求做好每一步工作，同时还应密切注意买方的履约情况，以保证合同最终得以圆满履行。

第一节　备货与报检

备货工作要求卖方根据出口合同的规定，按质、按量地准备好应交付的货物，并做好申请报检和领证等相关工作。

一、备货

备货是出口企业根据合同或信用证规定的品质、数量、包装和交货时间的要求，进行货物的准备工作，同时做好申请报验和领证等工作。对于生产型企业，备货是向生产加工或仓储部门下达联系单（有些企业称其为加工通知单或信用证分析单等),要求有关部门按照联系单的要求,对应交的货物进行清点、加工整理、包装、刷制运输标志以及办理申报检验和领证等系列工作。而对于贸易型企业,备货工作还包括向国内有关的生产企业联系货源,订立国内采购合同。

在备货工作中,应注意以下几个问题:

1.货物的品质必须与出口合同的规定相一致。凡是凭规格、等级、标准等文字说明达成的合同,交付货物的品质必须与合同的规格、等级、标准等文字说明相符;如果是凭样品达成的合同,则必须与样品相一致;如果既凭文字说明,又凭样品达成的合同,则两者都要相符。

2.货物的包装必须符合出口合同的规定。货物的包装是买卖合同的主要条款,卖方必须按照合同规定的包装方式交付货物。如果合同对包装未作具体规定,按照《公约》的规定,应按照同类货物通用的方式装箱或包装,如果没有此种通用方式,则应按照足以保全和保护货物的方式装箱或包装。

在备货过程中,对货物的内、外包装和装潢,均须及时进行修正或者更换,以免在装运时,承运人签发不清洁提单,造成收汇困难。如合同规定为中性包装,则应严格核实,包括衬垫物在内的内、外包装不得存在任何显示产地的文字和图案。包装标志也应按合同规定或客户要求刷制。刷制运输标志应符合有关进出口国家的规定,包装上的运输标志应与所有出口单据上对运输标志的描述一致,运输标志应简洁,又能提供充分的运输信息。有些国家海关要求所有的包装箱必须单独注明重量和尺码,甚至用公制,或英语或目的国的语言注明,应予照办。如果合同未规定运输标志、客户又无任何要求的,则出口商可以自行刷制,但一般应包括收(发)货人缩写、目的港、件号等内容。

3.货物的数量必须符合出口合同的规定。货物的数量是国际货物买卖合同的主要条款之一,卖方按合同规定的数量交付货物是卖方的一项重要义务。能否按合同规定的数量交付货物,不仅是衡量买卖合同是否得到充分履行的标志,而且直接关系到订立合同时的预期利益能否实现。卖方如果只交付一部分货物,买方一般不能宣告合同无效,但有权要求卖方对未交付部分的货物继续履行交付义务。同时,还可以要求卖方对因此而引起的损失给予损害赔偿。如果卖方交付的货物数量少于合同规定,构成了根本违约或者卖方完全不交货,则买方可以宣告合同无效。如果卖方交付的货物超过合同规定的数量,对于多交部分,买方既可以拒绝收取,也可以收取其一部分或全部。因此,在合同中应规定"溢短装条款",以便卖方在机动幅度范围内掌握交货数量。为便于补足储存中的自然损耗和国内搬运过程中的货损,保证按合同规定数量交付货物,备货数量一般以略多于出口合同规定的数量为宜。

4.货物备妥时间应与合同和信用证装运期限相适应。交货时间是国际货物买卖合同的主要交易条件,一旦违反,买方不仅有权拒收货物并提出索赔,甚至还可以选择合同无效。因此,货物备妥的时间,必须适应出口合同与信用证规定的交货时间和装运期限,并结合船期进行安排。为防止出现船等货的情况,在时间上,应适当留有余地,使船货更好地衔接。

二、报检

报检是指出口企业在货物备妥后,根据约定条件或国家规定向货物检验机构申请对出口货物进行检验。

凡属法定检验的出口商品,在备妥货物后,必须在规定的地点和期限内,持出口合同、信用证副本、发票、装箱单,以及其他必要的单证向出入境检验检疫机构报检。检验检疫合格的,按照规定签发检验检疫证书和/或出境货物通关单,或者在报关单上加盖印章,海关凭以放行。在产地检验的出口商品,需要在口岸换证出口的,应向产地检验检疫机构提出申报,由产地检验检疫机构按照规定签发检验检疫换证凭证,发货人应在规定期限内持检验检疫换证凭证和出口合同等单证,向口岸检验检疫机构报请查验。经查验合格的,由口岸检验检疫机构换发检验检疫证书和/或出境货物通关单,或者在报关单上加盖印章。

对于不属于法定检验范围的出口商品,出口合同约定由检验检疫机构检验的,也需按合同规定,持买卖合同等有关单证向检验检疫机构报检,由检验检疫机构实施或组织实施检验或检疫,在取得检验合格并能证明货物符合合同的检验证书之后,方可凭以向买方收取货款,并以此作为交接货物的依据。

不属于法定检验范围的出口商品,出口合同也未规定由检验检疫机构出证的,则应视不同情况,分别采取委托检验检疫机构检验,由生产部门、供货部门进行检验,或者由外贸企业自行检验等方法,检验合格后装运出口。

凡属危险货物,其包装容器,应由生产该容器的企业向检验检疫机构申请包装容器的性能鉴定。由包装容器检验检疫机构鉴定合格并取得性能鉴定证书,方可用于包装危险货物。生产出口危险货物的企业,必须向检验检疫机构申请危险货物包装容器的使用鉴定。使用未经鉴定合格的包装容器的危险货物不准出口。

出口动植物、动植物产品,凡有检疫要求的,出口企业或其代理人应事先填具报检单,向检验检疫机构申请检疫,经检疫合格,取得检疫证书,方可出口。

申请报检时,应填制"出口报检申请单",向检验检疫机构办理申请报检手续,"出口报检申请单"的内容,一般包括品名、规格、数量或重量、包装、产地等,如需有外文译文时应注意中外文内容一致。在提交"出口报检申请单"时,应随附合同和信用证副本等有关文件,供检验检疫机构检验和发证时参考。申请报检后,如出口企业发现"出口报检申请单"内容填写有误,或因国外进口人修改信用证导致货物规格有变动时,应提出更改申请,填写"更改申请单",说明更改事项和更改原因。

检验检疫机构检验合格的出口货物,发货人应在检验证书或放行单签发之日起的有效期内装运出口。一般货物从发证之日起两个月内有效,鲜果、鲜蛋类两星期内有效,植物检疫三个星期内有效。如在规定的有效期内不能装运出口,应向检验检疫机构申请展期,并由检验机构进行复验,复验合格后才准许出口。

第二节　落实信用证

落实信用证是履行凭信用证支付的出口合同中不可缺少的重要环节。落实信用证通常包括催证、审证和改证三项内容。

一、催证

在按信用证付款条件成交时,买方按约定开立信用证是卖方履行合同的前提条件。尤其是大宗交易或按买方要求特制的货物交易,买方及时开立信用证更为重要;否则,卖方无法安排生产和组织货源。

如果合同中对开证时间未作规定,买方应在合理时间内开出信用证。在正常情况下,买方至少应在货物装运期前15天将信用证开到卖方手中,但在实际业务中,有时经常遇到国外进口商拖延开证,或者在行市发生变化或资金发生短缺的情况时,故意不开证,对此,出口商应结合备货情况做好催证工作,必要时,也可请驻外机构或有关银行协助代为催证。

在以下情况下,卖方应注意向买方发出函电提醒或催促对方开立信用证:

1.合同规定的装运期限较长,应在合同规定开证日前,去信提醒对方及时开证。

2.根据我方备货和船舶情况,如果有可能提前装运,可与对方协商,要求提前开证。

3.对方未在合同规定的期限内开证,我方可向对方要求损害赔偿;或催促对方开证;或在催证同时保留索赔权。

4.开证期限未到,但发现客户资信不佳,或市场情况有变,也可提前去信提示对方开证,以利于对方履行合同义务。

二、审证

信用证是依据买卖合同开立的,信用证的内容应该与买卖合同保持一致。但在实践中,由于种种原因,如贸易习惯不同、工作疏忽、电文传递错误、市场行情变化或买方有意利用开证加列对其有利的条款,买方开来的信用证常有与合同条款不符的情况。或者买方在信用证中加列一些出口商看似无所谓但实际上无法满足的信用证付款条件(也称为"软条款")等,使得出口商无法按该信用证收取货款。为维护出口商的利益,确保外汇收汇安全和合同的顺利履行,应按照合同对信用证进行认真的核对和审查。

在实际业务中,银行和出口企业应共同承担审证任务,但在审核的范围和内容上各有侧重。

(一)银行审核信用证的主要内容

1.资信情况审核。银行着重审核信用证的真实性、开证行的政治背景、付款责任和索汇路线等方面的内容。对开证银行和保兑银行资信情况的审核,在经济上应要求其本身资金实力必须与所承担的信用证义务相适应。如发现其资信不佳,应酌情采取适当的措施。

2.对信用证本身的审核。为保证安全收汇,信用证内应有明确表示保证付款的责任文句,还要审核开证行的付款责任是否加列了限制性条款或其他保留条件。

(二)出口商审核信用证的主要内容

出口商审核信用证时,应侧重审查信用证的内容是否与合同一致。由于交易不同,这些项目所载内容可能会有所差异。一般而言,主要审核下面几点:

1.信用证的种类和开证行付款的责任。信用证种类繁多,要审查来证的具体类型,与合同的约定是否一致。《跟单信用证统一惯例》(UCP600)第3条规定:"信用证是不可撤销的,即使信用证中对此未作指示也是如此。"此外,还要审查来证是否加具了保兑,如是保兑信用证,对保兑行及保兑费用由谁负担等要审核清楚。在信用证内,有时开证行的付款责任加列了"限制性"条款或其他"保留"条件,如"领到进口许可证后通知时方能生效"、"信用证下的付款要在货物清关后才支付",有时带有明显的欺诈性,如规定受益人提交"由买方签发的提货证明"或"检验证书应由申请人授权的签字人签字"等等。这些条款改变了信用证的性质和开证行的付款责任,实际上受到申请人或其代理人控制,受益人对此应加以注意。

2.审核开证申请人和受益人。要仔细审核开证申请人的名称和地址,以防错发错运。受益人的名称和地址也必须正确无误,而且前后要一致,否则会影响收汇。

3.审核信用证的金额及其采用的货币。信用证的金额应与合同金额一致,总金额的阿拉伯数字和大写数字必须一致。如合同订有溢短装条款,那么信用证金额还应包括溢短装部分的金额。来证采用的支付货币应与合同规定的货币一致,如不一致,应按中国银行外汇牌价折算成合同货币,在不低于或相当于原合同货币总金额时方可接受。

4.审核信用证的交单期和交单地点。根据《跟单信用证统一惯例》(UCP600)的规定,信用证必须规定一个交单付款、承兑或议付的到期日,未规定到期日的信用证不能使用。通常信用证中规定的到期日是指受益人最迟向出口地银行交单议付的日期,如信用证规定在国外交单,由于寄单费时,且有延误的风险,一般应提请修改,否则,就应提前交单,以防逾期。信用证未规定交单期,则应理解为在实际装运日(运输单据出单日期)之后21天内必须交单。受益人必须在交单期内交单,但无论如何,不得迟于信用证到期日。

5.审核信用证规定的装运期、有效期。装运期必须与合同规定一致,如来证太晚,无法按期装运,应及时申请国外买方延展装运期限。信用证有效期与装运期应有一定的合理间隔,以便在装运货物后有足够的时间制单结汇,信用证有效期与装运期规定为同一天的,称为"双到期",这种规定方法不十分合理,受益人应视具体情况提请对方做出修改。

6.审核有关货物的记载。审核来证中关于品名、品质、规格、数量、包装、单价、金额、佣金、目的港、保险等是否与合同规定一致,有无附加特殊条款及保留条款,如发现信用证规定与合同不符,应酌情作出是否接受或修改的决策。

7.装运单据的审核。对来证要求提供的单据种类、份数及填制方法等,要仔细审查,如发现有不适当的规定和要求,如指定由某轮船公司的船只运载,或要求出具装运船只的船龄不超过15年的证明,商业发票或产地证书须由国外的领事签证等等,应视具体情况作出是否提请对方修改的决策。

8.审核转船和分批装运。货物中途转船,不仅延误时间和增加各种费用开支,而且还可能出现货损货差,一般情况下,买方都不愿意对其进口的货物转运。在审核时,应注意转运条款是否与合同规定一致。合同中如允许转船,还应注意在证中规定允许转船后面有无加列特殊限制或要求,如指定某转运地点、船名或船公司,对这些特殊限制应考虑是否能办到,否则,应及时通知对方修改。此外,如合同中规定分批、定期、定量装运,则在审核来证时,应注意每批装运的时间是否留有适当的间隔。按照国际惯例,若任何一批未按期装运,则信用证的该批和以后各批均告失效,所以,审核信用证时,应认真对待。

9.审核证中规定开立汇票的内容。证中关于汇票的规定,如即期、远期等应与合同中支付条款的规定相符。

10.审核其他特殊条款。审查来证中有无与合同规定不符的其他特殊条款,如指定船公司、指定船籍、不准在某个港口转船等,一般不宜轻易接受,如对受益人无不利之处,可酌情灵活掌握。

以上是审核信用证需要注意的几个主要方面。在实际工作中,应按照买卖合同条款,参照 UCP600 的规定和解释,逐条对照详细审核。有些条款,在合同中未作规定而在信用证中却有要求,例如,要求提供装运通知的电报或电传副本、货样的邮寄收据,要求刷制指定的运输标志和其他标志等,也都应逐一认真对待。如能照办的,应予以照办。若发现证中规定货物的品质、包装、价格与合同严重不符,单据的要求不正常,或其他不能接受或照办的内容,应向国外客户提出要求改正或取消。

三、改证

在审证过程中如发现信用证内容与合同规定不符,应区别问题的性质,作出妥善的处理。一般来说,凡属违反国家政策的,或影响合同履行和安全收汇的情况,必须要求国外客户通过开证行进行修改,并坚持在收到信用证修改通知书后才能对外发货,以免发生货物出运而信用证修改通知书未到的情况。凡不违反政策原则,经过努力可以做到又不增加太多费用的情况,可以酌情处理。

在改证方面,应注意以下问题:

1.同一张信用证中,有时会发现多处需要修改,对此,应做到一次向国外客户提出,尽量避免由于疏忽或考虑不周而多次提出修改要求。因为,每次修改国外客户都要向开证行交纳一定的手续费,出口企业也要向通知行交纳一定的修改通知费,同一信用证的多次修改不仅增加了双方的手续和费用,而且也影响及时履行合同。

2.对于开证行根据客户申请发出的修改通知的内容,也要认真进行审核,如发现修改后的内容仍不能接受时,应及时向客户声明表示拒绝,并再次提请对方修改。

3.按照《跟单信用证统一惯例》(UCP600)第 10 条的规定,"未经开证行、保兑行(如果有的话)以及受益人同意,信用证既不能修改也不能撤销"。如果国外客户来证后,又主动要求修改信用证内容,而我方对修改内容不接受时,我方可以拒绝,但是应立即发出拒绝接受修改的通知。发出该通知后,就可按照原证各项条款和内容办理出运。

4 根据惯例,对同一修改通知中的修改内容不允许部分接受,因而,对修改内容的部分接受无效。国外开证行发来的修改通知中如包括多项内容,只能全部接受或全部拒绝,不能只接受其中一部分,而拒绝另一部分。

5.信用证修改通知书应通过原证的通知行转递或通知,如由开证人直接寄来,应提请原证通知行证实。对于已接受的信用证修改书,应立即与原证放在一起,并注明修改次数,以防使用时与原证脱节,影响及时和安全收汇。

第三节　装运货物

在备妥货物和落实信用证以后,出口企业即应按买卖合同和信用证规定,对外履行装运货物的义务。安排装运货物涉及的工作环节甚多,其中以托运、投保、报关、装运和发出装运通知等工作尤为重要。

一、托运

凡由我方安排运输的出口合同,对外装运货物,租订运输工具和办理具体有关运输的事项,我国出口企业通常委托中国对外贸易运输公司或其他经营外贸运输代理业务的企业(以下简称"外运机构")办理。因此,按 CIF 或 CFR 条件成交时,出口企业在货物备妥后,应及时向外运机构办理托运手续。托运的工作步骤包括:

1.填写出口货物托运单

班轮公司或外运机构通常定期编制船期表,分发给各出口企业。船期表列明航线、船名、国籍、抵港日期、截止收单期、预计装船日期、离港日期、沿途停靠港口等内容。出口企业根据出口合同和信用证的规定,结合船期表,填写出口货物托运单,在截止收单期前送交外运机构,委托其代为订舱。海运出口托运单,又称订舱委托书(shopping note),是出口企业向外运机构提供的托运货物的必要文件,也是外运机构向船公司订舱配载的依据。该托运单通常一式数份,分别用于外轮代理公司留存、运费通知、装货单、收货单、外运机构留底、配舱回单、缴纳出口货物港务费申请书等。

如采用海运集装箱班轮运输,其订舱手续与一般杂货班轮运输类似。出口企业或外运机构应填制集装箱货物托运单,其内容、份数与通常的海运出口托运单略有不同。

2.船公司或其代理签发装货单

外运机构收到出口托运单后,以出口企业的代理身份,向船公司或其代理人办理订舱手续,并会同船公司或其代理根据配载原则,结合货物性质,装运港、目的港等情况安排船只和舱位,然后由船公司或其代理人发给托运人装货单,凭以办理装船手续。

装货单(shipping order)又称关单,俗称下货纸,是船公司或其代理签发给货物托运人的一种通知船方装货的凭证。装货单有三个作用:一是通知托运人已配妥船舶及航次、装货日期,让其备货装船;二是便于托运人向海关办理出口申报手续,海关凭此查验出口货物;三是通知船方装货,作为命令船长接受该批货物装船的通知和指令。

3.提货装货,获取大副收据和提单

在完成投保和报关手续后,外运机构到出口企业的仓库提货,送进码头装船。装船完毕,由船上大副签发大副收据(mate's receipt)。大副收据又称收货单,是船方收到货物的凭证。外运机构凭大副收据向船公司或其代理人交付运费,然后换取正式提单。如收货单上有大副批注,换取提单时应在提单上作出批注。

4.发装运通知

货物装上船以后,出口企业应向国外进口方发出装运通知(shipping advice),以便对方准备付款、赎单,办理进口报关和接货手续。

装运通知的内容一般包括合同号、信用证号、货物名称、数量、总值、唛头、转运口岸、转运日期、船名及预计开航日期等。在实际业务中,应根据信用证的要求和对客户的习惯做法,将上述项目适当地列在电文中。

二、投保

在履行 CIF 出口合同时,在配载就绪、确定船名后,出口企业应于货物运离仓库或其他存储处所前,按照出口合同和信用证的规定向保险公司办理投保手续,以取得约定的保险单据。在办理投保手续时,通常应填写投保单,列明投保人名称、货物名称、唛头、运输路线、船名或装运工具、开航日期、航程、投保险别、保险金额、投保日期、赔款地点等,一式两份,一份由保险公司留存作为缮制保险单的依据,另一份由保险公司签署作为接受投保的凭证交投保人。

投保人在保险公司出具保险单后,发现投保内容有错漏或需变更,应向保险公司及时提出批改申请,由保险公司出立批单,粘贴于保险单上并加盖骑缝章,保险公司按批改后的条件承担责任。申请批改必须在货物发生损失以前,或投保人不知有任何损失事故发生的情况下,在货物到达目的港前提出。

三、报关

出口报关是指出口货物装船出运前,发货人、进出境运输工具负责人、进出境物品的所有人或者他们的代理人向海关办理货物、物品或运输工具进出境手续及相关海关事务的过程。根据我国《海关法》规定,货物进出口除经海关总署批准的以外,必须向海关申报,经过海关查验放行后,货物可提取或装运出口。因此,货物只有完成通关手续后才能装船。

出口货物报关时必须填写出口货物报关单,必要时还需要提供出口合同副本、发票、装箱单、重量单、商品检验证书以及其他有关证件,海关查验有关单据后,在装货单上盖章放行,凭以装运出口。办理报关手续一般有以下几个步骤:

(一)出口申报

出口申报(declaration),俗称出口报关,是指发货人(出口企业)或其代理(货运代理)在出口货物时,在海关规定的期限内,以书面形式向海关报告其出口货物的情况,并随附有关运和商业单据,申请海关审查放行,并对所报告内容的真实性和准确性承担法律责任的行为。

我国《海关法》对出口货物的申报资格、时间、地点、单证、方式等方面,均有明确规定:

1.申报资格。必须由经海关审核准予注册的专业报关企业、代理报关企业和自立报关企业及其报关员办理报关手续。报关员必须经培训通过海关组织的全国报关员考试,取得由海关总署授权颁发的报关员资格证书,并经海关批准注册,才能代表所属企业办理报关手续。

2.申报时间。出口货物的报关时限是在装货的 24 小时以前(海关特准的除外)。

3.申报地点。出口货物应当由发货人或其代理人在货物的出境地海关申报。

4.申报单证。申报人在出口申报时应提供以下单证：

(1)申报单位在海关办理的企业海关注册登记手册；

(2)申报人的报关员证书；

(3)由申报单位和报关员盖章的货物报关单(一式两份)；

(4)随附报关单的单据,包括合同、产地证明、发票、装货单、装箱单、出口收汇核销单,以及国家有关法律、法规规定实行特殊管制的证件,如配额证明、出口许可证、商品检验证书等。

5.申报方式。我国《海关法》规定,进出境货物收发货人或其代理人办理进出口货物的海关申报手续,应该采用纸质报关单和电子数据报关单的形式。可见,纸质报关单和电子数据报关单是法定的两种申报形式,二者具有同等的法律效力。一般条件下,出口货物发货人或其代理人应当同时采用两种申报方式;在特定情况下,出口货物的收发货人或其代理人可以根据实际情况提出申请并经海关许可采取其中一种方式申报。

(二)审核与查验

海关接受出口申报后,应对报关员所递交的所有单证进行审核。海关审核单证通常是以出口货物报关单为基础,根据国家有关法律、行政法规的规定,核对所收到的报关单证是否齐全、正确、有效,内容是否一致。如果所审核单证符合国家法律、法规规定,所交验的单证全无误,海关随即着手对出口货物进行查验。

查验出口货物是指海关以出口货物报关单和其他报关单证为依据,在海关监管区域内对出口货物进行检查和核对。

在查验过程中,海关检查出口货物的名称、品质规格、包装状况、数量重量、标记唛码、生产或贸易国别等事项是否与出口报关单和其他证件相符,以防止非法出口、走私及偷漏关税等。

查验货物需在海关规定的时间和场所进行,一般在集装箱堆场和港区码头堆场。在特殊情况下报经海关同意,也可由海关派人到发货人仓库查验,并按规定收取手续费。海关查验货物时,出口方要派人到现场,协助海关搬运货物,开拆和重封货物的包装等,并应海关要求,随时提供有关单证、文件及必要的资料。

(三)缴纳出口关税

由于征收出口税必将增加出口货物成本,影响其在国际市场上的竞争力,因此,许多国家对其出口货物大部分不征收出口税。我国目前征收出口税的货物也较少,但有少数出口货物由于特殊原因仍需征收出口税。

出口货物经海关查验正常,按规定应当缴纳出口税的,应当在缴清税款或提供担保后,海关才予签章放行。纳税人应当在海关签发税款缴纳书的次日起 7 日内(节假日除外),向指定银行缴纳税款。逾期不缴纳的,由海关自第 8 日起至缴清税款之日止,按日征收税款总额的千分之一滞纳金。对超过 3 个月仍未缴纳税款的,海关可责令担保人缴纳税款或者将货物变价抵缴,必要时,可以通知银行在担保人或者纳税人存款内扣款。当纳税人对海关使用税则税率或审定的完税价格有异议时,应当先按照海关核定的税款额缴纳税款,然后自海关填发税款缴纳书起 30 天内,向原征税海关书面申请复议,海关应当自收到复议申请之日起 15 天内作出复议决定。纳税人对海关复议不服的,可以自收到复议决定书之日起 15 天内向海关总署申请复议,对海关总署作出的复议决定仍不服的,可以自收到复议决定书之日起 15 天内,向人民法院起诉。

(四)清关放行

出口企业或其代理按海关规定办妥出口申报,经海关审核单证、查验货物和征收出口税后,海关解除对货物的监管,准予装运出境。在放行前,海关派专人负责审查核批货物的全部报关单证及查验货物记录,并签署认可,然后在装货单(在海运情况下)上盖放行章,货方才能凭装货单(S/O)要求船方装运出境。同时,海关在出口收汇核销单上加盖验讫章,退给报关员,供出口企业凭以到外汇管理局办理出口收汇核销手续。

小资料 10-1

海关

海关是国家的进出关境监督管理机构。海关从属于国家行政管理体制,对内对外代表国家依法独立行使行政管理权。海关履行国家行政制度的监督管理职能,是国家宏观管理的一个重要组成部分。海关实施监督管理的范围是与进出关境有关的活动,实施管理的对象是所有进出关境的运输工具、货物和物品。我国《海关法》明确规定了海关有监管、征收关税、缉查走私和编制海关统计四项基本任务。

中华人民共和国海关出口货物报关单

预录入编号：　　　　　　　　　　　　　　　　海关编号：

出口口岸	备案号		出口日期	申报日期
经营单位	运输方式	运输工具名称		提运单号
发货单位	贸易方式	征免性质		结汇方式
许可证号	运抵国(地区)	指运港	境内货源地	
批准文号	成交方式	运费	保费	杂费
合同协议号	件数	包装种类	毛重(公斤)	净重(公斤)
集装箱号	随附单据		生产厂家	

标记唛码及备注

项号　商品编号　商品名称、规格型号　数量及单位　最终目的国(地区)　单价　总价
币制　征免

_____

_____

_____

_____

_____

_____

税费征收情况

录入员　录入单位	兹声明以上申报无讹并承担法律责任	海关审单批注及放行日期(签章)
报关员	申报单位(签章)	审单　　审价
单位地址：		征税　　统计
邮编：　电话：	填制日期：	查验　　放行

第四节 缮制单据

一、制单的基本要求

按信用证付款方式成交时,在出口货物装运后,出口企业应按照信用证的规定,正确缮制各种单据(有的单据和凭证在货物装运前就应准备好),并在信用证规定的交单到期日或之前,将各种单据和必要的凭证送交指定的银行办理付款、承兑或议付手续,并向银行进行结汇。

现代国际贸易绝大部分采用凭单交货、凭单付款方式。因此,在出口业务中做好单据工作,对及时安全收汇,具有特别重要的意义。在信用证业务中,由于银行只凭信用证,不管买卖合同,只凭单据,不管货物,对单据的要求就更为严格。对出口单据,必须符合"正确、完整、及时、简明、整洁"几项基本要求。

1. 正确。制作的单据必须正确,才能保证安全和及时收汇。在信用证方式下,单据的正确性集中体现在"单证一致"和"单单一致",即单据应与信用证条款的规定相一致,单据与单据之间应彼此一致。此外,还应注意单据的描述与实际装运的货物相一致,这样,单据才能真正地代表货物。

2. 完整。单据的完整是指信用证规定的各项单据必须齐全,不能短缺,单据的种类、每种单据的份数和单据本身的必要项目内容都必须完整。

3. 及时。制作单据必须及时,并应在信用证规定的交单到期日和/或UCP600 规定的交单期限内将各项单据送交指定的银行办理议付、付款或承兑手续。如有可能,最好在货物装运前,先将有关单据送交银行预先审核,以便有较充裕的时间来检查单据,提早发现其中的差错并进行改正。或者,在必要时,也可及时与进口商联系修改信用证,避免装运后因单证不符而被拒付。

4. 简明。单据内容应按信用证和 UCP600 的规定以及该惯例所反映的国际标准银行实务填写,力求简单明了,切勿加列不必要的内容,以免弄巧成拙。

5. 整洁。单据的布局要美观大方,缮写或打印的字迹要清楚,单据表面要洁净,更改的地方要加盖校对章。有些单据如提单、汇票以及其他一些重要单据的主要项目,如金额、件数、数量、重量等,不宜更改。

二、常用的出口单据

出口单据的种类很多,究竟提交哪些单据,其内容、份数和制作方法,应按照不同交易的买卖合同和信用证的规定而确定。在以信用证方式结算货款的交易中,提交的单据必须与信用证条款的规定严格相符。以下对履行 CIF 出口合同、班轮运输方式情况下,常用的出口单据的用途及其制作时应注意的问题作扼要介绍。

(一)汇票

在出口贸易中,通常使用的是随附单据的"跟单汇票",在缮制汇票时应注意以下几方面的问题:

1. 出票条款。又称出票根据。在信用证业务中,一般包含三项内容:开证行名称、信用证号码和开证日期。上述三项内容应分别填入汇票相应的项目。例如,"凭"(drawn under)项下应填开证行的名称和信用证号码(L/C No.);"日期"(date)栏应填开证日期。采用托收方式时,则应注明有关买卖合同号码。

2. 汇票金额和币种。在填制汇票金额和币种时,应注意:第一,除非信用证另有规定,汇票金额应与发票金额一致。托收项下汇票金额和发票金额一般也应一致。第二,如信用证规定汇票金额为发票金额的百分之几,例如 98%,那么发票金额应为 100%,汇票金额为 98%,其差额 2% 一般为应付的佣金。这种做法通常适用于中间商代开信用证的场合。第三,如信用证规定部分信用证付款,部分托收,则应分做两套汇票:信用证下支款的汇票按信用证允许的金额填制,其余部分为托收项下汇票的金额,两者之和等于发票金额。第四,汇票上的金额大小写必须一致,汇票金额不得涂改,不允许更改后加盖校对章。

3. 付款人。又称受票人。在信用证方式下,应按照信用证的规定,以开证行或其指定的付款行为付款人。倘若信用证中未指定付款人,应填开证行,付款人名称必须缮写完整。在托收方式下使用的汇票,其汇票的付款人一般为国外进口商。

4. 受款人。又称收款人或汇票抬头人。汇票的受款人应为银行。在信用证方式下,汇票的受款人通常为议付行或出口商的往来银行。在托收方式下,汇票的受款人应为托收行。在我国出口业务中,无论以信用证方式还是托收方式结算,对外签发的汇票均应做成指示性抬头,例如"付中国银行或其指定人"(pay to the order of Bank of China)。

5. 出票人。汇票的出票人通常为信用证的受益人,在可转让信用证情况下,也有可能为信用证的第二受益人。在托收方式下,一般为出口商。出票人应署企业全称和负责人的签字或盖章。

（二）发票

1.商业发票

商业发票（commercial invoice）简称发票（invoice），它是出口人对进口人开立的载有货物名称、数量、价格等内容的清单。发票的主要作用是便于进口人核对已装运的货物是否符合买卖合同的规定，在信用证方式下，便于银行核对所显示的货物是否与信用证条款的规定相一致。此外，发票也是买卖双方凭以交接货物、结算货款以及作为进出口人记账、报关、纳税的主要单证，在即期信用证或即期托收业务中不要求提供汇票的情况下，常以发票替代汇票作为付款的依据。发票全面反映了交付货物的状况，是各种单据的中心，是出口人必须提供的主要单据之一。

发票并没有统一的格式，但其内容大致相同。主要包括出具人名称、发票字样、抬头人名称、发票号码、合同号码、信用证号码、开票日期、装运地点、目的港或目的地、唛头、货物的名称、规格、数量、包装方法、单价、总值等。有的在发票下端还印有"有错当查"（E. & O. E.）的字句，这是为了一旦发生错误或遗漏时可以进行更正或更换，但这并非必要项目。

发票内容必须符合买卖合同规定，在采用信用证方式时，还应与信用证的规定严格相符，不能有丝毫差异。在缮制发票时，应注意以下各项：

（1）出具人名称。发票出具人一般为出口人。在发票的顶端，通常印有出口人的名称及详细地址。在信用证方式下，上述出口人的名称及地址必须与信用证所规定的受益人的名称与地址相一致。

（2）发票抬头人名称。在信用证方式下，除非信用证另有约定，商业发票的抬头必须做成开证申请人（可转让信用证除外）。在托收方式下，商业发票的抬头一般为国外进口商。

（3）发票号码、合同号码、信用证号码及开票日期。发票号码由出口人统一编制，一般采用顺序号，以便查对；合同号码和信用证号码应与信用证中所列的一致。发票的开立日期不要与运输单据的日期相距过远，且必须在信用证的交单有效期内，也不应晚于信用证规定的交单到期日。

（4）装运港或装运地和目的港或目的地。在符合信用证规定的前提下，应明确具体，不能含糊笼统。如有重名的港口或城市，应加列国名和地区名称。以集装箱方式装运，可以集装箱号和封印号码取代。

（5）运输标志。凡是信用证有指定唛头的，必须依照规定制作。如未指定，出口人可自行设计。发票的唛头及件号应与运输单据和其他单据所表示的相一致。

（6）货物的名称、规格、数量与包装方法。发票上的货物名称、规格、数量与包装方法等有关货物的描述，必须与信用证要求完全相符，不能有任何差异。如列明重量，应列明总的毛重和净重。

（7）单价和总值。单价和总值是发票的重要项目，必须准确计算，正确缮制，并应做到单价、数量、总值三者之间不能相互矛盾。商业发票的总金额不得超过信用证规定的金额。

（8）各种说明。国外开来的信用证，有时要求在发票上加注特定费用金额等说明、有关文件号码与证明文句等。在缮制发票时，可将上述内容打在发票的商品描述栏内。在实际业务中，常见的要求有：分别列明货物的 FOB 金额、运费及保险费；进口许可证号、布鲁塞尔税则号码等有关号码；注明货物的原产地是中国等。若要求在发票上加注"证明所列内容真实无误"或类似文句，即要求出具"证实发票"或"签证发票"，则需将发票下端的"E. & O. E."字样删去。

（9）签发人的签字或盖章。商业发票习惯上均有发货人的正式签字。但依照 UCP500 规定，除非信用证另有规定，商业发票"无需签署"。如果信用证规定需签署的，则发货人仍需签署。

发票的份数较多，一般正本不少于四份，其中两份随同提单等其他单据交银行议付或托收，另外两份则连同提单副本寄给进口商，以便对方做好付款赎单和收货准备。此外，还需要准备副本多份，除供出口企业本身留底备查，以及在出口地报关时使用外，进口商或中间商也常要求增加提供份数，以供其记账、存查等所需。（见附录 2）

2. 海关发票

海关发票是进口国家海关为了掌握进口商品的原价值和原产地情况而制定的一种特定格式的发票。海关发票由出口商负责填制。

海关发票的作用是便于进口国海关核实货物的原产国，并根据不同原产国征收差别关税；便于海关核查在出口国国内市场的售价，作为征收反倾销税的依据。此外，海关发票也可供进口国海关征税、编制统计资料。

填制海关发票时应注意以下事项：

（1）各国使用的海关发票都有其特定的格式，不得混用。

（2）凡海关发票与商业发票上共有的项目和内容，必须一致，不得相互矛盾。

（3）对"出口国国内市场价格"一栏，应按有关规定审慎处理，因为，其价格的高低是进口国海关作为是否征收反倾销税的重要依据。

（4）如售价中包括运费或包括运费和保险费，应分别列明 FOB 价、运费、保险费各多少、FOB 价加运费应与 CFR 货值相等,FOB 价加运费和保险费应与 CIF 货值相等。

(5)海关发票的签字人和证明人不能为同一个人,他们均以个人身份签字,而且必须手签才有效。

3.厂商发票

厂商发票是出口厂商所出具的以本国货币计算价格,用来证明出口国国内市场的出厂价格的发票。其作用是供进口国海关估价、核税以及征收反倾销税之用。如国外来证要求提供厂商发票,应参照海关发票有关国内价格的填写办法处理。

4.领事发票

领事发票是进口国驻出口国领事认证或出具的发票。有些进口国家要求国外出口商必须向该国海关提供该国领事发票,其作用与海关发票基本相似,各国领事签发领事发票时,均需收取一定的领事签证费。有些国家规定了领事发票的特定格式,有些国家规定可以在出口商的发票上由该国领事签证。

(三)运输单据

运输单据随不同的运输方式而异。海洋运输时大都使用海运提单(Bill of Lading,B/L)。在我国,海运提单通常由出口企业或委托运输代理制作,在货物装船后由船公司签署后交出口企业。海运提单的缮制应注意以下事项:

1.海运提单的名称。在实际业务中,运输单据与其他单据一样,通常都标明单据的名称。依照 UCP600 的有关规定,银行可接受海运提单,而不论其名称如何。例如,来证中规定"Ocean B/L",但是提交银行的为"Marine B/L",甚至是"Combined Transport B/L",只要其内容符合信用证的要求,银行均可予以接受。

2.托运人(shipper)。托运人一般为信用证的受益人。除非信用证另有规定,银行亦接受以信用证受益人以外的一方作为托运人的海运提单,此种提单称之为第三者提单(third party B/L),例如以货运代理机构作为托运人。

3.收货人(consignee)。提单中收货人栏目的缮制方法应严格依照信用证的规定。在实际业务中,提单大都依照信用证的规定做成"凭指示"(to order)或"凭托运人指示"(to order of shipper)抬头。这种提单必须经托运人背书,才能流通转让。有时信用证中规定提单应做成"凭××银行指定"(to order of... Bank),例如凭开证行指定。这种提单须经该银行背书后方可转让或提货。

4.被通知人(notify party)。提单上列被通知人的目的,是便于船公司在船货抵港前能及时通知实际购货人作好提货准备。所以提单中的被通知人通常是货物的进口人或其代理。信用证有具体规定时,应按信用证规定填制。被通知人的名称、地址必须详细,有的还要加上邮政信箱号。如是记名提单,则被通知人一栏可以不填。

5.提单号码(B/L No.)。为便于核查和工作联系,提单号码通常按船公司签发的装货单所用号码填制,并与大副收据或场站收据号码相一致。

6.船名及航次(name of vessel)。应填列货物实际所装船舶的船名和航次。

7.装货港、卸货港(port of loading,port of discharge)。装货港和卸货港必须具体填制,如"装货港:上海;卸货港:伦敦",而不能把装货港笼统写成"中国港口",把卸货港写成"欧洲港口"。如需转船,且由第一程船公司出具转运提单,则卸货港填最后目的港,提单上列明第一程和第二程的船名。如第二程船名尚未确定,但转船已确定,则卸货港填最后目的港,同时注明"在××港转船"(with transshipment at...)。如集装箱运输使用多式运输单据(multimodal transport document)时,提单上除列明装货港、卸货港外,还需要列明"交货地"(place of delivery)和"收货地"(place of receipt)以及"第一程运输工具"(pre-carriage by...)、"海运船名和航次"(ocean vessel Voy. No.)。如果目的港为选择港时,应在所列的选择港前或后加注"选择"(optional)字样。如卸货港有同名港,则须加注国名或地区名称。

8.唛头(shipping marks)。按实际使用填列。信用证有规定的,应按信用证的规定填列,并与发票上所列相一致。

9.包装件数、种类与货物的描述(number and kind of packages, description of goods)。包装件数、种类应按实际情况填列,托盘及集装箱也可作为包装填列。集装箱货物,应注明集装箱的号码和封志号。货物的名称,可用货物的统称,但不得与信用证中货物名称有抵触。如系危险货物必须写明化学名称,注明国际海上危险品运输规则号码(IMCO CODE PAGE)、联合国危险品规则号码(UN CODE NO.)与危险品等级(Class No.)。冷藏货物则需注明所要求的温度。

10.毛重和尺码(gross weight & measurement)。一般以公吨作为重量单位,以立方米作为体积单位,小数要保留三位。信用证另有规定的,按信用证规定。

11.运费和费用(freight & charges)。运费和费用一栏一般只填运费的支付情况,按 CFR 或 CIF 条件达成的交易,应填运费已预付(freight prepaid),若以 FOB 术语成交的出口交易,除非发货人代为支付运费,应填运费到付(freight to collect;freight payable at destination)。在提单的程租船项下,一般只列明

"按商定"(as arranged)。

12.正本提单份数。按信用证中规定填制,并用大写数字,如"一份"(ONE)、"两份"(TWO)、"三份"(THREE)。如信用证中仅规定"全套"(full set),可按习惯填制一式两份或三份,即请船公司或其代理人签发一式两份或三份正本提单。按 UCP600 规定,全套提单是指承运人在签发的提单上所注明的全部正本份数,包括单份正本提单。

13.提单日期及签发地点。已装船提单的签发日期,为装船完毕日期,由船公司按实际装运日期填列。提单日期不迟于信用证规定的最迟装运日。提单的签发地点应按装运地点填列。倘若货物实际装船完毕的日期迟于信用证规定的最迟装运日,为使提单日期符合信用证规定,托运人有时凭保函要求船方在提单上倒签装船日期,依此签发的提单习惯上称"倒签提单"(antedated B/L)。倘若货物尚未装上船,而信用证规定的装运期已到,托运人为赶在信用证规定期限内向银行提交符合信用证规定的单据收汇,出具保函要求船公司预先借出"已装船提单",依此而签发的提单习惯上称"预借提单"(advanced B/L)。"倒签提单"和"预借提单"是托运人和承运人串通弄虚作假的行为,是国际航运界沿用已久的不良习惯做法,一旦被揭露,后果严重,在我国出口业务中,不应采用。

14.签署。依照 UCP600 规定,海运提单表面上必须注明承运人名称,并由承运人或其代理人、船长或其代理人签署。签署人亦须表明其身份,若为代理人签署,尚须表明被代理一方的名称和身份。

除以上主要内容外,按照信用证规定,提单有时还需加列进口许可证号、信用证号、目的港船公司代理的名称和地址等内容。(见附录 4)

(四)保险单据

在 CIF 合同中,出口人在向银行或进口人收款时,提交符合买卖合同规定及/或信用证规定的保险单据是其重要义务。

当出口人办妥投保手续后,保险公司即根据投保人提供的投保单缮制保险单。保险单主要包括以下内容:

1.保险公司名称。

2.单据名称。

3.编号。

4.被保险人名称。通常是信用证的受益人,并加空白背书,便于办理保险单转让。

5.唛头。保险公司在本栏目常采取仅打上"同××号发票"(as per invoice No....)方式,这是因为发生保险索赔时,索赔方必须提供发票,便于两种单据相互参照。

6.包装与数量。由保险公司按照投保单填列。按照惯例,保险单据的货物包装和数量应与发票内容相一致。

7.保险货物名称。可使用货物的统称,但须与提单等单据相一致,并不得与信用证中的货物描述相抵触。

8.保险金额。UCP600第28条f款规定,保险单据必须以信用证同样货币表示,并按信用证规定的金额投保,如信用证未规定时,保险金额不应低于货物CIF价值的110%,如不能确定CIF价值,则不能低于银行付款、承兑或议付金额的110%,或发票金额的110%,以金额较大者为最低保险金额。金额大小写应一致。

9.保费及费率。除非信用证另有规定,一般采用"按商定"(as arranged)方式填制。

10.装载运输工具。参照提单,注明承运货物的船舶名称与航次。如投保时已明确要在中途转船,须在第一程船名后加注第二程船名,如第二程船名未能预知,则在第二程船名后加注"and/or steamers"。

11.开航日期。海运时,缮打"按提单"(as per B/L)即可,其他运输方式类同。

12.运输起讫地点。参照提单。如中途须转船,应列明"转运"(with transshipment)字样。

13.承保险别。按照投保单填制,并应与信用证规定相一致。如信用证未规定,按照UCP600第35条规定,银行将接受所提交的保险单据,而对任何险别未予投保,不承担责任。

14.保险公司在目的地或就近地区的代理人。这是为了便于收货人在货物出险后与其联系办理保险索赔。因此,应有详细地址。

15.赔款偿付地点。一般为保险公司在目的地或就近地区的代理人所在地。

16.保险单出单日期与地点。按照UCP600第28条e款规定,保险单出单日期必须不迟于运输单据上注明的货物装船或发运或接受监管的日期。保险公司通常以投保单日期作为保险单的出单日期。

17.保险公司签章。按照UCP600第28条规定,保险单据表面上必须由保险公司或保险商或其代理人出具和签署。除非信用证另有授权,保险经纪人出具的暂保单银行不予接受。(见附录5)

在国际贸易中,货物运输保险单据如同海运提单一样,也可由被保险人背书随物权的转移而转让保险权利。

（五）包装单据

包装单据是指一切记载或描述商品包装情况的单据，也是商业发票的补充单据。在向银行交单要求付款、承兑或议付时，除散装货外，一般均要求提供包装单据。

不同商品有不同的包装单据，常用的有装箱单（packing list）、重量单（weight list）和尺码单（measurement list）、磅码单（weight memo）等。

1. 装箱单。又称包装单，是表明出口货物的包装形式、包装内容、数量、重量、体积或件数的单据。其主要用途是作为海关验货、公证行核对和进口商提货点数的凭据。装箱单还可作为商业发票的补充文件，用以补充说明各种不同规格货物所装的箱号及各箱的重量、体积、尺寸等内容。装箱单并没有固定的格式和内容，只能由出口人根据货物的种类和进口商的要求而仿照商业发票的大体格式来制作，但在一般情况下，装箱单除有合同编号、发票号码外，还应包括：商品名称，唛头，装箱编号，包装类型，颜色与尺寸搭配，货物数量，包装数量，重量，体积等。若要求提供详细包装单，则必须提供尽可能详细的装箱内容，描述每件包装的细节，包括商品的货号、色号、尺寸搭配、毛净重及包装尺码等。

2. 重量单。又称磅码单、码单，是用于以重量计量、计价的商品清单。一般列明每件包装商品的毛重和净重、整批货物的总毛重和总净重；有的还须增列皮重；按公量计量、计价的商品，则须列明公量及计算公量的有关数据。凡是提供重量单的商品，一般不需提供其他包装单据。

3. 尺码单。又称体积单，是着重记载货物的包装件的长、宽、高及总体积的清单。供买方及承运人了解货物的尺码，以便合理运输、储存及计算运费。

（六）产地证明书

产地证明书（certificate of origin）是一种证明货物原产地或制造地的文件，有些不使用海关发票或领事发票的国家，要求出口商提供产地证明书，以便进口国海关核定进口货物应征收的税率。产地证一般分为普通产地证和普惠制产地证以及政府间协议规定的特殊原产地证等，其使用范围和格式不同。

1. 普通产地证。又称原产地证，在我国出口业务中使用的原产地证是指中华人民共和国出口货物原产地证明书（Certificate of Origin of the People's Republic of China）。它是证明出口货物符合《中华人民共和国货物原产地规则》，确系中华人民共和国原产地的证明文件。依照签发者的不同，原产地证可分为：出口商自己出具的原产地证，生产厂商出具的产地证，出入境检验检疫局签发的产地证明书，中国国际贸易促进委员会签发的产地证明书。在实际业务中，应根据买卖合同或信用证规定，提交相应的产地证。一般情况下，以使用出入境检验检疫局或贸促会签发的产地证居多。在缮制原产地证书时,应按《中华人民共和国原产地规则》及其他有关规定办理。

2.普惠制产地证。普惠制产地证(Generalized System of Preference Certificate of Origin)是普惠制的主要单据。凡是对给予我国以普惠制关税待遇的国家出口的受惠商品,须提供这种产地证,作为进口国海关减免关税的依据。其书面格式名称为"格式 A"(Form A)。但对新西兰除使用格式 A 外,还须提供格式 59A 证书(Form 59A),对澳大利亚不用任何格式,只需在商业发票上加注有关声明文句即可。在我国,普惠制产地证书由出口人填制后连同普惠制产地申请书和商业发票一份,送交出入境检验检疫局签发。

在对美国出口中,一般使用原产地声明书(declaration of country of origin)。此声明书有三种格式:

(1)格式 A 为单一国家声明书,声明商品产地只有一个国家。

(2)格式 B 为多国家产地证明书,声明商品的原材料是由两个或两个以上国家生产的。

(3)格式 C 为非多种纤维纺织品声明书,也称否定声明书。适用于主要价值或主要重量是属于麻或丝的原料,或其中所含羊毛量不超过 17% 的纺织品。

另外,与出口产地证密切相关的,按政府间双边协定要求,对一些国家出口纺织品还需向进口商提供出口许可证。对协定国家出口纺织品实行纺织品配额和出口许可证管理制度,其出口许可证由对外经济贸易主管部门和各地授权签证部门按照国家主管部门分配的配额签发。

(七)检验证书

检验证书(inspection certificate)是出入境检验检疫机构对出口商品实施检验或检疫后,根据检验检疫结果,结合出口合同和信用证要求,对外签发的证书。检验证书是出入境检验检疫机构对外签发的具有法律效力的凭证,直接关系到对外贸易有关各方的合法权益和争议各方的利益,其作用是多方面的。其中包括凭以向银行或进口人收取货款的一种单据。检验证书一般由国家质量监督检验检疫部门指定的出入境检验检疫机构包括设在各省、市、自治区的出入境检验检疫局与其他专业检验机构出具,也可以根据不同情况和不同要求,由外贸企业或生产企业出具。证件的名称视检验检疫的内容而定。但应注意证件名称及所列项目和检验检疫结果须与出口合同和信用证规定相符。此外,还需注意检验检疫证书是否在规定的有效期内,如果超过规定期限,应当重新报检。

(八)其他单证

其他单证是根据信用证条款规定而提供的。这些单证,有的是出口人自己制作的,有的是其他单位应出口人要求而出具的。其内容及签发的人均应符合信用证规定。常见的有:寄单证明(beneficiary's certificate for despatch of documents)、寄样证明(beneficiary's certificate for despatch of samples)、装运通知副本(copy of shipping advice)、邮局收据或快递收据、有关运输方面的证明(如船籍或航程证明、船龄证明、船级证明等)。

此外,按照 UCP600 第 14 条 g 款规定,信用证未规定的单据,银行将不予审核。如银行收到此类单据,银行应将它们退回交单人或转递而不需承担责任。对此,在实际业务中应予以注意。

第五节　出口结汇

一、交单

交单是指出口商(信用证受益人)在规定时间内向银行提交信用证规定的全套单据。这些单据经银行审核,根据信用证条款的不同付汇方式,由银行办理结汇。

向银行交单应注意三点:一是单据的种类和份数与信用证的规定相符;二是单据内容正确,包括所用文字与信用证一致;三是交单时间必须在信用证规定的交单期和有效期之内。

交单的方式有两种:一是预审交单,即在运输单据签发前,先将其他已备妥的单据交银行预审,发现问题及时更正,待货物装运后收到运输单据,可以当天议付并对外寄单;二是一次交单,即在全套单据备齐后一次性送交银行,此时货已发运。银行审单后若发现不符点需要退单修改,耗费时日,容易造成逾期交单而影响收汇安全。在实际业务中,应视实际情况选择使用交单方式。

二、结汇

信用证项下的出口单据经银行审核无误后,银行按信用证规定的付汇条件,将外汇结付给出口企业。我国出口结汇一般有以下三种办法:

1. 收妥结汇。又称"先收后结",是指出口地银行收到出口公司交来的单据,经审核无误后,将单据寄交国外开证行或付款行索汇,待收到国外银行将货款转入出口地银行账户的货汇通知书后,按当日中国银行公布的人民币市场价折算成人民币,转入受益人账户。

2.买单结汇。又称"出口押汇"或议付,是指出口地议付行收到出口商交来的单据并经审核无误后,按信用证规定的条款买入汇票和/或单据,按票面金额扣除从议付日到估计收到票款之日的利息,将净额按议付日人民币市场汇价折算成人民币,转入受益人账户,出口地议付行再将单据转交国外指定银行索取票款。出口地议付行买入汇票和/或单据后,就成为汇票的善意持票人,因此,出口押汇是银行对出口公司的一种保留追索权的垫款,如遇到开证行拒付,议付行有权追回票款及所支出的利息。买单结汇对出口企业提供了资金融通,可加速出口人的资金周转,有利于扩大出口业务。

3.定期结汇。定期结汇是指出口地银行在收到受益人提交的单据经审核无误后,将单据寄给国外银行索偿,根据向国外银行索偿的邮程往来所需的时间,在交单日对于不同地区预先确定一个固定的结汇期限,等到期时,不管是否收妥票款,出口地银行主动按外汇汇价折成人民币转入受益人账户。

小资料 10-2

单证不符的处理

在实际出口业务中,由于主、客观原因,发生单证不符的情形是难以完全避免的,倘若受益人有较充足的时间改单或改证,做到单证相符,可以保证安全收汇。如果受益人因时间条件限制,无法在信用证交单期内做到单证相符,可以采用下列方法:

1.凭保议付。不符点并不严重时,由受益人出具保证书承认单据瑕疵,声明如开证行拒付,由受益人偿还议付行所垫付款项和费用,同时电请开证人授权开证行付款。

2.表提。单证不符情况较为复杂时,请议付行把不符点列在寄单函上,征求开证行意见,由开证行接洽开证人是否同意付款。接到肯定答复后议付行即行议付。如开证人不予接受,开证行退单,议付行照样退单给受益人。

3.电提。议付行暂不向开证行寄单,而是用电传和传真通知开证行单据不符点。如开证行同意付款,再行议付并寄单;若开证行不同意付款,受益人则可收回单据,设法改正。

4.跟证托收。单据有严重不符点,议付行对不符单据不予办理凭保议付或经电提开证行不同意付款,或信用证有效期已过,只能委托银行在寄单函中注明"信用证项下单据作托收处理"。跟证托收已将付款方式完全改为托收,其收汇风险可能比一般的托收更大,因为跟证托收通常是在开证行拒绝接受存在不符点的单据后办理的,开证行不接受单据的实质是开证申请人拒绝接受。因此,等到开证行向开证申请人提示汇票与单据时,大都会遭到进口人的拒付。

三、出口收汇核销

(一)出口收汇核销制度

出口收汇核销制度,是国家加强出口收汇管理,确保国家外汇收入,防止外汇流失的一项重要措施。我国自 1991 年起,实施了出口收汇核销制度,由国家职能部门对出口企业的出口货物进行逐笔"跟单"核销的管理。

我国出口收汇核销的对象是在我国境内登记注册,并经省、自治区、直辖市或计划单列市的商务主管部门批准的经营出口业务的企业,包括有对外贸易经营权的中资企业和外商投资企业,在向境外出口货物后,均应当在其注册所在地外汇管理局办理出口收汇核销手续。

我国的出口收汇核销制度具有以下特点:

1. 以出口收汇核销单为中心。外汇管理局通过核销单的发放与收回,并采取核销的方法来管理出口收汇的工作。出口企业必须凭核销单及其他有关单据向海关办理出口货物报关,向银行交单结汇。可见,出口收汇核销涉及海关、银行和国家有关职能部门。目前,全国各地区的外汇管理局、海关和外汇指定银行已经基本实现了计算机联网。

2. 先收汇后核销。出口企业待货物装运后,向银行结汇,凭银行收款通知单才可以办理核销手续。

3. 以提高收汇率为目的。出口收汇核销制度实行全方位的管理,准确及时地掌握出口收汇的情况,加强对逾期收汇的监督,保证了收汇的安全。

(二)出口收汇核销的基本程序

出口企业初次办理出口收汇核销手续,应凭单位介绍信,申请书,省、自治区、直辖市或计划单列市的商务主管部门批准经营进出口业务的批件、工商营业执照、企业法人代码证书、海关注册登记证明书、出口合同等,到外汇管理局办理登记,经外汇管理局审核合格后颁发《出口收汇核销单领取证》。出口收汇核销实行核销员制度,出口企业应当指定一名核销员到外汇管理局申领《出口收汇核销员证》,并由核销员持证办理出口收汇核销事宜。

出口企业在办理出口报关前,应先由核销员凭《出口收汇核销单领取证》向当地外汇管理局申领"出口收汇核销单"。"出口收汇核销单"是指由外汇管理局制发,出口企业凭以向海关办理出口报关,向外汇指定银行办理出口收汇,向外汇管理局办理出口收汇核销,向税务机关办理出口退税申报的有统一编号和使用期限的凭证。出口企业填写"出口收汇核销单"应当准确、齐全,不得涂改,并与"出口货物报关单"上记载的有关内容相一致。

出口收汇核销的具体程序包括：

1. 出口企业凭有关单证向外汇管理局申领有编号的出口收汇核销单。

2. 出口企业于领单90天内凭已缮制的核销单、注明核销单编号的出口报关单和其他有关单据，向海关报关。

3. 海关核准无误后，在核销单"海关签注栏"处加盖"验讫"章，退还出口企业。

4. 出口企业在规定时限内，将出口报关单、出口收汇核销单存根和发票交外汇管理局备案。

5. 出口企业在汇票和发票上注明核销单编号，持全套结汇单据向银行办理货款结算。

6. 银行结汇后，在出口收汇核销单结水单或收账通知上注明核销单号后，交出口企业。

7. 出口企业持经海关签章的收汇核销单、结水单或收账通知及其他有关文件，到外汇管理局办理核销。

8. 外汇管理局在核销单上加盖"已核销"章后，将核销单和报关单（出口退税专用联）交给出口企业，由出口企业向税务机关申请办理出口退税手续。

出口收汇核销单实样如下：

出口收汇核销单（存根）	出口收汇核销单（正联）	出口收汇核销单（出口退税专用）

编号：

出口单位：
单位代码：
出口币种总价：
收汇方式：
预计收款日期：
报关日期：
备注：
此单报关有效期截止到：

出口单位盖章

编号：

出口单位：			
单位代码：			
银行签注栏	类别	币种金额	盖章
海关签注栏：			
外汇局签注栏： 年　月　日（盖章）			

出口单位盖章

编号：

出口单位：		
单位代码：		
货物名称	数量	币种总价
报关单编号：		
外汇局签注栏： 年　月　日（盖章）		

出口单位盖章　海关盖章

未经核销此联不得撕开

四、出口退税

出口退税(export rebates)是指一个国家或地区为增强出口产品的竞争力，由税务机关将出口离境的货物在国内生产和流通环节中已征的国内增值税或消费税等中间税返还给出口企业，从而使出口商品以不含税价格进入国际市场参与国际竞争的一种税收制度。

(一)出口退税企业的范围

享受出口退税的企业包括享有进出口经营权的企业和委托外贸企业代理出口自产货物的生产企业，以及经批准的其他特准退税企业。主要有以下几种：

1. 有进出口经营权的外贸企业。含外贸总公司和到异地设立的经商贸部批准的有进出口经营权的独立核算的分支机构。

2. 经商务部批准及授权单位批准的有进出口经营权的自营生产企业和生产型企业集团公司以及经省级外经贸部门批准实行自营进出口权登记的国有、集体生产企业。

3. 外商投资企业。包括1994年1月1日后批准设立的外商投资企业；1993年12月31日前设立的外商投资企业在1994年1月1日后新上生产项目，并且其新生产的货物能单独核算的。1993年12月31日前成立的外商投资企业，自1999年11月1日起，其出口货物除继续要求实行免税方法以外的企业（这类企业从2001年1月1日起，实行退（免）税办法）。外商投资企业在规定退税投资总额内且在1999年9月1日以后以外币采购的国产设备也享受退税政策。

4. 委托外贸企业代理出口的企业。有进出口权的外贸企业委托外贸企业代理出口的货物，无进出口经营权的内资生产企业委托外贸企业代理出口的自产货物，也可办理退税。

5. 其他特定退税企业。包括将货物运出境外用于对外承包项目的对外承包工程公司，对外承接修理修配业务的企业，将货物销售给外轮及远洋国轮而收取外汇的外轮供应公司和远洋运输供应公司，在国内采购货物并运往境外作为国外投资的企业，利用外国政府贷款通过国际招标机电产品中标的企业，利用中国政府的援外贷款和合资合作项目基金方式下出口货物的企业，境外来料加工装配业务使用出境设备和原材料及散件的企业，按国家规定计划向加工地区出口企业销售"以产顶进"钢材列名钢铁企业，国家旅游局所属中国免税品公司统一管理的出境口岸免税店，贵重货物指定退税企业，对外进行补偿贸易项目、易货贸易项目以及对港、澳、台贸易而享受退税的企业。

6. 对出口企业实行出口登记的其他企业。

（二）出口退税的方法

1."先征后退"方法

先征后退方法是指货物出口时,先视同内销货物缴纳增值税,待办理出口报关货物离境后,由退税机关将生产、流通、出口环节中所缴纳的税款退还给出口企业。我国政府对流通型出口企业出口货物实行"先征后退"管理办法。

2."免、抵、退"方法

"免、抵、退"方法是指根据出口货物生产经营情况的不同,分别采取免税、抵税和退税的方法。"免税"是指对生产企业出口的自产货物,免征生产销售环节增值税;"抵税"是指生产企业出口资产货物所消耗的原材料、零部件、燃料、动力等所含应予退还的进项税额,抵内销货物的应纳税额;"退税"是指对生产企业出口自产货物在当期内应抵的进项税额大于应纳税额时,对未抵扣完的部分予以退税。我国政府对生产型企业出口货物自 2002 年 1 月 1 日起实行"免、抵、退"管理办法。

（三）出口退税的程序

出口企业持出口经营权批件(复印件)和工商营业执照(副本),到当地主管退税业务的税务机关领取"出口企业退税登记表",按登记表及有关要求填写,加盖企业公章和有关人员印章后,连同出口经营权批准文件、工商登记证明、出口货物报关单(出口退税专用联)、出口货物销售发票、进货发票、结汇税单或收汇通知书、产品征税证明、出口收汇核销单(出口退税专用联),以及与出口退税有关的其他资料等一起报当地外贸行政管理部门稽核签章,然后报所在地主管退税业务的税务机关,税务机关经审核无误后,即受理登记。税务机关接到企业的正式申请,经审核无误并按规定的程序批准后,签发税收收入退回书,一式五联,第一联交申请出口退税企业,凭以作账务处理。

小资料 10-3

我国的出口退税制度

我国从 1985 年开始对出口产品实行退税制度,1994 年国家出台了《出口货物退(免)税管理办法》等有关退税的政策法规,规定了出口退税的范围、出口货物退税率、出口退税的税额计算方法和出口退税的办理程序,以及对出口退税的审核和管理。我国自 1985 年开始实行出口退税政策以来,根据国际和国内的经济状况,对出口退税政策和出口退税率进行了多次调整。经国务院批准,财政部和国家税务总局商国家发展改革委、商务部、海关总署于 2007 年 6 月 18 日发布了《财政部 国家税务总局关于调低部分商品出口退税率的通知》,规定自 2007 年 7 月 1 日起,调整 2831 项商品的出口退税政策,其中,取消 553 项产品出口退税,降低 2268 项商品出口退税率。调整后的出口货物退(免)税的税率有 5%、8%、9%、11%、13%、17%等。2008 年下半年,针对外需回落我国重新启动上调出口退税政策。2010 年 6 月财政部和国家税务总局联合下发《关于取消部分商品出口退税的通知》,明确从 7 月 15 日开始,取消包括部分钢材、有色金属建材、医药、塑料及制品、化工产品等 406 个税号产品的出口退税。

【练 习】

一、简答题

1. 履行出口合同包括哪些基本程序?
2. 在备货工作中,应注意哪些问题?
3. 出口商审核信用证的主要内容有哪些?
4. 简述出口报关的步骤。
5. 信用证方式下如何出口结汇?
6. 什么是出口收汇核销制度?

二、案例分析

1. 我国 A 公司以 CIF 条件出口货物一批,由国外 I 行开立了不可撤销的议付信用证,证中规定:"商业发票一式两份;全套已装船清洁提单,注明'运费预付',指示抬头空白背书;保险单一式两份。"A 公司在规定的装运期内将货物装上船,并于到期日前向议付行交单议付,议付行随即向开证行寄单索偿。开证行收到单据后,来电表明单据存在不符点,理由如下:保险单日期迟于装船日期。试分析开证行提出的单证不符的理由是否成立,为什么?

2. 2002 年 3 月我国某出口公司与外商签订一笔服装出口合同,合同规定,单价每件 RMB302.60 元(含佣金 3%),合同总金额为 RMB151300 元,交货期为 2002 年 8 月。客户于 2002 年 5 月 19 日开出信用证,我方于 5 月 28 日收到,信用证总金额为 RMB146761 元(已扣除 3%佣金),装运期不迟于 7 月 31 日,信用证有效期为 8 月 15 日。我出口公司于 7 月 20 日办理托运手续,但 8 月 20 日才装运完毕,取得倒签为 7 月 31 日的提单,并电告客户要求配合接单,但对方表示拒绝接受逾期单据。银行也以信用证有效期已过为由,拒绝支付信用证项下的金额。我方于是委托银行办理托收。我方办理装运期间,客户曾于 8 月 3 日和 13 日先后两次来电询问装运情况,要求电告船名,但我方两次均未能满意地答复对方的询问。该批服装于 11 月中旬到达目的港,已错过销售季节。拖至 2003 年 1 月,我公司按照调整后的价格每件 RMB170 元主动向客户提出希望对方立即赎单提货,但客户坚持不接受,并提出提供 5 件样品,协助我方另找用户试销,经与代收行联系,代收行不同意从货中抽样。我公司于是航寄了一件样品给客户。对方收到样品后,称销售季节已过,待下一个季节再协助推销。延至2003年6月,我公司经与客户协商,终以降价至每件RMB117元售出。2003年12月收回货款RMB56772.16元。与原售价相比,损失了RMB89988.84元。试从此案分析出口业务中履行合同要注意的关键环节。

3.我国某进出口公司与国外客商订立一份轻纺制品的出口合同,合同规定以即期信用证方式付款。买方在合同规定的开证时间内将信用证开到通知行,并经通知行转交给我国出口公司。我国出口公司审核后发现,信用证上有关货物装运期限和不允许转运的规定与双方签订的合同不一致。为争取时间,尽快将信用证修改完毕,以便办理货物的装运,我方立即电告买方修改信用证,并要求开证行修改完信用证后,直接将信用证修改通知书寄交我方。问:我方出口公司的做法可能产生什么后果? 正确的信用正修改程序是怎样的?

第十一章

进口合同的履行

》》》　　》

学习内容与目标 ·······························

    掌握进口合同履行的各个环节；

    熟悉进口合同履行各环节应注意的问题。

案例导读

    我国北方某化工进出口公司和美国尼克公司以 CFR 青岛条件订立了进口化肥 5000 吨的合同，依合同规定我方公司开出以美国尼克公司为受益人的不可撤销的跟单信用证，总金额为 280 万美元。双方约定如发生争议则提交中国国际经济贸易仲裁委员会上海分会仲裁。2002 年 5 月货物装船后，美国尼克公司持包括提单在内的全套单据在银行议付了货款。货到青岛后，我方公司发现化肥有严重质量问题，立即请当地商检机构进行了检验，证实该批化肥是没有太大实用价值的饲料。于是，我方公司持商检证明要求开证银行追回已付款项，否则将拒绝向开证银行支付货款。试分析：开证银行是否应追回已付货款？我方公司是否有权拒绝向银行付款？我方公司应采取什么救济措施？

    【分析】《跟单信用证统一惯例》规定："在信用证业务中，各有关方面处理的是单据，而不是与单据有关的货物、服务及/或其他行业。"所以，信用证业务是一种纯粹的单据业务。银行虽有义务"合理小心地审核一切单据",但这种审核,只是用以确定单据表面上是否符合信用证条款,开证银行只根据表面上符合信用证条款的单据付款。信用证项下,银行的义务是审查受益人所提供的单据与信用证规定是否一致,如单证一致,银行即应无条件付款。因此,在本案例中,开证银行不应追回已付货款。本案中,北方某化工进出口公司无权拒绝向银行付款,它必须受开证申请书的约束,在"单单一致"、"单证一致"的情况下,履行付款赎单的义务。

本案中,北方某化工进出口公司与美国公司订立的买卖合同中有争议解决条款,即双方如发生争议则提交中国国际经济贸易仲裁委员会上海分会仲裁。据此,中国国际经济贸易仲裁委员会上海分会有权受理此案,我方公司应将争议交中国国际经济贸易仲裁委员会上海分会解决,此外,我方公司还应根据买卖合同要求美国某公司承担违约责任。

进口合同的履行,是指在国际货物买卖合同签订后,买方按照合同规定完成接货、付款等一系列行为的过程。在进口业务中,我国企业作为买方,应当坚持"重合同,守信用"的原则,全面履行合同。目前我国进口合同大多以 FOB 价格条件成交,以信用证方式结算货款。按此条件签订的进口合同,其履行的一般程序包括:开立信用证、办理租船订舱、接运货物、办理货运保险、审单付款、报关提货验收等。如果需要索赔,则要分清责任,并在索赔期限内提出。

第一节　办理付款保证

一、开立信用证

签订进口合同后,进口企业应立即按照合同规定的期限申请开立信用证,如合同规定在收到出口货物备妥通知或在出口方确定装运期后开证,我方应在接到上述通知后及时开证;如合同规定在出口方领到出口许可证或支付履约保证金后开证,进口方应在收到对方已领到许可证通知,或银行告知履约保证金已收讫后开证。

（一）申请开立信用证

进口方向银行办理开证手续时，必须按合同内容填写开证申请书，银行按开证申请书内容开立信用证。开证申请书是银行开立信用证的依据，也是申请人和银行之间的契约关系的法律证明。在信用证开立后，如果发现其内容与开证申请不符，或因客观情况发生变化而需要对信用证进行修改，应立即向开证行提出申请。

开证申请书的内容包括两个部分：

1. 信用证的内容。信用证的内容包括受益人的名称、地址，信用证的性质、金额，汇票内容，货物描述，运输条件，所需单据种类及份数，信用证的交单期、到期日和地点，信用证的通知方式等。

2. 申请人对开证行的声明。主要是明确开证申请人与开证行双方的责任，其内容通常固定印制在开证申请书上，包括：申请人保证向开证行提供偿付该证项下货款、手续费、其他费用及利息等；申请人付款赎单前，单据及货物所有权属于银行所有；承认开证行有权接受"表面上合格"的单据；承认电讯传递中如有错误、遗漏或单据邮递遗失等，银行概不负责任；开证行收下不符合信用证规定的单据时申请人有权拒绝赎单等。

进口方在申请开立信用证时，应注意以下问题：

1. 按照合同规定的信用证种类，按时开立信用证。如果合同明确规定了开证日期，进口方应在规定的日期内开立信用证；如合同只规定了装运的起止日期，则应让受益人在装运期开始之前收到信用证；如果合同只规定了最迟装运日期，则应在合理时间内开证，一般为交货前一个月至一个半月；如果合同规定在卖方交付履约保证金或者提供银行保函后向银行申请开证，则应在收到保证金或保函后向银行申请开证。

2. 完整、准确地记载所有必要事项。UCP600 规定，为防止混淆和误解，不应在信用证中列入过多的细节，但是开立信用证的指示以及信用证本身必须完整、明确。因此，在指示开立信用证时，应严格以合同为依据，对于应在信用证中明确的合同中的各个事项，必须具体列明，不能使用"按×××号合同规定"等类似的表达方式，也最好不要引用先前开立的信用证。此外，信用证申请书的内容要准确、相互一致，不能出现相互冲突的内容。

3. 信用证条件必须单据化。信用证的内容应当以合同内容为依据，货物的品名、规格、数量、包装、价格、交货期、装运条件、付款期限等各种交易条件，所有的内容都应当与合同条款一致。但是，这并不是要进口方在开立信用证时，全部照搬合同条款，而是要把合同的有关规定转化为单据。比如，合同规定货物按不同的规格包装,则信用证中应要求受益人提交装箱单;合同以 CFR 条件成交,信用证应要求受益人提交已装船的清洁提单,并注明运费已付。此外,由于信用证是单据业务,银行不过问货物质量,因而可以在信用证中要求对方提供双方认可的检验机构出具的装船前检验证明,并明确货物的数量和规格。

(二)信用证的修改

信用证开立之后,如发现其与开证申请书不符,或者因疏忽与合同内容不符,或者因其他情况,需要对信用证进行修改的,应立即向开证银行提出修改申请,办理改证手续。修改信用证时,有关修改信用证的指示和修改本身必须完整、明确;所有有关修改的指示和修改本身,必须明确规定凭以付款、承兑或议付的单据。

如果对方在收到信用证之后,提出修改的请求,应当区别情况决定是否同意。如果进口方同意修改,应及时通知开证行办理修改手续;如果不同意修改,也应及时通知对方,要求其按原来条款履行装货和交单。

小资料 11-1

UCP600 关于修改信用证的规定

根据 UCP600 的规定,未经开证行、保兑行(如有的话)及受益人同意,信用证既不得修改,也不得撤销。开证行自发出修改之时起,即不可撤销地受其约束。保兑行可将其保兑扩展至修改,并自通知该修改时起,即不可撤销地受其约束。但是,保兑行可以选择将修改通知受益人而不对其加具保兑。若然如此,其必须毫不延误地将此告知开证行,并在其给受益人的通知中告知受益人。在受益人告知通知修改的银行其接受该修改之前,原信用证(或含有先前被接受的修改的信用证)的条款对受益人仍然有效。受益人应提供接受或拒绝修改的通知。如果受益人未能给予通知,当交单与信用证以及尚未表示接受的修改的要求一致时,即视为受益人已作出接受修改的通知,并且从此时起,该信用证被修改。通知修改的银行应将任何接受或拒绝的通知转告发出修改的银行。对同一修改的内容不允许部分接受,部分接受将被视为拒绝修改的通知。修改中关于除非受益人在某一时间内拒绝修改否则修改生效的规定应被不予理会。

二、其他支付方式下的付款保证

在国际贸易实践中,除了信用证支付方式外,还有汇付、托收等支付方式,有时也会有两种以上的方式结合使用。如合同规定使用汇付方式,则进口企业应当在合同规定的时间,按合同约定的信汇、电汇或票汇方式将汇款汇出;如合同规定使用托收方式,则应按照所采用的具体托收方式及时付款或承兑后再付款。

如合同要求买方开立进口银行保函以保证进口人在出口人交货后一定如期付款,则进口企业应当及时申请开立进口保证书,在银行保证书中列明保函的目的和开具的种类、保证金额、受益人、保函有效期、责任保证、付款条件等内容,同时进口企业要向银行保证在保函有效期内,如受益人按合同规定要求银行履行保函义务对外偿付时,银行无需事先征得申请人同意即可对受益人偿付。如果合同规定,卖方应当开立出口保证书且买方据此预付合同货款,则进口企业在未收到银行保函以前,应当拒绝预付。

第二节　接收货物

接收货物是国际货物买卖合同中买方的主要义务。由于国际贸易实践中,买卖双方相隔遥远,货物需要经过长途运输,才能到达买方手中,这就需要妥善安排好货物的运输和途中的保险等相关事宜。

一、租船订舱和催装

在我国的进口业务中,通过海洋运输的进口合同,大多是采用 FOB 贸易术语成交的;通过多式联运的进口合同,一般是以 FCA 贸易术语成交的。因此,租船订舱、订立运输合同的工作都由我方来完成。目前,我国外贸企业的大部分货物的租船订舱都委托中国对外贸易运输公司、中国租船公司或其他外运代理机构代办运输,并与其订立运输代理协议,也有的外贸企业直接向中国远洋运输公司或其他对外运输的实际承运人办理托运手续。

作为买方,我国的进口企业应当按照合同规定的时间租船订舱。如果合同规定,卖方应在交货前一段时间将预计装运期以及其他一些事项通知买方,而我方却未能按时收到此项通知时,我方应及时发函电询问有关事宜;如果收到了上述通知,我方应及时办理租船订舱手续。办理租船订舱的一般手续是:进口企业在接到出口方关于货物备妥待装的预计日期的通知后,即填制"进口租船订舱联系单",内容包括:货名、重量、数量、合同号、包装种类、装卸港口、交货期、发货人名称和地址等,连同订货合同副本送交外运公司,委托其代为租船或订舱。在办妥租船订舱手续后,我方应及时向卖方发出派船通知,告知对方船名和船期,以便出口方备货装船,避免出现船货脱节的情况。

进口方备妥船后,还应做好催装工作,随时了解卖方备货和装船的准备工作情况,督促对方按合同履行交货义务。对于成交量大的货物或者重要的进口货物,可以委托我驻外机构就近了解、敦促对方履行合同,必要时可以派人前往出口地点检验监督,以利于接运工作的顺利进行。

卖方装船之后,应向我方进口企业发出货物已装船的通知,该装船通知应列明合同号、货物名称、数量、金额、船名、起航期等,以便我方及时办理保险,以及做好接货的必要准备。

如果我方签订的进口合同规定由卖方租船订舱,那么我方也应当及时与卖方联系,了解和掌握有关备货、装运的情况,以便顺利接货。

二、办理保险

如果我国企业是以 FOB、FCA、CFR、CPT 等条件签订的进口合同,则进口企业应当负责向保险公司办理货物的运输保险。进口企业可以根据进口货物的运输方式选择相应的险别,投保方式可以采取预约保险或者逐笔投保。

(一)预约保险

我国外贸企业和经常性进口业务的企业,为了简化投保手续,做到及时保险,可以采用与保险公司签订预约保险合同(open policy)的方式,投保进口货物运输险。预约保险合同有海运、空运、陆运和邮包运输四种,进口企业可根据需要选择一种,也可以签订包括以上四种运输方式在内的综合性预约保险合同。预约保险合同对所投保货物的范围、保险金额和限额、险别和保险费率、保险责任、责任起讫、索赔手续和时效以及合同期限等都有具体的规定。

在预约保险合同规定范围内的货物,一经装运,保险公司即自动承担保险责任。进口企业在每次收到国外出口方的发货通知时,即向保险公司索取并填交《国际运输预约保险起运通知书》,一经通知即作为办妥投保手续。

(二)逐笔投保

在没有和保险公司签订预约保险合同的情况下,如果进口企业一次或断续几次进口货物时,就需要逐笔交易都事先与保险公司联系,进行投保。进口企业可事先索取空白投保单,一旦收到国外出口方发出的装货通知,就立即向保险公司填交投保单。实践中,为了简化手续,经双方同意,进口企业可以填交"装货通知"代替投保单交给保险公司,"装货通知"应详细列明货物名称、数量、保险金额、投保险别、船名、起运日期、估计到达日期、装运港、目的港等所有相关内容。保险公司接受承保后,会签发给进口人一份正式保险单作为双方保险合同的证明文件。在逐笔投保的情况下,进口方应当及时办理货物运输保险,否则,发生意外损失时,将得不到保险公司的赔偿。

在进口合同中,保险公司的保险责任开始于货物装运之时,如海运货物保险的责任就开始于货物装船时,因为货物在装上船以前,所有权和风险都属于卖方,买方不具有保险利益,无法与保险公司之间建立保险合同关系。保险公司的保险责任在货物到达保险单载明的目的地仓库或储存处所时终止。如果货物没有抵达上述仓库或储存处所,则保险责任与被保险货物卸离海轮后 60 天终止。如有必要,可以向保险公司申请延期,延期最多为 60 天。但是散装货物、木材、化肥、粮食等不能延期;而新鲜果蔬、活牲畜等在卸离海轮时,保险责任即告终止。

三、审单付款

采用信用证方式结算时,货物装船后,即凭提单等有关单据向当地银行议付货款,当议付行寄来单据后,经银行审核无误后即通知进口方付款赎单。如经银行审核发现单据不符或单单不符,应分别情况处理,如拒付货款、货到检验合格后再付款、凭卖方或议付行出具担保付款等。采用信用证方式结算,出口方必须提交与信用证相符合的单据。在实际操作中,审单一般由进口地的开证银行负责,进口企业也应与银行密切配合,做好审单工作,以确保自身利益不受损害。

(一)审单

当国外出口方将货物装运并寄来各项单据后,开证银行必须按照 UCP600 条文所反映的国际标准银行实务来合理审核信用证规定的一切单据,以确定其表面上是否符合信用证条款。单据之间出现的表面上的彼此不一致,应被视为单据表面上与信用证条款不符。

对于信用证没有规定的单据,银行将不予审核,如果银行收到此类单据,应将其退回交单人或转递而不需承担责任。如果信用证载有某些条件,但并未规定需提交与之相符的单据,银行将视这些条件为未予规定而不予置理。

开证行、保兑行(如有的话)或代表它们的指定银行,应在合理的时间内(不超过收到单据次日起的 7 个银行工作日)审核和决定接受或拒绝接受单据。

信用证结算方式下审核的主要单据包括:

1.汇票

(1)信用证支付方式下的汇票,应加列出票条款,说明开证行、信用证号码及开证日期。

(2)金额应与信用证规定相符,一般应为发票金额。如单据内含有佣金或货款部分托收,则按信用证规定的发票金额的百分比开列,金额的大小写应一致。国外开来汇票,也可以只有小写。

（3）汇票付款人应为开证行或指定的付款行。若信用证未规定，应为开证行，不应以申请人为付款人。

（4）出票人应为信用证的受益人，通常为出口商，收款人通常为议付银行。

（5）付款期限应与信用证规定相符。

（6）出票日期必须在信用证有效期内，不应早于发票日期。

2.提单

（1）提单必须按信用证规定的份数全套提交，如信用证未规定份数，则一份也可算全套。

（2）提单应注明承运人名称，并经承运人或其代理人签名或船长或其代理人签名。

（3）除非信用证特别规定，提单应为清洁已装船提单。若为备运提单，则必须加上装船注记并由船方签署。

（4）以 CFR 或 CIF 方式成交，提单上应注明运费已付。

（5）提单的日期不得迟于信用证所规定的最迟装运日期。

（6）提单上所载件数、唛头、数量、船名等应和发票相一致，货物描述可用总称，但不得与发票货名相抵触。

3.商业发票

（1）发票应由信用证的受益人出具，无需签字，除非信用证另有规定。

（2）商品的名称、数量、单价、包装、价格条件、合同号码等描述，必须与信用证严格一致。

（3）发票抬头应为开证申请人。

（4）必须记载出票条款、合同号码和发票日期。

4.保险单

（1）保险单正本份数应符合信用证要求，全套正本应提交开证行。

（2）投保金额、险别应符合信用证规定。

（3）保险单上所列船名、航线、港口、起运日期应与提单一致。

（4）应列明货物名称、数量、唛头等，并应与发票、提单及其他货运单据一致。

5.产地证

（1）应由信用证指定机构签署。

（2）货物名称、品质、数量及价格等有关商品的记载应与发票一致。

（3）签发日期不迟于装船日期。

6.检验证书

（1）应由信用证指定机构签发。

(2)检验项目及内容应符合信用证的要求,检验结果有瑕疵的,可拒绝受理。

(二)付款或拒付

信用证受益人在发运货物后,将全套单据经议付行寄交开证行(或保兑行)。如开证行经审单后认为单证一致、单单一致,即应予以付款或承兑或于信用证规定的到期日付款,开证行付款后无追索权。如开证行审单后发现单证不符或单单不符,应于收到单据次日起7个工作日内,以电信方式通知寄单银行,说明单据的所有不符点,并说明是否保留单据以待交单人处理或退还交单人。在实际业务中,如果开证行确定单据表面上不符合信用证条款,可以征求开证申请人(即进口企业)的意见,以确定是否接受单据。作为开证申请人的进口方,对此应持慎重态度。因为银行一经付款,即无追索权。

开证行经过审核单据无误后,应当及时向国外议付行付款,同时通知进口企业向开证行付款赎单。进口企业付款赎单前,同样需要审核单据,如果发现单证不一,有权拒绝赎单。

采用远期信用证或因航程较短货物先于单据到达的情况下,进口方可以通过信托收据或提货担保两种方式先行提货。

1.信托收据。在进口企业尚未清偿信用证项下汇票时(通常指远期汇票),可向银行开出信托收据,银行凭其将货运单据"借给"进口商,以便于其及时提货,然后在汇票到期日偿还货款。

2.提货担保。进口货物先于提单到达目的地,进口企业可请求银行出具保函,向运输公司申请不凭提单提取货物,如果承运人因此而蒙受损失,由银行承担赔偿责任。

四、进口货物的通关

当进口货物经过长途运输,运送到目的港(地)时,进口企业应当派人亲自到场或委托货运代理公司负责现场监督卸货。如发现货损货差,应会同承运人及有关方面填制货损货差报告。卸货后,货物可以在目的港(地)申请报检,也可在用货单位所在地报检。

所有进口的货物都必须向海关申报,办理各项法定手续,只有在办理完全部手续、履行各项法定义务后,海关才能放行货物,进口人才能提取货物。这一过程被称为通关或结关,一般包括报关(declaration)、查验(inspection)、征税(levy)和放行(release)四个环节。

(一)进口报关

进口报关是指货物的收货人或其他的代理人向海关交验有关单证,办理进口货物申报手续的法律行为。进口报关必须由具有报关资格的报关单位和报关员办理。报关单位是经海关审批注册的报关企业或者有进出口经营权的企业，报关单位需指定经海关培训和考核、发给报关员资格证的人员办理报关事宜。

进口货物的报关必须在法定期限内进行。进口货物的收货人应当自载运货物的运输工具进境之日起 14 日内，向海关办理进口报关手续，逾期未申报的，由海关依照《海关征收进口货物滞报金办法》的规定征收滞报金。其中，超过 14 日期限向海关申报的，由海关从第 15 日起按日征收 CIF 价格 0.5‰的滞报金；超过 3 个月未向海关申报的，由海关提取变卖。如属不易长期保存的货物，海关可以根据情况提前处理。变卖后所得价款在扣除运输、装卸、存储等费用和税款后尚有余额的，自货物变卖之日起一年内，经收货人申请，予以返还，逾期无人申领的，上缴国库。

进口报关须填写"进口货物报关单"作为向海关申报的书面材料，同时还应提交相关单证，如提货单、装货单或运单，发票，装箱单，进口货物许可证，减、免税证明或免验证明，有关检验检疫证明，产地证以及海关认为有必要提供的其他文件。

（二）查验

海关接受申报后，将在海关监管区域内码头、机场、车站的仓库、场院等场所对进口货物进行检验，以核对单货是否相符，防止非法货物入境。对于散装货物、大宗货物和危险品等，结合装卸环节，可在船边等现场查验。特殊情况下，海关可以派人到收货人的仓库、场地查验。

海关对货物的查验采取一般和重点相结合的方法，一般货物可以粗查，只点数、看唛头、核对品名；对应征高税的货物或重点货物，则仔细查验，弄清成分、数量、税则号、价格、原产地等。海关查验进口货物时，如损害查验的货物，海关应当予以赔偿。海关查验完货物后交给货主时，如货主没有提出异议，即视为货物完好无损，以后如再发现损坏，海关将不予负责。

（三）征税

进口货物在履行报关、查验手续后，进口方应在收到海关税款缴纳书后及时缴纳关税。根据我国《海关法》和《海关进出口税则》的规定，进口方应在海关签发税款缴款书的次日起 7 日内（节假日除外）向指定的银行缴纳税款。逾期未缴纳的，将依法追缴并按滞纳天数按日征收欠缴款额的 1‰的滞纳金。

我国《海关法》规定以到我国口岸的 CIF 价格作为完税价格，计征关税。如果不是以 CIF 价格成交的，则要换算成 CIF 价格作为完税价格。用公式表示如下：

$$完税价格＝CIF 价格$$

或 $$完税价格＝\frac{FOB＋运费}{1－保险费率}$$

或 $$完税价格＝\frac{CFR}{1－保险费率}$$

$$进口关税额＝完税价格×进口关税税率$$

（四）放行

在完成所有手续后，由海关在货运单据上签章放行，即为结关。收货人或其代理人凭海关签章的货运单据提取货物。未经海关放行的货物，任何单位和个人不得提取。

进口企业如果因各种原因不能在报关时交验有关单证，可以向海关提交保证金或保证函，申请海关先放行货物，后补办手续。海关经审查同意后，在货运单据上签章放行，收货人提货后可以投入生产和使用，但必须及时补办报关纳税手续。在此之前，不得出售、转让或移作他用。

在实际业务中，对于保税货物，经海关批准可以不办理纳税手续先行进境，在境内进行储存、加工、装配后复运出境。我国海关管理的保税货物主要有三大类：加工生产类保税货物；储存出境类保税货物；特准缓税类保税货物。所有保税货物未经海关许可，任何单位和个人不得开拆、提取、交付、发运、调换、改装、转让或更换标记。

第三节　验收与索赔

一、进口货物的验收

国际货物买卖中，当进口货物抵达买方所在地时，一般都应对货物进行检验。通过检验，一方面可以将有毒有害的货物以及一些病虫害拒于国门之外，有利于维护进口国的国家利益；另一方面也可以防止买卖双方因进口货物的品质、数量、包装等问题发生纠纷，有利于维护买卖双方的合法利益。如果货物经检验合格，买方应按合同规定及时提取货物；如果经检验不符合合同的规定，买方则有权向卖方提出索赔请求。进口货物的检验分为两类：法定检验和非法定检验。

（一）法定检验

当需法定检验的进口货物抵达目的港（地）后，进口方应向卸货口岸或者到达地的检验机构申请检验,提交货运单据和进口货物报关单。检验机构对货物完成检验后,在进口货物报关单上加盖"已接受报验"印章,申请人凭之向海关办理进口报关,海关则凭上述印章验关放行,准予卸货。

对于进口货物的报检时间,法律无具体规定。实践中,进口人一般是以货到后即从卸货港卸毕之日起算不少于三分之一索赔有效期的时间内向检验机构报检。

对于进口货物的报检地点,如果合同有规定的,在约定地点申请检验;如果合同没有规定,在卸货港、到达地或者检验机构指定的地点申请检验。大宗散装货物、易腐烂变质的货物以及卸货时发现残损或者数量、重量短缺的货物,必须在卸货口岸或到达地申请检验。

检验机构接到申请后,对货物进行抽样检验。检验合格的,出具检验情况通知单;检验不合格的或货物进口合同约定由检验机构出具检验结果的,签发检验证书。法定检验中不符合法定的强制性标准或其他必须执行的标准的,必须在检验机构的监督下进行技术处理,经重新检验合格后,方可销售或使用;不能进行技术处理,或经技术处理后重新检验仍不合格的,由检验机构责令收货人退货或者销毁。

(二)非法定检验

法定检验范围以外的进口货物,买卖双方当事人可以约定检验的时间和方法。如果买卖合同约定或者进口人申请检验机构签发检验证书的,也可以由检验机构实施检验。如果买卖合同未约定由检验机构检验,但在口岸卸货时已发现货物有残损或者数量、重量短缺需要索赔时,进口人也应及时向检验机构申请检验并出具检验证书。此外,在必要时检验机构也可督促收货人检验并进行抽样检验。验收不合格的,收货人应当请求检验机构出具检验证书以备日后向卖方索赔。另外,一般进口合同中都约定有品质保证条款,在品质保证期内,如发现非买方操作不当、保养不当而造成的质量问题,还可以申请检验机构复验。

二、索赔

如经过检验,货物不符合法定标准或者合同中约定的要求,买方有权就此提出索赔。在进口合同中,由于引起索赔的原因不同,买方的索赔对象也会有所不同。

(一)向卖方索赔

买方向卖方索赔的情形包括:卖方完全不交货或不按规定交付货物,等于根本违反合同时;所交货物的品质不符合合同规定;原装数量不足;包装不符合合同规定或因包装不良致使货物受损;卖方迟延交货或提供的单证种类不齐;不符合合同规定的其他行为致使买方受到损失。

在卖方根本违反合同时,买方可以宣告合同无效,并可以要求卖方赔偿因此而对买方造成的包括利润在内的损失。如果卖方只是一般性的违约,则买方只能要求损害赔偿。

买方应在合同规定的索赔期限内提出索赔请求。如果检验工作确有困难可能需要延长时间,可以在合同规定的索赔期限内向对方要求延长索赔期限,或在合同规定的期限内向对方提出保留索赔权。如果合同没有规定索赔期限,按照《公约》的规定,买方行使索赔权的最长期限是其收到货物之日起两年。我国《合同法》规定对涉外货物买卖合同提起诉讼或申请仲裁的期限,是自当事人知道或应当知道其权利受到侵害之日起四年。

买方索赔时应提交索赔清单和有关货运单据,同时应提交检验机构出具的检验证书。

（二）向承运人索赔

如果买方收到的货物数量少于运输单据所载数量,或者由于承运人的原因造成货物残损、遗失等,可以向承运人提出索赔。买方应当根据不同的运输方式,在索赔期限内及时向承运人提出索赔要求。向船公司索赔期限为货物到达目的港交货后一年内。向承运人索赔时,应当提交理货报告和货损货差证明。

（三）向保险公司索赔

如果买方收到的货物所遭受的损失在保险公司承保范围内,或者承运人不予赔偿的损失或赔偿额不足以补偿货物损失而又属于承保范围内的,买方有权向保险公司提出索赔。向保险公司提出海运货损赔偿的期限,是被保险货物在卸载港全部卸离海轮后两年。

买方在提出索赔的同时,有义务采取适当措施保持货物原状并妥善保管。按照国际惯例,如果买方不能按实际收到货物的原状归还货物,就失去了宣告合同无效或要求卖方交付替代货物的权利。而且,保险公司一般都规定,被保险人有责任采取措施避免损失进一步扩大,否则由此造成的扩大的损失不予理赔。索赔时,买方可就受损货物价值提出要求,其他有关费用如检验费、装卸费、银行手续费、仓租、利息等,都可包括在索赔金额之内。

↪【练　习】

一、简答题

1.进口合同的履行一般包括哪些环节？

2.进口方申请开立或修改信用证时应注意哪些事项？

3.通常买方接货包括哪些步骤？

4.如何对进口货物进行检验？

5.进口索赔可以向哪些对象提出？其各自的索赔期限、依据分别是什么？

二、案例分析

1.我某公司向国外一新客户订购一批初级产品，按 CFR 中国某港口成交，即期信用证付款。合同规定，由卖方以程租船方式将货物运交我方，我开证银行凭国外议付银行提交的符合信用证规定的单据付了款。但装运船只一直未到目的港，经多方查询，发现承运人原是小公司，而且在船舶起航后不久就已宣告倒闭，承运船舶是一条旧船，船、货均告失踪。问：我方从中应吸取哪些教训？

2.2005 年，武汉某外贸公司从德国进口一批钢材。合同规定的价格条款为 USD1000/MT FOB STOWED HAMBURG。当进口方所租船舶按合同规定到达 HAMBURG 港时，出口方发来电传称：合同下的货物已运至香港，请进口商派船接货。针对出口商的上述行为，你认为进口商应如何处理？

第十二章

国际贸易方式

≫ ≫ ≫   ≫

学习内容与目标 ···

了解经销与代理两种贸易方式的区别；

了解寄售、拍卖、展卖的特点；

了解国际招标与投标业务的基本程序；

了解对销贸易的几种形式；

熟悉加工贸易的分类。

···

案例导读

香港 A 公司与日本一家公司签订一份独家代理协议，指定由香港 A 公司作为日本公司在香港地区的独家代理。后来，日本公司改进了现有产品，并把改进后的产品指定给香港的 B 公司做独家代理，由此给 A 公司带来了损失。于是 A 公司与日本公司进行交涉，要求将改进后的产品也由 A 公司代理，并且还要赔偿相关的损失。试分析 A 公司的要求是否合理？日本公司的做法是否正确？

【分析】 本案涉及国际贸易方式中广泛应用的独家代理方式。独家代理是指在指定地区和期限内，委托人给予代理人独家代理某商品权利的方式。委托人在指定地区内，不得委托其他代理人。委托人在特定地区和一定期限内享有代销指定商品的专营权。本案中，日本公司经改进后的商品与由 A 公司独家代理的指定商品仍为同类商品,所以,日本公司应将该改进后的商品的独家代理权给予香港 A 公司,而无权将该商品的独家代理权给予 A 公司以外的 B 公司。故 A 公司的要求合理,日本公司的做法是不正确的。

国际贸易方式是指国际货物的贸易方式,即在国际货物贸易中,买卖双方以何种关系、何种方式进行的交易。从事外贸业务的人员必须熟悉国际贸易方式的基本知识,在交易磋商和合作协议中要明确合理地规定买卖双方当事人的法律关系、各方当事人的权利与义务,保证双方当事人的利益,顺利实现货物的销售,避免不必要的损失和争议。

第一节　经销与代理

一、经销

(一)经销的概念与性质

经销(distribution)是指出口企业(即供货商 supplier)与国外进口商(即经销商 Distributor)达成协议,由经销商承担在规定的时间和区域购买和销售指定商品的义务。在经销方式下,供货商和经销商之间是一种买卖关系。经销商以自有资金付清商品的货款后,便享有商品的所有权,以进口价格和转售价格之间的差额作为经销利润,并要承担货物进口后到将货物转售之前的一切经营风险。具体的每一笔交易,以经销协议为基础,另行订立买卖合同。

(二)经销方式的分类

按照经销商权限的不同,经销方式可以分为两种:

1. 一般经销。也称为定销,是指经销商不享有独家经营权的经销方式。在这种方式下,供货商可以在经销协议中规定,在同一经销区域内委派一个以上的经销商来经营同类商品。

2. 独家经销。也称为包销(exclusive distributorship),是指出口企业授予某一进口经销商在规定期限和规定区域内,享有指定商品的独家经营权的一种方式。采用独家经销方式时,在经销协议所规定的时间和区域内,只能有一家经销商经营指定的商品,该区域内的任何其他商人不得销售此种商品。也就是说,包销商享有排他性的经营权。当然,包销商同时也要承担一定数量的销售、维护授权商品的知识产权、承担出口企业的商品促销活动和部分商品的售后服务等。

(三)经销协议

经销协议(distributorship agreement)是供货商和经销商之间订立的,确定双方法律关系的契约。一般来说,经销协议主要包括以下内容:

1. 双方的基本关系。明确出口方与经销商之间的关系是买卖关系。经销商应自筹资金买断商品,并自负盈亏进行销售。

2. 经销的商品、地区和期限。协议应规定经销商品的种类和型号,如果是独家经销则还需对包销商享有经营权的地理范围作出规定。按出口商的营销意图和经销商的销售能力,承诺的销售数量,由双方商定。经销期限即为经销协议的有效期限。通常规定为一年至两年,也有的不规定期限,只规定中止条款或续约条款。

3. 专营权。对于独家经销,应有专营权的规定。专营权包括专卖权和专买权。前者指出口方承诺在协议有效期内不向包销地区内的其他客户出售包销商品。后者指包销商承诺只向协议出口方购买该项商品,不得向第三者购买同类商品或者竞争性的替代商品。

其中专卖权是包销协议必不可少的内容,是区别于一般经销协议的主要条件。

4. 经销商品的最低数量或金额。即在协议规定期限内,经销商必须向出口商承购的最低限额。也有的经销协议对此不作规定。

5. 经销商品的价格和一般贸易条件。经销商品的价格可以一次性规定,也可以在订立买卖合同时按市场行情商定。一般贸易条件是指适合于协议期间每一笔交易的条件,如支付方式、检验索赔、保险,以及不可抗力等贸易条件,可在经销协议中予以规定,以简化日后买卖合同的内容。

(四)经销方式的应用

对出口商来说,采用经销方式的主要目的是利用经销商的资金和销售能力,在特定的区域建立一个稳定发展的市场。对经销商来说,前提是对该商品的市场盈利能力有把握,通过经销协议,掌握稳定的货源。如果是独家经销,由于取得了专卖权,在指定商品的销售中处于有利的地位,避免了多头竞争而导致降价减利的局面,故经销商有较高的经营积极性,能在广告促销和售后服务中作较多的投入。

由于经销是经销商买断商品后再自行销售,所以,经销商需要有一定的资金投入和承担销售风险。若经销商资金不足或缺少销售能力,则有可能导致出口商的渠道中断。因此,对出口商来说,选择一个合适的经销商是成功地采用经销方式的关键所在,而提供适销商品则是双方达成协议的基础。

（五）经销方式的优缺点

经销方式的优点在于:有利于调动经销商经营的积极性;有利于利用经销商的销售渠道,达到巩固和扩大市场的目的;可减少多头经营产生的自相竞争的弊病。

经销方式的缺点在于:如果出口人不适当地运用经销方式,可能使出口商的经营活动受到不利的影响或者出现经而不销的情况。此外,经销商还可能利用其垄断地位,操纵价格和控制市场。

二、代理

（一）代理的概念

国际贸易中的代理(agency),是指出口商(即委托人 principal)授权进口商(即代理商 agent)代表委托人向其他中间商或用户销售其产品的一种做法。代理商与委托人之间是委托代理关系,代理商在委托人授权的范围内行事,不承担销售风险和费用,不必垫付资金。代理商通常按达成交易的数额提取约定比例的佣金,而不管交易的盈亏。

（二）代理的种类

在实际代理业务中,根据委托人授予代理人的权限不同,代理可分为总代理、独家代理和一般代理三种。

1. 总代理(general agent)。是委托人的全权代表,在指定地区内,代表委托人从事销售活动和其他范围广泛的商务活动。

2. 独家代理(exclusive agent of sole agent)。在代理协议规定的时间,地区内,对指定商品享有专营权的代理人。即委托人不得在以上范围内自行或通过其他代理人进行销售。

3. 一般代理(agent)。指不享有独家代理专营权的代理商,委托人可同时委托若干个代理人在同一地区推销相同商品。

（三）代理协议

代理协议是明确委托人与代理人之间权利和义务的法律文件。其主要内容包括:

1. 双方的基本关系。出口方与代理商之间的关系是委托代理关系。代理人应在委托人授权范围内行事,委托人对代理人在上述范围内的代理行为,承担民事责任。

2.代理的商品、地区和期限。委托人对代理人的授权中,应明确说明代理销售的商品的类别和型号。一般代理协议通常规定,委托人在代理期限与代理地区内保留与买主直接成交的权利。独家代理协议通常规定,委托人授予独家代理人专营权,如果委托人与买主直接发生交易,仍应按交易金额向独家代理支付佣金。此外,独家代理则必须明确其业务的地理范围,并约定代理协议有效期限,或者规定中止条款。

3.佣金条款。代理协议中必须规定佣金率、计算方法和支付方法。佣金率可与成交金额和数量相联系。

4.最低成交额。独家代理通常承诺最低成交数量或金额。若未能达到该数额,委托人有权中止协议或按协议规定调整佣金率。

5.商情报告。代理人有义务向委托人定期或不定期提供商情报告,以使委托人了解当地的市场情况和代理人的工作业绩。

(四)包销与独家代理的比较

包销与独家代理均是给国外客户在特定地区和一定期限内销售指定商品的专营权。但两者又有不同点,包销是售定性质,买方自负盈亏,以赚取利润为主。独家代理是委托代销,中间商一般可垫付资金,以赚取佣金为主。

(五)代理的使用

出口商委托代理人销售商品,主要是利用代理商熟悉销售地市场,有广泛的销售渠道。特别需要指出的是,代理人的商誉对商品的销售,乃至出口企业的形象有举足轻重的作用。选择一个代理商,不仅应着眼于他的销售能力,也应重视代理商已有的商誉。当前国际市场上有不少跨国公司进入销售代理的领域,如何借助跨国公司的良好信誉去开拓市场,对我国企业来说,是一个值得研究的课题。

第二节 寄售、拍卖与展卖

一、寄售

(一)寄售的概念与特点

寄售(consignment)是出口商(即寄售人 consignor)将准备销售的货物先行运往国外寄售地,委托国外代销人(consignee)按照寄售协议的条件向用户进行现货销售,货款由代销人在货物出售后扣除佣金和其他费用,然后向寄售人结算的一种交易方式。

采用寄售方式,出口商应在寄售地区选定代销人,签订寄售协议,然后将货物运往寄售地点由代销人进行现货销售。

与一般的出口业务相比,寄售方式具有以下特点:

1.寄售是一种先发运后销售的现货买卖方式。

2.寄售人和代销人之间是委托代售关系。

3.寄售人承担货物出售以前的风险和费用。代销人不承担任何风险和费用,只收取佣金作为报酬。

(二)寄售协议

寄售协议规定了寄售的具体做法,其主要内容如下:

1.双方的基本关系。寄售协议一般规定,寄售人和代销人之间是一种委托代理关系,货物在出售前所有权仍属寄售人。代销人应按协议规定,以受托人身份出售商品,收取货款,处理争议等,其中的风险和费用由寄售人承担。

2.寄售商品的价格。寄售商品价格有三种规定方式:一是规定最低售价;二是由代销人按市场行情自行定价;三是由代销人向寄售人报价,征得寄售人同意后确定价格,这种做法使用较为普遍。

3.佣金条款。规定佣金率,有时还可增加佣金率增减额的计算方法。通常佣金由代销人在货款中自行扣除。

4.代销人的义务。包括保管货物,代办进口报关、存仓、保险等手续,并及时向寄售人通报商情。

代销人应按协议规定的方式和时间将货款交付寄售人。有的寄售协议中还规定代销人应向寄售人出具银行保函或备用信用证,保证承担寄售协议规定的义务。

5.寄售人的义务。寄售人按协议规定的时间出运货物,并偿付代销人所垫付的代办费用。

(三)寄售方式的注意事项

1.选择合适的代销人。代销人应在当地有良好的商誉,有相关商品营销经验和推销能力,并有能力代办报关、存仓等业务。

2.寄售的商品应优质适销。寄售方式着眼于开拓新市场,既销售商品,又树立企业形象,建立客户关系,故而所选取的商品应优质适销。

3.选择合适的寄售地点。寄售地点应选择交通便捷的贸易中心或自由港、自由贸易区,以方便货物进出转运,降低费用。

4.重视安全收汇。应在寄售协议中作出相应规定,比如要求代销人开立银行保函,或以承兑交单方式发货。

二、拍卖

拍卖(auction)是一种通过众多买主的竞价实现现货交易的方式。国际贸易中采用拍卖方式进行交易的商品,是一些品质难以标准化或难以久存,或传统上有拍卖习惯的商品,如裘衣、木材、茶叶、水果、花卉、羊毛以及艺术品等。

（一）拍卖的概念与特点

拍卖是专门经营拍卖业务的拍卖行接受货主的委托,在规定的时间和地点,按照一定的章程和规则,将货物公开展示,由买主出价竞购,把货物卖给出价最高的买主。

拍卖具有以下特点:

1.由专门从事拍卖业务的拍卖行组织;

2.在特有的规章制度的约束下进行;

3.是一种现货交易,买主可以在拍卖之前验看货物;

4.交易时间短,但成交量却经常比较大。

（二）拍卖的竞价方式

1.增价拍卖

也称为"买主竞价拍卖"或"英式拍卖"。是由拍卖人(auctioneer)宣布预定的最低价,然后竞买者(bidder)相继出价竞购。拍卖行可规定每次加价的金额限度。至某一价格,经拍卖人三次提示而无人加价时,则为最高价,由拍卖人击槌表示成交。

2.减价拍卖

也称"卖主叫价拍卖"或"荷兰式拍卖",源于世界上最大的荷兰花卉拍卖市场。由拍卖人先开出最高价格,然后渐次降低价格,直到有人表示接受,即达成交易。由于减价拍卖成交迅速,特别适合于数量大、批次多的鲜活商品。

3.密封递价拍卖

也称"招标式拍卖",先由拍卖人事先公布拍卖物的具体情况和拍卖条件,然后各竞买者在规定的时间内将密封的报价单(也称标书)递交拍卖人,由拍卖人选择买主。这种拍卖方式,和上述两种方式相比较,有以下两个特点:一是除价格条件外,还可能有其他交易条件需要考虑;二是可以采取公开开标方式,也可以采取不公开开标方式。拍卖大型设施或数量较大的库存物资或政府罚没物资时,可能采用这种方式。

（三）拍卖的一般程序

1.准备阶段

货主与拍卖行达成拍卖协议，规定货物品种和数量，交货方式与时间，限定价格以及佣金等事项。货主把货物运至拍卖地点，存放于拍卖人指定的仓库，由拍卖人进行分类、分批、编号，印发拍品目录，并刊登拍卖通告。买主在正式拍卖前可至存放拍卖商品的仓库查看货物，必要时可抽取样品供分析测试。

2.正式拍卖

在规定的时间和地点，按拍品目录规定的程序，逐批拍卖。以增价方式拍卖，买方出价相当于要约，拍卖人落槌相当于承诺。在落槌前，买方有权撤销出价，卖方也有权撤回拍卖商品。以减价方式拍卖，拍卖人报价相当于要约，而买方一旦表示接受，即为承诺，交易成立，双方均受约束。

3.付款和交货

成交后，买方签署成交确认书，并支付部分货款作定金。待买方付清全部货款后，拍卖行开出提货单，买方凭单提货。拍卖行从货款中提取一定比例的佣金，作为提供拍卖服务的报酬，并扣除按合同应由货主承担的费用后，将货款交付货主。

（四）拍卖的注意事项

1.关于商品的品质。由于参加拍卖的商品往往难以用具体规则加以描述，且买主在拍卖前有权查验货物，拍卖行通常在拍卖章程中规定"卖方对品质概不负责"，所以，拍卖后买方对商品没有复验权，也不存在索赔的问题。

对于某些货物可能存在隐蔽的缺陷，凭一般的查验手段难以发现，有的拍卖章程中也规定了买方的索赔期限。

2.关于公开和公平的原则。拍卖和招标投标一样，是一种以公平竞争的原则进行公开交易的贸易方式。为保证公开和公平的原则不被违反，拍卖行制定了拍卖章程，买卖双方必须严格遵守。买方不得互相串通，以压低报价；卖方也不得由代理人出价竞买，以哄抬价格。这些均构成违规违法行为。

三、展卖

（一）展卖的定义及特点

展卖（fairs and sales），是利用展览会和博览会及其他交易会形式，对商品实行展销结合的一种贸易方式。展卖的基本特点是将出口商品的展览和销售有机地结合起来，边展边销，以销为主。

(二)展卖的形式

1.国际博览会

国际博览会又称国际集市,是指在一定地点举办的由一国或多国联合组办、邀请各国商人参加交易的贸易形式。不仅为买卖双方提供了交易方便,而且越来越多地作为产品介绍、广告宣传,以及介绍新工艺、进行技术交流的重要方式。

国际博览会可分为综合性国际博览会和专业性国际博览会两种。综合性国际博览会是指各种商品均可参展并洽谈交易的博览会,这种博览会的规模较大,产品齐全,且会期较长。专业性国际博览会是指仅限于某类专业性产品参加展览和交易的博览会,规模较小,会期较短。

2.展览会

展览会是指举办国通过选择适当的场所,将商品集中进行展出和销售的贸易方式。展览会的举办时间不定期、地点不确定,可在国内,也可在国外,还可以流动方式在各地进行轮流展销。国际展览会上主要是一国商品集中在一起进行展览和销售,有时也可以是几个国家联合起来由另一国举办。

3.展销会

展销会是指出口商或者联合其他出口商共同在国内举办的展销活动,一般多是食品、农产品、纺织品等小型展销会,也有的展销会是大型商企集团、垄断企业展销自己的新产品。

小资料 12-1

广交会

中国进出口商品交易会(简称广交会,Canton Fair),创办于 1957 年,每年春秋两季在广州举办,是中国目前历史最长、层次最高、规模最大、商品种类最全、到会客商最多、成交效果最好的综合性国际贸易盛会。2007 年 4 月第 101 届广交会由"中国出口商品交易会"更名为"中国进出口商品交易会"。广交会贸易方式灵活多样,除传统的看样成交外,还举办网上交易会。

我国企业可以自行在国外举办展卖会,也支持外商举办或与外商联合举办展卖会。在国外自行举办展卖会时,相关的广告宣传费、展品的运费、保险费、展出场地的租用费以及其他杂项费用,均应由主办方自行负担。展卖结束后,剩余的展品,也由主办方自行处理。外商在国外举办我国出口商品展卖会或与外商联合举办我国出口商品展卖会,是我国出口商品在国外展卖所采取的两种主要方式。其中前一种方式是我方将货物通过签约的方式卖断给外商,由外商在国外举办或参加展览会,双方是一种买卖关系,货价有所优惠,货款可在展览会后或定期结算。后一种方式是由我方同外商合作,我方提供展品,在展卖时展品所有权仍属我方,展品的运输、保险、劳务以及其他费用一般由外商承担,展台租赁、设计、施工以及展出期间的宣传广告费用,也由外商承担,展卖的商品出售后,提供合作的外商可以从出售所得货款中得到一定的手续费作为报酬。在合办展卖情况下,由于展品所有权不属于外商,往往会产生展卖结束后剩余展品如何处理的问题,对此,提供展卖的我方通常采用以下几种不同的处理方法:一是将这部分未能销出的展品折价卖断给合作的外商,同时在付款条件方面给予一定的方便;二是将这部分货物改为寄售,交由外商代销;三是由双方另找合适地点,继续展卖;四是运回国内另行处理。

第三节　招标与投标

一、招标与投标的概念与特点

招标与投标,是国际贸易中常见的一种传统贸易方式,经常用于国家政府机构、国营企业或公用事业单位采购物资、器材设备、勘探开发资源或国际承包工程项目。

（一）招标与投标的概念

招标与投标(invitation to tender & submission of tender)是一种贸易方式的两个方面。招标是由招标人(采购方或工程业主)发出招标通告,说明需要采购的商品或发包工程项目的具体内容,邀请投标人(卖方或工程承包商)在规定的时间和地点投标的行为。

投标是投标人(卖方或工程承包商)应招标人的邀请,根据招标人规定的条件,在规定的时间和地点向招标人递盘的行为。

（二）招标与投标方式的特点

1.投标的一次性

招标方式下,投标人是按照招标人规定的时间、地点和条件进行的报盘。这种报盘是对投标人有约束力的法律行为,标书在投递之后,一般不得撤回或修改,同时还要交纳一定数量的保证金,一旦投标人违约,招标人可没收保证金。

2.属于竞卖方式

招标人只有一家,而投标人却有若干家。投标人之间的竞争使招标人在价格及其他条件上有较多的比较和选择,从而在一定程度上保证了采购商品的最佳质量。

3.具有公开性

招标一般是在指定的时间和地点公开进行的,由不同国家的投标人同时参加投标,条件优惠者取胜。

二、国际上采用的几种招标方式

(一)国际竞争性招标(international competitive bidding,ICB)

是指招标人邀请几个甚至几十个投标人参加投标,通过多数投标人竞争,选择其中对招标人最有利的投标人达成交易,它属于竞卖的方式。竞争性招标有下列两种做法:

1.公开招标(open bidding)

公开招标是一种无限竞争性招标(unlimited competitive bidding)。采用这种做法时,招标人要在国内外主要报刊上刊登招标广告,凡对该项招标内容有兴趣的人有均等机会购买招标资料进行投标。

2.选择性招标(selected bidding)

选择性招标又称邀请招标,它是有限竞争性招标 limited competitive bidding)。采用这种做法时,招标人不在报刊上刊登广告,而是根据自己具体的业务关系和情报资料由招标人对客商进行邀请,进行资格预审后,再由其进行投标。

(二)谈判招标(negotiated bidding)

谈判招标又称议标,它是非公开的,是一种非竞争性的招标。这种招标由招标人物色几家客商直接进行合同谈判,谈判成功,交易达成。

(三)两段招标(two-stage bidding)

是指无限竞争招标和有限竞争招标的综合方式。采用此类方式时,则是先公开招标,再用选择性招标分两段进行。

三、招标和投标的一般程序

(一)刊发招标公告

招标伊始,招标人即组织有关人员制订招标文件,详细说明各项招标条件、投标日期、投标保证金的交纳、投标书的寄送方法、开标日期及方式等内容。招标文件制订后,招标人在报刊上发出招标公告,国际公开招标通常均在权威性的报刊或有关专业刊物上公布招标公告,比如我国对外发行的人民日报,世界银行出版的援助项目的招标月刊等。

（二）投标人进行投标

投标人进行投标的程序如下：

1. 研究招标文件

投标人取得招标文件后，应严格按照招标条件对商品或工程所要求的质量、技术标准、交货期限、工程量和进度安排等进行核算，并结合自身的条件和市场竞争态势，估计能否完全满足招标要求和能否提出竞争性的方案。

2. 现场考察和标前会议

在国际招投标中，对东道国及项目所在地作现场考察，以了解有关的经济、政治、文化以至交通、民俗等环境，对于能否提出优良的投标方案是至关重要的。此外，招标方往往在投标截止期前一个月，召开标前会议，投标方可在标前会议中，进一步要求招标方澄清招标文件中的问题。标前会议内容必须形成书面文件，发给所有的投标人，以保证各方公平获取信息。

3. 编制投标文件和落实担保

投标文件是投标人对招标人的一项不可撤销的发盘。其主要内容包括对招标条件的确认，商品或各个项目的有关指标和工程进度，技术说明和图纸，投标人应承担的责任，以及总价和单价分析表，有时还包括资金安排。

招标人为防止投标人中标后拒不签约，通常要求投标人提交投标保证金，一般为总价的 3%～10%，也可以银行保函或备用信用证代替现金作保。故投标人应在投标前落实担保人。

4. 递交投标文件

投标文件包括投标书、投标保函或备用信用证，关于投标书中单项说明的附件，以及其他必要文件。投标文件应密封后在规定的时间内送达指定地点，可以专人递交，也可以挂号邮寄。

（三）开标

招标人在预先公布的时间和地点，当众开启密封的投标文件，宣读内容，允许在场的投标人作记录或录音。开标后，投标人不得更改投标内容。开标是对外公开标书内容，以保证招标工作公正进行的一种形式，并不当场确定中标人。

（四）初审和询标

招标方对所有投标文件进行初审，以选出可能中标的人选，然后可以就这些优选方案向有关投标人进行咨询。按世界银行规定，在询标过程中不允许投标人更改报价，但投标人可以在询标过程中按实际竞争态势和招标方的意图，承诺提供更好的服务或更优良的品质，以提高中标的可能。实质上，这是一种变相的降价行为，但通常为招标投标规则所允许。

询标使招标方能进一步掌握投标方案、相关技术和指标内涵,是一个十分重要的步骤。

（五）评语和决标

除价格条件外,设备人员、相关工作的经验、技术质量、工程进度或交货期以及所提供的服务等各方面的条件都将影响投标的优势。招标人必须对投标人进行审核,比较,然后择优确定中标人选。其主要工作如下:

1.审查投标文件。其内容是否符合招标文件的要求,计算是否正确,技术是否可行等。

2.比较投标人的交易条件,可采用最低报价或逐项打分或集体评议或投票表决,以确定中标人选。初步确定的中标人选,可以是一个或若干个替补人选。

3.对中标人选进行资格复审。如果第一中标人经复审合格,即成为该次招标的中标人,否则依次复审替补中标人选。

凡出现下列情况之一者,招标人可宣布招标失败,重新组织第二轮招标:参加投标人太少,缺乏竞争性;所有投标书和招标要求不符;投标价格均明显超过国际市场平均价格。

（六）中标签约

确定中标人后,招标人以书面通知中标人在规定的期限（如 30 天）内到招标人所在地签订合同,并缴纳履约保证金或以银行保函作履约担保。

第四节　对销贸易

对销贸易（counter trade）是指在互惠的前提下,由两个或两个以上的贸易方达成协议,规定一方的进口产品可以部分或者全部以相对的出口产品来支付。对销贸易买卖的标的除有形的财产货物以外,也包括劳务、专有技术和知识产权。

对销贸易实质上是进口和出口相结合的贸易方式,一方商品或劳务的出口必须以进口为条件,体现了互惠的特点。对销贸易源自易货贸易,其各种交易形式都具有易货贸易的基本特征,但又不同于易货贸易。目前的国际贸易实务中,对销贸易内容复杂,方式多样,其基本形式可以归纳为三种:易货贸易、互购贸易和补偿贸易。

一、易货贸易

（一）易货贸易的概念与特点

易货贸易是国际贸易中历史最悠久的贸易方式之一，通常是指买卖双方将进出口结合起来，相互交换各自的商品，从而尽量避免向对方进行货币支付的贸易方式。

（二）易货贸易的特点

1.在实际做法上比较灵活，例如：在交货时间上，可以进口与出口同时成交，也可以有先有后。

2.在支付办法上，可用现汇支付，也可以通过账户记账，从账户上相互冲抵。

3.在成交对象上，进口对象可以是一个人，而出口对象则是由进口人指定的另一个人等等。

（三）易货贸易的形式

1.直接贸易

直接易货，又称为一般易货，是买卖双方各以等值的货物进行交换，不涉及货币的支付，也没有第三者介入，并且是一次性交易，履约期限较短。这种方式要求交易双方既要保证自己提供的货物符合对方要求，又要保证彼此提供的货物价值大致相等，因此有很大的局限性。在现代国际贸易中很少采用。

2.综合易货

综合易货又称一揽子易货，是指交易双方互相承诺购买对方等值的商品，从而将进出口结合在一起的贸易方式。这种方式下，交易双方的交货时间通常可以有先有后，比要求交易双方必须同时交货的直接易货更富有灵活性。在具体做法上，交易的一方既可以以一种商品交换对方的一种或几种商品，以对开信用证方式对货款进行逐笔平衡；也可以由双方各以几种商品进行交换，在一定时间内，对货款进行综合平衡。其中，后一种情况常见于政府间订有记账协定或支付（清算）协定的国家间的大规模易货贸易，两国的进口与出口都要在专门账户上记账，然后以进出口相互冲抵的方式进行结算。只要交易双方账户余额不超过约定的幅度，即通常所说的"摆动额"，原则上顺差方不得要求对方用自己外汇支付，而只能以货物冲抵，即通过调整交货速度，或由逆差方增交货物予以平衡。

综合易货方式主要有两种不同的做法：

（1）记账方式

贸易一方用一种出口货物交换对方的另一种进口货物，双方都将货值记账，相互冲抵，货款逐笔平衡，无须使用现汇支付，或者在一定时期内平衡，如有逆差,再以现汇或商品支付。这种做法多用于两国国家之间的易货贸易。采用这种方法时,进出口可以同时进行,也可以先后进行,但一般间隔时间不长。

(2)对开信用证方式

这种方法一般用于进口和出口同时成交,金额大致相等,货款通过信用证方式进行结算的易货贸易。双方都开立以对方为受益人的信用证,即对开信用证。由于交货时间的差异,双方开立信用证的时间也就有先有后,先进口开证的一方为了使对方也履行开证义务,一般都在信用证内规定该证以对方按规定开出信用证为生效条件。也可以采用保留押金方式,具体做法是:先开出的信用证先生效,但是在结汇后,银行把款扣下,留做该受益人开回头证时的押金。先出口的一方出口后,得不到信用证中的货款,而只是取得对方承诺供应的双方约定好的货物作为补偿,然后自己使用这些货物或再进行转售。因此,先出口方往往要求对方银行出具后出口方按期履约的担保,以保证其利益。

二、互购贸易

互购贸易又称为反向购买,是最简单、最常用的对销贸易形式。

(一)互购贸易的概念

互购贸易(counter purchase)又称为对购(reciprocal trade)或平行贸易(parallel trade),是指出口的一方向进口一方承担购买相当于他出口货值一定比例的产品。就是交易双方互相购买对方的产品。

(二)互购贸易的流程

互购贸易涉及使用两个既独立而又相互联系的合同:交易双方先签订一个合同,约定由先进口国(往往是发展中国家)用现汇购买对方的货物(如机器、设备等),并由先出口国(通常是发达国家)在此合同中承诺在一定时期内买回头货;之后,双方还需签订一个合同,具体约定由先出口国用所得货款的一部分或全部从先进口国购买商定的回头货。互购不是单纯的以货换货,而是现汇交易,而且不要求等值交换。

与一般交易不同的是,先出口的一方在第一份合同中作出回购对方货物的承诺,从而把先后两笔不一定等值的现汇交易结合在一起。因而,互购贸易对于先出口的一方来说,无论从资金周转还是随后的谈判地位来衡量,都是比较有利的。实践中,西方发达国家挟其技术上的优势,往往占有这种有利地位而比较愿意采用这种做法,故互购贸易已成为当今对销贸易的主要方式。

(三)互购贸易的风险

互购贸易与补偿贸易的差别是两笔交易都用现汇,一般是通过即期信用证或即期付款交单,有时也可采用远期信用证付款。因此,先出口的一方除非是接受远期信用证,否则不会出现垫付资金的问题,相反还可以在收到出口货款到支付回头货款这段时间内,利用对方资金。这种方式,一般先由发达国家提供设备,这对进口国家来说,不但得不到资金方面的好处,还要先付一笔资金,这样必定要承担一定汇率变动的风险,惟一可取的地方可以带动本国货物的出口。

三、补偿贸易

(一)补偿贸易的概念

补偿贸易(compensation trade)又称产品回购,多用于设备的交易。它是指按照回购协议,进口方以赊购方式或利用信贷进口设备或技术,同时,出口方承诺购买进口方一定数量或金额的、由该设备或技术直接制造的产品,进口方用出售产品所得货款分期偿还进口设备技术的价款和利息,或偿还贷款和利息。

(二)补偿贸易的特征

补偿贸易与一般贸易方式相比,具有以下两个基本特征:

1. 补偿贸易以信贷作为前提条件;

2. 设备供应方必须同时承诺回购设备进口方的产品或劳务,这是构成补偿贸易的必备条件。

应当明确的是,在信贷基础上进行设备的进口并不一定构成补偿贸易,补偿贸易不仅要求设备供应方提供信贷,同时还要承诺回购对方的产品或劳务,以使对方用所得货款还贷款。这两个条件必须同时具备,缺一不可。

此外,进行补偿贸易,双方须签订补偿贸易协议。

(三)补偿贸易的种类

按照偿付标的不同,补偿贸易大体上可分为三类:

1. 直接产品补偿

即双方在协议中约定,由设备供应方向设备进口方承诺购买一定数量或金额的由该设备直接生产出来的产品。这种做法的局限性在于,它要求生产出来的直接产品及其质量必须是对方所需要的,或者在国际市场上是可销的,否则不易为对方所接受。

2. 间接产品补偿

当所交易的设备本身并不生产物质产品,或设备所生产的直接产品非对方所需或在国际市场上不好销时,可由双方根据需要和可能进行协商,用回购其他产品来代替。

3.劳务补偿

这种做法常见于同来料加工或来件装配相结合的中小型补偿贸易中。具体做法是:双方根据协议,往往由对方代为购进所需的技术、设备,货款由对方垫付。我方按对方要求加工生产后,从应收的工缴费中分期扣还所欠款项。

上述三种做法还可结合使用,即进行综合补偿。有时,根据实际情况的需要,还可以部分用直接产品或其他产品或劳务补偿,部分用现汇支付等等。

(四)补偿贸易的形式

(1)返销(buy-back),由设备进口方利用对方提供的设备和技术制造的产品,包括直接产品或有关产品(resultant or related product),偿付进口设备的货款。

(2)互购(counter purchase),即设备进口方支付设备的货款,不是用直接产品,而是用双方商定的其他产品或劳务来偿付。所以,这种情况下的交易,为两笔互有联系而分别进行的交易。

此外,补偿的形式还可采用部分产品或劳务补偿部分现汇补偿的方法,这种方法被称为部分补偿;或者因第三方参与补偿贸易,例如由第三方接受并销售补偿产品,或由第三方承担或提供补偿产品等,称为多边补偿。

不论哪种形式,双方磋商达成协议后,一般都要签订补偿贸易的书面文件,主要有补偿贸易协定、设备进口合同、返销或互购合同等,作为补偿贸易当事人执行协议的依据。在上述模式下,决定交易的主要因素已不是商品的价格和质量,而是取决于回购的承诺。这就不可避免地削弱了市场机制的作用。

采用补偿贸易方式,引进先进的技术设备,同时"以进带出"。利用设备供方的销售能力,进入国外市场,是利用外资的一种有效途径。

第五节　加工贸易

加工贸易是国际上普遍采用的一种贸易方式,是以加工为特征,以商品为载体的劳务出口。

一、加工贸易的概念与种类

(一)加工贸易的概念

加工贸易是指外商提供原料或零部件,由国内的承接方按外商提出的要求加工或装配成制成品后再出口到国外的经营活动。加工贸易是一种委托加工的方式,外商将原料、零部件等运交国内承接方,并未发生所有权转移。承接方只是按照外商的要求,将原材料或零部件加工成为成品,并且获得加工费。

(二)加工贸易的种类

目前我国常用的加工贸易,主要包括对外加工装配和进料加工两种。

1.对外加工装配

对外加工装配是指由国外委托方提供全部或部分原材料、辅料、零部件、元器件、配套件和包装物料,必要时提供设备,由国内的承接方按照一定的技术、质量标准加工成成品交还委托方,并向委托方收取工缴费。对于委托方提供的设备价款,可结合补偿贸易的做法,以劳务所得的工缴费抵偿。

对外加工装配包括三种形式:

(1)来料加工(processing with customer's materials)。外商提供原料、辅料和包装材料等,国内的承接方按外商要求加工成成品提交给对方,并按双方约定的标准收取加工费。

(2)来件装配(assembling with customer's parts)。外商提供装配所需的元器件、零部件和其他中间产品,国内的承接方按外商的要求装配成成品提交给对方,并按双方约定的标准收取加工费。

(3)来样加工(processing with customer's samples)。委托方提供产品设计图样或样品以及必要的工具设备和技术等,加工方加工制造产品,产品返销给委托方。

2.进料加工(processing with imported materials)

进料加工是指国内有进出口经营权的单位用外汇购买进口的原料、材料、辅料、元器件、零部件、配套件和包装物料(以下简称为料件),加工或装配成成品或半成品后再外销出口的贸易形式。这种做法在我国又称为"以进养出"。

进料加工的业务特征为:

(1)进料加工的料件多为本国不能生产或生产能力有限的品种,动用外汇购买进口的目的是为加工或装配成适合外销的成品再行出口,并以此创汇。

(2)进料加工业务从料件采购、生产到产品销售均由我方经营,盈亏自负。

(3)进料加工业务的料件是购买进口的,因而经营者拥有所有权。但实际处置仍受到进出口国家管制制度及海关通关制度的限制,原则上在未经批准并办理进口手续的情况下必须加工成成品返销出口。

进料加工的具体做法是:

(1)先签进口原料的合同,加工出成品后再寻找市场和买主。这种做法的好处是进料时可选择适当时机,低价时购进,而且,一签订出口合同,就可交货,交货期短。但采取这种做法时,要随时了解国外市场动向,以保证产品能适销对路,避免产品积压。

(2)先签订出口合同,再根据国外买方的订货要求从国外购进原料,加工生产,这种做法包括来样进料加工。其优点是产品销路有保障,但要注意所需的原料来源必须落实,否则会影响成品质量或导致无法按时交货。

(3)对口合同方式,即与对方签订进口原料合同的同时签订出口成品的合同。两个合同相互独立,分别结算。这样做原料来源和成品销路均有保证,但适用面较窄,所以,有时原料提供者与成品购买者可以是不同的人。

(三)对外加工装配和进料加工贸易的区别

这两种加工贸易的共同之处在于:原材料和元器件来自国外,加工后成品也销往国外市场。但两者有本质上的区别:

1.进料加工贸易中,进口料件和出口成品是两笔独立的交易,进料加工的企业需自筹资金从国外购入料件,加工成成品后自行向国外市场销售。而对外加工装配贸易则进、出为一笔交易的两个方面,料件和成品的所有权均属委托方所有,承接方无须支付进口费用,也不承担销售风险。

2.进料加工贸易中,企业所获得的是出口成品的利润,利润的大小取决于出口成品的市场行情。而对外加工装配贸易,承接方收取的是工缴费,工缴费的大小以劳动力的费用,即工资水平作为核算基础。两者相比,进料加工贸易的收益大于对外加工装配贸易,但风险较大。

3.进料加工贸易,企业有自主权,根据自身的技术、设备和生产能力,选择市场上的适销商品进料加工。而对外加工装配贸易,则由委托方控制生产的品种、数量和销售地区。

二、对外加工装配合同的主要内容

对外加工装配业务是一种劳务贸易,有关合同的当事人是委托方和承接方。与一般货物买卖合同有许多不同之处,其主要内容如下:

1.合同标的

买卖合同的标的是商品,而加工装配合同的标的是劳务,即为将原材料和元器件加工装配成指定的产品而付出的劳动,以及一定的技术或工艺。

为了说明标的所提供的劳务的性质,应具体规定加工装配业务的内容和要求。

2. 对来料来件的规定

料件是实现提供劳务的物质基础,合同中应规定料件的品质、数量,还必须规定委托方送交料件的时间、地点。为了明确责任,对委托方不能按质、按量、按时间提供料件的情况,应在合同中规定处理方法。

3. 对交付成品的规定

委托方对成品的品质规格均作严格规定,对交货数量和交货期限,合同中也有明确规定。如承接方不能按合同规定交付成品,应承担相应的损害赔偿责任。

4. 关于耗料率和残次品率的规定

耗料率指单位产品消耗原材料或元器件的数额。残次品率指不合格产品在全部产品中所占比率。这两项指标,与产品成本直接相关,又受到加工方的技术水平和生产条件的限制,所以,双方应协商规定一个合理的标准,超过规定的比率,应由加工方承担责任。

5. 关于工缴费的规定

加工装配业务本质上是一种劳务贸易,工缴费体现了劳务的价值。工缴费的规定,应以国际劳务价格作为参照标准。对我国来说,则以东南亚地区的工资水平作为计算标准,参照加工企业所提供的劳务质量和生产效率,计收的工缴费应既有利可图,又有竞争力。

6. 运输和保险

在加工装配贸易过程中,料件和成品的所有权不转移,始终为委托方所有。因而,原则上运输和保险的责任由委托方承担。在具体业务中,对出口成品的运输和保险,以及料件进口和存仓的保险,均可由承接方代办,费用由委托方另行支付或者计入工缴费内。

7. 付款方式

委托方向承接方支付工缴费的方式有两种:

(1)料件和成品均不计价,由委托方通过信用证或汇付方式,向承接方支付工缴费。

(2)料件和成品均分别计价,其差额即为工缴费,对此承接方应掌握"先收后付"的原则。具体的做法可以采用:①料件用 D/A,成品用 D/P 即期;②料件用 D/A,成品用即期信用证;③对开信用证方式,料件用远期信用证,成品用即期信用证。必须注意远期和即期的时间间隔应考虑加工全过程所需时间,以保证先收妥成品货款,再付料件货款。

三、我国对加工装配贸易的管理

（一）合同报批

对外加工装配合同，须经商务部、国务院有关部委或者省、自治区、直辖市的对外经贸部门或由它们授权的机关审批。

报批时应填写"加工装配申请表"一式四份，并附合同副本。

（二）海关登记备案

自合同批准之日起一个月内，向海关提交批准文件和合同副本，如有必要，应随附料件和设备清单。

经审核后，由海关核发"对外加工装配进出口货物登记手册"，其进出口货物凭"登记手册"办理报关手续。对没有办理"登记手册"的单位，其进出口货物，海关不予放行。

（三）进出口货物的监管

料件、设备和成品进出口时，有关单位或其代理人应填写进出口货物专用报关单一式四份和发票、装箱单等有关单证，以及"登记手册"，向进出口地海关申报。海关接受申报后，经查验认可后放行。加工装配贸易进口的料件，属海关保税货物。自进口之日起至加工成成品出口之日止，应接受海关监督，有关单位必须将进口料件的使用和加工成成品出口的情况列入海关认可的专门账册，海关有权随时检查。

（四）核销

加工装配合同执行完成之后，有关单位应于最后一批成品出口之日起一个月内，持"登记手册"和进出口货物报关单向海关办理核销手续。对剩余的料件，根据不同的情况予以征、免税。

若进口料件或成品因种种原因转为内销，必须经原审批机关批准和海关核准，并按一般进口货物征收关税和进口增值税。

⇨【练　习】

一、名词解释

经销　代理　独家代理　寄售　拍卖　招标　投标　对销贸易　加工贸易　加工装配贸易　进料加工　来料加工

二、选择题

1.代理方式中，最常见的类型为（　　　）。

A.总代理　　　　B.全权代理　　　　C.独家代理　　　　D.普通代理

2.代理协议一般应包含以下内容（　　）。

　　A.代理权限　　　　B.专营权　　　　C.最低代销额　　　D.佣金

3.在寄售协议下,货物的所有权在寄售地出售前属于（　　）。

　　A.代理人　　　　B.寄售人　　　　C.代销人　　　　D.经销人

4.经销协议一般应包含以下内容（　　）。

　　A.经销期限　　　B.佣金　　　　　C.专营权　　　　D.经销地区

5.以下关于寄售贸易方式的说法中正确的是（　　）。

　　A.寄售人可根据自己的意愿销售在途货物

　　B.是典型的凭实物进行买卖的现货交易

　　C.寄售人和代销人之间是委托代售关系

　　D.寄售货物在售出之前的一切费用和风险,均由寄售人承担

6.根据协议,获得某地区商品专营权的是（　　）。

　　A.寄售商　　　　B.经销商　　　　C.独家代理商　　　D.拍卖商

7.拍卖的特点是（　　）。

　　A.卖主之间的竞争　　　　　　　B.买主和卖主之间的竞争

　　C.买主之间的竞争　　　　　　　D.拍卖行与拍卖行之间的竞争

8.投标人发出的标书是一项（　　）。

　　A.不可撤销的发盘　　　　　　　B.可撤销的发盘

　　C.可随时修改的发盘　　　　　　D.有条件的发盘

9.有些国家的政府或海关在处理库存物资或没收货物时往往采用（　　）。

　　A.增价拍卖　　　　　　　　　　B.减价拍卖

　　C.密封式递价拍卖　　　　　　　D.一般拍卖

10.下列对招标业务的描述正确的有（　　）。

　　A.招标业务双方当事人之间为买卖关系

　　B.招标、投标属于竞卖性质

　　C.招标业务中一般没有还盘环节

　　D.在招标过程中,投标人一般处于被动地位

11.按国际惯例,出现（　　）情况,招标人可拒绝全部投标。

　　A.投标人未发出标书

　　B.最低标价大大超过国际市场价格水平

　　C.有投标书内容与招标要求不符

　　D.在国际竞争性招标中投标人人数太少

12.在补偿贸易业务中,购进技术设备的一方用该技术设备投产后生产出来

的产品偿还技术设备的价款或购买技术设备所用贷款的本息,这种方式称作( )。

A.直接补偿　　　B.间接补偿　　　C.综合补偿　　　D.部分补偿

13.下列对补偿贸易描述正确的是( )。

A.补偿贸易是在信贷的基础上进行的

B.设备供应方有回购产品或者劳务的义务

C.设备供应方是投资方

D.补偿贸易的当事人之间是买卖关系

14.来料加工与进料加工业务的主要区别在于( )。

A.前者是一笔交易,后者是两笔交易

B.前者属于对销贸易,后者属于加工贸易

C.前者获取加工费,后者赚取利润

D.前者的创汇率一般低于后者

15.在来料加工业务中,料件与成品的所有权( )。

A.成品属于供料方,料件属于加工方

B.料件属于供料方,成品属于加工方

C.均属于供料方

D.均属于加工方

16.对外加工装配业务是( )。

A.资本输出　　　B.劳务出口　　　C.技术出口　　　E.商品出口

三、简答题

1.简述经销与代理的一般做法。

2.简述代理的种类以及独家代理协议的内容。

3.简述拍卖的一般程序和方式。

4.简述招标与投标的一般程序。

5.简述补偿贸易的作用和特点。

6.简述加工装配贸易和进料加工贸易的区别。

四、案例分析

1.A公司在国外物色了B公司作为其代销人,并签订了寄售协议。货物在运往寄售地销售的途中,遭遇洪水,使20%的货物被洪水冲走。因遇洪水后道路路基需要维修,货物存仓发生了8000美元的仓储费。问:以上损失的费用应由哪一方承担?

2.某公司在拍卖行经竞买获得一批精美瓷器,在商品拍卖时,拍卖条件中规定,"无论买方对货物过目或不过目,卖方对商品的品质概不负责"。该公司在将这批瓷器通过公司所属商行销售时,发现有部分瓷器出现网纹,严重影响这部分商品的销售。该公司因此向拍卖行提出索赔,但遭到拍卖的拒绝。问:拍卖行的拒绝是否有道理? 为什么?

3. 某招标机构接受委托,以国际公开招标形式采购一批机电产品。招标文件要求投标人制作规格和价格两份投标文件,开标时,先开规格标,对符合条件者,再定期开价格标,确定中标者。共有 12 家企业投标。到了开标期,先开规格标,经慎重筛选,初步选定 7 家,通知其对规格标进行澄清,并要求将投标有效期延长两个月。7 家中,有 4 家送来澄清函并同意延长有效期。另 3 家提出若延长有效期,将提高报价 10% 或更多;否则将撤销投标。招标机构拒绝了后 3 家的要求。到了价格标的开标日期,对仅有的 4 家开标后,却发现 4 家报价均过高,超过招标机构预订标底 30% 以上。无奈,招标机构只得依法宣布此次招标作废,重新招标。试分析此次招标失败的原因以及应吸取的教训。

4. 我国多次以补偿贸易方式从日本进口渔轮,用直接产品"鱼品"偿付渔轮进口价款。某省一家外贸公司进口一艘渔轮,其具体做法是先出口鱼品积存外汇,在达到一定金额后,即用以购买新渔轮。该公司把这种做法报请主管机关给予补偿贸易的优惠待遇,遭到拒绝。请分析原因。

5. 我国某公司和外商洽谈一笔补偿贸易,外商提出以信贷方式向我提供一套设备,并表示愿意为我代销产品。根据补偿贸易的要求,你认为这些条件我们能接受吗? 为什么?

6. 1990 年某市工业部门采取补偿贸易的方式从美国加州 CF 公司引进一套制造集装箱的流水线,价值 975 万美元,偿还期为 5 年,计利本金按逐年偿还额递减,年利率为 3%,其中 875 万美元由引进方用加工集装箱的加工费偿还,每年为输出方加工 5000 个标箱(TEU),每个箱子的加工费为 350 美元,一年的加工费为 175 万美元,5 年共为 875 万美元,其余 100 万美元用间接产品偿还,即由引进方按输出方的来样生产工作鞋(即大头鞋),每年提供 1 万双,每双作价为CIF 旧金山 20 美元,5 年共计 100 万美元。集装箱的生产,根据合同规定,由输出方派驻技术人员监造、验收,故每次如数运出,均无问题。惟独工作鞋第一批出口 3500 双,即遭到美方退货。理由是:皮鞋式样与其来样不符。所谓的不符,是指皮鞋上系带用的扣眼之金属圈与原样不符。原样的扣眼为双边,并压有花纹,而我方生产的皮鞋上的扣眼圈为单边且无花纹。美方坚决要求退货,我方解释这并非我们故意省料,而是生产人员的疏忽所致,为了弥补这一缺陷,我方宁可每双少算 1 美元,并保证以后的产品与原样相符。但美方不予合作,坚持退货,其他没有商量。最后我方只好同意退货,结果除造成来回运费及利息损失近5000美元外,又因这批大头鞋和式样在国内也不好销,长期积压,损失惨重。试分析我方的教训。

7.某企业与一家外国工厂签订来件装配一种家用电器5000台的合同,规定采用对开信用证分别结算配件和成品的价款,由我方开出见票后90天付款的不可撤销远期信用证向对方购买配件,但须在对方开出向我购买成品的即期回头信用证后方始生效。两份信用证总金额的差额即为外方付给我方的工缴费。上述合同按时执行后,双方又按原合同续订5万台分五批执行的新合同。第一、第二两批共2万台,双方均按时开出信用证,并顺利履行了合同。其后外商突然提出,由于我方开出的信用证中有须在我方收到回头信用证后方始生效的条款,当地银行认为有此附加条款的信用证不能视作已经生效信用证,因此,不能凭以融通资金,使其发生经营困难。为顺利履行余下三批的装配合同,要求我方开出的新证取消上述附加条款。我方企业认为上笔合同圆满履行,新合同也已执行2/5,说明对方是可以信赖的,于是,接受了对方要求,在开出的后三批3万台来件价款的信用证中取消了上述收到回头信用证方始生效的附加条款。外方按我方信用证规定向我方发送了配件,但回头信用证始终没有开来,我方银行到期被迫垫付来件价款×万元。在此期间,我方虽多次向外方提出交涉,但均无结果。事后查明,因该成品销路不佳,市价大跌,以致整机的售价还卖不到原定的配件价格。在此情况下,外方遂利用我方开出的信用证处理其剩余部件,而不履行购回成品的义务,造成我方以高价单边进口配件的巨额损失。对此,请分析我方的教训。

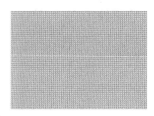

附　录

> > > >

附录1　售货确认书

上海华泰进出口公司
SHANGHAI HUATAI IMPORT & EXPORT CO. LTD
♯10 WUZHONG ROAD SHANGHAI CHINA

售货确认书
SALES CONFORMATION

电话(Tel):86－21－64056195　　　　No. :09EHT7255082

传真(Fax):86－21－64056832　　　　DATE:APR. 05. 2012

邮箱(E－mail):ht@sinotexes. com

Messrs: WENNEX FABRICS CO. LTD

　　♯304 DUPONT STREET TORONTO CANADA

买卖双方同意就成交下列商品订立条款如下:

The undersigned Sellers and Buyers have agreed to close the following transactions according to the terms and conditions stipulated bellow:

1.唛头 SHIPPING MARKS	2.商品名称及规格 NAME OF COMMODITY ANDSPECIFICATIONS	3.数量 QUANTITY	4.单价 UNIT PRICE	5.总值 AMOUNT
W. F. C. **TORONTO** **C/NO. 1－420**	100% COTTON DISCLOTHS 14"×14" 15"×25" 22"×32"	16 000 DOZS 6 000 DOZS 12 000DOZS	CIF TORONTO USD 1. 31 USD 2. 51 USD 4. 47	USD 20960. 00 USD 15060. 00 USD 53640. 00
			TOTAL	USD89660. 00

TOTAL AMOUNT：SAY USD EIGHTY NINE THOUSAND SIXTY HUNDRED AND SIXTY ONLY

6.包装：

Packing：14"×14" packed in 160 cartons，each of 100 dozens.

15"×25" packed in 60 cartons，each of 100 dozens.

22"×32" packed in 200 cartons，each of 60 dozens.

total 420 cartons

7.装运期限：收到可转船及分批装运之信用证后_____天内装出。

TIME OF SHIPMENT：to be effected by the Seller within 30 days after receipt of L/C allowing partial shipment and transshipment.

8.装运港：

PORT OF LOADING：SHANGHAI CHINA

9.目的港：

PORT OF DESTINATION：TORONTO CANADA

10.付款条件：100%不可撤销即期信用证应由买方及时开出并在_____之前到达卖方，该信用证在装运日期后 15 天内在中国议付有效。如信用证迟到，卖方对迟运不承担任何责任，并有权撤销本确认书和/或向买方提出索赔。

TERMS OF PAYMENT：By 100% irrevocable sight letter of credit to be opened by the buyer to reach the seller not later than April. 25，2012 and remain valid for negotiation in China until the 15th day after date of the shipment. In case of late arrival of the L/C，the seller shall not to be liable for any delay in shipment and shall have the right to rescind the Sales Confirmation and/or claim for damages.

11.保险：由卖方按照中国保险条款按 CIF 发票金额的 110%投保一切险和战争险。

INSURANCE：To be effected by the Seller for 110% of the CIF invoice value covering all risks and war risks as per CHINA INSURANCE CLAUSES.

12.索赔：如买方对质量/数量提出异议，须于货物到达目的港后 30 天内提出，并经卖方同意的检验机构出具的检验报告供卖方审核。在任何情况下卖方对间接损失不承担赔偿责任,属于保险公司、船公司、运输机构和/或邮局责任范围内的索赔卖方不予受理。

CLAIM：In case of any discrepancy in Quality/Quantity, claim should be filed by the Buyer within 30 days after the arrival of the goods at port of destination and supported by a survey report issued by a surveyor approved by the seller for the seller's examination. In no event shall the seller be liable for indirect or consequential damages. Claim in respect of insurance company, shipping company, transportation organization and/or post office will not be entertained by the seller.

13. 不可抗力：如由于自然灾害、战争或其他不可抗力的原因致使卖方对本确认书项下的货物不能装运或延迟装运,卖方对此不负任何责任,但卖方应及时通知买方并于 15 天内以航空挂号函件寄给买方由中国国际贸易促进委员会出具的证明发生此类事件的证明。

FORCE MAJEUER：The Seller shall not be held liable for non—delivery or delay in delivery of the entire lot or a portion of the goods hereunder by reasons of natural disasters, war or other causes of Force Majeure. However, the Seller shall notify the Buyer as soon as possible and furnish the Buyer within 15 days by registered airmail with a certificate issued by the China Council for the Promotion of International Trade attesting such event(s).

14. 仲裁：凡因执行本合约或有关本合约所发生的一切争执,双方应协商解决;如果协商不能解决,应提交中国国际经济贸易仲裁委员会,根据该会的仲裁规则进行仲裁,仲裁地点在上海,仲裁裁决是终局的,对双方都有约束力。

ARBITRATION：All disputes arising out of this sales confirmation or the execution thereof shall be settled through negotiation. In case no settlement can be reached, the case shall then be submitted to the China International Economic and Trade Arbitration Commission for arbitration in accordance with its arbitral rules. The arbitration shall take place in Shanghai. The arbitral award is final and binding upon both parties.

15. 备注：本合同用中英文两种文字写成,两种文字具有同等效力。本合同共＿＿＿份,自双方代表签字(盖章)之日起生效。

REMARKS：This Contract is executed in two counterparts each in Chinese and English, each of which shall deemed equally authentic. This Contract is in TWO copies, effective since being signed/sealed by both parties.

卖方：上海华泰进出口公司　　　　　　　　买方：WENNEX FABRICS CO. LTD
(签字)　SHANGHAI HUATAI IMPORT & EXPORT CO. LTD　　(签字)

SELLER：　　　　　　　　　　　　　　　　BUYER：
(Signature)　　　　　　　　　　　　　　　(Signature)

附录2　商业发票

上海华泰进出口公司

SHANGHAI HUATAI IMPORT & EXPORT CO. LTD

♯10 WUZHONG ROAD SHANGHAI CHINA

COMMERCIAL INVOICE

To Messers: WENNEX FABRICS CO. LTD
　　　　　♯304 DUPONT STREET
　　　　　TORONTO CANADA

DATE: May. 06. 2012
INVOICE No. : 9112HT7255082
S/C No. : 09EHT7255082

From　　SHANGHAI　　　　　　　　　　To　TORONTO

MARKS	DESCRIPTION OF GOODS	QUANTITY	UNIT PRICE	AMOUNT
W. F. C. TORONTO C/NO. 1—420	100% COTTON DISCLOTHS 14"×14" 15"×25" 22"×32" AS PER S/C No. 09EHT7255082	16 000 DOZS 6 000 DOZS 12 000 DOZS	CIF MONTREAL USD 1. 31 USD 2. 51 USD 4. 47	USD 20 960. 00 USD 15 060. 00 USD 53 640. 00 USD 89 660. 00

TOTAL AMOUNT: SAY US DOLLARS EIGHTY NINE THOUSAND SIXTY HUNDRED
　　　　　AND SIXTY ONLY

PACKED IN: 14"×14" packed in 160 cartons, each of 100 dozens.
　　　　　15"×25" packed in 60 cartons, each of 100 dozens.
　　　　　22"×32" packed in 200 cartons, each of 60 dozens.
　　　　　total 420 cartons

SHANGHAI HUATAI IMPORT & EXPORT CO. LTD
李　岚

附录3 装箱单

上海华泰进出口公司

SHANGHAI HUATAI IMPORT & EXPORT CO. LTD

♯10 WUZHONG ROAD SHANGHAI CHINA

PACKING LIST

To Messers: **WENNEX FABRICS CO. LTD**   DATE: **May. 06. 2012**

♯**304 DUPONT STREET**   No. : **9112HT7255082**

TORONDO CANADA   S/C No. : **09EHT7255082**

CTN NO.	DESCRIPTION OF GOODS	QUANTITY (CTN)	MEASUREMENT	N. W.	G. W.
1—160	100% COTTON DISCLOTHS 14"×14"	16 000 DOZS (160CTNS)	34. 56 M3	1252. 10 KGS	1412. 10 KGS
161—220	100% COTTON DISCLOTHS 15"×25"	6 000 DOZS (60CTNS)	12. 96 M3	931. 32 KGS	991. 32 KGS
221—420	100% COTTON DISCLOTHS 22"×32" AS PER S/C No. EF05081	12 000 DOZS (200CTNS)	43. 20 M3	3504. 36 KGS	3704. 36 KGS

TOTAL: 34000DOZS PACKED IN 420 CTNS ONLY   TOTAL GROSS WEIGHT: 6107. 78KGS

TOTAL MEASUREMENT: 90. 72CBM   TOTAL NET WEIGHT: 5687. 78KGS

SHANGHAI HUATAI IMPORT & EXPORT CO. LTD

李 岚

附录4 海运提单

Shipper **SHANGHAI HUATAI IMPORT & EXPORT CO. LTD** **#10 WUZHONG ROAD SHANGHAI CHINA**	**B/L No.:** **SIN6CN04352** 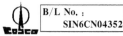 **中国远洋运输(集团)总公司** **CHINA OCEAN SHIPPING (GROUP) CO.** Cable:COSCO BEJING TLX:210740 CPC CN

Combined Transport BILL OF LADING

Consignee **TO ORDER**	RECEIVED in apparent good order and condition except as otherwise noted the total number of containers or other packages or units enumerated below for transportation from the place of receipt to the place of delivery subject to the terms and conditions hereof. One of
Notify Party **WENNEX FABRICS CO. LTD** **# 304 DUPONT STREET TORONTO CANADA**	the Bills of Lading must be surrendered duly endorsed in exchange for the goods or delivery order. On presentation of this document duly endorsed to the Carrier by or on behalf of the Holder of the Bills of Lading, the rights and liabilities arising in accordance with the terms

Pre carriage by	Place of Receipt	and conditions hereof shall, without prejudice to any rule of common law or statute rendering them binding on the Merchant, become binding in all respects between the Carrier and the Holder of the Bills
Ocean Vessel Voy. No. **PRETTY RIVER** **0040E**	Port of Loading **SHANGHAI**	of Lading as though the contract evidenced hereby had been made between them. IN witness whereof the number of original Bills of Lading stated under have been signed, all of this tenor and date, one of which being accomplished, the others to be void.
Port of Discharge **TORONTO**	Place of Delivery	Final Destination(of the goods—not ship) See Article 7. paragraph (2)

Marks &. No. Container Seal No.	Number and kind of packages; Description	Gross weight (Kgs)	Measurement m³ (CU. M)
W. F. C. **TORONTO** **C/NO. 1—420**	**420 CARTONS** **100% COTTON DISCLOTHS** **FREIGHT PREPAID**	**6107. 78KGS**	**90. 72M³**

TOTAL NUMBERS OF CONTAINERS OR PACKAGES (IN WORDS)
SAY FORTY HUNDRED AND TWENTY CARTONS ONLY

Freight &. Charges **OCEAN FREIGHT**	Revenue Tons	Rate	Per	Prepaid	Collect
Ex Rate:	Prepaid at **SHANGHAI**	Payable at	Place and date of issue **SHANGHAI MAY,18,2012**		
	Total Prepaid	Number original B(s)/L **THREE(3)**	Signed for the Carrier **CHINA MARINE SHIPPING AGENCY** **SHANGHAI BRANCH** AS agent for the carrier **CHINA OCEAN SHIPPING (GROUP) CO.**		

LADEN ON BORAD THE VESSEL **PRETTY RIVER 0040E**
DATE BY (TERMS CONTINUED ON BACK HEREOF)
(COSCO STANDARD FORM 11)

中国外运代理公司上海分公司
郑 达

附录5 货物运输保险单

PICC 中国人民财产保险股份有限公司
PICC PROPERTY AND CASUALTY COMPANY LIMITED

公司设于北京　一九四九年创立
Head Office Beijin　Established in 1949

货物运输保险单
CARGO TRANSPORTATION INSURANCE POLICY

发票号（INVOICE NO.）
合同号（CONTRACT NO.）　　　　　　　　　　保险单号次
信用证号（L/C NO.）　　　　　　　　　　　　POLICY NO. PY1E2009331600015265
被保险人：

INSURED: SHANGHAI HUATAI IMPORT & EXPORT CO. LTD

中国人民保险公司 (以下简称本公司) 根据被保险人的要求, 由被保险人向本公司缴付约定的保险费, 按照本保险单承保险别和背面所载条款与下列特款承保下述货物运输保险, 特立本保险单。

THIS POLICY OF INSURANCE WITNESSES THAT THE PEOPLE'S INSURANCE COMPANY OF CHINA (HEREINAFTER CALLED "THE COMPANY") AT THE REQUEST OF THE INSURED AND IN CONSIDERATION OF THE AGREED PREMIUM PAID TO THE COMPANY BY THE INSURED UNDERTAKES TO INSURE THE UNDERMENTIONED GOODS IN TRANSPORTATION SUBJECT TO THE CONDITIONS OF THIS POLICY AS PER THE CLAUSES PRINTED OVERLEAF AND OTHER SPECIAL CLAUSES ATTACHED HEREON.

标 记 Marks & Nos.	包装及数量 Quantity	保险货物项目 Description of Goods	保险金额 Amount Insured
AS PER INVOICE No. 9112HT7255082	420CTNS	100% COTTON DISCLOTH	USD98626.00

总保险金额：

TOTAL AMOUNT INSURED: **USD NINTY EIGHT THOUSUAND AND SIXTY HUNDRED AND TWENTY SIX ONLY**

保费：　　　　　　启运日期：　　　　　　　　装载运输工具：

PREMIUM: **AS ARRANGED** DATE OF COMMENCEMENT: **AS PER B/L** PER CONVEYANCE: **PRETTY RIVER 0040E**

自　　　　　　　　　　经　　　　　　　　　　至

FROM **SHANGHAI, CHINA** VIA _____ TO **TORONTO, CANADA**

承保险别：

CONDITIONS:

COVERING ALL RISKS AS PER OCEAN MARINE CARGO CLAUSES OF THE PICC PROPERTY AND CASUALTY COMPANY LIMITED DATAD 1/1/81.

INCLUDING WAR RISKS AS PER OCEAN MARINE CARGO WAR RISKS CLAUSES OF THE PICC PROPERTY AND CASUALTY COMPANY LIMITED DATAD 1/1/81.

INCLUDING FROM WAREHOUSE TO WAREHOUSE.

所保货物, 如果发生本保险单项下负责赔偿的损失或事故, 应立即通知本公司下属代理人查勘。如有索赔应向本公司提交保险单正本（本保险单正本共3份）及其他有关文件。如一份正本已用于索赔, 其余正本自动失效。

IN THE EVENT OF LOSS OR DAMAGE WHICH MAY RESULT IN A CLAIM UNDER THIS POLICY,IMMEDIATE NOTICE MUST BE GIVEN TO THE COMPANY'S AGENT AS MENTIONED HEREUNDER. CLAIMS, IF ANY, ONE OF THE ORIGINAL POLICY WHICH HAS BEEN ISSUED IN TWO ORIGINAL(S) TOGETHER WITH THE RELEVANT DOCUMENTS SHALL BE SURRENDERED TO THE COMPANY. IF ONE OF THE ORIGINAL POLICY HAS BEEN ACCOMPLISHED, THE OTHERS TO BE VOID.

SURVEY TO BE CARRIED OUT BY A LOCAL COMPETENT SURVEYOR. CLAIM DOCUMENTS TO BE MAILED TO THE UNDERWIRE, WE SHALL EFFECT PAYMENT BY REMITTANCE TO THE CLAIMENT.

中国人民财产保险股份有限公司 上海分公司
PICC PROPERTY AND CASUALTY COMPANY LIMITED SHANGHAI Branch

赔款偿付地点：

CLAIM PAYABLE AT **TORONTO IN USD**

出单日期：

ISSUING DATE **MAY, 12, 2012**

周 力
Authorized Signature

附录6 汇 票

号码		上海	
NO. 91127255082		Shanghai	MAY. 20. 2012

汇票金额

Exchange for USD 89660. 00

见票   日   凭此第一联汇票

AT   * * * * * *   sight of this **First of Exchange**

（第二联勿付）   付下列持票人

(Second of Exchange being unpaid) Pay to the order of

BANK OF CHINA SHANGHAI BRANCH

金   额   UNITED STATES DOLLARS EIGHTY NINE THOUSAND SIXTY

the sum of

HUNDRED AND SIXTY ONLY   Value received

根据以下条件   **TORONTO－DOMINION BANK**

Drawn under

信用证   日期

L/C NO. **00052LC100175**   Dated   **PR 16，2012**

TO   **TORONTO-DOMINION BANK**

上海华泰进出口公司

SHANGHAI HUATAI IMPORT & EXPORT CO. LTD

李 岚

附录 7 SWIFT 信用证

Sequence of Total	27:	1/1
Form of Documentary Credit	40A:	IRREVOCABLE
Documentary Credit Number	0:	00052LC100175
Date of Issue	31C:	090416
Applicable Rules	40E:	UCP LATEST VERSION
Date and Place of Expiry	31D:	090615 IN CHINA
Applicant	50:	WENNEX FABRICS CO. LTD #304 DUPONT STREET TORONTO CANADA
Beneficiary	59:	SHANGHAI HUATAI IMPORT & EXPORT CO. LTD #10 WUZHONG ROAD SHANGHAI CHINA
Currency Code and Amount	32B:	USD89,660.00
Percentage Credit Amount Tolerance	39A:	00/00
Available with... By...	41D:	ANY BANK BY NEGOTIATION
Drafts at...	42C:	DRAFT AT SIGHT FOR FULL INVOICE VALUE SHOWING THIS DOCUMENTARY CREDIT NUMBER
Drawee	42D:	TORONTO—DOMINION BANK
Partial Shipments	43P:	ALLOWED
Transshipment	43T:	ALLOWED
Loading on Board/Dispatch/from...	44E:	SHANGHAI CHINA
For Transportation to...	44F:	MONTREAL CANADA
Latest Date of Shipment	44C:	120531
Description of Goods and/or Services	45A:	100% COTTON DISCLOTHS TOTAL INVOICE VALUE USD89660.00

Documents Required	46A:	+ SIGNED COMMERCIAL INVOICE IN SIX COPIES INDICATING THIS CREDIT NUMBER.
		+ SIGNED CANADA CUSTOMS INVOICES IN FIVE COPIES.
		+SIGNED PACKING LIST IN SIX COPIES.
		+ FULL SET CLEAN ON BOARD BILLS OF LADING ENDORSED IN BLANK, CONSIGNED TO ORDER, MARKED FREIGHT PREPAID AND NOTIFYING APPLICANT.
		+ INSURANCE POLICY OR CERTIFICATE IN DUPLICATE, ENDORSED IN BLANK FOR 110 PERCENT OF INVOICE VALUE, STIPULATING THAT CLAIMS ARE PAYABLE IN TORONTO IN THE SAME CURRENCY AND INCLUDING CHINA INSURANCE CLAUSES - ALL RISKS AND WAR RISKS
		+CERTIFICATE OF ORIGIN G. S. P. FORM A, ISSUED BY AN OFFICIAL AUTHORITY CHINA AS COUNTRY OF ORGIN.
Additional Conditions	47A:	+5 PERCENT MORE OR LESS ON QUANTITY AND AMOUNT IS ACCEPTABLE.
		+ IN THE EVENT THAT DOCUMENTS PRESENTED HEREUNDER ARE DETERMINED TO BE DISCREPANT, WE MAY SEEK A WAIVER OF SUCH DISCREPANCIES FROM THE APPLICANT. SHOULD SUCH A WAIVER BE OBTAINED, WE MAY RELEASE THE DOCUMENTS AND EFFECT PAYMENT, NOTWITHSTANDING ANY PRIOR COMMUNICATION TO THE PRESENTER THAT WE ARE HOLDING DOCUMENTS AT THE PRESENTER'S DISPOSAL, UNLESS WE HAVE BEEN INSTRUCTED BY THE PRESENTER PRIOR TO OUR RELEASE OF DOCUMENTS.
Charges	71B:	+ ALL BANKING CHARGES EXCEPT L/C OPENING CHARGES IF ANY ARE FOR ACCOUNT OF BENEFICIARY.
Period for Presentation	48:	+ DOCUMENTS MUST BE PRESENTED FOR NEGOTIATION WITHIN 15 DAYS FROM THE DATE OF SHIPMENT, BUT WITHIN THE VALIDITY OF THIS CREDIT.

Confirmation Instructions	49:	WITHOUT
Instruction to the Paying/ Accpting/Negotiating Bank	78:	+ ALL DOCUMENTS TO BE FORWARDED IN ONE COVER, UNLESS OTHERWISE STATED ABOVE.

+ ALL DOCUMENTS TO BE FORWARDED IN ONE COVER, UNLESS OTHERWISE STATED ABOVE.

+ AFTER RECEIPT OF DOCUMENTS IN GOOD ORDER AND IN COMPLIANCE WITH CREDIT TERMS, WE SHALL CREDIT YOU AS INSTRUCTED.

+ DISCREPANT DOCUMENT FEE OF USD 50. 00 OR EQUAL CURRENCY WILL BE DEDUCTED FROM DRAWNING IF DOCUMENTS WITH DISCREPANCIES ARE ACCEPTED.

Advise Through Bank   75A: BANK OF CHINA SHANGHAI BRANCH

Sender to Receiver Information 72: THIS CREDIT IS SUBJECT TO U. C. P. 600(2007) AND REIMBURSEMENT UNDER I. C. C. PUBLICATION NO. 725 REIMBURSEMENT

参考文献

1.吴百福.进出口贸易实务教程[M].第5版.上海:上海人民出版社,2009.

2.夏合群,周英芬.国际贸易实务[M].北京:北京大学出版社,中国林业出版社,2007.

3.辛清,陈宝领.国际贸易实务[M].南京:南京大学出版社,2008.

4.胡丹婷.国际贸易实务[M].北京:机械工业出版社,2007.

5.刘秀玲.国际贸易实务[M].北京:对外经济贸易大学出版社,2011.

6.赵慧娥.国际贸易实务[M].北京:中国人民大学出版社,2012.

7.潘天芹,等.新编国际结算教程[M].杭州:浙江大学出版社,2011.

8.毕甫清.国际贸易实务与案例[M].北京:清华大学出版社,2012.

9.陈启虎.国际贸易实务[M].北京:机械工业出版社,2012.

10.吴国新.国际贸易实务[M].北京:清华大学出版社,2011.

11.叶德万,等.国际贸易实务案例教程[M].广州:华南理工大学出版社,2011.

12.徐春祥.国际贸易实务[M].北京:机械工业出版社,2011.

13.胡俊文.国际贸易实务操作[M].北京:机械工业出版社,2007.

14.陈宪,韦金銮,应诚敏.国际贸易理论与实务[M].北京:高等教育出版社,2007.

15.袁建新.国际贸易实务[M].上海:复旦大学出版社,2006.

16.石玉川,徐进亮.进出口交易惯例与案例[M].北京:中国纺织出版社,2008.

17.黎孝先.国际贸易实务[M].北京:中国人民大学出版社,2008.

18.孟祥年,等.国际贸易实务操作教程[M].北京:对外经济贸易大学出版社,2005.

19.陈胜权.国际贸易实务经典教材习题详解[M].北京:对外经济贸易大学出版社,2005.

20.国际商会(ICC)编写.国际贸易术语解释通则2010[M].中国国际商会译.北京:中国民主法制出版社,2011.

图书在版编目(CIP)数据

国际贸易实务 / 张晓辉,潘天芹主编. —杭州：
浙江大学出版社，2013.2(2021.7 重印)
ISBN 978-7-308-11155-3

Ⅰ.①国… Ⅱ.①张…②潘… Ⅲ.①国际贸易－贸
易实务－高等学校－教材 Ⅳ.①F740.4

中国版本图书馆 CIP 数据核字（2013）第 025168 号

国际贸易实务

张晓辉 潘天芹 主编

责任编辑	周卫群	
封面设计	联合视务	
出版发行	浙江大学出版社	
	（杭州市天目山路 148 号 邮政编码 310007）	
	（网址：http://www.zjupress.com）	
排　版	杭州中大图文设计有限公司	
印　刷	广东虎彩云印刷有限公司绍兴分公司	
开　本	710mm×960mm 1/16	
印　张	22.5	
字　数	404 千	
版 印 次	2013 年 2 月第 1 版 2021 年 7 月第 6 次印刷	
书　号	ISBN 978-7-308-11155-3	
定　价	42.00 元	